马洪文集

第一卷

中国社会科学出版社

图书在版编目（CIP）数据

马洪文集（全 12 卷）/马洪著 . —北京：中国社会科
学出版社，2010.10
ISBN 978 - 7 - 5004 - 9059 - 3

Ⅰ. ①马…　Ⅱ. ①马…　Ⅲ. ①经济—中国—文集
Ⅳ. ①F12 - 53

中国版本图书馆 CIP 数据核字（2010）第 169673 号

策划编辑　卢小生（E - mail：georgelu@ vip. sina. com）
责任编辑　卢小生
特约编辑　裴叔平　刘其昌
责任校对　王应来
封面设计　杨　蕾
技术编辑　李　建

出版发行　中国社会科学出版社
社　　址　北京鼓楼西大街甲 158 号　　　邮　编　100720
电　　话　010 - 84029450（邮购）
网　　址　http：//www. csspw. cn
经　　销　新华书店
印刷装订　河北三河市君旺印装厂　　　　装　订　盛天行健印刷有限公司
版　　次　2010 年 10 月第 1 版　　　　　印　次　2010 年 10 月第 1 次印刷
开　　本　710 × 1000　1/16　　　　　　插　页　72
印　　张　300. 25　　　　　　　　　　　印　数　1—6000 册
字　　数　4642 千字
定　　价　680. 00 元（全十二卷）

作者像

作者简历

马洪，1920年5月18日出生于山西省定襄县待阳村。原名牛仁权，1938年春在延安时改名马洪。曾用名牛黄、牛中黄。

他出身贫寒，13岁时被当地小学聘为教员，开始自食其力。他自学中学课程，并协助当地著名爱国人士、族人牛诚修先生修订《定襄县志》。从那时起，他阅读了大量书籍，开始接触进步思想。九一八事变和一二•八事变爆发后，他参加了学生的抗日示威游行和集会，爱国思想日益浓厚。1936年年初，马洪经人介绍到太原同蒲铁路管理处（局）工作，先当录事（即文书），后考入同蒲铁路车务人员训练班（半工半读）。在此期间，他当过售票员、行李员、运转员等。他努力自修学业，阅读进步书刊，不断开阔眼界。

1936年冬，马洪参加了"牺盟会"，积极参与同蒲铁路职工的抗日救亡工作。1937年冬，太原失守，他跟随同蒲铁路局迁到侯马。11月，在侯马加入中国共产党，时年17岁。由于他工作努力，具有出众的组织才能，被推选为同蒲铁路总工会的负责人之一。他在同蒲铁路沿线的各段站建立和发展工会组织，展开对敌斗争，并参与统一战线的工作。

1938年，马洪到延安，先后在中央党校和马列学院学习和工作。抗日战争胜利后，马洪从延安被派往东北，在中共中央东北局工作。新中国成立以后，曾任东北局委员、副秘书长。后调任国家计划委员会委员兼秘书长。因受"高饶事件"的牵连，被下放到北京市第一和第三建筑公司工作。后又担任国家经济委员会政策研究室负责人。

1978年后，历任中国社会科学院工业经济研究所所长、中国社会科学院副院长。

1982年后，任中国社会科学院院长、国务院副秘书长、国务院技术经济研究中心总干事。同时兼任国家机械工业委员会副主任、国家计划委员会和国家经济体制改革委员会顾问、国家建委基本建设经济研究所所长。

1985年，任国务院经济技术社会发展研究中心（后更名为国务院发展研究中心）主任。1993年改任名誉主任。并任中国社会科学院研究生院教授、博士生导师，被北京大学、清华大学、中国人民大学、复旦大学、南开大学等学校聘为教授及上海交通大学聘为名誉教授。

马洪手迹

目　录

脚踏实地求真知

——我的治学之路 *
（代序言）

　　我从事革命活动已 60 多年，从事学术活动也已 60 多年。其间，经历过坎坷道路和峥嵘岁月，既有艰辛，也有欢乐。但无论在何种情况下，我对于理想的追求，对于事业的忠诚，对于学习的坚持，对于生活的热爱，都始终不变。

　　我的学术活动，主要是在经济学领域。在宏观经济方面，侧重于经济结构和发展战略的研究；在微观经济方面，侧重于企业管理和企业领导制度的研究，经济学是个领域广阔的学科，我所涉足的范围是有限的。尤其是当前正进入新经济时代，这个时代的许多新知识对于我尚属空白。因此，认为自己算不上是经济学家，更谈不上什么"著名"，给一个经济学者的称呼我已觉荣幸。

　　今天，当回顾走过的道路时，我感慨良多。如果能够说自己取得了一些成就的话，我认为那成就是基于党和人民的培养，并且与此生脚踏实地、持之以恒的勤学苦学密不可分。

　　我的学习方法是，系统地研读马克思主义论著，在实际中进行调查研究，用二者相结合的方式去观察和分析问题，得出自己的认识。然后再用

---

　　* 本文是作者 1999 年 5 月在中国社会科学院与国务院发展研究中心共同举办的"马洪学术活动 60 周年纪念会"上的发言。

这些认识来指导实践，验证它们是否正确，正确则坚持，错误则改正。我认为，读书固然是重要的，但调查研究在某种意义上说是更重要的。做学问，干工作，非进行调查研究不可。没有调查研究，就不能把理论和实际结合起来。在治学之路上，我十分注重调查研究，并以此为学风，一以贯之。

早在1941—1942年间，我随同张闻天同志，以生产力和生产关系为主题，在陕北和晋西北地区农村调查了一年半，协助他撰写了《米脂杨家沟调查》一书。此后，我便开始了长时期的调查研究工作。1947年土改时，我任宁城县委书记，对当地农村的土地制度、阶级关系以及土地改革的全过程进行了考察，在报刊上发表了数十篇调研文章。1949年东北全境解放后，我曾用半年时间在大连和沈阳两市考察，撰写了关于城市工作和城市如何领导乡村等问题的调查报告及建议。1960年，中国在经历了"大跃进"造成的巨大损失后进入经济调整时期，我到北京第一机床厂做企业调查，历时半年，为制定《国营工业企业工作条例（草案）》（即工业七十条）提供了重要资料，并主编了《北京第一机床厂调查》和《中国社会主义国营工业企业管理》两书。1977—1978年，我在大庆考察一年，主编了《大庆企业管理》一书并参与主编了《大庆的政治经济学考察》。在改革开放后的80年代，我先后到首钢、一汽、二汽等大型国营企业进行调查，就企业发展战略和改革提出建议。近20年来，我还多次走出国门从事调研，考察的对象不仅有欧美、日本等发达国家，也包括印度、巴西、南非等发展中国家。我结合中国国情，吸取其他国家在现代化过程中的经验教训，并以之为鉴，对中国的宏观经济和微观经济的改革及发展任务进行探讨，提出了调整经济结构，制定新的总体发展战略和地区发展战略，由产品经济向商品经济、由计划经济向市场经济、由粗放经营的经济向集约的经济转变等有关建议。

把我60多年的治学体会集中起来，可以概括为一句话："脚踏实地求真知。"即注重对具体情况进行调查研究，坚持科学、求实的态度，也就是实事求是。我认为，这是一条艰苦的道路，也是一条可靠的道路。毛泽东说："没有调查就没有发言权。"这句至理名言说明了调查研究的重要。对于一个领导者来说，没有调查还不只是没有发言权，更没有决策权；而对于一个学者来说，没有调查就没有真知识，更没有真学问。

编 者 的 话

马洪是当代中国最有影响的经济学家之一，2005 年 3 月荣获首届中国经济学家奖。在老一辈经济学家中，他是为数不多的进行跨学科研究并取得全面成就的学者。他是经济学、管理学理论研究的先行者，也是我国改革开放进程中经济决策咨询工作的一位卓越的开拓者和组织领导者。他十分关注我国社会主义现代化建设中影响全局的关键问题，组织各方面的力量，研究并提出解决问题的对策和方案，对我国经济发展和改革方针政策的制定起了很重要的作用，作出了突出的贡献。

马洪的学术贡献

马洪积极倡导和推动中国市场取向改革，也是较早提出和支持"社会主义商品经济"和"社会主义市场经济"论点的学者。1984 年 9 月在党的十二届三中全会召开前夕，他给中央领导同志写信，建议把"社会主义经济是有计划的商品经济"这一提法写进全会决议，说"这个问题太重要了，如果不承认这一点，我们经济体制改革的基本方针和现行的一系列重要的经济政策都难以从理论上说清楚"。1984 年 11 月，他在中宣部组织的报告会上作了《社会主义经济是有计划的商品经济》的报告，从理论与实践的结合上，阐明了社会主义商品经济的特点，强调"承认社会主义经济是有计划的商品经济，是进行经济体制改革，实行对内搞活经济、对外开放方针的理论依据"，"只有克服自然经济的影响，肯定社会主义经济的商品经济的属性，明确提出要大力发展社会主义商品经济，才能在国民经济计划的指导下，更好地利用市场机制，搞活经济，推动社会生产力生气勃勃地向前发展"。1987 年，他在党的十三大小组会上所作的《向市场经济转变是一场深刻的经济社会大变革》的发言中强调指出："由社会主义市场经济体制替代计划经济体制，不仅仅是一个提法上的变化，它涉及对社会主义经济性质认识的重大变化，进而涉及社会主义经济的组织方式、经济改革的目标和改革策略的相应变化。"他进而指出：实现由以往的计划经济向市场经济过渡，需要做好十个方面的转变：所有制方面，将由单一的国家所有或集体所有的公有制形式向以公有经济为基础的混合型所有制（股份制）转变；经济运行方式，将由以政府为主体向以企业为主体和个人为主体的格局转变；企业经营的决策风险，从由政府和社会承担，转变为由企业和个人承担；企业的经营战略由依赖型向自我发展型转变；政企关系将由以往的政企不分向无行政上级隶属的企业转变；政府管理经济由实物的、直接的、一对一的管理转变为价值的、间接的、行政性的管理；国有资产的管理将由实物化向价值化、货币化、证券化转变，同时由单一的固定资产管理向地产、房产、有价证券、商品等资产一体化转变；劳动用工制度将由国家包就业向职工自主择业转变，企业经营者由政府任免向董事会选举或聘任的方式转变；竞争机制将由不同所有制企业采取不同的标准向各类企业实行同一竞争规则转变；价格制度将由行政性定价向市场定价转变。同时他强调："建立社会主义市场经济体制，是一项艰巨复杂的社会系统工程，需要有一个长期发展的过程，既要有持久的努力，又要有紧迫感。应当看到，这样的新体制形成得越快，我国经济发展的速度也就越快，经济效益也就越高，我们应当为之努力奋斗。"1988 年 3 月，他在《加强社会主义制度下市场经济的研究》一文中又明确提出要"进一步解放思想，为市场经济正名"。他说："现在许多同志虽然承认了社会主义经济是一种商品经济，即有计划的商品经济，却不愿意承认它还是一种市场经济，即有宏观管理的市场经济，从而有意无意地降低了市场机制在社会主义社会资源配置中的巨大作用。""我们要通过改革建立的社会主义有计划的商品经济，是一种用有宏观管理的市场来配置资源的经济。我认为，在这个意义上也可以叫做社会主义的市场经济。"1993年10月马洪出版的《什么是社会主义市场经济》一书，从理论和实践两个方面对十余年来的改革作了系统的回顾、总结和升华，对传播社会主义市场经济理论和理念起了积极的作用。

马洪是主张稳健地推动中国经济发展的学者。1980年，他在国务院长期规划座谈会上发言，提出应当注意两种倾向：一种是怀疑论，另一种是速成论。同年3月14日，他在国家计委经济研究所召开的座谈会上，更详细地展开了上述观点，他说：在我国实现现代化的问题上，要反对两种倾向：一种倾向是怀疑论。认为要搞现代化，就要采取资本主义的办法，不能采取社会主义的办法，否则就搞不成现代化。有这种思想的人一方面盲目崇拜西方，另一方面对社会主义的前途缺乏信心。要坚持社会主义方向，坚持党的正确路线，当然要反对这种倾向。另一种倾向是速成论。有些同志把社会主义现代化建设看得很简单，总想在很短的时间内就走完资本主义国家几百年所走过的路程。于是高指标、高积累、瞎指挥就跟着来了。20多年来我们的几次大折腾，都是和这种速成论有关的。这种速成论，特别是领导人员中的这种思想，对我们的经济工作所起的危害作用实在是太大了，应该作为沉痛的教训，引以为戒。1987年4月，他在国务院的会议上，针对当时经济中存在的问题，指出国民收入连续几年超分配是造成财政经济困难的根本原因。1989年9月，他组织国务院发展研究中心向国务院提交了三年治理整顿的意见。

马洪在剖析中国经济结构的弊端，建立合理经济结构的理论研究与对策研究中作出了重要的贡献。改革开放之初的1977年，他在筹建中国社会科学院工业经济研究所过程中，通过"双周座谈会"的形式分别邀请中央各部委业务主管部门负责人座谈，用了几个月的时间，把"文化大革命"期间搞乱了的整个工业经济部门的情况摸得一清二楚，并及时将问题和对策建议向中央报告，这为中央进行经济调整和改革决策提供了重要的参考依据。1979年，中央决定用几年的时间对国民经济进行调整，马洪受命领导经济结构调查组，集中了100多人，组成经济结构综合调查直属队，做了深入调研，形成了许多成果，提交党中央、国务院参考。他认为："我们研究经济结构问题，基本的目的就是要改变我们这种 20 多年来形成的以钢为纲的、重工轻农的、闭关锁国的不合理的经济结构以及同它相关的产业政策。"他在写给中央的关于改善我国经济结构的建议报告中指出："在今后调整我国经济结构、制定有关政策时，似应把握住以下几个主要点：其一，我国的社会主义制度要求我们的经济结构应当以满足人民的吃、穿、用、住、行等基本生活需要为中心；其二，要把发展农业放在首要地位，同时也要解决好能源这个极其重要的问题，真正使交通运输成为先行，今后 10 年内应当多发展劳动密集型的、节约能源的产业，以利于就业问题和能源问题的解决；其三，坚持自力更生方针，充分利用现有基础，扩大生产，主要在现有企业的挖潜、革新和技术改造上下工夫；其四，扩大出口，引进技术，利用外资，加强我国若干薄弱环节；其五，军事工业和民用工业要真正结合起来，寓军于民；其六，把发展科学教育放在重要地位，努力搞好人口规划、环境保护、劳动条件、城市建设、保健卫生等方面的工作。总之，要把社会生产适应满足人民不断增长的物质和文化需要，作为改善我国经济结构的出发点和目标。"由他主编的《中国经济结构问题研究》一书，对当时更好地贯彻中央的方针起了重要作用。

马洪在经济发展战略、新技术革命与对策、区域经济发展等的理论研究与实践活动中，起了重要的推动作用。他认为，当今世界存在着结构变革、体制变革和发展战略思想变革三大趋势，在这种变革的趋势中，必须辩证地看待我国的国情，积极利用后发优势，吸取先进国家的经验和教训，少走弯路，抓住机会，加快我国实现现代化的步伐。他还认为，在现阶段，中国经济发展的战略，是要有步骤地改变片面追求产值、产量的增长速度，转变为注重效益、提高质量、协调发展、稳定增长。1985 年，他在《研究制定我国社会主义经济发展新战略》一文中系统地提出了研究和制定发展战略的指导思想：要把马克思主义的普遍真理同我国的具体实际结合起来，走自己的道路；要把经济、社会和科技的发展战略结合起来，进行综合研究；要正确处理发展速度和经济效益的关系；要正确处理近期利益和长远利益的关系；要同时重视社会主义物质文明和社会主义精神文明的建设；要考虑国际环境的发展变化。面对世界范围的新技术革命的浪潮，1983 年 10 月，按照国务院领导的要求，他组织上百位专家进行对策研究，并向国务院提出了报告。他提出，为了迎接新的技术革命，要"把开发高新技术产业放在经济发展战略全局的主导地位"，"中国高新技术产业化政策的重点应由区域倾斜转向产业倾斜和技术倾斜"。他深入全国许多地区进行调查研究，协助各地根据世界经济发展趋势和我国经济发展的需要，结合当地实际，科学地制定区域经济发展战略。

马洪在管理科学理论研究和实践活动中也有卓越的建树。早在全国解放前夕，马洪随东北局进入沈阳，就开始把工作重心放在城市工作特别是工业经济和企业管理工作上，深入企业做了大量的调查研究。20 世纪 60 年代初，为起草"工业七十条"，他主持了对北京第一机床厂的调查，写出了《北京第一机床厂调查》一书。在起草"工业七十条"的同时，他还主编了《中国社会主义国营工业企业管理》一书，这是一部具有历史意义的、代表那个时期企业管理最高水平的著作。它既肯定了我国社会主义建设中的成功经验，也总结了教训，特别是批判和否定了"大跃进"中的严重脱离实际的主观主义和违背客观经济规律的东西，系统地提出了适合当时我国情况的企业管理制度和方法。1978 年 9 月，在党的十一届三中全会召开的前夕，他在《充分发挥企业的主动性》一文中提出："解决经济管理体制问题，应当把充分发挥企业的主动性，作为基本的出发点。""无论企业归谁管，无论国家机关的条、块怎样分工，都需要按照客观规律的要求，处理好国家和企业的经济关系，尤其要承认企业在客观上所具有的独立性，赋予企业一定的自主权。"这是一篇较早触及企业性质、地位和自主权，强调把充分发挥企业的主动性作为解决经济管理体制问题的基本出发点的文章，对推进企业改革，产生了一定的影响。他还较早地、系统地提出了改变企业的组织结构和企业领导制度等一系列经济管理体制改革的主张和具体措施。

马洪开拓了一条经济决策咨询工作的新路子。他推动建立了从中央到地方为各级政府服务的决策咨询网络。他先后带领中国社会科学院、国务院发展研究中心、综合开发研究院（深圳）的科研人员参与了我国一系列重大经济决策的研究，诸如 2000 年中国的研究、东南亚区域经济合作问题研究，以及前述经济结构、新技术革命、经济发展战略研究，等等，对于我国改革开放事业，都起到了积极的促进作用。

马洪的治学理念和学风

马洪是在中国革命和建设的土壤上成长起来的我国当代著名经济学家，他了解我国的国情、民情，同时又有勤奋、严谨、科学、求实的精神。这是他成功的关键。他的成就同他所走的治学道路和所持的治学态度，密不可分。据我们多年跟随马洪一起工作的体验，对于他的学风和治学理念感受最深的有以下几点：

一是深入实际，调查研究。马洪的治学经验很多，但他自己最看重，也是下工夫最多的，是深入实际调查研究，正如他在《脚踏实地求真知》一文中所说："把我 60 多年的治学体会集中起来，可以概括成一句话：'脚踏实地求真知'，即注重对具体情况进行调查研究，坚持科学、求实的态度，也就是实事求是。"他还说："我认为，读书固然是重要的，但调查研究在某种意义上说是更重要的。做学问，干工作，非进行调查研究不可。没有调查研究，就不能把理论和实际结合起来。在治学之路上，我十分注重调查研究，并以此为学风，一以贯之。""对于一个领导者来说，没有调查还不只是没有发言权，更没有决策权；而对于一个学者来说，没有调查就没有真知识，更没有真学问。"

革命年代里，马洪在根据地进行的长时间的调查研究，奠定了他的独特学风的根基，是他治学道路的实践基础，使他受益终生。纵观马洪数十年的学术生涯可以看出，每当重大事件到来之际，他总是非常自觉、非常自然地从调查研究入手，从《马洪文集》中可以看到很多这样的事例，可以说这已成为他的一种习惯。例如：

全国解放前夕，马洪作为东北局副秘书长，为了掌握第一手资料，他多次主持召开工业座谈会，及时摸清面上的情况，同时还亲自在沈阳冶炼厂和第一机床厂做典型调查，提出了发展城市工业的总体思路，并且开始形成了条理化、系统化的经济管理思想和观点。

第一个五年计划和"大跃进"之后，马洪在国家经济委员会负责政策研究室工作，这时他仍然是从调查研究入手，他主持了对北京第一机床厂、石景山发电厂、京西煤矿等企业的调研，并亲自花了半年时间到北京第一机床厂深入班组蹲点调研。在对北京 10 个企业和单位进行系统调查的基础上，马洪受命具体组织了《国营工业企业工作条例（草案）》（即"工业七十条"）的起草工作。

"文化大革命"之后，中断多年研究工作的马洪复出，他又是从企业调查起步的。先是参与组织和领导了大庆经验的研究与总结，在大庆蹲点调研一年多，写出了《对大庆经验的政治经济学考察》（于光远主编、马洪副主编）和《大庆工业企业管理》（马洪主编）。在大庆调研期间，马洪承担了筹建中国社会科学院工业经济研究所的任务，此时他亲自到北京红星养鸡场去"解剖麻雀"，写了《红星养鸡场调查》，同时还在工业经济研究所主持召开双周座谈会，把整个工业部门和企业的情况、问题摸清楚。紧接着他又按照中央部署主持了经济结构问题调查组，全面系统地摸清了整个国民经济各部门、各方面的情况，系统地向中央提出了调整结构、促进发展的意见和建议。

总之，深入实际、调查研究，贯穿在马洪整个治学过程之中，是他的本色，也是他治学的一种独特的风格。

二是古今中外，兼收并蓄。马洪治学经历中有一半时间是在封闭的环境中走过来的，但他的思路是开放的。他主张研究问题一定要广开思路，古今中外，兼收并蓄，使前人的成果能够为我所用。

20 个世纪 60 年代初，在起草"工业七十条"和编写《中国社会主义国营工业企业管理》时，马洪说，研究企业管理首先要搞清楚什么是企业，要求大家研究历史、研究外国，搞清楚企业是怎样产生和发展起来的，把古今中外关于什么是企业的说法切切实实搞清楚，在十分困难的闭关锁国的条件下，他设法收集到一本美国的企业管理著作，请人翻译后，组织手工打印，发给写作组人手一册。

改革开放之初，在建立工业经济研究所时，他专门成立了国外研究室，研究和收集国外经济和管理理论、方法和经验；同时他连续出访，既考察了日本、美国和欧洲各主要发达国家，也考察了像印度、巴西、南非这样一些发展中国家，认真进行国际性的调查、比较和研究，努力汲取有益的东西，结合我国实际，形成观点，用来指导我国经济改革、发展和管理的实际工作。

为系统地进行国际学术交流，早在 20 世纪 80 年代初他就积极倡导和组织了双边或多边的国际学术交流活动，如"中日经济知识交流会"、"中日经济学术讨论会"、"中韩经济讨论会"、"东亚经济区域论坛"，等等，这些交流活动一直延续到 21 世纪初。

马洪如饥似渴地考察、研究、吸收各种类型国家的经验，联系我国实际，运用于我国改革开放事业。他的很多突破性的新思想、新观点，都是这样形成的。这些在《马洪文集》中也有充分反映。

三是集思广益，参与决策。他认为，学风问题里面，最重要的就是理论联系实际问题。做理论工作，必须研究社会发展规律，面对现实生活，要围绕焦点、难点问题展开深入研究，不能回避敏感问题，要努力在重大问题上突破。因此，必须集思广益，集中群众智慧，集中自然科学和社会科学工作者的智慧，为党和政府的决策献计献策。这种精神，强烈地表现在马洪治学的全过程。无论是在领导机关工作或是在研究机构工作的时候，他都始终坚持理论联系实际，为现实服务，为领导机关决策服务。

马洪先后带领中国社会科学院和国务院发展研究中心的研究人员，针对我国社会主义现代化建设中的突出问题，进行了大量的富有开创性的研究，涉及面很宽。诸如：（1）关于国家中长期发展战略和政策的研究，主要包括"2000 年的中国"的研究、新技术革命和对策的研究、中国社会主义市场经济问题的研究、产业政策和地区经济发展等问题的研究，等等。（2）为现实重大经济问题的决策和政策制定，提供咨询意见。（3）受国务院委托，研究一些具体的实际经济问题。上述后两类研究的具体项目，更是不胜枚举。这些在《马洪文集》中也都有充分反映。

四是倡导社会科学研究要与自然科学研究相结合。马洪在理论研究中强调事实和数据的运用，是社会科学研究与自然科学研究相结合的积极倡导者。他在《关于加强社会科学和自然科学的结合，解决社会主义现代化建设问题的建议》中指出："我国社会科学工作者和自然科学工作者，常常是从各自的角度出发提出解决问题的方案，很少在一起共同研究解决社会主义现代化建设的重大课题。因而，自然科学工作者、工程技术人员提出的方案往往只注意技术上是否先进而忽视经济上是否合理；社会科学工作者提出的方案，往往只是定性的结论，而缺乏定量的分析。"他认为，只有社会科学家和自然科学家结合起来，才能解决现代化建设中的实际问题。为此，他积极倡导社会科学工作者学习自然科学知识。

我们觉得，马洪的上述治学理念和学风，可以用来概括《马洪文集》的特色。

《马洪文集》编辑工作说明

马洪一生笔耕不辍，著作等身，留下了一份十分丰富、宝贵的精神财富。为了使马洪毕生心血凝结的成果得以传世，让后人能够全面地了解他的学术思想和杰出贡献，国务院发展研究中心、中国社会科学院以及马洪生前主持过工作的中国社会科学院工业经济研究所、综合开发研究院等单位，共同发起组织出版《马洪文集》。这将是一部既有现实意义又有历史价值的文献，它的出版将会有助于我们学习马洪的经济观以及他的治学理念、风格和方法，促进经济与管理科学的繁荣和发展。今年5月是马洪诞生90周年、10月是马洪逝世3周年，现在出版这部文集，也是对马洪的纪念和缅怀，更具有一层特殊的意义。

文集要求具有准确性、全面性、系统性。由于马洪的著作涉及面很宽，流传面很广，在他已逝世的情况下，要在浩如烟海的书刊、报章中把他的著作全部寻找出来，准确无误地反映他的学术思想，是一件十分困难而又复杂的事情。编辑组用了一年多的时间，通过各种渠道寻找线索，力求完整地收集马洪公开发表的文章、著作以及发表的原件。在选编中，我们把马洪的著作先按时间顺序排列，核查前后文章、专著，力求不遗漏，不重复。接着，按专题进行分析，掌握其思想脉络，核实著作发表的时间、场合，萃取主要的，剔除次要的；内容基本重复的，则保留内容更为充实的、完整的，删去其余的；文章在不同场合、针对不同背景发表，内容相互交叉，部分雷同部分各有新意的，则一并保留。然后，由专人再从头至尾通读，最终把最能反映马洪理论研究和实践活动成果的著作纳入文集。马洪在长期的政策研究和决策咨询工作中，做了大量的调查研究，起草和组织起草了大量的重要文件，提出了大量的研究报告和政策建议，其中只有少量公开发表，极大部分均属内部文献，在文集中无法反映。现已收入本文集的总共有 309 篇（部），400 余万字，按时间顺序，分成十二卷出版；其中《中国社会主义国营工业企业管理》这部具有里程碑意义的著作，由于篇幅较长，没有按出版时间编排，单独组成两卷，放在文集最后。

《马洪文集》的编选出版由国务院发展研究中心副主任刘世锦研究员和中国社会科学院副院长李扬研究员担任顾问，编辑组由马洪在工业经济研究所工作时期的老部下（按年龄排序）俞恒、杜培荣、裴叔平、吴家骏、刘其昌、王燕臣、董一心七人组成，深圳能源集团董事长高自民和马洪之子马佳参加了全过程。编辑组由吴家骏、俞恒担任组长。

在编选过程中，编辑组对原稿逐字逐句阅读，在确保原著内容不变，准确反映马洪学术思想与时俱进过程的原则下，按照现行的出版规范进行了校勘，做了必要的技术处理，每篇文章都加了题注，并标出了著作的问世时间。由于编者水平和一些客观条件的限制，本文集难免有不完善和疏漏之处，欢迎指正。

《马洪文集》编辑组
2010 年 5 月

中国社会主义工业化问题[*]

一 我国社会主义工业化的任务

由于我国对农业、手工业和资本主义工商业的社会主义改造已经取得了决定性的胜利，现在，社会主义的制度在我国已经基本上建立起来，我国国内的主要矛盾，"已经是人民对于建立先进工业国的要求同落后的农业国的现实之间的矛盾，已经是人民对于经济文化迅速发展的需要同当前经济文化不能满足人民需要的状况之间的矛盾"。因此，中国共产党第八次全国代表大会关于政治报告的决议指出：党和全国人民的当前的主要任务，就是要集中力量来解决这个矛盾，把我国尽快地从落后的农业国变为先进的社会主义工业国。

要把我国由落后的农业国变成先进的工业国，"我们必须在三个五年计划或者再多一点的时间内，建成一个基本上完整的工业体系，使工业生产在社会生产中占主要地位，使重工业生产在整个工业生产中占显著的优势，使机器制造工业和冶金工业能够保证社会主义扩大再生产的需要，使国民经济的技术改造获得必要的物质基础"。这些，就是我国社会主义工业化的任务。

* 本文是作者的专著，署名牛中黄，中国青年出版社 1956 年 12 月出版。

完成了这个任务，我国的独立和自主，才有可能得到完全的保证；社会生产力，才能获得全面的发展；社会主义生产关系，才有可能在全国范围内取得完全的胜利；无限美好的社会主义社会，才能最后建成；人民的物质和文化生活水平，才可能大大地提高。同时，完成这个任务，对于加强社会主义阵营各国之间的协作，促进社会主义各国经济的共同高涨，也有着重大的意义。这是我们的先人们世世代代的梦想，我们一定把它变成现实。

这里，重温一下毛泽东同志在中国共产党第七次全国代表大会上说过的一些话，是很有意义的。他说："在新民主主义的政治条件获得之后，中国人民及其政府必须采取切实的步骤，在若干年内逐步地建立重工业和轻工业，使中国由农业国变为工业国。"

现在，中国共产党领导中国人民已经彻底地完成了新民主主义革命，并且基本上取得了社会主义革命的胜利。我们的国家，正在采取具体的步骤，进行社会主义工业化的建设。发展我国国民经济的第一个五年计划，正在提前完成和超额完成；发展国民经济的第二个五年计划，中国共产党第八次全国代表大会，已提出纲领性的建议。毫无疑问，这两个伟大的五年计划的实现，将建立起我国社会主义工业化的巩固基础。可以预见，经过三个五年计划，或者再多一点的时间，我国社会主义工业化的建设事业，也同已经完成了的资产阶级民主革命和社会主义革命事业一样，必将光荣地实现。我们满怀信心地建设着美好的未来。

在我国由农业国变为工业国的标志问题上，有一个时期，曾经流行过一种"比重论"的观点，认为工业产值在工农业总产值中的比重大小，为我国是否由农业国变成工业国的主要标志。有的人甚至说，只有工业产值在工农业总产值中的比重达到了70%，才能算是完成了社会主义工业化，才能称得上是工业国。姑且不论目前各国通用的计算工业和农业产值的方法，还有很多值得研究的地方（例如工业产值在计算上，是有很多重复的，生产越专业化，重复计算就越多；而且所有农产品的加工部分的产值，都重复计算在工业产值中，这是不合理的），仅就实际情况而论，这种观点，也是不妥当的。

当然，实行工业化的结果，工业产值在工农业总产值中所占的比重，必然增加，这是毫无疑义的。问题是在于如果撇开上述实现社会主义工业化的任务和我国的具体条件，片面地强调工业产值在工农业总产值中所占的比重，那就不妥当了。大家知道，我国是一个幅员广大、土地肥沃、气候条件很适于农作物栽培、农产品相当丰富的国家。而且我国人口众多，对于农产品的需要量很大，如果我们不生产大量的农产品，便不能满足国内人民生活改善和工业发展日益增长的需要。所以，我国在工业化过程中，不仅要大大地提高工业产品的产量，而且要大大地提高农业产品的产量，否则就会造成整个国民经济的严重失调。因此，即使在社会主义工业化完成之后，我国的农业总产值也将要在工农业全部产值中占相当大的比重。同时，还应该看到这样的事实，我国农业产值的绝对量是相当大的。以粮食而论，1955 年我国粮食的产量比美国上一年（1954 年）的产量多27.2%，比法国上一年（1954 年）的产量多77 倍，比日本上一年（1954 年）的产量多98.2 倍，比苏联1952 年的产量多1.32 倍。当然，以我们这样一个人口众多的国家来说，这些产量，还是很不富裕的。但只就这个数字看来，如果要使我国的工业产值在工农业总产值中的比重和其他国家一样，那就需要有比他们更多得多的工业产品。这还不说我国的农业在实行合作化之后，也和工业一样，正在一日千里地前进呢！假如我国的工业产值在工农业总产值中的比重，在一定时期内还达不到苏联和其他资本主义国家那样的比重，但是我国已经建成一个基本上完整的工业体系，工业生产在我国社会生产中已占主要地位，重工业生产在我国整个工业生产中已占显著的优势，机器制造工业和冶金工业已能保证我国社会主义扩大再生产的需要，我国国民经济的技术改造已获得必要的物质基础，这样，算不算实现了我国的社会主义工业化和实现了由农业国到工业国的转变呢？毫无疑义，回答应当是肯定的。

　　如此说来，"比重论"的害处在哪里呢？"比重论"的害处就在于：第一，它忽视其他必要的条件，片面强调提高工业产值在工农业总产值中的比重，这就很容易促成某些急躁冒进和国民经济各部门的发展的比例失调的偏向；第二，它常常忽视甚至惧怕农业的发展，因为农业越发展，工业产值在工农业总产值中比重的提高越不容易；第三，反过来，它又为那

些对我国工业化持有悲观论调的人们制造借口。由于上述种种理由，批判
"比重论"的观点是必要的。

二　我国社会主义工业化的速度

为了尽可能迅速地把我国由落后的农业国建设成为一个先进的社会主
义工业国，我们必须采取较高的速度进行社会主义工业化。

在过去六年间（1950—1955年），我国的工业总产值，按可比价格计
算，比1949年增加3.15倍，比解放前工业产值最高的年份增加一倍以
上。工业发展的速度，每年平均递增26.1%。如果除去恢复期间的三年，
仅以第一个五年计划的前四年的执行情况来看，工业产值增加将近一倍，
每年平均递增的速度是18.8%。主要工业产品的年产量，从1949年全国
解放以后到1956年，钢产量由15.8万吨增至452万吨，增加27.6倍，
比解放前1943年的全国最高年产量增加将近4倍；煤产量由3100万吨增
至10946万吨，增加2.53倍，比解放前1942年的全国最高产量增加将近
1倍；发电量由43亿度增至149.5亿度，增加2.48倍，比解放前1941年
的全国最高年发电量增加将近1.5倍。由此可见，我国的工业产量，在解
放后短短的几年中，超过了解放前近一个世纪工业发展的两倍以上，这是
一个十分巨大的变化。

今后，我国工业的发展仍将保持较高的速度。根据中国共产党第八次
全国代表大会所通过的关于发展国民经济的第二个五年计划（1958—
1962年）的建议，到1962年，我国工业的总产值将比1957年的计划产
值增长1倍左右，这是和第一个五年计划同样高的发展速度。从以往几年
我国工业发展的实际情况来看，这样的发展速度不仅能够达到而且还有可
能超过一些。

现在，我们再来看看资本主义国家工业发展的速度。从1950—1955
年6年中，整个资本主义世界的工业产值增加0.48倍，每年平均递增的
速度是6.8%。其中主要资本主义国家如美国的工业产值只增加0.42倍，
每年平均递增的速度是6%；英国的工业产值只增加0.26倍，每年平均

递增的速度是 4%；法国的工业产值只增加 0.36 倍，每年平均递增的速度是 5.3%。联邦德国和日本主要是恢复战争破坏了的工业，工业产值的增长速度虽然比上述几个国家稍高，但也大大落后于我国工业发展的速度。

我国为什么能够采取比资本主义国家高得不可比拟的速度来发展我国的工业呢？主要原因就在于：我国有以工人阶级（通过中国共产党）为领导的、工农联盟为基础的社会主义制度；我国有日益强大的社会主义经济；我国有丰富的物质资源和良好的自然环境；我国有世界上最广阔的国内市场；我国有世界上最多的摆脱了地主和资本家剥削压迫的、为创造自己幸福的新生活而勇往直前的、勤劳勇敢的人民。这一切，就决定了我国有高速发展工业的充分可能。问题在于，根据我国实行社会主义工业化所处的历史时代和具体条件，我们是否有可能采取和苏联同样高的速度来发展我国的工业呢？

大家知道，苏联在十月革命胜利后，经过恢复国民经济的阶段，采取了高速度地发展工业的方针，以每年平均递增 16.8% 的速度，从 1928—1940 年短短的 13 年中，走完了英美资本主义国家大约一个世纪所走过的路程，把自己的工业提高了 6.47 倍，完成了国家的社会主义工业化，创造了世界工业发展史上前所未有的光辉范例。

那么，我国采取同苏联一样高的速度来发展工业的条件是否具备呢？是具备的。这里，除了上面已经说过的那些同苏联相似的有利条件之外，还有以下一些特殊的有利条件：

第一，我国在短短的时期内，由于中国共产党的正确领导和全国农民的热烈支持，及时地解决了农业合作化问题，把农业生产力从小农经济制度的限制下面解放出来。1956—1967 年全国农业发展纲要（草案）的实施，将使我国农业生产力沿着社会主义道路迅速地发展。我们可以满怀信心地指望，我国社会主义工业化事业将有一个可靠的粮食和轻工业原料的基地。几年来，大家是亲身体验到农业合作化问题和农业增产问题对于我国整个国民经济尤其是工业发展的巨大重要性的。这个问题的胜利解决，将有力地推动我国工业发展的速度。

　　第二，中国共产党中央根据马克思列宁主义的原理，结合中国的具体条件，对资本主义工商业采取了和平改造的方针。这样，就在很短的时间内，在资本主义工业生产没有遭到破坏并且有所增长的条件下，基本上解决了资本主义所有制转变为社会主义所有制的问题（目前只剩下一个"定息"问题），解放了约占工业部门40%的生产力，这也不能不促进我国工业化事业的迅速发展。

　　第三，我国的社会主义工业化是在有利的国际环境中进行的。当苏联进行工业化时，由于社会主义仅仅是在一个国家里取得胜利，他们不得不在孤军奋斗而得不到其他国家直接援助的条件下，基本上依靠他们自己的力量克服种种困难，来进行社会主义工业化；而我们现在是在社会主义不仅在苏联而且在许多国家中取得胜利的条件下进行工业化的。当时苏联建立的社会主义制度，是人类历史上第一次出现的新的社会制度，以前没有什么经验可供借鉴，而我们现在却能够充分地运用苏联人民和其他兄弟国家的人民用极大代价而换得的丰富经验，使自己少走弯路。这种有利的国际条件对于我国的工业建设不能不发生极其重要的作用。社会主义阵营各兄弟国家对我国的无私援助，特别是苏联对我国的援助，使我国有可能以更快的速度来实现社会主义工业化。

　　第四，苏联是在20世纪二三十年代进行工业化的，而我国是在20世纪五六十年代进行工业化的，30多年的时间看来并不算长，但是，在这个短暂的历史时期内，世界科学技术的进步却远远超过了产业革命以来的两个多世纪。既然在19世纪后半期美国、德国等后进的资本主义国家，能够利用当时新发展起来的科学技术，特别是电学和化学，迅速地发展了自己的工业，因而在比较短的时间内赶上和超过了当时"先进"的英国和法国；既然苏联在本世纪二三十年代依靠先进的社会主义制度，运用当时资本主义世界的新技术成就，在大约13年内就走完了资本主义国家一个多世纪的进程；那么，生活在科学和技术非常迅速发展的时代，生活在原子能的时代——新的工业革命前夜的我们，为什么不可能依靠我国先进的社会主义制度，运用现代最新的科学技术成就来进行工业建设，从而以较快的速度实现我国的社会主义工业化呢？这里只要指出下面的例子就很清楚了。在冶金工业中，由于应用新的科学技术，我们现在一座炼铁高炉的出铁量，就等于 1932 年苏联 2.2 座相同体积的高炉的出铁量；一座炼钢平炉的出钢量，就等于 1932 年苏联 3 座相同炉底面积的平炉的出钢量。这还远没有包括氧气炼钢等先进技术的采用，更没有包括将原子能运用于冶金工业的巨大作用在内。

由此可见，我国是有条件，能够采取和苏联同样的速度来发展我国的工业的。

人们有时这样提出问题：既然我国的社会主义建设，不是在社会主义仅仅在一个国家里取得胜利，而是在社会主义已经在世界 1/3 以上人口的许多国家中取得胜利的条件下进行的，资本主义的包围，对于我们已不像苏联当时那样严重、危险了，那么，我们为什么还要以这样高的速度进行工业化呢？我国工业化的速度不是可以放慢一些吗？这种观点是不妥当的。因为决定工业高速度发展的因素，外部条件固然有很大的作用，但主要是取决于社会主义制度本身。生产资料公有制的建立，生产力的大解放，以及在新的经济条件的基础上社会主义的经济规律，特别是社会主义基本经济规律已经产生并发生作用，竞争和生产无政府状态的消除等，这些就决定了高速度发展工业的必然性和可能性；而迅速发展工业，不断地提高全社会的生产力，以满足社会日益增长的物质与文化的需要，则是人民革命的根本目的。人民群众知道，好的国际环境，对于社会主义的建设，固然很重要；但是好的国际环境本身，并不能自然而然地带给人们好的生活。好的生活，必须依靠自己的双手来创造。何况，我们也决不可以忽视这样的事实，即尽管国际形势的发展，对我们越来越有利，但帝国主义的威胁仍然存在，美国帝国主义仍然利用蒋介石集团霸占着我国的领土台湾，我国人民的和平建设和和平生活仍然受到威胁。因此，不能认为我国的社会主义建设是在比较有利的国际环境中进行的，就可以把工业化的速度放慢一些。依照我国实践的经验，有利的国际条件，不但不能成为延缓发展工业速度的理由；相反的，它为我国采取较高的速度发展工业提供了更加有利的条件，更能加速我国工业的发展速度。

当然，这也不是说，我国可能采取较高的速度发展工业，就可以任意地提高工业的发展速度。谁要这样想，那就会犯很大的错误。由于我国经济落后，科学技术落后，这就使我们在资金积累和资源利用等方面，受到一定的限制，因而给我国工业的高速度发展带来一定的困难。如果我们不继续艰苦奋斗，克勤克俭，坚持不懈地努力；如果我们对我国工业化的种种有利条件认识不清，或者不努力把我国工业有较高速度发展的可能性变为现实性，而在困难面前低头；如果我们对于经过努力本来可以达到的工业发展速度，认为达不到，所有这些，当然都是错误的，这是右倾保守主义。但是，忽视我们面前存在的困难，把可能性当做现实性；超越客观情况所许可的条件；脱离经济发展的正确比例；不顾保持后备力量的必要，任意提高工业发展的速度，那也都是错误的，这就是"左"倾冒险主义。右倾保守，看不到巨大的物质力量，它使各种可能调动的积极因素"冻结"起来；而"左"倾冒险，则不量力而行，它迫使我们去做那些在现今条件下实在做不到或者不应该做的事情。无论是右倾保守也好，"左"倾冒险也好，归根到底都是主观主义思想的反映。所以在规划工业的发展速度时，既要反对右倾保守，也要反对"左"倾冒险。那么，在规定我国工业发展速度时最基本的根据是什么呢？这就是我国不断发展着的生产力。这里不仅要看工业本身的生产力，而且要看农业的、建筑业的，以及交通运输业的生产力，也就是说，要看全社会的生产力；不仅要看生产力的现状，更重要的是看到它的发展，看到新的生产关系对于它的发展的积极作用。如果只看到生产力的局部，而看不到它的全体，如果只看到生产力发展过程中落后的一面，看不到生产力发展飞跃的一面；如果只看到生产力的现状，看不到它的发展，看不到新的生产关系对于它的发展的积极推动作用，那就会犯右倾保守的错误。如果对于生产力发展的可能的条件，不作实事求是的观察，只看到生产力发展的有利方面，看不到生产力发展的困难方面；如果夸大了新的生产关系对于生产力发展的能动作用，比如认为我国社会主义制度的优越性极大，我们就可以去做那些超越客观条件所许可的实在做不到的事情，那就会犯"左"倾冒险的错误。这就是说，我国工业发展的速度，必须建立在不断发展着的生产力的基础上；必须将需要与可能正确地结合起来。这里，既需要依靠广大群众的积极性和创造性，没有这一点，我们将寸步难行；又需要党和国家的正确领导，使我们有一个真正发扬了积极因素、克服了消极因素、经过平衡计算、按比例发展的工业计划，没有这一点，群众的积极性和创造性将不能充分地发挥和巩固，而工业部门的某些环节以致国民经济的某些环节，还有遭受人为冲击和发生失调的危险。正确的做法应当是：在规划工业的发展速度时，必须从不断发展着的生产力的情况出发，将广大群众的积极性、创造性和党的领导结合起来，只有如此，我国工业发展的速度，才能够是积极的而又稳妥可靠的。中国共产党第八次全国代表大会关于政治报告决议中指出："由于我国生产力获得了解放，由于我国有丰富的人力和物力的资源，有最广阔的国内市场，有以伟大的苏联为首的社会主义各国的支援，只要我们能够正确地处理上述各方面的问题，发挥全国人民的积极性，就有可能高速度地发展我国的生产力。如果对于这种可能性估计不足，或者不努力把这种可能性变为现实性，那就是保守主义的错误。但是，我们也必须估计到当前的经济上、财政上和技术力量上的客观限制，估计到保持后备力量的必要，而不应当脱离经济发展的正确比例。如果不估计到这些情况而规定一种过高的速度，结果就会反而妨碍经济的发展和计划的完成，那就是冒险主义的错误。党的任务，就是要随时注意防止和纠正右倾保守的或'左'倾冒险的倾向，积极地而又稳妥可靠地推进国民经济的发展。"

采取较高的速度来实行社会主义工业化，是我国人民的历史任务。但是，较高速度的工业化，必然影响到国家经济生活各个方面的发展，影响到积累的程度和消费的水平。中国共产党第八次全国代表大会要求我们在实现我国社会主义工业化的时候，一方面能够保证社会主义建设所需的资金积累；另一方面又能够保证人民生活的逐步改善。这就需要有正确的社会主义工业化的政策，需要正确地处理积累和消费的关系，需要加强党对企业的领导。

三　我国社会主义工业化的几个重要的政策问题

为了采取较高的速度进行社会主义工业化，为了使我国经济的发展，不仅能够满足社会主义建设对资金积累的需要，而且能够满足人民生活逐步改善的需要，是要充分地发展我国的生产力，特别是工业生产力。而要达到这个目的，就要有正确的社会主义工业化的政策，即正确的实现社会主义工业化的方法。

中国共产党第八次全国代表大会，对于我国社会主义工业化的问题特别重视，并根据马克思列宁主义的基本原理，结合苏联和社会主义各国的经验，特别是我国经济建设的实践，对于这个问题，总结出了正确的和完整的政策。这些政策就是：在实行工业化的同时，必须实现农业社会主义的改造，积极地发展农业；在优先发展重工业的时候，必须相应地积极发展轻工业；在建设新的和内地（包括民族区域）的工业的时候，必须充分地运用原有的和近海地区的工业；在发展社会主义工业的时候，必须彻底完成对资本主义工业和手工业的社会主义改造；在发展中央工业的时候，必须积极地扶助地方工业的发展，不仅注意到大工业的发展，同时注意到中型和小型工业的发展；并将以上各个方面的发展，有机地结合起来；将工业的发展和地质资源的勘探、技术人员的培养结合起来；将工业的发展与交通运输、商业贸易、文教卫生等项事业的发展结合起来；将我国工业的发展与世界最新的科学技术成就结合起来；将我国工业的发展和国际间的经济合作，特别是和社会主义各国的经济合作结合起来。

上面所说的党的社会主义工业化的政策的主旨是：发挥各方面的积极因素，利用一切对我们有利的条件，充分地发展我国的生产力，促进我国国民经济全面而有重点地发展，以便在这个基础上，普遍地改善我国各民族、各阶层人民的生活，进一步加强工人阶级和农民、知识分子及其他民主爱国人士的团结，加强各民族的团结，加强党和全体人民的团结；同时，促进社会主义阵营各国经济的共同高涨，以加强我国和社会主义各兄弟国家的团结及其他国际友人的团结。这样，就会更加推动我国生产力的发展。我国生产力的不断发展，就能使我们更多地增加积累和提高消费水平，更进一步扩大国际经济合作，从而更加巩固上述各个方面的团结。这样，反过来又将推动我国生产力更迅速地发展。

党的社会主义工业化政策的主要方面，在于正确地处理发展工业同发展农业的关系和发展重工业同发展轻工业的关系。因为发展工业和发展农业，发展重工业和发展轻工业的关系处理得是否恰当，不仅直接影响到社会的积累和社会的消费之间的比例关系，也就是说，影响到工业化的速度和人民生活的改善程度；而且这两种关系的确定，在很大程度上还决定着沿海工业和内地工业、中央工业和地方工业等方面发展的比例关系和速度，决定着对资本主义工商业和手工业社会主义改造的速度。因此，对于工业同农业和重工业同轻工业发展的比例关系，必须予以特别重视。

下面就着重说明党的社会主义工业化政策的几个主要方面。

（一）社会主义工业化和发展农业的关系

我国原来是一个经济上十分落后的农业国，在第一个五年计划开始的时候，我国的现代工业的生产，在社会生产中所占的比重是很小的。1949年，我国现代工业的产值，只占工农业总产值的 17%，到第一个五年计划开始的时候，也只占 26.7%。显然，要建设社会主义，要把我国由落后的农业国变成先进的社会主义工业国，就要大大地发展我国的工业。因为工业是国民经济的主导部门，它的发展带动着整个国民经济。只有社会主义工业发展了，特别是以机器制造工业和冶金工业为中心的重工业发展了，才能为社会主义经济奠定物质基础，才能将整个国民经济，包括农业经济在内，转到现代化大生产的技术基础上去，才能有巩固的社会主义。

列宁非常重视大机器工业对于改造农业和加强工人阶级同农民联盟的作用，他说："社会主义的唯一物质基础就是同时也能改造农业的大机器工业。"因为只有大机器工业，才能保证农业有加速自己发展所必须的生产工具和生产资料，只有以大机器工业为核心的社会主义工业发展了，国家才有必需的工业产品去交换农民的产品，以满足农民生产和生活的不断增长的需要。这样，在工业和农业之间、城市和乡村之间，就不仅有着商业的结合，同时还具有着生产的结合，从而使工人阶级和农民的联盟，建立在新的坚实的经济基础上。也只有这样，才能保证劳动生产率的迅速提高，使新的社会主义制度，既在城市，也在乡村进一步巩固起来。

因此，由中国共产党中央委员会提出、全国人民代表大会通过的发展我国国民经济的第一个五年计划，就是以集中主要力量进行以苏联帮助我国设计的 156 个建设单位为中心的、由限额以上的 694 个建设单位组成的工业建设，主要是重工业的建设为主体的。实践证明，这样做是完全正确的。在过去四年中，不仅我国的工业增长了一倍，而且我国的农业也增长了将近 20%，我国的整个国民经济在全面高涨中。最近，在中国共产党第八次全国代表大会通过的关于发展国民经济的第二个五年计划（1958—1962 年）的建议中指出：第二个五年计划的基本任务之一就是"继续进行以重工业为中心的工业建设，推进国民经济的技术改造，建立我国社会主义工业化的巩固基础"；并确定：在第二个五年计划期间，在财政收入增加的基础上，将国家基本建设的投资，在全部财政支出中所占的比重，从第一个五年计划的 35% 左右提高到 40% 左右，也就是说，国家对于基本建设的投资，第二个五年计划将比第一个五年计划增加一倍左右。在国家的基本建设总投资额中，工业投资的比重将从第一个五年计划的 58.2% 提高到 60% 左右。这样，全党和全国人民经过第一个五年计划和第二个五年计划期间克勤克俭的努力，到 1962 年，我国主要的重工业产品就可能达到以及超过以下的水平（见下表）。

产品名称	1962 年计划产量	1957 年计划产量	1952 年实际产量	历史上最高年产量	
				年份	产量
发电量（亿度）	400—430	159.0	72.6	1941	59.6
原煤（万吨）	19000—21000	11298.5	6352.8	1942	6187.5
原油（万吨）	500—600	201.2	43.6	1943	32.0
钢（万吨）	1050—1200	412.0	135.0	1943	92.3
铝锭（万吨）	10—12	2.0	—	—	—
化学肥料（万吨）	300—320	57.8	19.4	1941	22.7
冶金设备（万吨）	3—4	0.8	—	—	—
发电设备（万千瓦）	140—150	16.4	0.67	—	—
金属切削机床（万台）	6—6.5	1.3	1.4	1941	0.5
原木（万立方公尺）	3100—3400	2000.0	1002.0	—	—
水泥（万吨）	1250—1450	600.0	286.0	1942	229.3

毫无疑问，实现了上表的指标，就可以建立起我国社会主义工业化的巩固基础，就可以推进我国国民经济包括农业在内的技术改造，就可以把

我国的整个国民经济引向全面的高涨。

集中力量发展工业，首先是发展重工业的方针，是不是意味着我们可以使农业生产的发展缓慢一些，或者听任农业停滞不前，或者"剥削"农业来发展工业，坐待工业发展之后再去发展农业呢？不，绝不是这样。工业虽然是发展国民经济的主导部门，而"农业对于工业化事业有多方面的极其重大的影响"。工业和农业的结合，构成统一的国民经济整体。它们的发展是相互依赖、相互促进和互为前提的。特别是像我们这样一个幅员广阔、人口众多的国家，农业在整个国民经济中不仅在现在，就是在将来也将要占相当重要的地位。正如中国共产党第八次全国代表大会关于政治报告决议中所说："农业对于工业化事业有多方面的极其重大的影响。农业的发展不仅直接地影响着人民生活的水平和轻工业发展的速度，而且也影响着重工业发展的速度。"因为农业是轻工业原料和人民食粮的供应者，是吸收工业品的主要的市场，是为输入设备以满足建设需要所必需的出口物资的主要供应者，是积累建设资金的重要来源之一。在这方面，只要举出以下的事实就很明白了。以 1955 年为例：在我国的国民收入中，来自农业的约占 52%；轻工业的原料约有 90% 是取自农业，更不用说全部工人阶级和城市人民的食粮和副食品也都是取自农业了；轻工业产品有 70% 以上是在农村销售的；生产资料在农村销售的比重也日渐增加；至于出口物资，则有一半以上是农业及其副业的产品；而国家预算的收入也有一半以上是直接或间接来自农民的。如果没有农业的积极发展，如果农业的发展赶不上工业发展的需要，如果工业和农业生产之间失去平衡和日益脱节，那么，要想迅速地发展我国的工业，要想扩大积累，要想改善人民生活，要想巩固工农联盟，这可能不可能呢？当然不可能。国际的经验和我国近几年来工农业生产发展的实际情况，都充分证明了这一点。大家知道，1953 年我国工业增长的速度是 31.7%，这是我国近年来工业增长速度最快的一年，抛开其他因素而外，主要是由于 1952 年的农业丰收。1956 年是我国工业增长速度最慢的一年，工业总产值较上年只增加 7.8%，其中生产资料增加 17%，消费资料只增加 1%，主要原因也是由于农业，即 1953 年和 1954 年这两年的农业生产，都因天灾没有完成计划，1954 年的棉花产量，比 1952 年还少 18.3%，结果就使工业特别是轻工业因农业的发展不相适应而不能迅速增长。由此可见，如果我们真正要想采取较高的速度发展工业，要想增加积累和提高消费水平，就必须积极地发展农业。这是发展工业的一个十分重要的条件。谁要是忽视了它，谁就会犯绝大的错误。

有人问：既然要集中力量优先发展工业特别是重工业，同时又要积极发展农业，这是否可能呢？如果积极地发展农业，就必须增加对于农业的投资比重和缩小工业的投资比重，这样，岂不要降低工业的发展速度吗？这种看法是片面的。固然，要积极地发展农业，国家需要适当地增加对农业的投资。但是，根据我国的具体情况，在不远的将来，我们还不可能有大量的农业机器和大量的化学肥料供应农业，我们还不可能进行大规模的垦荒，水旱灾害也还不能迅速根治。要发展农业，当前最主要的最关键的还不是由国家对于农业增加更多的投资，而是动员五万万农民的人力和物力，办好农业生产合作社。这样做，不仅能够大大地发展农业生产力，而且能够迅速地扩大群众自己对于农业的投资。下面的材料就是最显明的例子。1955 年全国农业生产合作社社员人口每人平均所生产的粮食，和全国农业人口每人平均所生产的粮食比较，初级社平均高出 14%，高级社平均高出 36.8%。从农业投资来看，全国高级社的农业投资占农业收入的 28.5%，副业投资占副业收入的 40.4%，初级社农业投资占农业收入的 21.9%，副业投资占副业收入的 30.3%。请看，这是一个多么巨大的力量！这个巨大的力量——五亿农民的力量，在工人阶级的领导之下，在过去革命斗争中，已经充分地显示出来了，在今后的经济建设中，必将大放光芒。谁要是无视这个力量，谁就是不懂得中国的革命和不懂得中国的建设。

也有人问：没有充分的现代农业机器供应农村，有可能实现农业合作化和有可能大大地发展农业吗？当然，农业的机械化，对于农业合作化事业的发展和农业生产力的提高是有巨大意义的。但是绝不可以认为没有农业的机械化，就不可能实行农业合作化，也不可以认为没有农业的机械化，就不可能有任何的农业技术改良。这种论点，实际上是要我国在工业化过程中，不去逐步地实行农业社会主义改造，而要等待工业化完成之后，才去实行农业的社会主义改造。这种论点，实际上也是要我国农业的发展停滞下来，坐待工业发展起来之后，再去发展。我国的实际生活，完全驳倒了这种论断。我们在基本上还没有现代农业机器的条件下，已经在今年基本上完成了农业的高级合作化，而其结果，如前所述，是大大地提高了农业生产力。毛泽东同志说："在农业方面，在我国的条件下，则必须先有合作化，然后才能使用大机器。"

同时，农业的技术改造，也必须随着我国社会主义工业化和农业合作化的发展，逐步地去实现，不可能"一蹴而就"。大家知道，随着我国工农业生产的恢复和发展，随着工业化和农业合作化的发展，我们已经陆续向农村供应新式农具、水车、抽水机及某些动力机器和化学肥料，并推广了一些优良品种和先进的耕作技术，逐步地实现着农业的技术改造。执行这些措施的结果，都推动了农业生产力的发展。正如毛泽东同志所说："我们现在不但正在进行关于社会制度方面的由私有制到公有制的革命，而且正在进行技术方面的由手工业生产到大规模现代化机器生产的革命，而这两种革命是结合在一起的。"

当然，要使我国农业全部机械化，要在技术上根本地改造农业，并进一步提高农业生产合作社的劳动生产率，则只有在我国建立强大的现代工业的过程中才能逐步解决。这是没有任何疑问的。

由此可见，我们要建设社会主义，就必须集中力量发展以重工业为中心的工业生产，但是，同时必须按比例地积极地发展农业生产。积极地发展农业生产，正是为了促进工业的发展，求得工农业发展的互相协调，使以较高速度发展工业的方针能够更好地实现。那种把实行工业化和积极地发展农业对立起来，强调一面，减弱另一面，只发展一面，延缓另一面发展的想法和做法，都是错误的。

为了在社会主义工业化过程中积极地发展农业，必须坚决地贯彻中国共产党第八次全国代表大会关于政治报告的决议中关于发展农业的指示："充分发挥农业已经基本上实现合作化这个优越条件，依靠合作社的集体力量和政府的支援，采取兴修水利、增施肥料、改良土壤、改良品种、推广新式农具、提高复种指数、改进耕作方法、防治病虫灾害等项措施，来增加单位面积产量。此外，还应当根据可能的条件，积极开垦荒地，扩大耕地面积。粮食生产是农业经济的基础，必须优先发展；同时也必须按照适当的比例发展棉花和其他各种经济作物的生产，并且发展畜牧业和副业生产，发展农业等多种经济。为了发扬农民的生产积极性，除了国家必须实行正确的税收政策、粮食政策和物价政策以外，农业生产合作社必须坚持勤俭办社和民主办社的方针，正确地处理合作社内部集体和个人的关系，进一步巩固集体所有制。"

同时，按照中国共产党第八次全国代表大会关于发展国民经济的第二个五年计划的建议，在第二个五年计划期间，将把对农业、林业、水利的投资比重，从第一个五年计划的 7.6%，提高到 10% 左右。

经过以上的努力，到 1962 年，我国的主要农产品，就可能达到以致超过以下的水平（见下表）。

产品名称	1962 年计划产量	第二个五年合计	1957 年计划产量	1952 年实际产量	历史上最高年产量	
					年份	产量
粮食（亿斤）	5000 左右	22000 左右	3631.8	3087.9	1936	2773.9
棉花（万担）	4800 左右	21000 左右	3270.0	2607.4	1936	1697.6
大豆（亿斤）	250 左右	1100 左右	224.4	190.4	1936	226.1

实现了上表所列的指标，我国农民和全体人民的物质和文化生活水平将会进一步提高，我国的工农联盟也将进一步巩固。这样，反过来又会增加国家的资金积累，推进我国的工业更加迅速地发展。

（二）社会主义工业化和发展重工业同发展轻工业的关系

我国工业的基础，特别是重工业的基础，是很薄弱的，不仅工业生产在社会生产中所占的比重很低，而且生产资料的生产，也远远落后于消费资料的生产，1949 年生产资料的产值只占全部工业产值的 28.8%，在第一个五年计划开始时，也只占 39.7%；同时，工业的技术水平也很低，主要的生产设备自己都不能制造。这种落后，是近百年来我国人民挨打受气、生活贫困的基本原因之一。为了彻底改变这种情况，必须采取较高的速度来实行工业化。而要在比较短的历史时期中，把我国由落后的农业国变成强大的社会主义工业国，并不是任何一种工业的发展都能够符合这个历史任务的要求的。只有优先发展重工业，才能达到这个目的。因为只有建立起强大的重工业，我国才可能建成独立的、完整的工业体系，我国才能够生产我国国民经济发展所必需的装备和各种基本原料和材料；我国才能够运用现代化的技术设备来装备和改造整个国民经济部门，从而大大地发展我国的生产力，使我国的工业水平迅速赶上和超过世界先进的资本主义国家；我们才可能在社会化大生产的基础上，使生产资料的社会主义所有制成为我国社会经济的唯一的基础；我国才能够迅速地提高人民的物质和文化生活水平，并加强我国的国防，保障我国的独立。

正因为这样，在第一个五年计划期间，我们才集中了最大的力量来进行以苏联帮助我们设计和供应设备的156项重点工程为中心的重工业的建设；在第二个五年计划期间，重工业的建设规模还要更加扩大，重工业的产品，像前面已经列举的那样，将要有很大的增长。这些重工业的建设，是我国社会主义的奠基石，是国家繁荣、富强和人民生活幸福所依靠的主要的物质力量。

因此，中国共产党第八次全国代表大会关于政治报告的决议说："必须继续坚持优先发展重工业的方针，积极扩大冶金工业、机器制造工业、电力工业、煤炭工业、石油工业、化学工业和建筑材料工业的建设，积极建立和发展我国重工业中目前还缺乏的或者薄弱的而又是最急需的部分，例如高级合金钢和稀有金属的冶炼，重型机器、专用机床和仪表的制造，有机合成化学工业、无线电工业和原子能工业的建设等。对于优先发展重工业这一基本建设方针不能有任何的忽视。要求各项建设事业不分轻重缓急地齐头并进的倾向，是错误的。"

在贯彻继续坚持优先发展重工业的方针问题上，中国共产党第八次全国代表大会特别注意机器制造工业和冶金工业的发展。这是由于前者是工业化的"心脏"，而后者是工业化的"基础"。如果片面地去发展机械工业，而不注意发展冶金工业，那么，机械制造工业的发展就没有原材料的保证，也就是说，在这样的条件下，机械制造工业的充分发展是不可能的。反之，如果只是强调发展冶金工业，而不注意发展机械制造工业，那么，冶金工业也会得不到必要的技术设备，因而它也不可能获得充分的发展。问题就是要将这两种工业的发展很好地结合起来，而避免两者的脱节。因此，在贯彻优先发展重工业的方针时，对于重工业中原材料工业和加工制造工业发展中的比例关系，必须充分地注意和正确地解决。

优先发展重工业，这已是肯定了的方针，但是绝不能由此得出结论说，在社会主义建设中，可以只顾重工业的发展，而忽视或者削弱轻工业的发展。因为国民经济各个部门的发展都有着密切的联系，重工业不能脱离其他经济部门，尤其不能脱离轻工业而孤立地发展，否则，重工业也就不可能获得迅速的、健康的发展。这是因为：

第一，我国是一个人口众多的大国，人口增殖又较快，随着工农业生产的发展，就业人口特别是参加工业劳动人口的不断增加，人民收入的不断提高，人民对于消费品的需要将日益增长。但是，目前我国轻工业品的产量，还不能满足这种日益增长的需要。例如，从 1953—1955 年人民购买力平均增长 13.1%，而消费品的生产，只平均增长 12.6%。这表明我国轻工业的发展还落后于人民购买力的增长。同时，和世界其他一些国家比较起来，我国轻工业也是比较落后的，如果按人口平均计算，我国的棉纺织工业产量要增加 3 倍以上，才能赶上现在的苏联；要增加 1 倍以上，才能赶上现在的印度。毛麻丝织工业，更加落后。为了实现以重工业为中心的社会主义工业化，把工业化事业和人民的物质福利增长结合起来，我们完全有必要在优先发展重工业同时，相应地积极地发展轻工业。我们知道，生产和消费是相互联系、相互制约着的，消费水平虽然由生产所决定，但是消费也会反过来给生产的发展以积极的影响。因此，只有在适当地发展轻工业以满足人民日益增长的对于消费品的需要的条件下，重工业才能获得顺利的迅速的发展。

第二，重工业的迅速发展，需要有广阔的国内市场，而轻工业的积极发展，就为重工业的发展提供了可靠的国内市场，并使工业的发展和农业的发展密切地结合起来。一方面，轻工业的积极发展本身需要大量的机器以及各种设备和动力、原料、燃料等生产资料的供应；另一方面，通过轻工业的积极发展，又可以吸收大量的农产品，刺激农业生产的发展，从而扩大农业对于生产资料的需要。这样，就能够在经济上进一步巩固工农联盟。只有有了广阔的市场，只有工业和农业的共同高涨，只有工农联盟的日益巩固，重工业的优先发展才有更加稳固的基础。

第三，轻工业一般建设较快，设备比较简单，生产周期也较短，因此，和重工业相比，轻工业的建设，具有投资少、建设易、收效快的特点。轻工业企业的建设一般只需要一年到两年的时间；在建成投入生产后，也只要一年左右甚至几个月的时间，就可以收回全部投资。由于这些特点，就使轻工业成为发展重工业的主要积累来源。在我国的预算中，直接和间接来自轻工业的收入，1955 年约占整个预算收入的 40%，1956 年约占 43% 左右，占预算收入的第 1 位。轻工业的积累除满足本身的基本建设的需要外，还有很大的盈余，从 1952—1955 年的 4 年间，其盈余额增加了 1.1 倍，除支援重工业的基本建设支出外，还有 55.5 亿元用以支援其他国民经济部门的发展。

由此可见，在社会主义工业化过程中，在优先发展重工业的同时，必须按比例地积极地发展轻工业。积极地发展轻工业，正是为了加快重工业的建设和促进整个国民经济的高涨和人民生活的逐步改善。如果只顾重工业的发展，忽视轻工业的发展，从长远的观点来看，就会削弱农业的发展，使整个国民经济的发展失调，使积累减少，使人民物质和文化生活的改善受到极其不利的影响，因而也就必然削弱重工业的迅速发展。这就是说，重工业的优先发展，只有在重工业和轻工业的相互发展中，才能顺利地进行。中国共产党第八次全国代表大会关于政治报告的决议中指出："在优先发展重工业的同时，我们必须根据原料、资金的可能和市场的需要，积极发展轻工业。采取这个政策，才能够有更多的消费品来供应人民日益增长的生活需要，继续保持物价的稳定；才能够有更多的日用工业品去交换农产品，在经济上巩固工农联盟；才能够更快地积累资金，来帮助重工业的发展。片面地强调重工业的发展而忽视轻工业的发展，结果将反而会削弱重工业。"

党在大规模建设开始的时候，就确定了在优先发展重工业的同时，相应地发展轻工业的方针，因此，基本上满足了人民对于日用消费品的需要，并保持了物价的稳定。

在第一个五年计划时期，由于我国的轻工业还有很大的潜在力，因此，计划规定轻工业的投资占工业投资的 11.2%，在执行过程中，略有增加，这样的比重，是适当的。在第二个五年计划时期，党考虑到人民消费水平的逐步提高，若干轻工业部门的生产能力将要感到不足，因此，中国共产党第八次全国代表大会确定要适当地提高轻工业投资所占的比重，以便更多地新建、扩建和改建一些当前急需的轻工业，如棉、毛、丝、麻、纺织、制纸和制糖等工业企业。中国共产党第八次全国代表大会关于第二个五年计划的建议中，对于重要轻工业产品的产量，要求在 1962 年达到如下的水平（见下表）。

产品名称	1962 年计划产量	1957 年计划产量	1952 年实际产量	历史上最高年产量	
				年份	产量
棉纱（万件）	800—900	500.0	361.8	1933	244.7
棉布（万匹）	23500—26000	16372.1	11163.4	—	—
盐（万吨）	1000—1100	755.4	494.5	1943	391.8
食用植物油（万吨）	310—320	179.4	98.3	—	—
糖（包括土糖）（万吨）	240—250	110.0	45.1	1936	41.4
机制纸（万吨）	150—160	65.5	37.2	1943	16.5

这样做，无疑将更加促进我国以重工业为中心的社会主义工业化迅速实现和人民物质文化生活水平的进一步提高。

为了积极发展轻工业，除有计划地新建、扩建或改建一些必要的轻工业企业之外，最主要的则是充分运用现有企业的生产能力，改善轻工业生产的工艺方法和技术设备。此外，由于轻工业的原料主要仰仗于农业，以及近海地区的工业和其他地区的地方工业、公私合营工业、手工业，主要是轻工业，因此要积极发展轻工业，还必须相应地积极发展农业、近海地区的工业、地方工业和彻底完成对资本主义工业和手工业的社会主义改造。只有这样，才能保证在优先发展重工业的同时，积极地发展轻工业。

积极地发展轻工业，必须在国家统一的计划下进行，即在保证优先发展重工业的前提下，在原料和设备供应有可能，社会需要增加而原有设备能力又不足的条件下来积极地发展，防止盲目地发展。

有人问：在社会主义工业化过程中，既要优先发展重工业，同时又要积极地发展轻工业，这是否可能呢？如果这样做，投资会不会分散，因而影响到重工业的迅速发展呢？从经济发展的客观过程来看，优先发展重工业不仅不排斥轻工业的积极发展，相反的它要求轻工业的积极发展相配合。至于"投资分散"的说法，那是因为没有算细账和算大账。比如，新建一个 10 万锭、3500 台布机的棉纺织厂，按目前的价格计算，约需投资 3562 万元，建厂时间约 13 个月，工厂建成投入生产后最初 15 个月的积累（包括企业上缴利润、商业利润和商品税等）即可抵偿原投资总额；以后每年可以积累 3641 万元。如果把同样数目的资金不投入纺织工业而投入重工业的企业，一般需要两三年后，才能建成并开始逐步收回投资；但投入纺织工业，五年间不仅可以收回全部投资而且可以为发展重工业积累 9102 万元的资金。这还没有包括因轻工业的发展、市场扩大、农业发展和人民生活水平的提高对于发展重工业的意义。因此，只要我们坚持优先发展重工业的方针，根据我国的具体情况合理地安排重工业和轻工业的投资比例，在社会主义工业化的过程中完全可能在优先发展重工业的同时相应地发展轻工业。

（三）社会主义工业化过程中发展新建工业同发展原有工业、发展内地工业同发展近海地区工业的关系

我国原有的工业，不仅基础薄弱，而且在地区的分布上也很不平衡，很不合理。据 1952 年统计，全国工业总产值中有 73% 是近海地区七省三市的工业企业所生产的。以重工业中的钢铁工业为例，大约有 80% 以上分布在近海地区；而资源蕴藏丰富的内地，钢铁工业却很少。轻工业中以纺织工业为例，也有 80% 的纱锭和 90% 的布机分布在近海地区；而在广大的产棉区和内地，纺织工厂却很少。这种情况，反映了旧中国的半殖民地半封建的社会性质。

毫无疑问，要实行社会主义工业化，只靠原有的和近海地区的工业是决然不行的。社会主义工业化的任务就是要集中主要力量建立新的以重工业为中心的现代工业体系，并根据社会主义工农业分布原则，在内地（包括少数民族区域）建设新的工业基地。只有这样，才能改变我国经济落后和各地区间经济发展不平衡的状态，才能提高少数民族地区的经济发展水平，才能完成我国的社会主义工业化的任务，并把各民族组织在社会主义的大家庭中。在这方面，我国已经进行并将继续进行规模越来越大的建设工作。在第一个五年计划时期，已经建设和正在建设着的有东北、华中和内蒙古地区的以钢铁工业为中心的工业基地和工业区。根据中国共产党第八次全国代表大会关于发展国民经济的第二个五年计划的建议，在第二个五年计划期中，要求继续进行东北、华中和内蒙古地区的以钢铁工业为中心的工业基地的建设；开始进行西南、西北和三门峡周围地区以钢铁工业、水电站为中心的新工业基地的建设；继续进行新疆地区石油工业和有色金属工业的建设；积极发挥华东地区原有工业基地的作用；充分发挥华北地区和华南地区在工业上的作用；加强西藏地区的地质勘探工作，以便为发展西藏地区的工业准备条件。

在第一和第二个五年计划期内，党和国家非常注意发展少数民族地区的工业。特别在内蒙古自治区、新疆维吾尔自治区、甘肃省和青海省的少数民族区域将进行大规模的工业建设，并将加强西藏地区的地质勘探工作和改善这个地区的交通条件。这对于少数民族的经济和文化的发展，将产生重大的推进作用。

但是，建设新的工业，绝不可以忽视原有工业的发展；建设内地工业，绝不可以忽视近海地区工业的发展。因为，发展原有的和近海地区的工业，对于加速我国社会主义工业化的建设和满足人民的需要都有着很大的作用。在第一个五年计划中，靠原有工业企业增加的产值约占70%，在第二个五年计划中，仍将占一半。由此可见，没有原有的和近海地区的工业，我们就没有前进的阵地。原有的和近海地区的工业，在供应设备、培养干部，特别是在供应人民消费品和积累建设资金方面，不仅在今天，而且在将来相当长的时间内，都将占极重要的地位。仅以上海的工业为例，目前即供应全国纱、布、纸烟需要量的1/3，日用百货的60%，供应全国各重点建设工程以各种设备；并且陆续调出了各种技术人员和工人近21万人支援了内地；为国家积累的建设资金，在第一个五年计划期间，约占全国基本建设投资总额的1/5左右。这还不说，如果对于原有的和近海地区的工业，加以适当的扩建和改建，比起建设新的工业来，是投资少、建设快、收效大的。比如新建纸厂，如按日产100吨新闻纸的规模计算，需要投资2600万元，而扩建只需1300万元左右。同时，建设的时间将缩短一半。又如对国营天津钢厂投资1491万元，在短时期内，钢锭的产量即可提高4.82倍，钢材的产量即可提高1.68倍，劳动生产率即可提高80%，成本即可降低20%，每年即可增加利润4600万元。而如果在内地建设新的钢厂，投资将要增加几倍，而投入生产的时间至少也要推迟两三年。由此可见，合理地利用原有的和近海地区的工业，充分发挥它们的积极作用，对于加速我国社会主义工业化和满足人民的需要有多么重大的意义。因此，中国共产党第八次全国代表大会关于发展国民经济的第二个五年计划的建议中指出："原有企业应该充分利用其原有的生产潜力，并且根据具体情况，有计划、有步骤地改善某些落后设备，提高原有企业的技术水平。"

然而，在这方面，我们还存在很多缺点。对于原有的和近海地区的工业，不仅一些应该扩建或改建的，没有认真进行扩建或改建；而且大多数企业现有的生产能力，也远没有动用起来，不少企业还被限制了发展。同样以上海市为例，该市目前的工业产值约占全国工业产值的1/5，但一般工厂的设备利用率则在70%以下。其他一些近海地区的工业，也有类似的情形。正因为如此，所以原有工业和近海地区工业的发展速度，在过去几年是比较低的。从1952—1955年，全国工业总产值共增加315%，其中内地工业的产值增加491.5%，近海地区工业产值仅增加264.2%，而上海地区的工业产值则只增加150.5%。自从党中央和毛泽东同志提出充分利用原有工业和近海地区工业的生产能力的指示以后，上面所说的情况就有了很大的转变，1956年上半年和1955年上半年相比较，全国工业总产值增加 26.1%，其中内地工业增加 24.6%，而近海地区工业则增加 26.8%，上海地区的工业增加 26.1%，这不仅说明了党的政策的伟大力量，而且也说明原有工业和近海地区的工业有着很大的生产潜力。

为了加速社会主义工业化的速度，为了更好地满足人民的需要，我们在集中主要力量建设内地工业的同时，必须比以往更多地重视原有的和近海地区的工业的发展，充分发挥它们的作用。因此，中国共产党第八次全国代表大会关于政治报告的决议中指出："在内地和近海地区的关系上，既须继续把工业重点合理地移向内地，发展内地的经济事业，又须充分利用和合理发展近海地区的经济事业，特别是应当充分利用近海原有的工业基地来迅速推进内地新的工业基地的建设。"为了贯彻这个决议，我们应当采取积极的措施，对于那些需要发展而又有条件改建和扩建的企业，在投资少、建设快、收效大的原则下，予以改建和扩建。对于那些需要发展而只要更新某些设备或改造某一生产环节的企业，就应坚决予以更新或改造，使其有更高的生产能力。为了配合某些原有企业的生产，也可以考虑在某些近海地区建设一些和原有企业协作的新企业，使它们能协作生产，更大地发挥原有企业的潜在能力。为了保证以上措施的实现，适当地增加对发展原有的和近海地区的工业企业的投资是必要的。

有人问：原有的和近海地区的工业远离原料产地和销售市场，在经济上不尽合理，为什么还要发展呢？如果在内地建立新厂或将沿海地区的某些企业迁往内地，不是更经济一些吗？这种看法是不全面的。不可否认，近海地区的和原有的工业企业，有些的确是远离原料产地和销售市场，在分布上不尽合理，正因为这样，党和政府才在第一个和第二个五年计划中，对工业的地区分布作了比较合理的部署，首先规定必须在内地和少数民族区域扩大工业的建设规模，以改变旧中国工业分布不平衡、不合理的状况。但这并不是说，我们可以对原有的和近海地区的工业弃置不顾，或者限制其发展，而把所有力量都放在企业的新建或者内迁上。这样，不仅对于现成的生产力是一种不可容忍的破坏，而且建设同样的新企业则需要耗费更多的人力、物力、财力和需要更长的时间才能收到经济上的效果。两相比较，哪一个办法在经济上更合算，难道还不很清楚吗？

也有人问：发展原有的和近海地区的工业，从国防上来考虑不是有某种危险性吗？有这种想法的人，主要是不了解国际紧张局势的日趋缓和，世界和平力量的日益壮大，战争并不是注定不可避免的。我们为什么不利用这种有利的时机积极地发挥原有的和近海地区的工业的作用来为我国的社会主义建设服务呢？况且，强大的国防是建立在强大的经济基础之上的，我国的经济发展了，经济实力雄厚了，才会有使自己立于不败之地的国防力量，这个道理，也是非常明显的。

还有人问：原有工业企业设备陈旧，技术落后，是"食之无味，弃之可惜"的东西了，有值得发展的必要吗？这种看法，也是不对的。我国原有工业，一般来说，在技术上和设备上是比较落后的，但其中也不乏具有现代技术和设备的企业。即使对那些技术和设备比较落后的企业，我们也不能消极对待，限制它们的改造和发展。因为它们毕竟是我国工业生产的一个重要组成部分。如果我们对它们的技术设备加以适当的改造和更新，充分发挥它们的潜力，对于国家的社会主义工业化会起很大的作用。我们知道，苏联在第一个和第二个五年计划期间，对原有企业的扩建、改建和大修理的投资，占全部工业投资总额的30%以上，绝大多数原有的工厂，扩大了固定资产一倍以上，现在许多著名的工厂就是由原有工厂改建或扩建的。我国的"鞍钢"，也是由原有企业改建和扩建的，现在已成为我国第一个规模宏大的钢铁联合企业，对我国的社会主义建设事业起着重大的作用。由此看来，那种"喜新厌旧"的观点，显然是很错误的。

还有人问：如果我们积极发展原有的和近海地区的工业，岂不妨碍内地新建工业的建设和发展吗？这种顾虑是不必要的。因为我们并不是盲目地发展原有的和近海地区的工业，而是在保证集中主要力量首先建设内地新建工业的条件下来发展原有的和近海地区的工业；况且，原有的和近海地区的工业获得了应有的发展，反过来又会支援内地工业的发展。因此，积极地发展原有的和近海地区的工业，绝不会妨碍内地的新建工业的建设和发展速度，反而会积极推动它们的建设和发展。充分利用沿海工业，也就是有力地发展内地工业。如果真要想发展内地的新的工业，就必须积极地发展原有的和沿海的工业，谁要忽视这点，谁就是错误的了。

（四）社会主义工业化过程中发展社会主义工业同对于资本主义工业、手工业实行社会主义改造的关系

正确地解决社会主义工业和资本主义工业、个体手工业发展中的矛盾，是实现我国社会主义工业化事业的一项重要任务。因为我国的工业化是社会主义的工业化，是保证整个国民经济包括全部工业在内的社会主义成分对于小商品和资本主义成分胜利的工业化。所以在我国，不仅要建立起强大的社会主义工业，而且要彻底完成对资本主义工业、个体手工业的社会主义改造之后，才有完全的社会主义工业。

目前，对资本主义工业实行社会主义改造和对个体手工业实行合作化的任务基本上已经完成了。现在全国资本主义工业除某些少数民族地区外，已经全部纳入公私合营的高级形式国家资本主义的轨道；全国90%以上的个体手工业者已经组织起来实现了合作化。但是，当我们在学习我国社会主义工业化的政策时，简要地回顾一下这一任务的解决过程，还是很有意义的。

由于我国的历史条件所决定，革命胜利后，在国民经济中还存在着相当部分的资本主义工业。根据统计，资本主义工业的产值，在整个工业产值中，1949年占63%，在第一个五年计划开始时，仍占39%。资本主义工业的产品主要是消费资料，其中，有不少是人民喜爱的日用品。由于我国经济落后和小生产占优势，这一部分资本主义工业，对于社会生产的发展仍然有着积极的作用，它的存在有助于生产社会化和劳动生产率的提高。同时，国家可借以取得更多的工业品同农民交换农产品；可借以维持劳动者就业；可借以训练技术工人和管理人员；可借以增加工业化资金的积累。这些，都有利于国民经济的恢复、发展和工农联盟的巩固。因此，在我国的社会主义建设过程中，必须利用资本主义的这种积极的一面，为社会主义工业化事业服务。

但是，资本主义的生产，是建立在剥削工人的基础上，以追逐利润为目的的。因此，在生产力和生产关系之间存在着不可调和的矛盾，生产关系严重地阻碍着生产力的发展；工人群众的积极性和创造性受到极大的压抑，劳动生产率低下，设备不能很好地利用，浪费大，成本高，生产潜力未能充分地发挥出来，生产具有极大的盲目性和投机性。这一切，对于国家有计划的经济建设和人民生活的改善，起着消极的作用。如果任其自流发展，那么，其积极的一面就不能很好地发生作用，而其消极的一面对于国家的经济建设则往往造成严重的危害。因此，国家在利用资本主义工业积极的一面为社会主义工业化服务的同时，必须从经营范围、原料供应、销售市场和劳动条件等方面，对其消极的一面加以限制。与此同时，并通过"加工订货"、"公私合营"、"全行业改造"等方式，逐步地对资本主义工业进行社会主义改造，把资本主义所有制逐步改造成为社会主义全民所有制，把资产阶级分子逐步改造成为自食其力的劳动者。

采用这种和平改造方式，变资本主义工业为社会主义工业，一方面可以避免因资本主义企业所有制的突然转变而使这一部分社会生产力遭到不应有的损害和破坏，并有利于资本主义企业内的工人学习经营管理工业的本领；另一方面又可以最大限度地孤立抗拒社会主义改造的分子，减少社会主义建设和社会主义改造中的阻力。因此，它完全符合工人阶级和全国人民的最高利益。那种机械地搬运外国的经验，主张在工人阶级领导的国家政权之下，对待承认工人阶级的领导并愿意接受社会主义改造、继续和工人阶级合作的资产阶级，采用"没收"或"挤垮"的办法，显然是不符合中国的具体历史条件的。刘少奇同志在中国共产党第八次全国代表大会的政治报告中说："从'左'面离开党的总路线的倾向，主要的是要求在'一个早上'就实现社会主义，要求在我国用没收的方法消灭民族资产阶级，或者用排挤的方法使资本主义工商业破产，不承认过渡到社会主义应当采取逐步前进的步骤，不相信我们可以经过和平的道路达到社会主义革命的目的。"由于党坚决地拒绝和批判了这种错误的倾向，才取得了对于资本主义工商业的社会主义改造的全面的决定性的胜利。

在对资本主义实行社会主义改造的过程中，并不是没有遭到某些资产阶级分子的抵抗的。那种让国家只搞重工业，由资本家来搞轻工业；那种只"要"加工订货，不要公私合营；那种"喜欢"共同纲领，不喜欢社会主义改造等叫嚣，就是资产阶级企图抵抗社会主义改造的一种表现。但是，资产阶级的这种想要发展资本主义和反对社会主义的企图，是违背历史发展规律的，所以为广大人民所不容。经过七年来复杂的斗争和说服教育，他们这种本能的幻想逐渐遭到破灭，于是绝大多数民族资产阶级分子才走上了社会主义改造的光明道路。

手工业生产同样是我国国民经济中一个不可忽视的力量。根据1952年的统计，包括作为农民副业的手工业在内，手工业的总产值，约占工农业总产值的20%以上，全国城乡手工业者约有1000多万人。手工业生产对于我国国民经济的发展和人民生活的改善有着重大的作用。一般农民所需的生产资料和生活资料约有60%—80%是依靠手工业生产的，在供应城市的消费品中，也有相当一部分是来自手工业的。

可是以个体劳动和私有制为基础的手工业，虽然不剥削他人劳动，但生产规模非常狭小，经营分散，设备落后，无力采用新技术和扩大再生产，生产力得不到充分的发展。同时，他们的经济地位也很不稳固，其生产又不易纳入国家的计划轨道。因此，必须通过合作化的形式对手工业实行社会主义改造。也只有完成手工业的社会主义改造，才有完全的社会主义工业。

为了实现社会主义工业化，必须首先发展社会主义工业。因为社会主义工业的强大发展是我国实现社会主义工业化和建设社会主义的根本保证。但同时也必须逐步实行对资本主义工业和个体手工业的社会主义改造，以保证工业中社会主义成分的不断增长，最后以社会主义工业代替资本主义工业和以合作社工业代替个体手工业。发展社会主义工业和改造资本主义工业同个体手工业是社会主义工业化过程中两个不可缺少的相互关联的方面：一方面，只有社会主义工业的强大发展，才有可能吸引、改造资本主义工业，才有可能用新技术支援手工业的改造；另一方面，只有逐步完成对资本主义工业和个体手工业的社会主义改造，才能够充分地发展我国工业经济的全部生产力，才有利于国营工业的更迅速发展，才能够使我国的工业全部成为社会主义工业。

资本主义工业和个体手工业由资本主义的和个体的生产经营制度转变为公私合营的和合作化的生产经营制度，是生产关系的一种根本变化，是我国社会主义改造的伟大胜利。但是，这并不意味着社会主义改造工作的完结，而是更深刻的改造的开始。应当看到，现在的公私合营企业究竟还不是完全的社会主义企业，还存在有"定息"制度；资本家还没有完全成为放弃剥削自食其力的劳动者；同时在职工和资方人员之间、公方人员和资方人员之间，还存在某些不够协调的现象。在这些公私合营企业的经营管理方面，也存在有机构臃肿庞大、管理制度杂乱、设备简陋、工序不全、技术落后、劳动条件差、劳动生产率低、产品质量差、浪费大、成本高等弱点。这就是说，在这些企业里还存在有许多阻碍生产力发展的因素，需要按照社会主义原则进行一系列的彻底的改造。在手工业方面，同样也存在着许多需要进一步解决的问题。

刘少奇同志在中国共产党第八次全国代表大会的政治报告中关于资本主义工商业和个体手工业的社会主义改造问题，作了如下指示："在资本主义工商业的改造工作方面，同样应当按照各行各业的特点和社会经济的多方面的需要，分别地解决它们发展中的具体问题，而不要轻率地作千篇一律的处理，以免造成损失。对于企业中的职工，应当继续进行有系统的教育工作和组织工作，使他们充分了解并执行自己在企业改造方面、生产方面和团结教育资方人员方面的任务，并且选拔职工中间的优秀分子参加企业的管理工作。对于资方人员，应当进行工作上和生活上的安排，建立公私双方人员共同工作的良好关系，并且继续加强对于他们的政治教育。资方人员很多是富有管理经验和技术知识的，他们了解消费者的具体需要，熟悉市场情况，善于精打细算。因此，我们的工作人员除开向他们进行教育以外，还必须认真地向他们学习，把他们的有益的经验和知识当作一份社会遗产继承下来。资本主义工商业的改造，目前还只达到全行业公私合营的阶段。我们必须准备在将来的适当时机，把这些企业变为完全社会主义的国营企业。"

"在手工业和其他原来的个体经济的改造工作方面，必须根据各行各业的特点，采取不同的形式，分别地解决各种合作组织在发展中的具体问题。在这里，不顾具体情况，采取千篇一律的形式，是错误的。一部分的合作组织在适当的条件下，将要发展成为国营企业或者并入国营企业；一部分的合作组织将在长时期内保持生产资料的集体所有制；而另一部分的合作组织，则将在社会主义企业的管理下保持自负盈亏的经营方式。各种合作组织都必须注意保持和发展原来的个体经济在生产上和经营上的优良传统。合作化以后，手工业产品的质量必须不降低而要提高，品种必须不减少而要增多。"

（五）社会主义工业化过程中发展中央工业同发展地方工业、发展大型工业同发展中小型工业的关系

我国的整个工业体系中，既有中央工业，又有地方工业。中央工业一般是具有全国意义的、对工业化起着决定作用的大型工业，其中主要是重工业。而地方工业除个别特殊者外，一般都是地区性的、中型的特别是小型的工业，其中主要是轻工业，它们利用本地原料材料进行生产，其产品也主要是用来满足本地区需要。我国的地方工业的产值，目前约占全部工业产值的50%以上，所占的比重是相当大的。

实现社会主义工业化，既要求大力建设和发展具有全国意义的、大型的中央工业，首先是苏联帮助我国建设的各项重点工程；又要求充分发挥地方的积极性和主动性，在国家统一计划下，根据各地的具体条件，因地制宜，积极地、有计划地发展地方工业，特别是中、小型工业，两者不可偏废。

对于这个问题，中国共产党第八次全国代表大会关于政治报告的决议中，作了如下规定："在中央和地方的关系上，既须发挥中央各经济部门的积极性，又须发挥地方的积极性；既须纠正地方经济事业中盲目发展的偏向，又须纠正对地方经济事业注意不够和限制过多的偏向。在大型工业和中、小型工业的关系上，既须努力建设那些起骨干作用的大型工业企业，又须有计划地新建和改建那些起配合作用的或者适合于较小规模经营的中、小型工业企业。"

应当看到，我国地大物博，人口众多，各地经济发展既不平衡，人民需要又是多种多样，因此，只靠中央的大型工业，远不能满足经济发展和人民日益增长的需要。所以，必须在全国平衡和地方统一计划之下，充分利用地方的原料、材料以及其他一切可用的资源，积极地发展地方的、中小型工业，来满足地方性的需要和补充中央的、大型工业的不足。但是地

方的、中小型工业的发展，必须以中央的、大型工业的发展为前提。因为
地方的、中小型的工业，无论在技术设备方面，或在经营管理方面，都需
要中央的大型工业的支持和援助。

由此可见，中央的、大型工业的发展和地方的、中小型工业的发展是
相互配合、相互促进和相互补充的。只发展地方的或者是中、小型的工
业，而不迅速发展中央的、大型的工业，当然根本不可能现实社会主义工
业化，而且地方的、中小型的工业也不可能真正发展起来；反之，如果只
是片面地强调集中力量发展中央的，特别是大型的工业，而忽略了或限制
了地方的，特别是中、小型工业的发展，势必造成投资长期不能动用、工
业增长速度缓慢和国民经济全面发展的失调，而各地丰富的资源则得不到
及时的、充分的利用，地方的积极性也得不到充分发挥，各地人民多样性
的需要也得不到满足。这是很有害的。因此，中央的工业和地方的工业，
大型的工业和中、小型的工业，必须统筹兼顾，合理安排，以求得共同
发展。

关于中央的大型的工业的发展，在第一个五年计划和中国共产党第八
次全国代表大会关于发展国民经济的第二个五年计划的建议中，已经着重
地作了具体的安排，而且有许多已经在大规模的建设中。现在的问题是对
于地方工业、中小型工业的发展，需要比过去更多地加以注意。在过去几
年间，除了1951—1952年地方工业有过较快的发展，同时也发生过某些
盲目发展的偏向之外，此后，主要的偏向则是对地方工业的发展控制过
紧，限制过多，并且不适当地将某些由地方发展起来的企业收归中央管
理，这样就使地方的积极性和主动性不能得到充分的发挥。

我国的地方工业（其中多数是中小型工业），有很好的发展条件。不
仅基础较好，生产潜力很大；而且有充分的原料、材料和广大的销售市
场，加上地方的人力和财力充足，因而有广阔的发展前途。例如上海、天
津的日用消费品生产，特别是高级消费品的生产，以及某些地方的特产
（如景德镇的瓷器等）不仅在国内，而且在国外，都享有盛名；至于广
东、广西、福建、四川、云南、贵州等省的制糖业和造纸业，广东、广
西、云南、福建等地的食品工业和亚热带作物的加工工业，内蒙古、新疆

等地的皮革肉乳加工业等，都有很大的发展前途。而且它们的设备多半没有充分利用（一般利用率都在 60% 左右）。就是建设新厂，也因为大部分是轻工业，投资少，建设快，技术要求又不很复杂，如果国家给以必要的支持和援助，地方性的中、小型的工业是很可能迅速发展起来的。

为了合理地发展地方的、中小型的工业，下面的几个问题是需要注意的。

第一，地方工业的发展，应该根据因地制宜的原则，利用本地原料、材料和一切可能利用的资源来进行生产，其产品也主要是用来满足本地的需要，特别是当地农民的需要。

第二，地方新建或扩建的工厂如其产品的销售对象主要不是本地区而是属于全国性者（如上海、天津的日用百货及某些地方特产等），则应该按照国家的统一计划进行，以取得全国的平衡，而避免盲目性。

第三，某些由国家统一分配的产品，如中央工业生产不足，不能满足当地人民的需要，而地方又有条件生产的，地方可以根据国家的统一计划，发展该种产品的生产，来满足本地人民和其他地区人民的需要。

第四，地方工业生产，除了满足本地人民的生活需要以外，如果是为了满足本地农民和手工业者的生产需要，也可以发展一些生产资料的生产，如小型的煤矿、化肥厂、小型电站、生产和修理农具及手工机械的工厂等。

第五，为适应农副业生产的发展需要，地方可以根据需要适当地发展农副业产品的加工工业。

第六，地方工业的规模，不宜过大，除特殊情况者外，一般均以中、小型工业企业，特别是小型企业为适当。

第七，为了充分发挥地方发展工业的积极性和主动性，在中国共产党第八次全国代表大会上，周恩来同志关于发展国民经济的第二个五年计划的建议的报告中指出："凡关系到整个国民经济而带全局性、关键性、集中性的企业和事业，由中央管理；其他的企业和事业，应该尽可能地多交给地方管理；企业和事业在下放的时候，同它们有关的计划、财务管理和人事管理一般地应该随着下放。"毫无疑问，贯彻了这个方针之后，地方的积极性必将进一步提高，地方的工业必将进一步发展起来。

第八，在同一地区，如果既有中央的大型企业，又有同类性质或不同性质但可以同它协作的地方的中小型企业时，除地方企业应主动争取中央的大型企业的援助和协作之外，中央的、大型的企业有责任加强对地方企业技术和经营管理方面的协助，供应地方企业所需要的废料和搞好相互之间的协作，以求得共同的发展。

这样，积极地发展地方的、中小型的工业，不仅不会削弱中央的大型工业的发展，而且将有助于中央的、大型工业的发展，不仅不会妨碍国家的集中领导和统一计划的原则，而且还会在国家统一要求下，导致国民经济的全面高涨。

有的同志热衷于中央的、大型工业的发展，看不起地方的、中小型工业的作用，只注意中央部门多管一些企业，不注意发挥地方的潜在力量和积极性，这是没有从全局的观点去看工业的和国民经济的全面发展。他们忽视了我国在经济发展上和人民物质文化生活需要上的地区差异性和不平衡性，看不到中央工业和地方工业、大型工业和中小型工业的相互配合和相互支援的必要性。批判这种片面的观点，对于加速我国社会主义工业化和促进各地经济的普遍繁荣是很有意义的。

（六）社会主义工业化和提高技术水平、培养技术力量的关系

为了加速实现社会主义工业化，把我国建设成为一个强大的社会主义工业国，并把国民经济主要生产部门的生产力提高到现代国际水平，党提出了在12年左右的时间，争取在科学技术水平的主要方面基本上达到或者接近世界先进水平的号召。

现代科学技术正在一日千里地前进。生产过程正在逐步地实现全盘机械化、自动化和远距离操纵；各种高温、高压和超高温、超高压、超高速的机器正在设计和生产出来；各种运输机器的航程和速率日益提高，高速飞机已经超过音速；各种新的金属和合金材料，以及用化学方法人工合成的材料，正在不断地生产出来；各个生产部门的生产技术和工艺规程，正在日新月异地变革。科学技术新发展中的最高峰是原子能的利用。原子能给人类提供了无比强大的新的动力源泉，给科学的各个部门开辟了革新的

远大前途。同时，由于电子学和其他科学的进步而产生的电子自动控制机器，已经可以开始有条件地代替一部分特定的脑力劳动，这就大大提高了自动化技术的水平。这些技术上的新的成就，使人类面临着一个新的科学技术和工业革命的前夕。

但是，我们国家目前还远远地落在世界科学技术发展水平的后面。我国目前不仅还不能利用原子能，而且许多新的工业部门都还没有建立，如耐热、耐冲、耐侵蚀的高级合金钢，稀有金属及高纯度金属，有机合成产品等，我们基本上还不能生产；许多现代工业生产上的新的生产方法，我国还不能采用或者不能广泛地采用，例如，冶金工业中采用自熔性烧结矿，高炉采用高压炉顶、蒸气鼓风、富氧鼓风，冶炼低锰生铁，氧气炼钢，真空冶炼钢铁，真空浇铸钢锭以及连续铸钢等；采煤工业中的露天开采、水力采煤、井下瓦斯采煤等；石油工业中采用涡轮钻钻井，采油方法采用人工保持油层压力法，炼油方面采用"催化过程"等；机械工业中采用蜡模铸造和压铸法等；化学工业中采用合成氨触媒低压还原法，电解食盐中提高电流密度，纯碱工业中采用循环结晶等；纺织工业中采用金属针布和双分梳棍，采用条卷机、大牵伸并条机和改进细纱机等；食品工业中榨油采用溶剂浸出法；制糖工业采用离子交换法、高温减碱法；卷烟工业中采用人工发酵法；制纸工业中采用硫酸盐法、化学磨木法、氯化法等，以及在生产方面示踪原子的利用等，我们还没有采用或者没有广泛采用。我们的生产装备也十分落后，现在还缺乏冷轧、冷拔设备，重型锻压设备，真空冶炼设备等。

更严重的是，我国的技术干部十分缺乏，并且现有的技术干部水平也较低。根据 1955 年的统计，全国工业生产企业的工程技术人员仅占全部企业职工总数的 5.3%；建筑安装企业的工程技术人员也只占全部企业职工总数的 4.9%；而在全国各部门的技术人员中，工程师、技术人员占58%，其中工程师只占 5%；这些数字充分说明了我国现有的技术力量还不能满足我国社会主义工业化的需要。

因此，中国共产党第八次全国代表大会提出了逐步地完成我国国民经济技术改造和大力培养建设干部的任务。关于国民经济的技术改造问题，大会关于政治报告的决议指出："一方面需要广泛地吸收苏联、各人民民主国家和世界上其它国家最新的科学技术成就，另一方面又需要密切地结合我国的自然条件和经济条件设计和生产适合于我国具体需要的新产品。只有依靠这些重大的努力，并且依靠社会主义各国的技术支援，我们才有可能逐步地完成我国国民经济技术改造的艰巨任务。"决议同时指出："必须集结和壮大设计新产品的力量，增强制造能力，并且逐步地推行生产标准化，加强专业和协作的配合，以提高我国技术水平。在今后一个时期内，对于主要工业产品，特别是国家建设和国民经济技术改造所必需的技术设备，应当通过仿造的办法，逐步达到能够自行设计和制造的目的。"这些，都是为了给国民经济的技术改造创造物质前提。

在对工业部门技术改造的具体要求方面，中国共产党第八次全国代表大会关于发展国民经济的第二个五年计划的建议中，也有明确的规定。建议说："应该推进国民经济的技术改造，首先是进行重工业的技术改造，迅速提高我国工业的技术水平。在第二个五年计划期间，新建和重大改建的机器制造、冶金、化学、电力、石油、煤炭和无线电等主要的工矿企业，应该根据可能条件，采用先进的技术设备和利用最新的科学成就，努力掌握这些新技术，以便把我国的工业推进到现代化技术的轨道上。原有企业应该充分利用其原有的生产潜力，并且根据具体情况，有计划、有步骤地改善某些落后设备，提高原有企业的技术水平。一切新建、改建和原有的企业，都应该根据各个企业的具体条件，有效地和有计划地推广国内外的先进经验和先进生产方法，以迅速增加生产。"

建议又指出："国民经济的技术改造，必须主要建立在我国的重工业、特别是机器制造工业的基础上，并且同我国的技术力量、财政力量、自然资源和劳动力等条件相适应，有重点、有步骤地进行。某些使用劳动力特别多的部门，应该在重要作业、重点工程和必须采用机械施工的工程方面逐步实现机械化，并且逐步提高机械化的程度；其他部分，应该继续利用我国劳动力的巨大潜力。"

提高工业产品的质量和建筑工程的质量，对于我国的社会主义工业化有着重大的意义。因为，质量优良的工业产品和建筑工程，就是社会最大的节约；相反，则是最大的浪费。而工业产品和建筑工程质量的好坏，又和我国科学技术水平的高低有着很大的关系。为了大大地提高我国工业产品的质量和建筑工程的质量，必须努力提高我国的科学技术水平。这是我国的工人、工程技术人员和管理人员的光荣而艰巨的任务。

在大力培养建设干部方面，中国共产党第八次全国代表大会关于发展国民经济的第二个五年计划的建议中说："在第二个五年计划期间，应该大力地培养建设干部，努力发展高等教育和中等专业教育，继续派遣高等学校毕业生和教师到国外去学习我们缺乏的学科，有计划、有步骤地发展业余的高等教育和中等专业教育，以便更多地培养国家建设所需要的各类专门人才。同时注意发展工人技术学校，并且采取各种方式，努力培养技术工人。

高等教育应该以发展工科和理科为重点，并且积极地发展师范和农林科，适当地发展其他学科。五年内，高等学校毕业生要求达到 50 万人左右，比第一个五年计划大约增长 80%。1962 年高等学校在校学生要求达到 85 万人左右，比 1957 年计划大约增加一倍。"

为了实现上面的要求，党和国家已经采取和将要采取的措施是：

第一，大力发展科学技术研究工作。在中国共产党的领导下，我国的科学院已经初步拟定了一个 1956—1967 年的科学发展规划。这个规划要求我国最急需的科学和技术部门，在 12 年内接近世界的先进水平。各个科学研究机关、高等学校和各工业及其他经济部门的科学技术研究机构，正在同心协力地完成这个规划。我们完全相信，从迅速掌握苏联和其他工业先进国家已有的技术科学成就做起，同时根据我国的资源条件，逐步发展我国的科学技术，我国的科学技术的花朵一定能够在最近的将来，万紫千红地、争奇斗艳地开放起来。

第二，大力培养建设干部。党和国家在最近几年中，以很大的努力来发展文化教育事业。特别是高等学校的学生，有很大的增加。今年高等学校的学生已达到 38.5 万人，比 1949 年增加 2.3 倍。其中，工科学校的学生，达到 14.5 万人，比 1949 年增加将近 4 倍。在这样的高速度发展中，曾发生了强调数量、忽视质量的偏向。中国共产党第八次全国代表大会关于政治报告的决议中批判了这种偏向，要求在保证一定质量的条件下，继续增加学生的数量。只要我们坚决地贯彻党的决议，不久的将来，我国就可能培养出大批优秀的建设干部来。

第三，建立强有力的技术科学的情报机构，充实技术资料，加强技术图书馆的建立，做好国内先进技术经验资料的交流工作，改善国外技术书刊的进口，扩大国外重要技术资料的翻译工作，以广泛地收集世界上各先进工业国家的科学技术资料，并广泛地组织技术学习。

我国在工业方面的科学技术是十分落后的。正因为我们落后，所以更应该加倍努力，奋起直追。在这方面，"夜郎自大"、安于落后的思想固然是错误的，但是，缺乏信心、畏缩不前的思想，同样也是错误的。由于我国科学技术水平落后，有的同志想一步踏上科学技术的高峰，因此不分轻重缓急，都要求采用新设备、新技术，而对原有的设备看不起和不很好地加以利用，对于原有技术中的某些精华部分不予总结和提高，这当然是不对的；但是，满足于现有的陈旧设备和落后技术，对于可能的改建、扩建和技术革新，采取冷淡的态度，同样也是不正确的。国际环境对我们是有利的，我们有苏联和各人民民主国家无私的兄弟般的援助；时代对我们是有利的，我们可以采用当代最先进的科学技术来为我国的社会主义工业化和社会主义建设事业服务。富于智慧和技巧的中国人民，只要能够充分地运用这些有利条件，奋勇前进，我们就一定能够迅速地掌握世界上最先进的科学技术，实现中国共产党的号召，把我国的科学技术推向新的高峰，使我国社会主义工业化的事业一日千里地前进！

（七）社会主义工业化和市场、价格、计划的关系

为了实现社会主义工业化，为了促进工农业生产的发展和扩大商品流通，必须正确地解决市场、价格和计划工作方面的问题。

第一，由于对私营工商业的社会主义改造已经基本完成和社会主义经济在整个国民经济中已经取得了支配的地位，因此，在我国已经形成了社会主义的统一市场。通过这种社会主义的统一市场，国家不仅能够统一管理全部生产资料的产品的分配，而且也能够适当地管理绝大部分消费资料的产品的分配。这对于促进生产发展、扩大商品流通、增加资金积累、便利人民消费，都是有极其重大的作用的。社会主义的统一市场的建立，是实现我国社会主义工业化的一个必要的和重要的条件，否则，就不可能有计划地进行生产和建设，就不可能顺利地实行计划经济。

根据我国的具体情况，中国共产党第八次全国代表大会关于政治报告的决议中指出："这种社会主义的统一市场应当以国家市场为主体，同时附有在一定范围内的国家领导下的自由市场，作为国家市场的补充。"这就是说，（1）对于生产资料的产品，不通过市场交换，由国家按计划统一进行调拨，这就保证了企业能够得到完成它的生产计划所必需的生产资料，而有利于生产事业的发展；（2）对于有关国计民生和规格简单的主要消费资料的产品，如棉纱、棉布、食糖、民用煤炭等，则由国家实行统购包销，以保证供应，稳定市场；（3）对于品种繁多、规格复杂的消费资料的产品，如日用百货等，则逐步停止统购包销的办法，而改用选购的办法。全部生产资料由国家按计划进行内部调拨，主要消费资料由国家统购包销，这样国家就有充足的力量来领导市场，使之为社会主义的计划经济服务。除此而外，凡是属于选购的商品，商业部门有优先选购的权利，而没有选购或者选剩的商品，则由生产单位自销，或者委托商业部门代销。同时，对于一部分农业和农村副业产品，如小土产等，现在由当地供销合作社独家统一收购的，也改为允许各地国营商店、合作商店、合作小组和供销合作社一起自由收购，自由贩运。这也就是说，除了作为主体的国家市场而外，还有在一定范围内的自由市场作为国家市场的补充。

党之所以提出要对一部分商品采取选购办法，来逐步代替过去的统购包销的办法或者由独家统一经营的办法，主要目的，是为了使生产单位或者生产者个人更加关心产品的销路，提高质量，增加花色品种，更好地适应消费者的需要。党之所以要在现在采取新的市场管理办法，是由于社会主义改造已经取得了决定性的胜利，因此，那些原来为了限制资本主义工商业投机活动而规定的办法，就不适用了，而必须加以改变。

当然，国家市场是社会主义的统一市场的主体，它是整个市场的领导力量，如果削弱这个力量，那就有使生产和分配关系发生混乱的危险，这样就不可能有稳定的市场，也就不可能有效地实行计划经济，这显然是不能容许的。相反的，随着我国社会主义工业化的发展，我国的国家市场必须进一步加强和扩大。但同时，也必须注意组织在一定范围内的国家领导下的自由市场，以促进工农业生产的发展，工业产品的质量提高，品种的增加，并且扩大商品的流通。这样做，正是对国家市场的有益补充，使它成为社会主义的统一市场的一个有机的组成部分。所以，在市场问题上，如果只注意国家市场，而不注意国家领导下的自由市场，那也是不对的。

我国的市场情况，正如陈云同志在中国共产党第八次全国代表大会的发言中所说的："在我国出现的是一种适合于我国情况和人民需要的社会主义的市场。……这种社会主义经济的市场，决不是资本主义的自由市场，而是社会主义的统一市场。在社会主义的统一市场里，国家市场是它的主体，但是附有一定范围内国家领导的自由市场。这种自由市场，是在国家领导之下，作为国家市场的补充，因此，它是社会主义统一市场的组成部分。"

第二，价格问题和市场问题有着密切的联系，我国的价格，是和上面所说的市场的情况相适应的。对于生产资料的产品，由国家按计划统一进行分配，采用国家规定的统一的内部调拨价格，这就保证了企业能够按照预定的生产财务计划进行生产，而便于实行经济核算制度；对于国家实行统购包销的主要的消费资料的产品，如纱布、食糖、民用煤炭，等等，则由国家规定工业和商业组织的批发价格，国营及合作社营商业的零售价格，这就可以保证基本生活资料按照合理的市场价格供应，以稳定市场；对于国家不实行统购包销的消费资料的产品，如日用百货等，则由有关单位按照既有利于生产又有利于消费的原则，合理规定收购价格和销售价格，这就可以一方面刺激生产，另一方面便利消费。

同时，为了鼓励工业和农业产品提高质量，增加花色品种，必须实行按质分等论价，即优质优价的政策。刘少奇同志在中国共产党第八次全国代表大会的政治报告中说："为了提高工农业产品的质量，在收购和销售两方面，都必须实行按质分等论价的政策。对于当地收购、当地销售的商品，收销差价过大的，应当适当地缩小；而对于低值的小商品的批零差价，应当适当地扩大。此外，还必须严格禁止违反国家的物价政策而寻求不应有的商业利润的行为。"

新中国成立后，国家对于物价工作，一直实行着系统的领导，对于农产品的收购价格，略有提高，对于工业和农业产品在市场上的销售价格，则基本上采取稳定的政策。实践证明，这样的价格政策是正确的，它促进了我国工业和农业生产的发展，并且进一步巩固了工农联盟。但是有一部分农副业产品（如油料作物、生猪等）的价格还是偏低的；一部分工业产品的价格，由于过去实行商业部门向工厂加工订货的办法，因而原来的收购价格也有偏低的，这些都不利于生产的发展，国家正在加以调整。此外，我国价格政策中还存在着一种不利于生产的现象，就是在出售价格方面，把稳定物价片面地看成是"统一物价"，或者"冻结物价"，这样就使不同品质的产品差价很小，因而不仅不能鼓励产品质量的提高，反而助长产品质量的下降。对此，国家也在进行调整。

在价格问题上，既要看到国民经济有计划（按比例）发展规律的作用，也要适当地估计到在社会主义经济制度下价值规律的作用和影响。

当然，由于对农业、手工业、资本主义工商业社会主义改造的胜利，价值规律在我国国民经济中发生作用的范围是大大地缩小了。这对于我国计划经济的进行是非常有利的。但是，价值规律对于我国经济生活的某些方面仍将发生作用。大家知道，我国的国营企业和公私合营企业以及合作社企业所生产的各种消费品，都是通过市场来进行交换的，这些产品的生产和流通，自然要受到价值规律的影响，特别是这些企业的属于国家计划以外的根据市场需要的某些消费品的生产，价值规律仍在一定程度上对它起调节作用；至于我国的国营企业和公私合营企业生产资料的生产，虽然是按照国家的计划生产而不是受价值规律调节的，但它在一定程度上也受价值规律的影响。这是因为这些企业都是以货币形式计算盈亏的。如果离开货币形式，离开产品的合理价格，则无法进行经济核算。而实行经济核算通过货币形式所表现的盈亏则是受价值规律的影响的。所以，正确地处理价格问题，对于我国社会主义工业化和整个国民经济的健康发展是有很大意义的。

大家知道，人民的生活需要是多方面的，国家的计划，对于这种十分复杂而且经常变化的情况是很难全部包罗进去的。因此，如果想用国家计划来调节一切经济活动，显然是有困难的。所以，除了经济生活的主要部分由国家通过计划来进行调节外，对于那些数量不大、品种繁多的工业和农业产品，例如日用百货，等等，就可以通过国家市场运用价值规律来调节它们的生产和流通数量，使其在品种、花色、质量和数量方面都能随时适应人民的需要。在中国共产党第八次全国代表大会上，周恩来同志在关于发展国民经济的第二个五年计划的建议的报告中指出："由于社会主义改造事业的胜利，社会主义经济已经在我国占据了绝对的统治地位，这就使我们有可能在适当的范围内，更好地运用价值规律，来影响那些不必要由国家统购包销的、产值不大的、品种繁多的工农业产品的生产，以满足人民多样的生活需要。"在这种情况之下，正确地运用价值规律，对于我国的计划经济是有利而无害的。它只能促进我国经济的繁荣，而不致破坏我国社会主义的统一市场和我国的计划经济。

第三，我国的计划工作，是和我国生产的性质同市场的性质相适应的。为了实现我国社会主义工业化，必须加强计划工作。因为国民经济是一个复杂的有机整体，国民经济的各个方面，都是互相影响、互相制约地发展着的，如果没有计划来指导，国民经济就不会协调地发展。同时，我国的社会主义工业化是坚持优先发展重工业的方针的，我们知道，要发展重工业，即冶金工业、机械工业、动力工业、燃料工业、化学工业、建筑材料工业等，就需要动员和运用数量巨大的物力和财力，指挥千百万人的劳动。而要进行这样规模宏大的建设，如果事先没有一个经过各方面平衡计算的计划，以便通过它来进行全面的和系统的领导，那么，要完成这样艰巨的任务，是难以设想的。同时，在国民经济中，除重工业以外，还有轻工业、农业、商业、运输业等经济部门，而文化教育事业的发展，也同经济建设的发展有着非常密切的联系。这些经济部门和事业单位，分别担负着满足人民物质文化的需要、积累建设资金和配合整个社会进行再生产的任务，都是社会主义建设所不能缺少的，同样也是发展重工业所不可缺少的。在社会主义工业化的过程当中，如果没有一个发展国民经济的计划来正确规定国民经济各部门和各方面之间发展的比例关系，就会造成国民经济某一部门或某一方面畸形发展的失调现象。这样，包括工业在内的整个国民经济就不能有重点地协调地向前发展。所以，把全国工农业产品的主要部分纳入国家计划，对国营企业，实行直接计划；对公私合营企业，基本上也可以采用直接计划，其基层生产单位按照计划进行生产，所生产的产品由国家按计划进行分配，这是完全必要的。否则社会主义工业化的建设不仅不能完成，并且还会给整个社会经济生活带来严重的混乱。所以我国宪法总纲第十五条明确规定："国家用经济计划指导国民经济的发展和改造，使生产力不断提高，以改进人民的物质生活和文化生活，巩固国家的独立和安全。"这就规定了国家借助于国民经济计划，根据经济发展的客观规律性，来确定全部国民经济及其各个部门的具体发展道路，对全国整个经济生活进行有系统的计划领导。

我国国民经济的计划化是建立在长期计划和短期计划的互相配合之上的。长期计划是规定若干年内我国社会主义经济发展的基本路线。中国共产党第八次全国代表大会关于政治报告的决议中确定，我国过渡时期长期计划的基本路线就是通过三个五年计划或者再多一点的时间，把我国从一个落后的农业国变为一个先进的强大的社会主义工业国。但是，在编制长期计划的时候，对计划在执行过程中可能发生的各种新的情况和问题，不可能完全加以预计，因此还必须编制年度计划以具体执行长期计划所确定的任务。年度计划可以根据当年的具体经济情况，并适应客观情况的变化，确定年度内国民经济各部门适当的比例关系，并根据新发掘的后备力量和国民经济发展的新的可能性，来对长期计划的分年指标，进行适当的调整，使长期计划所规定的任务能够提前完成或者超额完成。也只有这样，我们的国民经济计划才能正确地反映并符合客观经济过程的规律性，把以实现社会主义工业化为中心的国民经济计划，放在既积极又稳妥可靠的基础上。

为了把我国的长期计划和年度计划订得既积极又稳妥可靠，就要通过系统地了解和研究中国经济情况的办法，来进一步认识和掌握经济发展的客观规律和加强综合平衡、全面安排的工作，来掌握国民经济有计划按比例发展的规律。

在计划工作方面，中国共产党第八次全国代表大会关于政治报告的决议中规定："随着社会主义改造的胜利，全国工农业产品的主要部分都将列入国家计划，由生产单位按照计划进行生产。但是为了适应社会的多方面需要，在国家计划许可的范围内，有一部分产品将不列入国家计划，由生产单位直接按照原料和市场的情况进行生产，作为计划生产的补充。国家对于这一部分产品的生产只从供销关系上加以调节，或者只规定参考性的指标。如果把这一部分产品勉强列入国家计划，或者把参考性的指标当作正式计划的指标，对于这些产品的生产作不必要的限制，那就不合于经济发展和人民生活的需要。"

这就是说，全国工农业产品的主要部分应当纳入国家计划，国营工业企业实行直接计划，公私合营工业企业基本上也可以实行直接计划，即按照计划进行生产，这是我国计划经济的主体。除此以外，对于那些数量不多、品种繁杂的工农业产品，则不必列入正式计划，而可以通过商业部门的收购计划和正确的价格政策，来调节这些产品的生产和流通。对于生产这些产品的单位，则不实行直接计划，而只规定参考性的指标，即实行间接计划。因为人民所需要的商品有几千种、几万种，而国家能够直接以计划组织其生产的不过几十种、几百种；国家能够通过商业部门来在全国范围之内比较有效地进行调节的，也不过几百种到几千种，其他部分，只能由商业部门在地方范围之内进行调节，或者利用价值规律进行调节，如果把这一部分产品勉强列入国家计划，或者把参考性的指标当作正式计划指标，那就会对鼓励生产和满足人民需要，产生不良的结果。

这样，正如陈云同志在中国共产党第八次全国代表大会的发言中所说："全国工农业生产的主要部分，是按照计划生产的，但是，同时有一部分产品是按照市场变化而在国家计划所许可的范围内自由生产的。前者是工农业生产的主体，后者则是对计划生产的补充。"

与这种情况相适应，在计划管理制度方面，除由国家掌握的、具有重大国民经济意义的各项主要指标必须进一步增强它对经济活动的指导作用以外，对于由地方和部门掌握的各项指标，则应当具有一定的灵活性，以便更好地发挥各地方、各部门和各企业单位的积极性，从而保证计划的提前完成和超额完成。

　　总之，计划工作的好坏，对于我国社会主义建设事业是有重大意义的。周恩来同志在中国共产党第八次全国代表大会上所作的《关于发展国民经济的第二个五年计划的建议的报告》中指出："计划的好坏，对于节约或者浪费起着重大的作用。计划所造成的节约是最大的节约，计划所造成的浪费是最大的浪费。"这些话，对我们企业的领导人员，特别是各级计划机关的人员来说，是值得深刻记取的。

　　和计划管理工作相适应，对于经济事业的经营管理方面，也应分别不同的情况，具体确定集中经营管理或者分散经营管理。凡是关系到整个国民经济而带全面性、关键性、集中性的经济事业，应当集中经营管理。此外，就应当适当地分散经营或者分散管理，特别是对于小的工业、手工业、农村副业、小商小贩，更应如此。中国共产党第八次全国代表大会关于政治报告的决议中，对这些问题也作了明确的规定："社会主义经济的主体是实行集中经营的，但是也需要有一定范围的分散经营作为补充。在对于公私合营的工商业和合作化了的手工业、小商业、农村副业进行经济改组的时候，必须根据各行各业的具体情况，正确地解决集中经营或者分散经营的问题。如果把应当分散经营的勉强地合并起来集中经营，那也就不合于经济发展和人民生活的需要。"这些，对于促进我国国民经济的全面高涨，推动我国社会主义工业化的发展，是有很重要的作用的。

　　（八）社会主义工业化和发展国际经济合作的关系

　　加强国际经济合作，是我国高速实现社会主义工业化的一个极其重要的条件。

　　社会主义工业化的任务要求我们建立起强大的、独立的、完整的工业体系。但是这并不意味着要把本国的国民经济和世界其他国家的经济隔绝起来，或者不顾本国的资源条件和经济效果，而去发展所有一切工业部门。这样做，无疑是错误的。它将会延缓我国工业的发展速度，并造成许多人为的困难。我们必须广泛地发展国际间的经济合作，特别是同社会主义阵营各国的经济合作，才能促进我国社会主义工业化事业的迅速发展。

　　首先，加强我国同苏联以及人民民主国家之间的经济合作。这种新型的、同志般的国际经济合作，对于我国社会主义工业化具有十分重要的意义。我们之间的经济合作有着多种多样的形式，其中主要是国民经济计划的有效配合，特别是长期发展计划的密切配合；平等互利的贸易关系，在互惠基础上无偿地交换技术资料，互换专家，互换留学生，各国专家共同研究某些技术问题，优惠条件的贷款，等等。通过这些合作的形式，几年来，我国获得了并且正在继续获得各兄弟国家，特别是苏联的巨大援助。大家知道，苏联为我国设计并供应装备的156项重点工程，就是在国际经济关系上无私援助的光辉榜样。此外，苏联和人民民主国家还通过平等互利的贸易，供应我们各种成套的设备，帮助我们进行设计和无偿地提供给我们各种设计图纸及技术资料；和我国签订科学技术合作协定，给予我国许多科学技术上的援助；苏联政府还主动地帮助我们掌握原子能和平利用的科学技术，并且和我国签订和平利用原子能的协定，共同组织和平利用原子能的研究机构；几年来苏联及人民民主国家曾派遣了自己大批优秀的专家到我国来亲自帮助我国的建设事业，并且为我们培养各类建设人才；同时还接受了我国大量的留学生和实习生到他们国家去学习先进的精湛的科学技术。所有这些，对于我国的社会主义工业化的高速度发展起了十分重大的作用。随着我国工业化的发展，我们必须进一步扩大和加强同以苏联为首的社会主义阵营各国的经济合作。

同社会主义阵营各兄弟国家在长期计划中的分工合作，对于有关各国工业最经济、最迅速的发展有重大的意义。由于我国自然条件和生产力发展水平的限制，对于某些个别工业部门和某些个别工业产品，我们可以暂时不去发展，而在社会主义阵营各国国际分工的基础上，通过对外贸易互换有无。这样，不仅不妨碍我国独立的、完整的工业体系的建立，反而有助于我国工业的迅速发展。

其次，在加强和社会主义阵营各国经济合作的同时，我们从来都不拒绝和排斥和资本主义各国包括美国在内，建立和发展贸易经济合作。我们一向愿意根据平等、互利的原则和任何国家建立和发展贸易经济联系，因为这样做对于双方的经济发展无疑地都是有好处的。我们需要资本主义国家的某些产品，特别是我国经济建设所需要的某些机器设备等，资本主义国家也需要我国的某些产品，这就构成了我们之间开展贸易和经济合作的基础。目前我国同许多亚非国家的经济合作和友好关系的不断发展和巩固，就充分地证明了这一点。

事情很明白，为了迅速地实现社会主义工业化，在我国建成独立的、完整的工业体系，必须加强和扩大国际经济合作，特别是和社会主义阵营各国间的经济合作。如果把建立我国独立的工业体系和必要的国际分工、国际经济合作对立起来；把我国经济的独立性、建立独立的工业体系同我国经济的孤立发展和闭关自守同等看待，这就会延缓我国社会主义工业化的速度，增加我国经济建设的困难，这是一种孤立思想，是非常错误的。但是，反过来，如果不努力建立自己本国的独立的、完整的工业体系，而企图事事依赖外国的援助，哪怕是自己本国能够做的，也要进口，也要外国援助（即使是依靠兄弟国家的援助），这不仅为兄弟国家所难以胜任，而且对我国国民经济的发展，也是有害的。必须了解，兄弟国家对我国的无私的援助，绝不是要我们依赖他们，而是要通过这种合作帮助我国建立强大的、独立的和完整的工业体系，实现我国的社会主义工业化，并通过这种合作求得社会主义阵营各国经济的共同高涨。

四 我国社会主义工业化过程中的积累和消费的关系

在社会主义工业化过程中，正确地处理积累和消费的关系，是决定我国社会主义建设事业成败的关键问题之一。由于我国的工业化，是在优先发展重工业的条件下，采取较高的速度进行着的，因此，就要求较高速度的积累予以保证。

工业化的资金积累，从历史上看，有过两种截然不同的道路：一种是资本主义国家所走的道路；另一种是社会主义国家所走的道路。

尽人皆知，资本主义国家在实行工业化的过程中，资产阶级采用了历史上最残酷的掠夺手段，即掠夺殖民地，通过侵略性战争索取战败国的赔款，或者进行奴役性的贷款，从而取得大批的资金。这些资金，一方面被用来发展资本主义的工业，另一方面被用来维持资产阶级挥霍无度的寄生消费。结果，经历了一个多世纪的漫长岁月，发展了资本主义的工业。但是广大人民群众却被抛在贫穷、失业和饥饿的泥沼中。这是资本主义制度的必然结果。

另一种道路是社会主义国家工业化的道路，这就是苏联和其他社会主义国家工业化的道路。这些国家在进行社会主义工业化的时候，依靠内部资源，在人民群众高度自觉和创造性劳动的基础上，来实现高速度的积累和高速度的工业化，并且取得了重大的成就。

同样，我国的社会主义工业化，也必须采取社会主义积累的道路，即依靠我国国民经济内部的积累来进行社会主义工业化。因此，积累的多少和速度的高低，就直接地影响到人民的消费水平和生活改善的程度。

无疑的，我国工业特别是重工业的高速度发展，是增进人民物质福利的可靠基础，但是，由于我国社会主义工业化的资金是依靠国民经济内部的积累来实现的，所以，如果在社会主义工业化过程中，只是片面地强调重工业的迅速发展，而忽视人民生活的改善，也是不能容许的。因为，这不仅为我国社会制度的本质所不容，而且从长远的观点来看，这种做法本身必然会给工业的迅速发展和国民经济的全面高涨带来阻滞。因为生产和消费是互为手段、互为条件的统一体，忽视任何一方，就将使积累和消费之间发生矛盾，甚至导致冲突。这样，就不可避免地要给社会生产带来不利的影响以致发生混乱。

根据一些兄弟国家所总结的经验，它们在处理积累和消费的关系上，曾经发生过一些偏差，即在高速度地发展重工业的同时，农业和轻工业没有获得应有的发展，因而使人民生活水平的提高受到一定的限制。这种情况，曾给国民经济的全面发展带来了一些不利的影响。目前这些兄弟国家已经采取措施，即在优先发展重工业的同时，更加迅速地发展农业和轻工业，并在这个基础上迅速地提高人民的物质文化生活水平，来消除这种不利的影响。这项工作已经获得显著的成绩。

有鉴于这种国际经验，同时根据几年来我国经济建设的实践，中国共产党第八次全国代表大会关于政治报告的决议中说："必须使国家建设和人民生活改善这两个方面得到适当的结合，也就是使国民收入中积累和消费的比例关系得到正确的处理。""应当既能够保证社会主义建设所需要的资金积累，又能够保证人民生活的逐步改善。"

既要以较高的速度发展工业和相应地进行资金积累，又要逐步地提高人民的消费水平，这是否可能呢？完全可能。我国几年来经济建设的实践就可以回答这个问题。下面的统计，令人信服地说明了这一点。1953—1956 年（以 1952 年为 100），我国的工业生产提高了 104%，每年平均增长速度是 19.5%。其中，重工业生产每年平均增长的速度是 23.9%，轻工业生产每年平均增长的速度是 14.8%，手工业生产每年平均增长的速度是 12.6%。我国的农业生产提高了 19%，每年平均增长的速度是 4.4%。工业的劳动生产率提高了 69%，每年平均增长的速度是 14%。在生产发展和劳动生产率提高的基础上，国民收入增加了 45.2%，每年平均增长的速度是 9.8%。国民收入中用于积累的部分增长了 106.5%，平均每年增长的速度是 19.9%；用于消费的部分增长了 29.7%，平均每年增长的速度是 6.7%。在积累部分中，基本建设的投资增长了 1.8 倍，平均每年增长的速度是 39.3%，其中工业基本建设的投资增长了 2.17 倍，平均每年增长的速度是 42.9%，在工业投资中，重工业的投资增长了 3.25 倍，平均每年增长的速度是 51.5%；在消费部分中，工人的消费基金增加了 48.8%，平均每年增长的速度是 10.5%，职工的平均实际收入增加了 25.3%，平均每年增长的速度是 5.8%；农民的消费基金增加了 28.5%，平均每年增长的速度是 6.5%，每户农民的农业生产的平均实际收入增加了 10.7%，平均每年增长的速度是 2.6%。这些数字说明，我国的积累在迅速扩大，工业特别是重工业建设在高速度地进行，人民的消费水平也在逐步地提高。我国社会主义工业化和我国人民生活的改善是密切结合着的，这是党的社会主义工业化路线的一个重要特征。我国社会主义工业化事业之所以得到了全国人民的热烈拥护，就是因为这一事业不仅同人民群众的长远利益是一致的，而且同人民群众当前的切身利益也是一致的。

这个统计，不仅表明实现上述党所提出的正确处理积累和消费关系的原则，是完全可能的，而且还向我们说明了另一个问题：就是人们在考虑社会主义工业化问题的时候，往往只看到高速度工业化需要高速度的积累予以保证的一个方面，而忽视工业的高速度发展包括重工业的高速度发展，反过来对于高速度积累的重要意义。应当看到，工业的高速度发展包括重工业的高速度发展本身，又为高速度的积累创造了新的物质基础和来源。任何事物都是在相互发展中得到解决的，社会主义工业化的积累和消费，同样也只能在相互发展中得到合理的解决。问题在于，我们的政策和工作必须按照经济发展的客观规律的要求，必须遵从最广大人民群众的目前的和将来的最高利益。

那么，怎样才能实现上面所说的原则呢？

要实现上面所说的原则，需要两个条件：一个是迅速发展生产，不断增加国民收入，以便为扩大积累、提高消费创造物质前提；另一个是合理分配国民收入，正确解决积累和消费的关系。其中起决定作用的是前一个条件；但是后一个条件处理得正确与否，反过来又积极地影响着前一个条件。所以，我们要妥善地处理我国社会主义工业化过程中积累和消费的关系，就必须很好地研究和解决这两个方面的问题。

为了迅速发展生产，主要的要解决两个问题：一个是正确地贯彻党所制定的我国社会主义工业化的政策；另一个是不断地提高劳动生产率和降低产品成本。

第一，为了发展生产，必须正确地贯彻党所制定的社会主义工业化的政策。只有如此，才能调动一切积极因素，克服生产力和生产关系之间的矛盾，使我国的生产力，特别是工业生产力得到充分的发展，从而为扩大积累、提高消费提供现实的来源。执行上面所说的我国社会主义工业化的政策的实践证明，只要我们依据经济发展的客观规律的要求，把各个方面的相互关系调整得合理恰当，那么，高速度工业化本身就决定了不断地扩大积累和逐步地提高人民消费水平的可能。如果在社会主义工业化过程中，忽视了上面所说的我国社会主义工业化的有关政策的贯彻，或者采取了相反的政策，比如说，为了加速工业的发展而忽视了农业的发展，或者为了加速重工业的发展而忽视了轻工业的发展，那么，结果将是重工业虽在一定时间得到了某些不健康的发展，但是整个国民经济的发展和人民消费水平的提高，就会受到阻滞，这是一种很危险的做法。

几年来，我们在执行社会主义工业化的有关政策方面基本是正确的，但是，在某个时期，某些部门和某些地方，也会犯过一些错误，如在一个短时期内，曾经出现过忽视农业合作化的倾向，因而发生了阻碍农业生产力发展的错误；也曾发生过在一定程度上忽视沿海工业、原有工业和地方工业发展的错误，因而造成了某些工业生产力的浪费。当我们及时地发现并纠正了这些错误的时候，不仅工业发展的速度提高了，而且农业生产也有很大的增长；不仅积累有很大地增长，而且人民的消费水平也相应地提高了。1956 年我国经济生活的实际情况，就充分地说明这一点。在这一年，我国的工业生产预计可提高 24%，我国的农业生产虽然遭受了自然灾害，仍将提高 4.6%，我国工业的劳动生产率预计可提高 20%，我国的国民收入约可增长 11%，我国的基本建设投资扩大了 64.6%；与此同时，我国职工的工资约可提高 14%，我国农民的收入预计可以增加 7%。我们之所以能够做到这样，就是因为克服了右倾保守思想，正确地处理了工业化过程中有关方面的关系，调动了各种积极因素，发展了生产的结果。

第二，为了发展生产，还必须不断地提高劳动生产率，降低产品成本。这是扩大积累和提高消费的另一基本源泉。有一个时期，有些同志把推翻帝国主义、封建主义和官僚资本主义在中国的统治，剥夺他们的工厂、企业、土地、财产等归全民所有（如工厂企业）或者归农民所有（如土地、农具、耕畜），看做是我国工业化资金积累的主要来源。这在一定的意义上说，是正确的。因为没有这些，社会主义的内部积累就没有可能。但是这种认识还远没有接触到问题的核心。相反的，这种认识，很可能造成某些错觉，以为在打倒了"三大敌人"和剥夺了他们的财产之后，就可以万事大吉，不需要提高生产，发展经济，而只要依靠财政手段，向农民、向国营企业"予取予求"了。如果发生这种情形，那是非常危险的。众所周知，积累是在社会生产过程中创造出来的，因此，解决工业化资金积累的关键，在于发展生产、提高劳动生产率和降低产品成本。只有生产发展了，劳动生产率提高了，产品成本降低了，才能提供工业化积累的现实来源，而推翻帝国主义、封建主义和官僚资本主义在中国的统治，消除社会生产力发展的桎梏，只是为这一来源的实现创造了前提条件。因此，不能教条式地对待这个问题，必须从发展生产、提高劳动生产率和降低产品成本的过程中来解决积累的问题。只有如此，高速度工业化所必需的资金积累才能得到经常的可靠的保证，人民的消费水平才有可能逐步地提高。

由于我国摆脱了帝国主义、封建主义和官僚资本主义的统治，并逐步地对农业、手工业和资本主义工商业实行了社会主义改造，社会生产力获得了空前的解放，劳动人民的建设社会主义的积极性日益高涨，工人、技术人员、职员的技术水平、业务水平和文化水平在不断地提高，劳动组织和操作方法在不断地改善，新的技术设备和先进经验在不断地采用，等等，都促进了我国劳动生产率的提高和产品成本的降低。如前所述，从1953—1966 年的 4 年中，我国的劳动生产率提高了 69%，在新增加的工业产值中，有 72.7% 是依靠劳动生产率的提高而来的。第一个五年计划中所规定的提高劳动生产率和降低成本的任务，正在提前和超额完成。这就充分证明我们完全有可能在不断地提高我国的劳动生产率和降低产品成本的基础上，不断地扩大积累和提高消费，以满足工业建设和改善人民生活的需要。

提高劳动生产率是国民经济一切部门都要注意的，工业部门尤其要加以注意。

目前，工业部门在提高劳动生产率和降低产品成本方面存在着哪些问题呢？

一是全面地贯彻党所提出的"多、快、好、省"的方针很不够。许多工业企业和建设单位，只注意到"多和快"，而忽视了"好和省"，以致废品、次品的比率甚大，人身、设备的事故很多，质量较低，成本较高，由此而来的浪费和损失是很大的。如果我们能够克服片面思想，全面地贯彻"多、快、好、省"的方针，全面地完成国家计划，在大大提高质量、降低成本的基础上，做到又多、又快、又安全地进行生产和建设，那么，我们的劳动生产率就会更高，产品成本就会更进一步地降低，国民收入的增加就会更多，就会给国家积累更多的建设资金，给人民提供更多的生活消费品和更进一步提高工业化的速度。因此，中国共产党第八次全国代表大会关于政治报告的决议中指出："社会主义的优越性，不但要表现在经济成就的数量和进度上面，还必须表现在它的质量上面。目前许多产品和工程的质量不高，一部分日用的工业品和手工业品的质量甚至比以前降低了，对于国家和人民都造成了损失，这种现象必须坚决地改变。应当在一切企业中克服片面地追求数量而忽视质量的倾向，养成重视质量的风气，并且按照需要和可能定出合理的产品标准和工艺规程。一切检查制度不严的厂矿和工地，都必须迅速建立质量检查和技术监督的机构和制度。在提高质量的过程中，必须同时注意降低成本，为全面地完成国家计划而斗争。"

二是在工业和其他国民经济部门之间，在各工业部门之间，在各工业部门内部和在各企业内部，在供、产、销三方面，都存在着严重的不平衡现象。这种不平衡现象，不仅严重地妨碍了劳动生产率的提高，而且所造成的损失和浪费也是十分惊人的。形成这种不平衡的原因，除了计划工作中的缺点而外，一方面是由于在国民经济的某些部门或生产单位，对于原来就存在着的薄弱环节未采取有力措施予以克服；或者是在经济发展过程中出现了新的薄弱环节，没有能够及时消除。另一方面则是由于我们没有建立起必要的储备制度，我们还缺乏发展国民经济的"蓄水库"，以致上一年度，某些产品的生产稍多一点，就要积压，就要减产；而到下一年度这些产品就感到不够，就影响到国民经济有关部门的平衡发展。不待说，加强计划工作，采取有效措施，消除整个国民经济中的和每个工业部门、每个生产单位中的薄弱环节，变不平衡为平衡，并在发展过程中随时解决新的不平衡，同时建立企业的和国家的储备制度，建立发展国民经济的"蓄水库"，以消除国民经济发展过程中某些事先预料不到的脱节现象，这对于提高劳动生产率，促进工业的发展和扩大资金的积累该有着何等重要的意义。

三是在我们的工业生产和基本建设企业中，还有相当一部分企业是落后的单位，更多的企业是处于中间状态的，而先进的生产单位还不是很多的。这些落后单位所完成的各种技术经济指标，和同类的先进单位相此，常常要低 1/4—1/2 以上，就是中间状态的单位，也常常低于先进单位1/3 左右。这里虽然也有一部分客观因素（如设备陈旧、技术落后等），但主要的是由于这些企业经营管理不善所造成的。如果各工业部门都能具体地总结和传授先进单位的经验，认真地帮助落后的和中间的企业解决困难，改进工作，并根据先进单位的经验和落后和中间单位的可能，制定积极可行、有技术根据的先进定额，推动落后单位提高到中间单位的水平，中间单位提高到先进单位的水平，先进单位内部的落后部分和中间部分赶上先进部分的水平，那么，我国现有的工业生产和基本建设的企业，就可以在不增添设备或只要增添很少设备的情况下，从现有的生产水平大大提高一步。例如，大连钢厂在 1956 年上半年由于批判了右倾保守思想，加强了生产领导和技术措施，推广了先进经验，结果在没有增加什么投资和增添什么设备的情况之下，就把所谓"陈旧设备"的生产能力，比去年提高了 40% 以上。请看，在这方面存在着多么大的潜在力量！

四是在许多企业中，生产组织和劳动力的配备，有许多不合理的现象。在生产组织方面，目前最严重的问题是生产活动不均衡。"先松后紧"几乎成了一种"规律"。往往每年的第一季度和上年的第四季度、每月的上旬和下旬、每旬的旬初和旬末的产量，要相差 20%、30% 以及 50% 以上。所有企业的设备、劳动力和管理人员，在全年中是很少变化的，而在年初和年末、上旬和下旬、旬初和旬末的生产量相差如此之多，这就说明，我们的企业在一年中差不多有 1/3 以上的时间，对于国家委托给它们支配的人力、物力和财力并没有很好地动用，甚至闲置起来。由此带来的损失是可以想见的。不仅如此，由于季初、月初、旬初，存在着"歇一歇"、"松口气"的松劲情绪和"时间尚早，不用着忙"的拖拉思想，因而到季末、月末、旬末必须"突击"生产，才能完成计划。这种"突击"生产的结果，常常要采取"非常"手段，如加班加点、乱用材料和半成品、乱用备件，甚至违反工艺规程，破坏正常的生产秩序。这样就不可避免地要造成管理工作的混乱，人力、物力、财力的浪费，产品质量的下降，劳动生产率的下降，人身、设备事故的增加和成本的提高，不仅不能按照品种、质量、产量、劳动生产率、成本等指标全面地完成国家计划，而且还反过来给下季、下月、下旬的工作造成许多人为的困难，影响下一季、下一月、下一旬的上半期的产量。因而形成周期性的"恶性循环"。不待说，这种"恶性循环"给我们企业的经济活动，带来了多么大的损害。这种情况，不仅在许多管理工作落后的企业严重存在，就是一些管理工作比较先进的企业，也是存在的。例如，大连钢厂是 1956 年管理工作进步较快的一个企业，但是，根据 1956 年上半年的统计，各月平均，上旬只完成计划的 15.79%，中旬完成计划的 26.07%，下旬完成计划的 58.14%，而在月末的最后三天则完成计划的 30.43%。请想，克服了这种不均衡生产的缺点，将能给我国的经济发展带来多大的好处？如果我们能够进一步提高企业的领导水平，合理地安排生产计划，特别是月旬作业计划，加强调度工作，在每个时期的计划开始之前切实纠正各级干部中相沿成习的松劲情绪和拖拉思想，并逐日对计划执行情况加以认真地督促和检查，那么，我们就可能克服这种生产不均衡状态，进一步提高劳动生产率，降低产品成本。

在劳动力的配置方面，当前主要的问题在于企业管理机构臃肿庞大，非生产人员过多。在全国企业职工总数中，生产工人不过 2/3，其他都是不直接参加生产的人员。如果全国的企业都像有些企业已经做到的那样，把非生产人员 1/3 转为生产人员，那么，它所增值和节约的资金将是很可观的。更不用说，精简非生产人员之后，对于提高工作效率，减少官僚主义是有多大的好处了。

五是在运用现代技术设备，学习和推广先进经验，改良操作方法方面，也存在着不少的问题。有些技术设备，我们本来是有条件利用的，但没有充分利用；有些生产过程和生产环节，我们是完全可能实行机械化或自动化的，但未进行改造；还有一些企业只要增添某些新的设备或者稍加改造或扩大就可以大大提高产量的，也没有认真进行。工业部门和工会组织几年来在总结和推广先进生产经验方面，虽然做了许多工作，也有不少成绩，但是还有不少好的先进生产经验仍然没有得到认真的总结和普遍的推广。特别是某些企业领导人员，对工人和职员的合理化建议和先进生产经验的总结和推广工作还没有给予应有的重视。上述种种缺点，都为我们进一步提高劳动生产率和降低产品成本带来了不良的后果，应当加以克服。

克服上述缺点的主要途径，在于提高企业的领导水平和经营管理水平，发掘国民经济中一切潜在的力量，全面贯彻党的"多、快、好、省"的方针，充分地利用现有的设备和尽可能采用先进的技术和设备，不断地提高职工的技术、业务、文化水平，改善企业的经营管理，克服薄弱环节，消除不平衡现象，组织均衡生产，减少非生产人员，贯彻按劳付酬的工资政策，推行计件工资制度，改善劳动条件和职工的生活条件，加强劳动纪律，提高出勤率和作业率，切实总结和推广先进经验，加强政治工作，开展社会主义劳动竞赛。这样，我们就一定能够进一步提高我国的劳动生产率，降低产品成本，进一步地扩大积累和提高消费水平。

我们克服了上述的缺点和错误，我国的劳动生产率将会更高，我国产品的成本将会更低，我国工业的发展将会更快，我国资金的积累将会更多，我国人民的物质文化生活将会更加改善。我们工业战线上的全体同志们有责任迅速消除这些缺点和错误，而没有任何理由让它继续危害我们的事业。

为了合理地分配国民收入，使积累和消费的比例关系得到正确处理，就要将集体的、长远的利益和个人的、当前的利益正确地结合起来，使之既有利于国家经济建设，特别是工业建设的迅速发展，又有利于人民消费水平的逐步提高。

人们为了集体的、长远的利益，常常从迅速发展工业特别是重工业的需要出发，设想提高积累部分的比重。无疑的，这种设想是有理由的。因为有了重工业的迅速发展，社会主义物质基础才能很快地建成，人民生活的根本改善才有可靠的物质保证。所以，在社会主义建设时期，必须尽力把国民经济中可能聚集的资金都积累起来，并按照恰当的比例，首先满足工业特别是重工业建设的需要。但是，如果只顾重工业迅速发展的需要，过多和过快地提高积累部分的比重，缩小消费部分的比重，以致影响人民生活的应有的改善，那就是错误的了。

我国工业化，只有和人民消费水平的逐步提高密切结合起来，才能发挥广大群众建设社会主义的积极性，才能在新的物质基础上进一步巩固工农联盟，才能使社会主义建设事业顺利地健康地进行。因此，在社会主义工业化过程中，用来进行工农业及其他方面建设的积累，只能随着社会生产的发展、劳动生产率的提高和国民收入的增大而逐步地增加。这样，才不会因积累增加，影响到人民生活的逐步改善。同时，由于我国经济比较落后，人口众多，增殖较快，人民生活水平还较低，因而积累部分也不可能过多地和过快地增加。

无疑，在工业化过程中，在生产发展和劳动生产率提高的基础上，人民的消费水平是应当而且必须逐步提高的，不这样做，那就是严重地脱离群众，那就会犯不可饶恕的错误。但是，如果只片面地强调个人的、当前的利益，而不顾集体的、长远的利益，则是不能容许的。不但那种想把消费水平提高的速度超过生产发展和劳动生产率提高的速度的观点，是错误的，而且要求消费水平的提高同积累的增长保持相等的速度的观点，同样也是错误的。因为前者将使人民消费水平逐步提高所依靠的物质基础遭到破坏；而后者则将延缓我国社会主义工业化的进程。

必须看到，要在比较短的历史时期内，将我们这样一个在经济上非常落后的农业国，建设成为一个先进的社会主义工业国，如果没有全国人民艰苦奋斗，克勤克俭，坚持不懈的努力，如果不把可能节省下来的每一文钱和每一分物质资源都积累起来，合理地使用到扩大我国社会主义经济基础上去，这样艰巨的任务，是很难完成的。为了我国的工业化，也就是说，为了我国人民集体的、长远的利益，我国人民消费水平提高的速度，不仅应当低于社会生产发展，特别是劳动生产率提高的速度；而且应当低于积累的增长速度。只有这样，才能保证社会主义的积累不断地增加，社会主义再生产不断地扩大，人民消费水平提高所依靠的物质基础不断地增强。

所以，按照我国具体的经济条件和经济规律的要求，合理地规定积累和消费的比例关系，是很重要的。

由于积累和消费是经过国民收入的分配和再分配来实现的，国民收入中用于积累方面的最主要的部分在我国又是通过国家预算来进行分配的，因此，积累和消费的比例是否恰当，同国家预算收入在国民收入中的比重，特别是国家预算支出中基本建设支出和其他方面支出的比例关系、基本建设支出中工业部门支出和其他部门支出的比例关系的正确与否（例如工业和农业、重工业和轻工业、交通运输业、商业、文教卫生方面的投资比例关系，以及生产性建设投资和非生产性建设投资的比例关系等），有直接的联系。必须根据工业化和逐步提高人民消费水平两个根本方面的需要，合理地规定这几个方面的比例关系。忽视任何一个方面的需要，不适当地提高或降低国民收入中国家预算收入的比重、国家预算支出中基本建设支出的比重、基本建设支出中工业部门投资的比重，都会引起积累和消费之间矛盾的发展，而达不到迅速发展工业和建成社会主义的目的。

在国家用于积累的部分中，除了基本建设投资以外，在流动资金和国家储备等方面，也要作适当的分配。

我国社会主义建设，特别是工业建设的速度，必须和我国建设资金的积累水平相适应。如果工业建设的速度跟不上积累的水平，那就会犯右倾保守的错误；相反的，如果过多地和过快地超过了积累的水平，那就会犯"左"倾冒进的错误。

为了正确地处理社会主义工业化过程中的积累和消费的关系，还必须要有正确的税收政策、价格政策、工资政策、农业生产合作社和手工业生产合作社组织的收益分配政策，以及"精兵简政"的政策等。这些，不仅对于扩大积累有很大的重要性，而且对于合理地解决消费问题也有很大的意义。在解决这些政策问题时，同样必须考虑以下两个不可分割的方面。一方面，要考虑到高速度发展工业的需要；另一方面也要考虑到逐步提高人民消费水平的需要，从而规定正确的政策。忽视任何一方面的需要，不适当地提高或压低税率、价格和工资标准，都会引起积累和消费之间矛盾的发展，而达不到迅速发展工业和建成社会主义的目的。

几年来我国的税收政策、价格政策和工资政策基本上是符合上述原则要求的，并且保证和促进了工业特别是重工业的迅速发展和人民消费水平的逐步提高。在税收政策上，以农民负担为例，几年来国家在保证工业化积累的需要和逐步改善农民生活的条件下，实行了"增产不增税"的稳定农民负担的政策。这一政策促进了农业生产的迅速增长和农民生活的改善。根据 1955 年的统计，农民的农业税和其他负担（屠宰税、牲畜交易税、购买公债和缴纳保险费等）只占农业和农民副业总产值的 7.66%。与工业发展有着密切利害关系的农民，以自己收入的 7.66% 来支援工业建设，当然不能说是多的。可见，那种认为农民负担过重的观点是没有根据的。

正确地处理农民的负担问题，是正确地处理国家和农民之间的关系的一个重要问题。在这个问题上，片面的群众观点固然是不对的，但是，片面的国家观点也是不对的。如果负担过多，使农民的生活水平不能随着生产发展而逐年有所提高，甚至反而降低了，那就会引起农民的不满，也就会妨碍工农联盟，妨碍国家建设事业的胜利前进。反之，农民的负担也不能过少，这就会推迟工业化，因而使农民生活的改善不能获得更巩固的物质基础，这同样不利于工农联盟的巩固。问题就是要把国家利益和农民的利益正确地结合起来。

在农民负担问题上，只看到农民对国家工业建设的支持，看不到国家对农民经济事业的支持也是不正确的。几年来，国家兴修农田水利的拨款、农村救济拨款和发放农业贷款的数目是巨大的，而且是逐年增加的。1952—1956 年农业水利拨款中直接用在农民身上的支出达 49.6 亿余元，直接用在农民身上的救济费达 10.25 亿元之多，农业贷款也已由 1952 年的 3.4 亿元，增加到 1956 年的 21.2 亿元。国家的这样巨大的支援，不仅促进了农业生产的发展，减少了农民生产的开支，而且，由于几年来执行了"增产不增税"的政策，农业增产的部分，基本上都留给了农民。中国历史上有哪一个统治阶级的政权曾经给予过农民这样大的支援呢？因此，农民生产积极性的高涨，农民自己的生产投资的不断扩大，农业的不断发展，绝不是偶然的。

但是，这并不意味着我们在税收工作和财政工作上没有缺点。例如，有时为了多搞一些工业建设或其他的建设，我们就将国家预算和基本建设投资打得大了一些，结果，"欲速则不达"，反而造成国民经济发展的过分紧张。实践证明，这样做对于我国的工业化和经济发展都是有害的。因此，党中央都及时作了纠正。除此之外，在国家财政和工业发展的关系上，几年来我们从财政收支平衡上考虑问题较多，而从经济的发展上如何扩大财源则考虑不够充分，因而在财政收支的执行上有时发生保守的倾向，这就在一定程度上影响了国民经济的发展速度。在这里重温一下十几年前毛泽东同志的指示是必要的。在《抗日时期的经济问题和财政问题》一文中，毛泽东同志写道："……财政政策的好坏固然足以影响经济，但是决定财政的却是经济。未有经济无基础可以解决财政困难的，未有经济不发展而可以使财政充裕的。……忘记发展经济，忘记开辟财源，而企图以收缩必不可少的财政开支去解决财政困难的保守观点，是不能解决任何问题的。"毛泽东同志的这一指示，在我们大规模建设的今天，更有重大的意义。

因此，在财政工作上，应从发展生产的观点出发，把"收入打足，支出打够"，把能够动员起来的资金都动员起来，用到我国社会主义工业化的建设中去，用到同工业化事业有密切关系的各项建设中去，以利于国民经济的迅速发展。

在价格政策方面，大家可以看到，几年来我国的物价基本上是稳定的，因而保证了我国工业的正常发展和人民生活的改善。我们没有为了增加积累而提高消费品价格的情形。

在价格问题上，大家所关心的主要是工农业产品的比价问题。的确，这个问题不仅关系到工业化资金积累，而且关系到工农联盟的巩固。在这方面，党一贯的方针是：缩小工农业产品的"剪刀差"。但是，在抗日战争和解放战争时期，由于国民党反动统治的恶性通货膨胀的结果，工农产品"剪刀差"大大地扩大了。新中国成立后经过党和政府的努力，工农产品的"剪刀差"1955年比1950年已经缩小了18%。虽然如此，和新中国成立前相比，这种"剪刀差"还是稍大了一些，现正逐步加以调整。但是，新中国成立前和现在农民的经济情况完全不同。新中国成立前农民将他们收入的50%—70%以及更多的部分交给地主和地主的政权机关；而现在农民只以自己收入不足10%的部分交给他们自己的国家用来发展工农业生产，用来为他们更美好的生活创造物质基础。这还不说，由于消灭了封建主义的统治，农业合作化的大发展，农业生产的增长和免除了各种中间剥削，今天农民的收入已经比过去大大地增加了。

在工资政策上，几年来我们执行了在劳动生产率提高的基础上相应地提高工资的政策，基本上保证了工业化资金积累和职工生活的改善。但是，在1954—1955年间，我们在工资政策的执行上曾发生一些错误，主要是工资未随着劳动生产率的增长而相应地增长。在这个问题上，有的同志往往把问题只局限在工资的提高不能超过劳动生产率的提高上面。如在前面已经说过了的，工资的增长，不能超过劳动生产率的增长，以便增加社会积累和扩大再生产；但是只看到问题的这一个方面，而忽视工资又必须随着劳动生产率的提高而相应地提高，这是不符合党的关于积累的方针的，如不纠正，就会妨碍劳动生产率的进一步提高。因此，必须把两者有机地结合起来，才能保证工业的高速度发展和人民消费水平的逐步提高。今年上半年为纠正上述错误而进行的工资改革，就是本着这种精神进行的，毫无疑问，它将进一步促进我国经济的繁荣。

在合作社组织的收益分配政策上，要坚决执行党的"少扣多分"的方针，使之既能保证集体生产的需要，又能照顾社员生活的需要。党中央指示，要把合作社总收入的60%—70%分配给社员，争取90%的社员能够增加收入，就是当前实现这一方针的具体的政策界限。这样，随着生产一年年地增加，社员个人的收入，也就会一年比一年增加。这里要反对两种偏向：一种是过多地留出保证集体生产需要的部分，也就是说，不适当地提高积累部分的比重，就会影响社员个人的收入，影响他们生产积极性的提高，这对于保证集体生产的发展是不利的，应当加以纠正。另一种偏向是，片面地照顾社员个人的收入，也就是说，不适当地扩大消费部分的比重，这就会妨碍集体生产的发展，其结果，也将减少社员的个人收入，因此，也是不正确的，同样应当加以纠正。由于目前主要的偏向是前一种偏向，所以党在处理这一关系时，特别强调"少扣多分"增加社员个人收入的方针，这对巩固合作社组织、发展生产有很大的作用。

厉行节约，对于合理解决我国社会主义工业化过程中的积累和消费关系，有极大的重要性。问题不仅是要把可能积累的资金都能够聚集起来，而且还要加以合理的使用。由于我国经济落后，我们进行社会主义工业化所需要的资金虽然基本上有所保证，但仍然是有限的。所以，必须艰苦奋斗、克勤克俭地进行生产和建设，孜孜不倦地学习苏联和其他兄弟国家的先进经验，学习世界上最新的科学技术成就，并且根据我国的具体情况，分别轻重缓急，有计划地加以建设，将有限的资金加以最合理、最节省、最有效地利用，才能加速我国的社会主义工业化和逐步地提高我国人民的消费水平，才能在尽可能短的历史时期内将我国建设成为一个伟大的社会主义国家。因此响应党的号召，"为积累每一元的建设资金并且加以最有效的使用而奋斗"有特别重大的意义。

节减军政费用，是增加建设资金的一个重要方法。中国共产党第八次全国代表大会对于这个问题非常重视。党中央委员会的政治报告中说："虽然近年我国已经努力节减军政费用，但是，在第一个五年国家财政支出中，估计国防费用和行政费用仍将占国家财政支出的32%，经济文化建设支出共约占56%。在第二个五年中，必须使军政费用的比重下降到20%左右，使经济文化建设支出的比重提高到60%—70%。"这是一个十分重要的方针。为了贯彻党的这个方针，应该在增强国防力量和提高行政效率的条件下，继续克服国家行政机关方面的机构重叠、人浮于事的现象，并且尽可能地缩减国防费用。由于执行这一方针而节约下来的资金，中国共产党第八次全国代表大会关于发展国民经济的第二个五年计划的建议中已经规定了处理的方案，准备"用于国家的物资储备、信贷资金、归还内外债款和总预备费等"方面。这些都是为实行社会主义工业化而扩大积累所必需的。采取这样的措施，就可以在不降低人民消费的条件下，增加国家建设资金的积累。这无疑对于我国社会主义工业化的事业是十分有利的。

在社会主义工业化的过程中，只要正确地解决了以上几个方面的问题，我们就能够一方面积累必要的资金，以保证工业，特别是重工业的高速度发展；另一方面又能够逐步地提高人民的消费水平，使人民的生活一年比一年过得更美好。

"加速工业化，人民吃不饱"，这是帝国主义者对于我国社会主义工业化事业的诽谤。当然，历史上曾经有过这种情形，那就是资本主义世界，就是资本主义的工业化。在那里，一方面是资本家工业的巨大发展和它们财富的惊人增长；另一方面是人民生活的贫困化。这种畸形发展，有哪个资本主义国家是例外呢？至于社会主义国家则截然相反。我国的工业化是社会主义的工业化，我们是运用社会主义基本经济规律来发展我国的经济和我国的工业的，我们是在反对帝国主义的斗争中成长和壮大起来的，我们是以人民群众的最高利益为依归。在我们这里，社会的主要财富是属于全体人民的和集体所有的。工业的高速度发展，财富的巨大积累，正是人民群众提高物质和文化生活的主要源泉。像资本主义世界那样，对人民群众敲骨吸髓，无情掠夺，对于我们社会主义社会来说，完全是不可想象的事情。帝国主义者当然不了解，同时也不愿意了解这一点。

也有一些好心的人这样想：采取高速度发展工业，特别是重工业，就需要较多的积累，而较多的积累，不会影响人民物质文化水平的提高吗？这些人是怀着"一则以喜，一则以惧"的心情来对待这个问题的。是的，高速度的工业化是需要较多的积累，如果工业化的政策不正确，积累来源不当，积累和消费的关系处理不好，那么，在工业化、积累和消费之间，可能发生矛盾，甚至发生冲突。但是，如果深入到问题内部，就会发现在我们社会主义经济制度下，这些矛盾是完全能够克服的。只要我们遵照党和毛泽东同志的教导，采取正确的社会主义工业化的政策，在发展生产和不断提高劳动生产率的基础上，增加国民收入，开辟和扩大积累的源泉，合理地处理积累和消费之间的关系——在发展生产、增加国民收入的基础上，不断地改善人民生活，那么，高速度的工业化和较多的积累，就成为必然的趋势。在这种情况之下，高速度工业化和较多的积累，就不仅不会给人们的物质生活和文化生活带来什么损害；相反的，将会更加促进人民物质生活和文化生活水平的迅速提高。近几年来，我国经济生活的实践，不是已经清楚地证明了这样的论断吗？

归根到底，人民的美好生活，是由人民自己的劳动来创造的，它既不是什么"神仙"和"上帝"恩赐的，也不是靠"坐吃社会积累"而来的。如果指望"坐吃社会积累"来改善生活，那么，古人不是早已告诉过我们"坐吃山空"的道理吗？这样的"美好生活"只能是"昙花一现"，而不能"源远流长"。只有人民群众为争取美好生活不折不挠的意志和他们创造性的劳动，才是我国社会经济不断高涨，人民物质文化生活不断提高的源泉。

当然，就是在社会生产不断地发展，劳动生产率不断地提高，人民的物质文化生活不断地改善的条件下，我们仍然应当严格执行中国共产党第八次全国代表大会的政治报告中所指出的：在一切企业中，在一切国家机关中，在整个社会生活中，都必须继续提倡节约，克服浪费，只有这样，才能把国家每一文钱和每一分物质资源，都合理地使用在扩大我国社会主义的经济基础上，才有可能逐步地改善人民的生活。绝不要办那些在目前条件下可办可不办的事情，绝不要有任何铺张浪费的行为。因为铺张浪费在任何时候都是妨碍生产的发展和人民生活的改善的。"三反"斗争的精神，不论在任何时候，都要在我们的头脑中记忆犹新。党的第八次全国代表大会的政治报告指出：勤俭建国，勤俭办企业，勤俭办合作社，勤俭办一切事业，这是我们党建设社会主义的长远方针。我们必须牢牢地记住党的这些话，并且在行动中加以实现。

五　社会主义工业化和加强党对工业企业的领导

加强党的领导，对于我国社会主义工业化的实现，有着特别重大的意义。中国共产党的领导，照亮了我国工业化的道路，党是我国工业化事业的鼓舞者和组织者。没有中国共产党的领导，就没有我国的社会主义工业化。

党对我国社会主义工业化的领导体现在各个方面。这里只着重地讲一讲党对工业企业的领导。因为工业企业工作的好坏，对于我国社会主义工业化事业有极大的关系，而工业企业工作的好坏，又决定于工业企业中党的领导。

中国共产党第八次全国代表大会非常重视党对企业的领导问题。在刘少奇同志所作的党中央委员会的工作报告中说："在企业中，应当建立以党为核心的集体领导和个人负责相结合的领导制度。凡是重大的问题都应当经过集体讨论和共同决定，凡是日常的工作都应当由专人分工负责。企业的领导者，企业中的党组织、行政组织、工会组织和青年团组织，都应当善于把企业的当前任务向群众解释清楚，善于发动群众开展社会主义竞赛和先进生产者运动，提出合理化建议，不断地改进工作。企业中各方面的领导骨干，都应当善于深入群众，同群众打成一片，了解群众的情绪和要求，积极帮助群众解决困难。"同时党还把这个制度列入"中国共产党章程"的第五十一条中。这一条的内容就是："在企业、农村、学校和部队中的党的基层组织，应当领导和监督本单位的行政机构和群众组织积极地实现上级党组织和上级国家机关的决议，不断地改进本单位的工作。"

　　党之所以要在企业中采取这样的领导制度，是由于：（1）我们党有着实行党委集体领导的丰富经验，特别是像军队那样要求集中领导的组织中，我们党也早已取得了党委集体领导的成功经验；（2）有一些企业，由于继承了我党过去实行党委集体领导的传统，已经取得了党委集体领导下的厂长（经理）负责制的基本经验；（3）也有一些企业，由于片面强调所谓"一长制"的结果，产生了某些严重的脱离群众、强迫命令、官僚主义的现象，使企业的工作遭受了不应有的损失。

　　实行党委集体领导下的厂长（经理）负责制，要求对于企业中的重大问题，包括生产行政工作在内，都应在党的委员会上进行充分的讨论，依靠集体的经验和智慧作出决定，然后，由企业行政领导同志按照个人负责的原则，组织执行，关于日常行政事务和技术工作，则由企业行政领导同志独立负责处理，党的组织不仅不加干涉，并且从各方面给予支持。某些紧急问题需要迅速处理的，也由企业的领导同志负责处理，党的组织同样给予支持。这样，就能够把个人的经验智慧同集体的经验智慧结合起来，把集体领导和个人负责结合起来。同时，这样的企业领导制度也易于使党的政治工作和经济工作结合起来，使国家的和企业的计划变为群众自觉的行动。这样，企业行政领导者的命令就能够更加顺利地执行，就能够更好地实现生产的集中指挥，以建立有效的生产管理制度。

　　为了在企业中贯彻以党为核心的集体领导和个人负责相结合的制度，

党委的集体领导应当建立在群众路线的基础上。因此，必须十分注意发扬党的群众路线的传统，批判和纠正各种各色的官僚主义、命令主义的作风。我们企业中党组织和行政组织、工会组织、青年团组织的负责干部，要树立坚强的相信群众和依靠群众的思想，树立对国家负责和对群众负责相一致的思想，既要善于教育职工发扬艰苦奋斗、克勤克俭的优良传统，不断改进技术，提高劳动生产率，提高质量，降低成本；又要无微不至地关心职工生活，改善职工的劳动条件和生活条件。既要建立便于领导生产的集中指挥，有效地进行生产管理；又要建立和健全民主管理制度，吸引职工群众参加生产管理，开展群众性的批评，以发挥职工主人翁的自觉性。既要善于把群众中的正确意见和先进经验及时地集中起来；又要善于及时地把它贯彻到群众中去，以普遍地提高职工的觉悟程度和生产经验。只有这样，我国的工人阶级在党的领导之下，才可能比较迅速地成长为一支有高度的政治觉悟和生产经验的大军，这是决定我国社会主义工业化前途的基本力量。

在执行这一领导制度时，一方面应当继续纠正那种错误地强调企业的行政负责人是企业的全权领导者，因而否定企业党组织对于企业生产行政工作的领导，使党组织处于从属地位的倾向；因为这样做，必然使党和国家的方针政策不能正确地贯彻，必然产生各种各样的脱离群众、强迫命令官僚主义的现象。另一方面也要防止过去曾经发生过的党委包办行政工作的偏向继续发生，因为如果发生了这种偏向，就会降低党的领导作用，并造成生产管理上的混乱和无人负责的现象。只有把以党为核心的集体领导和个人负责密切地结合起来，才能建立起企业正确的领导制度，才能使我国社会主义工业化的事业按照党所指出的道路胜利前进！

结 束 语

完成社会主义工业化，将我们可爱的祖国由农业国变为社会主义工业国，这是我国人民伟大的历史任务。在完成这个任务的过程中，一方面，必须采取较高的速度优先发展重工业；另一方面，又必须积极地发展农业和轻工业，以促进整个国民经济的发展。一方面，要厉行节约，积累更多的建设资金；另一方面，又要相应地提高消费水平，使人民的生活逐步地得到改善。这是我国社会主义工业化的重要特征。我们深知，这样来实现我国的社会主义工业化，是存在许多困难的，但是困难从来没有能够阻止我们前进。只要我们正确地贯彻党的社会主义工业化的政策，只要我们在工业化过程中合理地处理积累和消费的关系，只要加强党对工业企业的领导，所有的困难，都是可以克服的。在中国共产党的领导下，在马克思列宁主义的光辉照耀下，勤劳勇敢的、富有革命传统和创造精神的我国人民，一定能够将这一伟大的历史任务担当起来，并将它引向新的胜利。可以预见，不久的将来，我国将以一个科学技术高度发达的社会主义工业国出现于世界！

作者附记

这本小册子是作者在学习中国共产党第八次全国代表大会有关文件时的一部分笔记，现在应中国青年出版社的要求，将它刊印。文中不妥当的地方，请读者批评和指正！

我国国民收入的积累和消费[*]

一 正确地处理我国国民收入中积累和消费的比例关系，是我国社会主义建设时期的一个头等重要的问题

中国共产党第八次全国代表大会指出了我国人民当前主要的任务，就是要把我国由落后的农业国变为先进的社会主义工业国。在完成这个伟大的历史任务过程中，党的基本政策之一，是要"使国家建设和人民生活改善这两个方面得到适当的结合，也就是使国民收入中积累和消费的比例关系得到正确的处理"。这是我国社会主义建设时期的一个头等重要的问题。因为，国家建设和人民生活的改善，必须从我国经济的现实情况出发，而在一定时期内，国民收入的增长，则体现着当时我国社会生产和国家经济实力增长的情况。所以，在确定我国建设发展的速度和人民生活改善的速度的时候，也就是说，在有计划地发展我国的国民经济的时候：必须科学地估计我国国民收入的增长速度，并且正确地确定国民收入中积累和消费的分配比例，作为出发点。

这一个问题，是一个复杂的问题。毛泽东同志在《关于正确处理人

---

[*] 本文是作者的专著，署名牛中黄，中国青年出版社 1957 年 11 月出版。

民内部矛盾的问题》的报告中指示我们说："在全民所有制经济和集体所有制经济里面，在这两种社会主义经济形式之间，积累和消费的分配问题是一个复杂的问题，也不容易一下子解决得完全合理。"因此，我们应该认真研究和谨慎地处理这个问题。

（一）建设社会主义需要巨量的资金

大家知道，要把我国由落后的农业国变为先进的工业国，并且建成一个基本上完整的社会主义工业体系，是需要进行长期的、巨大的社会主义的基本建设。而要进行这样的基本建设，就要许许多多的资金。比如，在我国发展国民经济的第一个五年计划中，用来进行经济建设和文化教育建设的支出总数是766.4亿元，折合黄金7亿两以上，其中用于社会主义的基本建设的即达427.4亿元，折合黄金4亿两以上。实际完成的结果，还将超过这个数目。在我国发展国民经济的第二个五年计划中，根据党的第八次全国代表大会的建议，对于社会主义基本建设的投资，将比第一个五年计划大约增加一倍。这就是说，在我国第二个五年计划时期，仅仅用来进行社会主义基本建设的投资就将达到800亿元左右，折合黄金8亿两以上。

（二）这样巨量的资金从哪里来呢

工业化资金的来源，从历史上来看，有这两种截然不同的道路。一种是资本主义国家所走的道路，这就是使资产阶级发财致富和使广大劳动群众贫穷和破产的道路。另一种是社会主义国家所走的道路，这就是使人民群众永远摆脱剥削和贫困，享受丰富的物质和文化生活的道路。

（三）资本主义国家积累资金的道路

资本主义国家积累资金的道路是我们大家都熟悉的。资本主义国家都是在无穷无尽地掠夺本国的劳动人民的过程中，来实现它的工业化的。除了掠夺本国劳动人民之外，资本主义国家还采取了以下的方法来积累建设资金，实行工业化。首先是无情地掠夺殖民地国家，从那里收集"补充的"资本，把它们投入本国的工业，以加速本国工业的发展。例如，英国、法国和美国就是靠掠夺亚洲、非洲、南美洲等许多殖民地半殖民地国家，而聚集了大量的资本，来进行工业化的。其次，是进行野蛮的侵略战争，从战败国人民方面取得赔款，来加速本国的工业化。例如，德国就是用从战败国法国所索取的赔款，来进行工业化的。日本工业的发展，也和它对中国的侵略战争的掠夺有很大的关系。再次，是使用奴役性的借款，来进行工业化。旧的俄国就是在奴役性的条件下，把本国的工厂、矿山、铁路、银行租借给外国，以换得某些借款，来谋求实现工业化的。资本主义国家就是通过上面所说的种种方法，来积累建设资金的。它们把资金拿到手中之后，一方面，用来发展资本主义的工业；另一方面，用来维持资产阶级挥霍无度的寄生消费。结果，经历了几个世纪的漫长岁月，虽然发展了资本主义的工业，但是，广大的劳动人民则被抛弃在贫穷和破产的境地。这种情况毫不为奇，这是资本主义制度发展的必然结果。

由此可见，在资本主义制度下，在资本主义的积累同劳动人民的消费之间，是存在着不可克服的矛盾的，要解决这一矛盾，就要连根拔掉资本主义制度。

显然，资本主义积累资金的道路，是一条绝路，它最后必然导致资本主义的灭亡，这是历史已经注定了的。我们的任务就是埋葬这个制度和根绝这条道路。

（四）社会主义国家积累资金的道路

和资本主义国家积累资金的道路相反，社会主义国家积累资金的道路是既不容许剥削本国人民，也不容许掠夺别国人民或者向外国接受奴役性贷款，来积累资金，实现社会主义工业化。社会主义国家工业化积累资金的道路是：依靠本国人民高度的自觉性和创造性的劳动，在发展生产，提高劳动生产率的基础上，在不断提高人民群众物质文化生活水平的基础上，实现社会主义的积累。所以，列宁多次指出：为发展工业而自行节约的道路，社会主义积累的道路，乃是社会主义工业化的唯一正确的道路。这条道路的正确性，已经为苏联所经历了的光辉的社会主义建设的历史，得到了充分的考验。毫无疑问，依靠人民群众的积极性，由国内积累资金来进行伟大的社会主义建设的道路，是一切社会主义国家进行社会主义建设的必由之路。

（五）社会主义积累和人民的利益是一致的

社会主义国家之所以要坚决排斥资本主义积累资金的道路，必须采取社会主义积累资金的道路，这是由社会主义制度的本质所决定的。因为，社会主义的社会经济制度，是以生产资料公有制为基础的，在这种制度之下，人剥削人的现象被消灭了，国民经济的发展是按照体现了广大人民群众的意志的、符合经济发展的客观要求的经济计划来进行的，这种经济计划的根本目的，就是要用不断提高生产的办法来充分地满足劳动者日益增长的需要。在社会主义制度下，积累资金进行社会主义的基本建设，就是为了不断地提高生产，来充分地满足劳动者的需要。增加社会主义积累，扩大社会主义的基本建设，是不断地提高生产的手段，而充分地满足劳动者的需要，则是社会主义积累的根本目的。因此，在社会主义制度下，社会的积累同人民的消费之间的关系是"相辅相成"的。一方面，人民从自己创造的物质财富中拿出一部分用于社会的积累，以便进行社会主义的基本建设，从而进一步发展生产，为改善自己的物质文化生活创造物质基础；另一方面，生产发展了，人民的需要就可以获得进一步的满足。这里，从本质上来说，集体的利益同个人的利益是一致的，长远的利益同目前的利益也是一致的。正是因为这样，社会主义国家劳动人民生活改善的程度，资金积累增长的速度，以及相应的社会主义工业建设发展的速度，都大大地超过了资本主义国家，这正是社会主义制度具有伟大生命力的表现。

（六）人民的消费水平是由生产的发展水平所决定的

人民的消费水平是由生产的发展水平所决定的。而生产的发展，又决定于劳动生产率的提高和再生产的扩大。劳动生产率的提高和再生产的扩大，则取决于社会主义的基本建设和新的机器装备。而要进行基本建设和取得新的机器装备，则需要投资，需要资金积累。这就是说，我国人民消费水平提高的速度，从长远来看，是由我国社会主义的基本建设的速度所决定的，而我国社会主义基本建设的速度，则是由我国人民为国家所提供的物质财富的多少来决定的。我国人民为国家所提供的物质财富越多，我国社会主义建设也就越快；反之，我国社会主义建设，就会放慢下来。为了我国人民集体的长远的利益，为了我们美好生活的未来，我国人民必须艰苦奋斗，克勤克俭，把可能节省下来的钱，合理地使用到社会主义建设，特别是社会主义的基本建设上去。否则，我国就不可能在比较短的时期内获得强大的重工业、高度发展的农业和轻工业，以及相应发展的运输业、商业和文化教育科学事业。而如果没有这些，我国人民物质文化生活的改善，就好像无本之木，无源之水一样，只能流于空想。这是很清楚的。

（七）社会主义基本建设规模不能脱离当时物力、财力的可能性，脱离了这种可能性就要影响人民群众当前生活的改善

但是，社会主义的基本建设，并不是立刻就能够奏效的，由投资建设工厂、矿山、农场、铁路，到它们能够生利而造福于人民，是需要一定的时间的。而且重工业的基本建设，它的生产品还不能直接用来满足人民的消费需要，它是用以装备整个国民经济使之具有更强大的生产力的。因此，如果社会主义建设的规模，特别是重工业建设的规模，脱离了当时物力、财力的可能性，那么，在这种情况下，在人民群众劳动所创造的物质财富中，用来进行社会主义的基本建设部分的比重，就要相对地增大，而用来改善自己生活的部分的比重，就要相对地缩小。这样，对于人民群众个人的当前的生活改善就要受到不利的影响，这也是很清楚的。

（八）正确处理积累和消费的比例关系是我国建设时期的一个头等重要的问题

由此可见，不努力积累建设资金，不扩大社会主义的基本建设，是错误的，这样，就没有社会主义和共产主义，就使人民生活的改善缺乏稳固的物质基础。但是，如果资金积累的程度和基本建设的规模，脱离了当时物力、财力的可能性，那也是错误的，这样，就使社会主义的建设事业和人民当前的利益脱节，就使党和政府脱离人民群众。

在这方面，我们应当从波兰和匈牙利这两个兄弟国家社会主义建设的经验中吸取教训。根据这两个兄弟国家的经验，它们在解决国民收入的积累和消费的比例关系的时候，把积累基金的比例规定得过高，而消费基金相对的过分少了，也就是说，在进行社会主义的基本建设的时候，重工业建设得过多了，而农业和轻工业则没有获得必要的发展，因而，在社会主义建设过程中，人民的生活水平未能得到应有的提高。结果使社会生产和经济生活的某些方面发生了严重的失调现象，引起了人民群众对党和政府的不满。这种情况，曾经给这些兄弟国家的国民经济的全面发展，带来了不利影响。现在，这两个兄弟国家，正在采取有效措施，适当地缩小积累基金的比重，扩大消费基金的比重，即根据可能和需要适当地放慢重工业建设的速度，而适当地提高农业和轻工业发展的速度，以便在社会主义建设的过程中，更多地改善人民的物质文化生活，以消除上述的不利影响，这一工作，正在有成效地进行。

我国几年来经济建设的实践，也同样证明了正确地处理积累和消费关系的重要性。在过去几年间，我国对于积累和消费关系的处理，基本上是正确的，但也发生过某些偏差。实践证明，当我们对积累和消费的关系，处理得比较妥善的时候，国家的经济生活就表现出协调的景象，对于工业和其他经济部门的发展，人民生活的改善，就产生有利的影响。反之，当我们对积累和消费的关系处理得不够妥善的时候，我国的经济生活就显得不正常，工业的发展，其他经济部门的发展，人民生活的改善，就受到不利的影响。所以，正确地处理我国国民收入中积累和消费之间的关系，也就是说，合理地解决国家建设同人民生活改善之间的关系，是我国社会主义建设时期的一个头等重要的问题。

（九）我国实践证明：既要保证社会主义建设所需要的资金积累，又要改善人民生活，是完全可能的

党的第八次全国代表大会关于政治报告的决议指出：我国要在三个五年计划或者再多一点的时间内，建成一个基本上完整的工业体系，把我国由落后的农业国变为先进的社会主义工业国。要在这样短的历史时期内建成社会主义，我们能不能够既保证国家建设所需要的资金积累，又保证人民生活的逐步改善呢？完全可能。几年来我国经济建设的实践就可以回答这个问题。下面的统计，有力地说明了这一点：1953—1956年间（以1952年为100，下同），我国的工业生产提高了10.4%，每年平均递增19.5%。其中，重工业生产每年平均递增23.9%，轻工业生产每年平均递增14.8%，手工业生产每年平均递增12.6%。我国的农业生产提高了19%，每年平均递增4.4%。工业的劳动生产率提高了69%，每年平均递

增14％。在生产发展和劳动生产率提高的基础上，国民收入增加了45.2％。国民收入中用于积累的部分增长了1倍以上；用于消费的部分增长了近0.3倍。在积累部分中，基本建设的投资增长了近1.8倍，其中工业基本建设的投资增长了2.17倍，在工业投资中，重工业的投资增长了近3.25倍。在消费部分中，工人的消费基金增加了近0.5倍，职工的平均实际工资增加了0.28倍；农民的消费基金增加了0.29倍。

这些数字说明，我国的国民经济在全面地发展中，不仅重工业有了很大的发展，而且农业、轻工业和手工业也有相当的发展。在经济发展的基础上，国民收入有了很大的增长。在国民收入中，积累基金在迅速扩大，工业建设，特别是重工业建设在高速度的进行，人民的消费水平也在逐步地提高。由此可见，党提出的处理积累和消费关系的原则，是完全正确的。我国社会主义建设和我国人民生活的改善是密切结合着的，这是党的社会主义工业化路线的一个重要特征。我国社会主义工业化事业之所以得到了全国人民的热烈拥护，就是因为这一事业不仅同人民群众的长远利益是一致的，而且同人民群众当前的切身利益也是一致的。

二　什么是国民收入

既要保证社会主义建设所需要的资金积累，又要保证人民生活的逐步改善，关键在于努力增加国民收入。

（一）什么是国民收入和怎样计算国民收入

研究国民收入，必须根据马克思的再生产理论。这一著名的原理包括：社会生产分为两大部类（生产资料的生产和消费资料的生产）的原理、社会总产品在价值上分为 $C+V+M$（不变资本＋可变资本＋剩余价值）的原理、两大部类之间对比关系的原理、扩大再生产条件下生产资料生产的增长占优先地位的原理，以及社会基金的形成和使用的原理。虽然马克思所研究的对象是资本主义，他所制定的再生产原理不能不反映资本主义的特点，但是，再生产理论的基本原理，对于社会主义社会也是适用的。

谁都知道，物质资料的生产，不仅是社会生存发展的不可缺少的条件，而且是整个社会生活最根本的具有决定意义的条件。社会的生产过程是始终不会停止的。在社会生产过程中，必然要消耗一定数量的生产资料，如工业生产用的原料、材料以及机器和厂房的折旧，农业生产用的种子、肥料、饲料、牲畜和农具折旧等。这些已消耗掉的生产资料必须从社会现有的物质资料中得到补偿。任何社会都不能把它所生产的物质资料全部消费掉，否则，生产就不能继续进行。从社会所生产的物质资料中，扣除用来补偿已消耗掉的这一部分生产资料以后，剩下来的部分，就是国民收入。

马克思说：总所得（按即国民收入——引者注）是总生产物的这一个价值部分，或其中由这个价值部分计量的部分。那是总生产物中除去垫支的并且在生产上消费掉的不变资本所借以补偿的价值部分①。

国民收入是从国民经济的总产值中扣除物质消耗（生产资料的消耗）的价值之后得出的，它体现着全社会的劳动者在生产过程中所创造的新价值。体现新创造的价值的这一部分社会总产品，就是国民收入，它是社会生产结果的综合指标。资本主义社会的国民收入，等于社会总产品的价值减去所消耗的生产资料的价值，也就是说，等于可变资本加剩余价值。社会主义社会的国民收入，同样也是等于社会总产品的价值减去所消耗的生产资料的价值，它等于物质生产部门的工资、利润、税金等项的全部价值。如果以公式来表示，那就是：

国民收入 = 国民经济的总产值 - 物质消耗（生产资料的消耗）的价值

（二）什么是国民经济的总产值

要说明什么是国民收入，首先应当说明什么是国民经济的总产值？

国民经济的总产值，是由全社会的劳动者所创造的。在一定的时间内（例如一年内），全社会的劳动者所生产的全部产品，叫做社会总产品，它的价值表现，就是国民经济的总产值。为了和前后若干年代相比，这种

---

①　马克思：《资本论》第三卷，人民出版社 1956 年版，第 1101 页。

总产值的计算，可以采用不变价格计算，但是也可以采用现行价格计算。例如，1952 年我国的国民经济总产值是 1028 亿元，1953 年是 1222.9 亿元，1954 年是 1328.6 亿元，等等（按不变价格计算）。

（三）创造国民经济总产值的主要有哪些部门

国民经济的总产值，是由国民经济的各个物质生产部门生产出来的。这些物质生产部门包括：工业部门、农业部门、建筑部门、运输邮电部门、商业部门和饮食业部门。在计算国民经济总产值的时候，还应当把合作社社员、工人、职员等的副业产品计算进去，同时也必须计算个体劳动者如个体农民、手工业者所生产的产品。工业、农业、建筑业和饮食业部门是直接生产物质资料的部门，这是大家都懂得的，因为，通过这些部门的劳动，都为社会提供具体的产品。这里，要解释一下为什么运输业和商业，也列入物质生产部门。

（四）货物运输部门为什么是物质生产部门

在社会生产中，各个生产部门之间，以及每个生产部门内部，都有着密切的联系，这个部门的产品，就是那个部门的原料或半成品。要使社会生产能够继续不断地进行，就必须要有为生产服务的货物运输部门。例如，棉花要由农业合作社运往棉纺织工厂中，才能纺成纱，织成布。煤炭要由煤井运往炼焦厂，才能炼成焦炭；焦炭由炼焦厂运往炼钢厂，才能炼铁、炼钢。这里，如果离开了货物运输部门和为生产服务的电信部门，生产就不能继续进行。货物运输部门和为生产服务的电信部门的工作实际是生产过程的继续，所以，马克思把运输部门称作"独立的生产部门"。

有一种意见，主张把运输部门的客运业务部门和电信部门的一切业务都称作物质生产部门。这种主张实际上会消除社会产品的生产同社会劳务的提供之间的界限，并使物质生产领域同非物质生产领域之间不可能作必要的划分。所以，我们现在没有采用这种办法。而只将为生产需要服务的那一部分，才划入物质生产部门。

（五）商业部门为什么也是物质生产部门

商业是作为执行生产过程在流通领域内的继续的职务而存在的。例如，工业和农业所生产的产品，其保管、修整、运送、包装等一部分工作是经过商业人员来进行的，商业人员在商品流通过程中所付出的劳动，同样是产品所不可缺少的部分。由于商业部门也参加了社会产品的再生产过程，在执行产品的流通和分配的职能中，为工农业产品增加了一定的价值，因此，也应该列入物质生产部门。

也有一种意见，认为商业部门不是物质生产部门。这种意见虽然也承认有不小的一部分流通费是商业中的社会必要劳动消耗量，但是，他们主张把这种商品价值中实际增加的部分，分别列入工业、农业和其他物质生产部门的产值中去。这种意见，实际上是忽略了在社会主义制度下，作为商业投机的非生产消费是不存在了，纯粹的商业流通费（非生产性的物质消费）也是很小的，而作为同生产过程在流通领域中的继续职务有关的流通费用，特别是运输、装卸、储存、保管等费用，则占商业费用的绝大部分，这种新创造的物质财富既然是商业部门创造的，就应该算在商业部门。所以，商业部门也是物质生产部门。

（六）怎样计算国民经济的总产值

工业、农业和饮食业部门的总产值，是根据这些部门物质产品的总产量来确定的。建筑业部门的总产值是根据基本建设部门的建筑安装工作量和设计工作量来计算的。交通运输和邮电部门的总产值，是根据货物运输收入和为生产服务的邮电收入来计算的。商业部门的总产值，是根据商业机构所经营的商品的买价和卖价之间的差额来计算的。工人、职员、合作社社员的副业生产的产值和个体劳动者的产值，则是根据典型调查估计的。

所以，交通运输业部门和商业部门的总产值，等于工业和农业产品在流通过程中的附加费用。因此，国民经济总产值，也就等于按消费价格（包括生产的消费和个人的消费）计算的全社会物质产品的总价值。

（七）什么是物质消耗（生产资料的消耗）

现在来说什么是物质消耗（生产资料的消耗）。

我们知道，任何物质生产部门，在生产过程中（或者在运输、流通过程中）都是要消耗一定的生产资料的，一般把生产资料的消耗，称作物质消耗。

物质消耗，通常包括以下三个部分：一是为生产物质产品和为完成运输、商业等活动所实际消耗的原料、材料、燃料、电力、种子、饲料等；二是生产性固定资产的折旧，如工厂厂房和机械设备、农具的折旧等；三是支付为生产服务的报酬，如生产过程中外雇的运输费、邮电费以及委托其他企业进行半成品的加工和修理费等。但是，不同的物质生产部门，物质消耗的内容是不同的。

例如，就工业部门来说，它在生产过程中的物质消耗，包括以下的内容：原料、主要材料、辅助材料、外购的燃料和动力、生产用的固定资金折旧等（其中原材料消耗要扣除废料的价值）。就农业部门来说，它在生产过程中的物质消耗，包括以下内容：种子、肥料、饲料、农药、牲畜折旧、农具和生产用的房屋的折旧等。前者是根据工业生产费用的报表计算的；后者是根据典型调查计算的。

（八）国民收入（净产值）是劳动者所创造的新价值，它由工资、利润、税金、利息、保险费等项所组成

上面分别说明了，在国民经济的总产值中扣除物质消耗的价值，就是国民收入。它体现着新消耗的社会劳动，即劳动人民在一定时间内所创造的新的物质财富。这种新的物质财富，也就是我们经常所说的"净产值"。它是由工资、附加工资、利润、税金、利息、保险费等项目组成的。所以，国民收入就其价值形态来说，是新创造的价值，也就是由新投入的劳动所创造的价值。就其实物形态来说，是扣除补偿已消耗的生产资料后所剩下的那部分社会总产品。就其物资内容来说，在社会主义制度下，就是全国所生产的用以满足全社会需要的全部消费资料，和用以扩大城乡社会主义生产的那一部分生产资料。因此计算国民收入既可用国民经济的总产值减去物质消耗的价值的方法计算，例如，某一年的总产值是1000亿元，物质消耗是400亿元，那么这一年的国民收入或净产值就是600亿元；也可将工资、附加工资、利润、税金、利息、保险费等相加计算。用这两种方法计算，可以相互校正，其所得的结果基本上是相同的。

有一种意见，认为社会主义社会的国民收入不是新创造的价值，而是新创造的产品。这种意见所持的理由是：在社会主义社会生产资料不是商品，不是价值。实际上，说国民收入既是新创造的产品，又是新创造的价

值，是可以的。因为，用货币表现国民收入量时，它起着作为价值尺度的作用，计量着价值。在社会主义制度下，生产资料虽然在实质上已不同于过去的商品的性质了，但是它还不能不通过货币形态来计算其数量和确定其可资利用的程度。否则，如何将社会的千千万万种不同的产品加在一起做出一种最概括的计算呢？

资产阶级的经济学家对于国民收入的理解和计算，则抱着另一种观点。他们把流通领域（投机商业、银行、保险公司等）和服务部门（如洗衣房、理发馆等）也当做国民收入的创造者，甚至说国家机关和军队也是国民收入的创造者。他们说每个国民收入的获得者同时就是国民收入的创造者。他们的这种做法，其基本目的就是要掩盖资本主义制度下的残酷的剥削真相。

（九）我国的国民收入

我国的国民收入，是由我国国民经济的总产值中扣除物质消耗部分得出来的。在发展我国国民经济的第一个五年计划期间，我国的国民收入，约占国民经济总产值的 55%，物质消耗约占 46%。但是，应该看到，物质消耗在国民经济总产值中所占的比重，将随着我国国民经济的发展，特别是工业化的发展和农业技术改造的推行，而日益提高。例如，物质消耗在我国国民经济总产值中所占的比重，在 1952 年占 40% 左右，而到 1956 年则占到 46% 左右。

（十）我国国民收入中各物质生产部门构成比重的变化

在我国国民收入的总额中，各个物质生产部门所占的比重如下表所示。

	1952 年（%）	1956 年（%）
工业	18.0	26.4
农业	59.2	48.1
建筑业	3.0	5.6
运输邮电业	4.0	4.4
商业	15.8	15.4

注：以当年全部的国民收入为 100 计算。

　　上面列举的我国国民收入中各个物质生产部门所占比重的变化，反映出我国社会主义工业化的具体成就。在全部国民收入中，工业部门所创造的国民收入，在 1952 年占 18%，到 1956 年已经占到 26.4%。随着工业的发展，建筑部门和运输邮电部门创造的国民收入所占的比重，也有所增长。农业部门创造的国民收入所占的比重，则相对地减少。商业部门创造的国民收入所占的比重，也相对地有所减少。农业和商业部门所创造的国民收入，在我国全部国民收入中所占的比重相对减少，并不意味着这些部门所创造的国民收入的绝对数额的减少。恰恰相反，农业部门所创造的国民收入，1956 年比 1952 年增长了 18%，商业部门所创造的国民收入，在同一时期，增长了 43%。那么，为什么农业和商业部门创造的国民收入在全部国民收入中所占的比重不仅没有提高反而相对地降低了呢？这是由于工业部门和同它有密切联系的建筑部门、运输邮电部门所创造的国民收入增长更快。在同一时期，工业部门所创造的国民收入增长 1.13 倍；建筑业部门所创造的国民收入增长了 1.73 倍；运输邮电业部门所创造的国民收入增长了 56%。这种变化，标志着工业在我国国民经济中所占的地位日益强大，标志着我国社会主义工业化已经获得了显著的成就。这是我国国民收入中各物质生产部门构成比重变化的主要特征。

（十一）　我国国民收入中各经济类型所占比重的变化

　　在我国国民收入总额中，各种经济类型所占的比重如下表所示。

	1952 年（%）	1956 年（%）
国营经济	19.3	32.1
合作社经济	1.6	53.3
公私合营经济	0.7	7.4
资本主义经济	7.0	0.1
个体经济	71.4	7.1

注：以当年全部的国民收入为 100 计算。

　　从上表的数字中可以看出，我国对农业、手工业、资本主义工商业的社会主义改造，到 1956 年已经取得了决定性的胜利。在我国全部国民收入中，个体经济所占的比重，在 1952 年是 71.4%，这表明，当时我国主要还是小农经济占优势地位的国家。但是，到 1956 年，经过对农业和手工业的社会主义的经济改造之后，个体经济所占的比重，已经下降到了7.1%，而合作社经济所占的比重，从 1952—1956 年已经由 1.6% 上升到53% 了。资本主义经济所占的比重在 1952 年是 7%，而到 1956 年经过对资本主义工商业的社会主义的经济改造，已经下降为 0.1% 了，这说明，资本主义经济在我国已经基本上被公私合营经济所代替了。在同一时期，公私合营经济所占的比重，则由 0.7% 上升为 7.4%。这样，破资本主义经济立社会主义经济的任务，就基本上实现而只剩下一个尾巴了。至于国营经济所占的比重，则有很大的提高，从 1952—1956 年，已由 19.3% 上升到 32.1%。总之，到 1956 年为止，从国民收入的各种经济类型所占的比重来看，属于社会主义性质的国营经济、基本上属于社会主义性质和少部分属于半社会主义性质的合作社经济以及在很大程度上已接近社会主义性质的公私合营经济，它们所生产的国民收入，在我国全部国民收入中所占的比重，已经达到 90% 以上，而资本主义经济所占的比重仅仅只有1‰，个体经济所占的比重也不过 7% 多一点。这种情况，充分地说明了我国社会经济制度的社会主义的性质。

（十二）我国国民收入的增长速度

我国的国民收入，在 1936 年大约是 544 亿元（按 1952 年不变价格计算），在 1952 年大约是 611.3 亿元，到 1956 年大约是 887.5 亿元，比1952 年大约增长了 46.2%，平均每年递增 9.8%。这是一个相当高的增长速度。这种速度，只有在社会主义的国家才是可能的，而在旧中国和在资本主义国家则是不可想象的。

例如，在解放前，从 1931—1936 年，旧中国的国民收入大约增长了14%，平均每年增长的速度是 2.7%。各个主要资本主义国家的国民收入，在 1937—1952 年间，每年平均递增的速度，美国是 4.3%，法国是1.33%，联邦德国是 2.2%，意大利是 1.17%。

美国国民收入每年的平均递增速度，在 19 世纪的最后 30 年是4.7%，在 1900—1919 年是 2.8%，在 1920—1938 年是 1%，第二次世界大战以后 1945—1952 年是 0.8% 。

同资本主义国家相反，社会主义各国的国民收入增长情况是：苏联 1950—1955 年每年平均递增 11%，捷克 1949—1954 年每年平均递增 10.8%，波兰 1949—1954 年每年平均递增 11.3% 。

这里，我们还可以引用苏联同美国的国民收入增长的例子做一比较。在 1930—1953 年间，美国的国民收入增加 1.3 倍，而苏联在同一期间，尽管在反法西斯战争中遭受了巨大的损失，它的国民收入还增加了 7 倍多。

由此可见，社会主义各国国民收入的增长速度大大超过了资本主义各国国民收入增长的速度，这就证明了社会主义经济制度的优越性。

但是，不能把国民收入的增长速度同达到的水平混淆起来。从国民收入的增长速度来说，我国是相当快的；而从国民收入达到的水平来说，我国目前还是很低的，我国还是一个穷国。以 1955 年的国民收入为例，我国的国民收入大约为苏联的 27%；如按人口平均的国民收入额比较，我国大约为苏联的 9% 。经过全国人民的努力，我国在若干年后将赶上先进国家的水平，这是我们奋斗的目标。

（十三）国民收入的增长是由生产的增长和劳动生产率的提高所决定的

前面已经说过，国民收入是由国民经济的总产值中扣除物质消耗而来的。可见，国民收入的增长是由生产的增长所决定的。生产的多了——总产值多了，国民收入也随之增多。反之，生产增长得不多——总产值增加得不多，国民收入也就增长得不多。

我国国民收入为什么能够有这样大的增长呢？这是由于我国资产阶级民主革命已经取得彻底的胜利，伟大的社会主义革命也取得了决定性的胜利，这样，就使我国的社会生产力获得了根本的解放，因而，使我国的全部国民经济特别是工业和农业生产，能够以较高的速度不断地发展。

在过去几年中，我国国民收入每年平均增长的速度同我国工业和农业生产增长的速度大体是近似的。1953—1956 年间，我国的工农业总产值每年平均递增 12.8%（其中工业生产总值每年平均递增 18.8%，农业生

产总值每年平均递增 4.6%），而在同一期间，国民收入每年平均递增
9.8%。这是由于国民经济总产值的增长主要取决于国民经济中两个基本
的物质生产部门——工业和农业生产部门生产的增长。所以，工农业生产
增长的速度，基本上也就决定了国民收入增长的速度。

　　如前所述，在 1963—1966 年间，工业总产值每年平均递增 18.8%，
工业所创造的国民收入，每年平均递增 21%；农业总产值每年平均递增
4.6%，农业所创造的国民收入每年平均递增 4.2%；建筑业总产值每年
平均递增 33%，建筑业所创造的国民收入每年平均递增 29%；运输邮电
业总产值每年平均递增 15.5%，运输邮电业所创造的国民收入每年平均
递增 12%；商业的总产值每年平均递增 11%，商业所创造的国民收入每
年平均递增 9.5%。除了工业部门外，其他部门总产值每年平均递增的速
度都高于国民收入每年平均递增的速度。从国民经济总产值同国民收入每
年平均递增的速度比较来说，也是如此（前者是 12.8%，后者是
9.8%）。这是因为总产值中还包括了物质消耗，而物质消耗在各个物质
生产部门的总产值中所占的比重是各不相同的。由于我国经济和技术都比
较落后，除了工业部门而外，其他物质生产部门原来的技术装备都是比较
低的；技术装备低，生产量就少，在生产过程的物质消耗也少。但是，这
种情况，正随着我国工业化的发展而不断地改变。例如，各个生产部门在
生产过程中的物质消耗占本部门总产值的比重，1952—1956 年的变化是：
农业部门由 25.2% 上升到 26.4%；建筑部门由 59.8% 上升到 65.4%；运
输邮电部门由 28.3% 上升到 36.8%；商业部门由 20.2% 上升到 24.4%。
这些部门的物质消耗在总产值中所占比重的提高，基本上是合理的。这说
明这些部门的技术装备在开始改进；同时这也就是这些物质生产部门的总
产值每年平均递增的速度高于该部门所创造的国民收入每年平均递增的速
度的原因。只有工业部门在生产过程中物质消耗在它的总产值中所占的比
重由 1952 年的 68%，降低到 1956 年的 65.7%，这是不是工业部门的技
术装备程度降低了呢？当然不是。工业部门的技术装备程度在同一时期不
仅没有降低而且大大地提高了；但是，工业部门在生产过程中的物质消
耗，则由于管理工作的改进而降低了。因此，工业部门在生产过程中的物

质消耗在其总产值中的比重，不仅没有增加，反而有所减少。这也就是工业部门所创造的国民收入每年平均递增的速度高于其总产值每年平均递增速度的原因。由此可见，国民收入的增长，不仅取决于各物质生产部门总产值的增长，而且取决于这些物质生产部门在生产过程中物质消耗节约的程度。归根到底也就是劳动生产率提高的程度。

因此，在社会主义制度下，国民收入的增长是由以下两个因素所决定的：其一是生产者人数的增加，这就要求大大地发展物质生产部门，大大地增加生产量；其二，也是最重要的，是提高劳动生产率，这就要求依靠劳动者在同样的时间内生产更多的产品，并且节约物质消耗和降低产品的成本。这些问题，我们在下面讨论。

三　增加我国国民收入的三个基本问题

增加我国的国民收入最关键的是发展生产。而要发展生产，主要是要解决以下三个基本问题。

（一）　正确地贯彻执行党在过渡时期的总路线

党在过渡时期的总路线就是：在一个相当长的时间内，逐步实现社会主义工业化，逐步完成对农业、手工业和资本主义工商业的社会主义改造。只有贯彻执行这条总路线，才能调动一切积极因素，克服生产力和生产关系之间的矛盾，充分地发展我国的社会生产力。在这条总路线中，实现社会主义工业化是它的主体，对农业、手工业和资本主义工商业的社会主义改造，则是这个主体的"两翼"，它是整个总路线不可分割的组成部分。

要实现社会主义工业化，就必须要有正确的工业化道路。因此，党教导我们说：在实现我国社会主义工业化的时候，一方面，要采取较高的速度优先发展重工业；另一方面，又必须积极地发展农业和轻工业，以促进整个国民经济的全面发展。只有这样，才能使国家建设同人民生活的改善正确地结合起来。当然，如果没有重工业的发展，没有一个基本上完整的工业体系，我国生产力的发展，将是很缓慢的。所以，在实现社会主义工业化的时候，必须优先发展重工业。但是，如果片面地强调重工业的发展，而不注意发展农业和轻工业，这就使人民个人消费的需要得不到适当的满足，因而人民生活的改善，就会受到不利的影响，这样，我国生产的发展就会脱离我们的基本目的，把社会主义工业化同人民群众的利益对立起来。这样做，也许重工业可能在，一定时间内获得某种畸形的发展，但是整个国民经济的发展和人民生活的改善，就会受到阻滞，反过来必将推迟重工业的发展。这种观点，实际上是无视人民在我国社会主义工业化事业中的决定意义，是违背马克思列宁主义观点、违背社会主义经济发展的客观规律并且有害于社会主义的事业的。

关于中国工业化的道路问题，毛泽东同志在《关于正确处理人民内部矛盾的问题》的报告中作了非常重要的指示。他说："这里所讲的工业化道路的问题，主要是指重工业、轻工业和农业的发展关系问题。我国的经济建设是以重工业为中心，这一点必须肯定。但是同时必须充分注意发展农业和轻工业。

我国是一个大农业国，农村人口占全国人口的百分之八十以上，发展工业必须和发展农业同时并举，工业才有原料和市场，才有可能为建立强大的重工业积累较多的资金。大家知道，轻工业和农业有着极其密切的关系。没有农业，就没有轻工业。重工业要以农业为重要市场这一点，目前还没有使人们看得很清楚。但是随着农业的技术改革逐步发展，农业的日益现代化，为农业服务的机械、肥料、水利建设、电力建设、运输建设、民用燃料、民用建筑材料等将日益增多，重工业以农业为重要市场的情况，将会易于为人们所理解，在第二个五年计划和第三个五年计划期间，如果我们的农业能够有更大的发展，使轻工业相应的有更多的发展，这对于整个国民经济会有好处。农业和轻工业发展了，重工业有了市场，有了资金，它就会更快地发展。这样，看起来工业化的速度似乎慢一些，但是实际上不会慢，或者反而可能快一些。经过三个五年计划，或者再多一些时间，我国的钢产量仍然可能由解放前最高年产量，即一九四三年的九十多万吨，发展到两千万吨，或者更多一点。这样，城乡人民都会感到高兴。"

　　党的第八次全国代表大会，对于如何正确贯彻执行党在过渡时期的总路线和如何实现我国社会主义工业化问题特别重视。大会根据马克思列宁主义原理，苏联和其他社会主义国家的经验，特别是我国建设的实践，要求我们在贯彻执行党的总路线、实行社会主义工业化的时候，必须完成农业的社会主义改造，积极地发展农业；在优先发展重工业的时候，必须相应地发展轻工业；在建设新的和内地（包括民族区域）的工业的时候，必须充分地运用原有的和近海地区的工业；在发展社会主义工业的时候，必须彻底完成对资本主义工业和手工业的社会主义改造；在发展中央工业的时候，必须积极地扶助地方工业的发展；不仅注意到大型工业的发展，同时注意到中、小型工业的发展；并且将上述各个方面的发展有机地结合起来；将工业的发展同地质资源的勘探、技术人员的培养结合起来；将工业的发展同交通运输、国内外贸易、文教卫生等项事业的发展结合起来；将我国工业的发展同世界最新的科学技术成就结合起来；将我国工业的发展同国际间的经济合作，特别是社会主义各国的经济合作结合起来。所有这一切，都是为了我国生产力的迅速发展。只有在充分地发展我国的生产力，全面地发展我国国民经济的基础上，才能不断地增加我国的国民收入。

　　我国生产的发展，要求国民经济各部门发展的比例必须协调，这就需要实行计划经济——有计划（按比例）地分配资金和分配劳动力。这是保证国民收入迅速增长的必要条件。随着我国生产的发展，不仅国家对于社会主义基本建设的投资从 1952—1956 年扩大 2.77 倍，而且物质生产部门的职工人数，也有很大的增加。1956 年同 1952 年相比，工业部门的职工增加 0.36 倍；基本建设部门的职工增加 1.81 倍，运输部门的职工增加 0.38 倍。前面说过，国民收入是由物质生产部门的劳动者所创造的，所以，物质生产部门劳动量的增加，是国民收入增长的一个必要的条件。因此，在全部社会劳动量中，应该努力增加物质生产部门劳动量的比重，特别是努力增加工业和农业部门劳动量的比重；应该尽可能地缩减非物质生产部门劳动量的比重，特别是精简行政机构和管理机构的人员。这对于增加国民收入具有重大的意义。

把行政管理机构的一部分工作人员调到物质生产部门去工作，比从社会上招收新的职工，可以更多地增加国民收入。从社会上招收的新职工，他们所创造的国民收入，一部分要用来满足自己的需要，一部分归国家支配。而把一部分工作人员从行政管理机构调到物质生产部门则不同。因为这一部分工作人员从前并不创造国民收入，可是他们都由物质生产领域工作者所创造的归国家（社会）支配的国民收入中获得一部分来满足自己的需要。假定把他们抽调到物质生产部门之后，收入不变，那么，他们所创造的国民收入就都可以归国家支配，来满足社会的需要了。因此，精简行政管理机构，充实物质生产部门，是可以获得很大的经济效果的。

（二）不断提高劳动生产率，降低成本

要增加国民收入，除了前面所说的不断扩大生产、增加物质生产部门劳动者的人数而外，还必须不断地提高劳动生产率和降低成本。大家知道，国民收入是在社会生产过程中创造出来的，所以，在发展生产的过程中，提高劳动生产率和降低成本，对于增加国民收入有极其重大的意义。劳动生产率的提高，首先表现为"活劳动"的节约。在 1952—1956 年间，我国工业的劳动生产率提高了 69%，在我国工业总产值中，约有 3/4 以上是依靠我国工人阶级的劳动生产率的提高而来的。这就是说，过去要用 1.7 个人在一定时间内生产出来的东西，而现在只要一个人在同样的时间内就可以生产出来了；或者说，过去一个人在一定时间内只能生产一件产品，而现在一个人在同样的时间内就可以生产 1.7 件产品了。很明显，这对于增加国民收入是有极大的意义的。

我国工业的劳动生产率之所以能够获得这样迅速的提高，首先是由于推翻了帝国主义、封建主义和官僚资本主义的统治之后，主要的企业已为工人阶级领导的国家所有；对资本主义工商业实行了社会主义的经济改造之后，民族资产阶级的企业，也变为公私合营的企业。这样，束缚生产力发展的剥削制度就基本上被废除了，生产力获得了空前的解放，工人阶级成了企业的主人，他们的生产积极性是非常高的。其次，党和国家贯彻执行了工资必须随着劳动生产率的提高而提高的政策。随着生产的发展，劳动生产率的提高，职工的工资基金总额在 1952—1956 年间增加 46.8%，

职工的平均实际收入大约增加 25.3%。这样就从物质利益上鼓舞了工人阶级努力提高劳动生产率。再次，实行了劳动保险，举办了职工的集体福利事业。这样，职工生、老、病、死都有保障，如遇到某些意外的困难，还可以得到国家的救济。因此，工人阶级完全摆脱了失业和穷困的威胁，而能够集中精力提高文化技术水平，改进劳动组织，改进操作方法，从而提高劳动生产率。再次，新的技术设备和先进经验的采用。最后，社会主义劳动竞赛和先进生产者运动的发展。所有这些，都保证了我国工业劳动生产率的提高。

在农业方面，在废除了封建制度和实行了农业合作化之后，农业的劳动生产率也有很大的提高，单就粮食的产量来说，1949 年全国总产量是 2162 亿斤，1956 年则达到 3650 亿斤，在 7 年之内提高了 68.8%。在其他物质生产部门的劳动生产率，也有很大的提高，这对于生产的增长和国民收入的增加都有直接重要的作用。

生产资料消耗的节约，即"物化劳动"的节约，是提高整个社会劳动生产率的另一个重要因素。它对国民收入的增加，同样有着重大的意义。如我们在前面已经说过的，在工业总产值中，物质消耗约占 60% 以上，目前每年消耗原材料的价值即达 450 亿元以上，如果把原材料消耗降低 1%，每年就可增加国民收入 4.6 亿元。物质消耗中包括劳动对象（原料、材料等）和劳动资料（生产工具、机器设备等）。如果我们能够在这方面厉行节约，那么，我们就可以用同样多的原材料和同样多的机器，生产出更多的产品。也就是说，增加更多的国民收入。这一点从我国在过去几年的经济实践中可以看得很清楚。在节约原材料方面，例如，发 1 度电所消耗的"标准煤"，1949 年平均是 0.925 公斤，1955 年平均是 0.601 公斤，也就是说，使用和过去同样多的煤，就可以多发 52% 的电；又如纺 1 件纱所用的棉花，1949 年平均是 202.2 公斤，1955 年平均是 192.7 公斤，也就是说，使用和过去同样多的棉花，就可以多纺出 5% 的纱来。在节约劳动资料即提高设备利用率和利用系数方面，例如，炼铁设备的利用率，1949 年是 31.6%，1955 年是 95.4%；炼铁高炉的利用系数，1949 年每 1.622 立方公尺的高炉容积才能炼出 1 吨生铁，而在 1955 年每 0.858 立方公尺的高炉容积即可炼出 1 吨生铁，提高了 90%；炼钢设备的利用率，1949 年是 24.9%，1955 年是 83.9%；炼钢平炉的利用系数，1949 年每平方公尺的平炉炉底面积只能炼出 2.423 吨钢，而在 1955 年即可炼出 6.073 吨钢，提高了 1.5 倍。轻工业方面也是如此。例如，棉纱机的时间利用率，1949 年是 58.2%，1955 年是 79.4%；纺织机每千锭每小时的产纱量（折合数），1949 年是 20.74 公斤，1955 年是 26.71 公斤，提高了 28.8%；织布机的时间利用率，1949 年是 58%，1966 年是 75.9%；织布机每台每小时的产量（折合数），1949 年是 3.372 公尺，1955 年是 4.334 公尺，提高了 29%。这些都是最明显不过的例子。

除了上面所说的以外，还可以举出国家经济委员会最近所公布的材料，来说明我国各类工业蕴藏着增产节约——增加国民收入的巨大潜在力。这个材料写道：

节约铁矿石和焦炭，是增产钢铁的关键。据调查，制造硫酸的矿渣中含铁量在 50% 左右，1957 年我国化学工厂和某些造纸工厂将出产 50 万—60 万吨这种矿渣。如果组织技术人员解决了利用这种矿渣炼铁的技术问题，全年就可以增产 20 多万吨铁。在节省焦炭方面，冶金工业部经过试验，1957 年可以用代用品代替 10 万吨炼铁用的焦炭。

机械工业用的钢材，目前大约占全国工业生产用钢的 61%，因此，机械工业节约钢材，有重大的意义。

从第一机械工业部各企业之间钢铸件废品率的比较中，可以看出，这方面节约有着多么大的"油水"。南京机床厂和济南柴油机厂铸件废品率是 2% 多一点，而齐齐哈尔机床制造厂和重庆柴油机厂铸件废品率则高达 16% 以上。这方面，地方同中央的企业相比，地方企业的废品率平均又高于中央的企业。

改进工艺和设计，降低原料消耗定额和降低产品的重量，也可以在保证质量的条件下节约钢材。例如，上海自行车厂每辆自行车用钢 21 公斤，沈阳却用 24—25 公斤。如果各个工厂都改进工艺过程，每辆自行车用钢降到 21 公斤，就能省大量的钢材。

在设计方面，上海机床厂对一种机床的设计做了改进，把占机床总重量一半以上的护罩改薄，每台就节省了 356 公斤钢铁。在机械工业中，类似的例子很多。

争取增加发电量和节约用电，已成为关系到很多地方的工业能否增产的问题。我国发电设备虽然负荷已很大，但是仍然有不少设备还没有达到"铭牌出力"（发电机的设计能力）。因此，增加发电量还是有潜力的。在节约用电方面，据调查，很多企业，生产同样的产品，用电量却悬殊很大。重庆工厂的电炉炼 1 吨钢，用电 400 多度，昆明工厂的电炉则用 1100 度；天津造纸厂生产 1 吨有光纸，用电 400 度左右，而沈阳的造纸厂则为 1100 度左右。在民用电方面，特别是机关和商店用电，也还存在着浪费现象。

电力在输电线路上的损失也比较严重，如果采取各种措施，使 1957 年输电线路损失的电力比计划指标再降低 0.5%；全年就可以节省近 1 亿度电。

建筑材料和化学工业的增产节约，同其他工业一样，也都有不少潜力。单是作好安全生产工作，减少事故，就可以增产或者节约许多财富。建筑材料工业部所属的水泥厂，1956 年 1—10 月，共发生"结圈"事故 1350 次，比前一年同期增加了 68%；这 10 个月因"结圈"事故共停工 1118 小时，减产 58000 多吨水泥。如果 1957 年各个水泥厂"结圈"事故减到 1955 年的次数，全国至少可以增产 5 万—6 万吨水泥。化学工业也同样存在着因事故多而浪费或者减产的现象。因此，单是加强安全生产工作，就可以挖掘出不少的增产或节约的潜力。

在轻工业方面，提高产品质量，对于增产节约的效果表现得特别显著。例如，上海 1956 年生产的灯泡，由于平均寿命延长了 300—400 小时，等于增产了 300 万—400 万只灯泡。上海所产的胶鞋，耐穿的时间，准备在现有的水平上提高 20%，这样一年就等于多生产了 1200 万双胶鞋。轮胎行驶里程若再提高 5000 公里，就等于多产 4 万套轮胎。全国生产灯泡、胶鞋、轮胎及其他产品的工厂，如果都努力把自己产品的质量提高一步，它给人民带来的利益之大，是可以想见的。

轻工业除了可以继续降低原料消耗定额以外，开辟新的原料资源，是增加生产的重要途径。单是麻类，就有 40 多种代用品可以研究利用，其中仅是棉秆皮，全国一年就产 920 万担左右。据初步试验，棉秆皮纤维可以织麻布、麻袋、造纸、包电缆等。我国每年出产的 5000 吨左右的山羊绒，才利用了一半。全国一年出产的牛、马、骡、驴等杂毛，估计有 1.5 万吨，而采购部门仅收购 200 多吨，占总数的 1% 多一点。这些杂毛，完全可以代替羊毛制毡。

当然，除了工业生产部门之外，在建筑部门、运输邮电部门、商业部门，同样也存在着节约的巨大潜力。

节约人力、节约物质消耗，就可以大大地降低产品的成本，而产品成本的降低就意味着国民收入的增加。国民收入增加了，我国的社会主义建设才能更加迅速地发展，我国的人民生活才能进一步改善。所以，为贯彻执行节约制度的斗争是直接同我国人民物质福利的进一步提高密切地联系着的。我们要充分地认识提高劳动生产率和降低成本的重要的政治意义，努力提高劳动生产率，努力降低成本，以达到增加国民收入，扩大积累，提高消费的目的。

（三）贯彻经济核算——正确地运用价值规律

前面，我们论述了增加国民收入的一些主要的途径，并且指出了我们过去在这方面所取得的成就。但是，我国国民经济中还蕴藏着巨大的潜力，如果我们能够进一步改善经济管理工作，那么，我国的生产将会发展得更快，劳动生产率将会提得更高，生产成本将会更加降低，因而，国民收入也就会大大地增加。经济管理的改进是包括许多方面的工作的，而当前最突出的问题之一是加强经济核算。而要加强经济核算，就应该对于同经济核算有密切关系的价格、税收、利润率、商品产值、劳动生产率等最重要的经济指标，规定比较科学的核算方法。如不解决这些问题，是无法真正地进行经济核算的。而现在这些问题之所以没有得到很好的解决，在很大程度上是由于我们没有根据社会主义经济制度的要求来正确运用价值规律。

大家知道，就是在社会主义制度下，任何生产品，不管它是生产资料也好，或者消费资料也好，它总是由劳动所创造的，它都包含着一定的社会必要劳动量。虽然在社会主义制度下，生产资料这类产品，在实质上已不同于过去的商品的性质了，但是，它同样还是由劳动所创造的，其中毕竟也包含一定的社会必要劳动量。所以，人们在生产这些产品的时候，就不能不计算劳动代价，就不能不运用价值规律。这种情况，由于社会主义制度下两种所有制——全民所有制和合作社集体所有制的存在，而更为明显。

社会主义国家对于集体所有制的合作社经济，是不能直接用计划来管理，而只能对它们颁发参考性的指标，通过正确的价格政策来进行调节。因为，合作社经济的生产资料不是全民所有，而是属于集体所有的。合作社的盈亏是由合作社自己负责，而不是由国家负责的。如果在制定价格政策时，规定一吨棉花的价格和一吨玉蜀黍的价格差不多，那么，不管你在计划中规定了要生产多少棉花，还是不会有人去种棉花的。因为，按社会必要劳动量的消耗来计算，种植一吨棉花比种植一吨玉蜀黍要得多。所以，要很好地管理合作社经济，即要正确地制定价格政策，就要正确地计算各种生产品的社会必要劳动量，即要正确地运用价值规律。只有这样，国家对合作社经济所颁发的参考性的指标，才能真正地发生作用。

社会主义国家对全民所有制的经济，当然要实行计划经济的管理。但是，国家在对它们实行计划管理的时候，也不能不正确地运用价值规律。就消费资料这类产品来说，当国营工业部门生产出来之后，要通过国营商业部门在市场上当作商品去销售。虽然国家的工业和商业都是国营企业，所有权都是属于国家，但是，它们又都是独立的经济核算单位，必须各自计算成本和盈亏，因此，它们之间的交换必须要有合理的价格，因而也就必须要正确地反映价值规律的作用。这样，价值规律对于国营工业的消费资料的生产和销售，就在一定程度上发生调节的作用，也就是说，国家通过计划，并且自觉地运用价值规律，用提价或降价的办法，在一定程度上调节消费资料的生产和销售数量。就生产资料这类产品来说，国营工业部门所生产的产品，绝大部分只在国营企业内部进行调拨，不再通过市场进行买卖。由于它们在实质上已不同于过去的商品的性质了，所以价值规律对它已不可能像消费资料的生产那样发生一定的调节作用。但是，价值规律对于这些产品的生产和调拨，仍有重大的影响。这不仅在于为了抵偿生产过程中的劳动力的消耗所必需的消费品，是在一定程度上作为受价值规律调节的商品来生产和销售的，而且，社会主义的工业生产是社会化的生产，各工业企业都是独立的经济核算单位。因此，各工业企业不论进行商品交换也好，或者产品调拨也好，都必须计算产品的价值（社会必要劳动量），所以，它们也必须正确地运用价值规律，来为计划经济服务。否则，每个企业和整个社会主义的计划经济，也就不可能健康地发展。

人们会问，无论工业部门也好，或者商业部门也好，无论这个企业也好，或者那个企业也好，既然都是国营企业，都是按计划进行活动的，那么彼此盈利或者亏损，反正是"肉烂在锅里"，又何必运用价值规律来计算社会必要劳动量呢？难道不以社会必要劳动量来进行交换或者调拨，而按照生产这种产品的企业各自所消耗的劳动量来进行交换或者调拨，就不可以吗？当然不可以。这样就不能鼓励先进的企业，也不能鞭策落后的企业，而且将使经济核算的工作失去依据。

也有人会问，我们不是有"计划价格"和"调拨价格"吗？为什么不可能根据"计划价格"和"调拨价格"来进行经济核算呢？当然是可以的，问题是我们的"计划价格"和"调拨价格"，绝不可以完全不根据生产品的社会必要劳动量，而主观地制定。如果这样，我们的经济核算，也就变成主观的和缺乏科学根据的东西了。如果根据这样的经济核算来制订计划，指导经济工作，那就会使国民经济中的巨大潜力不能被发掘出来，而各种各样的浪费则不能通过经济措施，加以克服。显然，这对于我国经济的发展和国民收入的增加是很不利的。

价值规律对于我国建设投资的分配，当然不可能起调节的作用，但是，如果说社会主义国家在决定投资分配计划的时候，可以不考虑价值规律的作用，可以不进行经济核算，可以不考虑投资的经济效果，那就是大错特错了。事实完全不是这样。社会主义国家在决定生产计划的时候，要进行经济核算，提高劳动生产率，降低成本——节约社会必要劳动量；在决定建设的投资计划的时候，也同样必须进行经济核算，使国家能够用同样数量的钱办更多的事情，以便迅速提高生产能力，增加盈利，而为国家积累资金，发挥投资的经济效果。

由此可见，我们在实行计划管理的时候，只有正确地运用价值规律，才能更好地促进生产品的社会必要劳动量减少，这样我们才能以最少的人力和物力生产最多的产品，才能以有限的生产资料和建设投资，发挥最大的经济效益。只有这样，我国的生产才能更加发展，我国的国民收入才能进一步地增加。

当然，对于价值规律的积极和消极两个方面的作用，应当作明确的分析。价值规律虽然在资本主义社会中起着促进技术进步和发展生产的巨大作用，但是，在资本主义社会中，这个规律，是同自由竞争、经济危机、殖民地掠夺、侵略战争等一系列的消极破坏的因素联系着的。这种种消极因素，我们必须加以严格的限制，绝不能让它发生作用。但是，对于它的积极的一面，必须正确地加以利用。也就是说，我们必须自觉地掌握这个规律，来为社会主义的计划经济服务。

过去，有不少人在计划规律同价值规律之间，只看到它们的对立，而看不到它们的统一，认为计划规律能够起到作用的地方，价值规律的作用就会消失，而为计划规律所代替。反之，也是一样。这是一种机械论。这些人，没有看到我们的国家对于经济的管理，是分不同的情况而采用不同的管理方法的。一是对于全民所有制的社会主义企业，采用直接计划来管理其经济活动；二是对于集体所有制的合作经济，采用间接计划来管理其经济活动；三是对于个体经济，则不列入国家计划。用直接计划来管理的经济活动，价值规律只是被用来作为经济核算的工具；但是这是一个很重要的工具，计划经济失去了这个工具，也就失去了在制订计划和执行计划时进行科学计算的根据。用间接计划来管理的经济活动，国家还需要利用价值规律来进行有计划地调节。不列入国家计划的经济活动，则主要由价值规律调节，国家给予一定程度的影响。由此可见，在社会主义制度下，在实行计划经济的时候，还必须正确地运用价值规律。关于这一点，马克思在《资本论》第三卷关于"生产过程的分析"一章中早就说过了，他说：在资本主义生产方式废止以后，但社会化的生产维持下去，价值决定就仍然在这个意义上有支配作用：劳动时间的调节和社会劳动在不同各类生产间的分配，最后，和这各种事项有关的簿记，会比以前任何时候变得重要①。

所以，在社会主义制度下，正确地运用价值规律是有重大的意义的。它可以从经济上促进技术和管理工作的改善，使社会的人力、物力得到合理、节省、有效的利用，使落后的单位向先进的单位看齐。这样，就能够更加促进生产的发展和国民收入的增长。

在社会主义制度下，国民收入的增长，为社会成员个人消费的增长，以及社会用来发展生产和充分地满足社会各种需要所必需的物质资料积累的增长创造了可能性。也就是说，国民收入的增长，就为不断地提高人民的消费水平和不断地扩大社会主义的积累创造了物质前提。关于国民收入在积累和消费之间的分配问题，我们在下一个问题中再来讨论。

四　我国国民收入的积累和消费

（一）国民收入的分配和使用

1. 国民收入生产出来之后，就进行分配和再分配

国民收入首先在物质生产部门内部进行初次分配，形成企业收入和个人收入；然后全社会范围内进行再分配，形成国家、各种经济企业和各阶级居民的收入；最后，国民收入形成为积累基金和消费基金两部分。由于我们的国家是社会主义的国家，我国的国民经济是有计划（按比例）地发展着的，因而我国国民收入的分配是服从于全国劳动人民的利益的，是为了全国人民的目前利益和长远利益的需要而有计划地进行分配的。

在社会主义制度下，国民收入的分配和再分配，就是在社会产品生产出来之后，其中归自己的产品，在物质生产领域的工作人员中，必须实行按劳分配。归社会的产品，必须保证扩大生产、发展文化保健事业、巩固国防以及扩大其他社会性的需要的各种基金。归社会的产品，有一部分还要在非生产领域的工作人员中实行按劳分配，以及满足无劳动能力者

---

① 马克思：《资本论》第三卷，人民出版社1956年版，第1116页。

（残疾人员和年老退休的工作人员等）的个人需要。

2. 国民收入的初次分配

国民收入的初次分配，属于居民收入的有：职工的工资收入、农业和手工业生产合作社的社员收入、个体生产者的收入等；属于企业收入的有：利润、税收、利息、保险基金、干部培养费和合作社的公积金、公益金等。

3. 国民收入的再分配

为了满足全社会的需要和有计划地扩大社会主义的再生产，国民收入经过初次分配以后，还需要在物质生产领域同非物质生产领域之间，各种经济企业、各阶级居民同国家之间实行再分配。国民收入经过再分配，就形成财源社会基金和居民的再收入。财源社会基金通过国家预算、社会保险预算以及国家银行和专业银行形成。它由税金、利润、社会保险基金（如附加工资）等项组成，分别用在扩大基本建设投资，增发流动资金和信贷资金，增加国家物资储备，增进社会文化福利和国防行政费用等方面。居民的再收入分两部分：一部分是非物质生产领域的居民收入（如机关职工、教员、医生的收入等），其中包括工资、津贴、补助费等；另一部分是物质生产领域居民的补充收入，如劳动保险金、人民助学金、社会救济金等。

这样，我国人民所创造的国民收入，经过初次分配和再分配，最后就划分为积累基金和消费基金，分别使用于积累和消费两个方面。

4. 国民收入的再分配是如何实现的

国民收入的再分配基本上是通过国家预算、价格以及银行、保险公司和生活服务部门的活动来实现的，其中起决定作用的是国家预算。

5. 国家预算是国民收入分配的基本工具之一

在集中资金于国家手中，并且对资金进行合理分配以满足社会需要方面，起主要作用的是国家预算。有很大一部分国民收入是通过国家预算来进行分配的。国家预算，根据国家在一定时期的政治经济任务，通过税收、企业上缴利润、发行公债等形式，将各企业、各部门和各阶级居民的一部分或者大部分国民收入集中起来，组成国家集中的纯收入，这就是国家的预算收入。国家对预算收入要进行合理分配，以便一方面满足社会主义建设所需要的资金积累，用来进行社会主义的基本建设，增加流动资金和增加国家的物资储备；另一方面，满足全社会性的消费需要，用于国防和行政方面，特别是用于文教、卫生、社会福利事业方面，以改善人民的物质生活和文化生活。

6. 价格在国民收入的再分配中也起着重要的作用

价格对于国民收入的再分配，虽然在形式上是起间接的作用，但是，这种作用是很重要的和决不可以轻视的。它是价值规律在国民收入分配过程中的反映，它通过调拨价格、市场价格以及各种比价和差价而发生作用。例如，工业同农业产品比价、轻重工业产品比价、地区差价、批发同零售差价的变动，都会引起国民收入在部门之间、地区之间、企业之间、国家和个人之间、各阶级之间以及这一部分人同那一部分人之间的转移。比方，国家近年来对于工业产品的价格，基本上维持了原来的水平，并且略有降低，而对于农业产品的价格，则提高 10% 以上。这样，农民出卖等量的农产品，就可以换得更多的工业品。这就是说，原来由国家集中的一部分国民收入，现在转移到农民手中去了。

7. 国家银行和国家保险公司是分配国民收入的另一工具

大家知道，信用是社会主义社会必需的经济工具之一。在我们国家里，信用是由国家银行及其所委托的信用合作社办理的。国家银行有计划地动员暂时闲置的货币资金，并且把这些资金用来为社会主义的经济建设服务。至于我国的国家保险公司，则是为补偿和预防企业组织及居民因自然灾害和事故而招致的损失的一种重要的机构。国家银行通过放款收息、存款付息的形式，国家保险公司通过收保险费和赔偿损失的形式，把一部分国民收入实行进一步的分配。

8. 生活服务部门也承担着国民收入再分配的任务

有一部分国民收入是通过生活服务部门来实行进一步分配的。例如，客运部门、公用事业部门、文化娱乐部门、生活服务部门（如理发、洗澡、洗衣业等）等通过它们自己的活动；从物质生产部门的企业以及居民方面取得收入；同时，它们又把所得的收入一部分以工资形式，支付给本企业的职工，另一部分以税款和上缴利润等形式交给国家。

9. 国家预算所集中的国民收入

我国国民收入中通过国家预算的部分所占的比重，根据国家统计局的材料，历年的情况是这样：1952 年占 27.6%，1953 年占 29.2%，1954 年占 32.4%，1955 年占 31.9%，1956 年占 31.5%。国民收入中通过国家预算的部分所占的比重逐年提高，是同我国经济的发展、建设规模的扩大，特别是社会主义的国营经济的发展相联系的。这种提高，是合理的，也是必要的。但是通过国家预算的国民收入，在全部国民收入中所占的比重，总是有一定的限度的，超过了一定的限度，就是不合适的。在我国目前经济条件下，根据现行的财政体制，通过国家预算的国民收入在全部国民收入中所占的比重，大约以不低于 30%，可能是适当的。

应当看到，国民收入中通过国家预算的部分能够达到这样的比重，已经是相当可观的了。苏联在 1928—1929 年的国民收入中，通过国家预算的部分占 28.4%，在 1932—1933 年占 32%。我国国民收入通过国家预算集中使用的部分，同苏联在第二个五年计划开始时期的情况是相近似的，这是同前面所说过的我国国民收入中国营经济的收入所占的比重日益提高的事实有关的，因为在国家预算中来自国营企业的收入，占着极大的比重。当然，随着我国国民经济的进一步发展和社会主义改造的完成，通过国家预算集中使用的国民收入，在全部国民收入中所占的比重还将提高，但是按目前的情况来看，这样的比例则是比较恰当的。

为什么说这样的比例不低呢？过去几年的经验证明，每当我们想更多地搞一些工业建设或者其他建设，而将国家预算和基本建设的投资打得过大，脱离了生产资料生产增长的可能性和财力支付的可能性的时候，总是"欲速则不达"，反而造成国民经济发展的人为紧张。结果对于我国的工业化和我国经济生活的协调发展，都是有害的。对于这种缺点，党都及时地实事求是地作了纠正。实践证明，我国的国民收入中通过国家预算的比重，如果能够达到上述的比例，我国的社会主义建设所需要的资金就可以得到基本的保证。这个比例不是低的，而是相当积极的。

那么，这样的比例是不是太高了呢？也不太高。由于我国是社会主义的国家，我国的基本工矿企业、交通运输企业、国营商业、国家银行、国营农场和其他国营企业，都是属于全民的而不是私人的财产，这些企业的盈利，绝大部分要列入国家预算。众所周知，目前我国的预算收入中，约有70%是来自国营企业的上缴利润、税金和折旧提成的，这一因素所起的作用，将随着我国国营经济的发展而逐年增大。此外，过去的私人工商企业，经过全行业公私合营和实行"定息"之后，其纯利除定息和职工福利基金以外的大部分，也属于国家所有。我国的国家预算收入在国民收入中所占的比重，必须反映出我国社会经济的这种客观实际，而这样的比例，就是这种客观实际的一种近似的反映。同时，我国的预算是"取之于民，用之于民"的，如果降低这个比例，则取之于民的少了，用之于民的也就少了。这样，国家的经济、文化建设和其他方面的需要，将不能得到满足，而人民长远的以及当前的利益，也会受到损害。所以，在我国目前经济发展的速度之下，在现行的财政体制之下，保持这个比例是必要的。

总之，国民收入是经过初次分配和再分配，最后才形成为积累基金和消费基金的。那种认为在社会主义制度下只有国民收入的初次分配而无国民收入的再分配的观点是不合事实的。根据这种意见，国民收入的再分配，只是在资本主义制度下才有的，而且这种再分配是有利于剥削阶级，而使劳动者更加贫困的。当然，资本主义制度下的国民收入的再分配，是完全有利于剥削阶级而不利于劳动阶级的。但是，既然在社会主义制度下还存在着非物质生产领域的管理部门和服务部门，既然在生产领域还存在着全民所有制的企业和集体所有制的企业，那么国民收入的再分配就是必要的。问题是在于社会主义制度下的"国民收入的分配，不是为了剥削阶级及其为数众多的仆役发财致富，而是为了不断提高工农的物质生活和扩大城乡社会主义生产"。（斯大林）

10. 我国国民收入中归人民直接支配的约占72%

在第一个五年计划期间，我国的国民收入，经过上面所说的初次分配和再分配，最后归人民直接支配的约占72%，其余则由社会支配，用在国家的积累、合作社的积累和社会性的消费等方面。可见，我国国民收入的绝大部分是归人民直接支配，用来改善自己的生活福利的。同我们社会主义国家的情形相反，资本主义国家的国民收入，绝大部分由资本家所得，劳动人民在国民收入中所得的份额则日益减少。例如，美国的国民收入中，劳动人民所得的份额，在 1870 年占 68%，1890 年占 66%，1923 年占 64%，1951 年约占 40%。在英国的国民收入（1924 年）中，劳动人民所得只占 46%。在德国的国民收入（1929 年）中，劳动人民所得只占 55%。在资本主义国家中，劳动人民占人口总数的 9/10 以上，而他们所得的国民收入不足一半，但是，不足人口总数 1/10 的资本家，则抢夺了国民收入的一大半。从这里，就最清楚地看到了资本主义社会制度的剥削性质。资本主义社会制度的这种剥削性质，无论资产阶级的学者们如何伪装和粉饰，总是无法骗过人民的眼睛的。

（二）我国国民收入的积累和消费

我国的国民收入，经过初次分配和再分配之后，最终使用在两个方面，一个是积累方面，一个是消费方面。

使用在积累方面的，包括增加国营经济的、合作社经济的、公私合营经济的和个体经济的生产性和非生产性的固定资产，增加它们的流动资产，以及增加国家管理机关、文化教育、卫生福利部门的非生产性的固定资产，增加国家的物资储备基金，等等。

使用在消费方面的，包括居民个人的生活消费，非生产性的机关、企业的办公、管理方面的消费等。

根据国家统计局的资料，我国国民收入的积累和消费的比例，在 1952—1966 年的构成情况（以 1952 年不变价格计算）如下表所示。

年份	积累比重（%）	消费比重（%）
1952	16.1	83.9
1953	17.4	82.6
1954	21.9	78.1
1955	20.4	79.6
1956	22.8	77.2

注：如以当年的价格计算，国民收入中积累所占的比重历年的情况是：1952 年为 18.2%；1953 年为 21.4%；1954 年为 22.3%；1955 年为 20.9%；1956 年为 22.5%。

　　从上表中可以看出，在过去几年中，我国国民收入用于积累的部分约占 20%，用于消费的部分约占 80%。我国国民收入的积累率，同苏联在 1927—1928 年的积累率是相近似的（苏联当时为 21.3%）。如果同苏联的第一和第二个五年计划时期以及战后时期的积累率相比，则要略低一些（苏联在战后时期的积累率一般是 25%），这是同帝国主义、封建主义长期的反动统治所造成的我国经济落后、人民生活水平较低等条件有关的。但是，如果同各资本主义国家国民收入的积累率相比，那么，我国国民收入的积累率就是很高的了。例如，在美国，国民收入的积累率，在 1919—1928 年的 10 年间平均只有 10%，而在 1929—1938 年的 10 年间平均仅为 2%。一切资本主义国家，虽然把劳动人民所创造的国民收入的很大部分攫为己有，使劳动人民处于失业和贫困的境地，但是，他们能够用来积累的部分则是很少的。因为他们把大量的财富用于寄生性的消费了。社会主义国家则不同，国民收入归劳动者自己支配，劳动人民的生活，在社会主义社会获得很大的改善，但是社会主义国家的国民收入的积累率却大大地超过了资本主义国家的积累率。这就说明社会主义制度比资本主义制度有着无限的生命力。

　　在社会主义制度下，国民收入在积累和消费之间的分配，是社会主义分配问题的核心。这个问题，体现着国家同企业之间、企业同个人之间、个人同国家之间错综复杂的经济关系。国民收入分配得适当，可以促进生产的发展和人民生活的改善；分配得不适当，也可以破坏生产的发展和妨碍人民生活的改善。这个问题，在社会主义生产关系中占着非常突出的地位，而且又是一个复杂的问题，因此，必须慎重处理。为了合理地分配国民收入，使积累和消费的比例关系得到正确处理，就要将集体的、长远的利益同个人的、当前的利益正确地结合起来，使之既有利于国家经济建设的迅速发展，又有利于人民消费水平的逐步提高。

　　人们为了集体的、长远的利益，常常从迅速发展工业特别是重工业的需要出发，希望提高积累部分的比重。无疑的，这种想法是有理由的，因为有了重工业的迅速发展，社会主义物质基础才能很快地建成，人民生活的根本改善才有可靠的物质保证。所以，在社会主义建设时期，必须努力把国民经济中可能聚集的资金，都积累起来，并且按照恰当的比例，首先满足工业特别是重工业建设的需要。但是，如果只顾重工业迅速发展的需要，过多地和过快地提高积累部分的比重，缩小消费部分的比重，以致影响人民生活的应有的改善，那就是错误的了。

我国工业化，只有同人民消费水平的逐步提高密切地结合起来，才能发挥广大群众建设社会主义的积极性，才能在新的物质基础上进一步巩固工农联盟，才能使社会主义建设事业顺利地健康地进行。因此，在社会主义工业化过程中，用来进行工农业及其他方面建设的资金积累，只能随着社会生产的发展，劳动生产率的提高，国民收入的增大，而逐步地增加。这样，才不会因积累增加，影响到人民生活的逐步改善。同时，由于我国经济比较落后，人口众多，增殖较快，人民生活水平还较低，因而积累部分也不可能过多地和过快地增加。

无疑的，在工业化过程中，人民的消费水平，是应当而且必须在生产发展和劳动生产率提高的基础上逐步地提高的，不这样做，那就是严重地脱离群众，那就会犯不可饶恕的错误。但是，如果只是片面地强调个人的、当前的利益，而不顾集体的、长远的利益，则是不能容许的。不但那种想把消费水平提高的速度超过生产增长和劳动生产率提高的速度的观点，是错误的，而且要求消费水平的提高同积累的增长保持相等的速度的观点，同样也是错误的。因为前者将使人民消费水平逐步提高所依靠的物质基础遭到破坏，而后者则将延缓我国社会主义工业化的进程。

必须看到，要在比较短的历史时期内，将我们这样一个在经济上非常落后的农业国，建设成为一个先进的社会主义工业国，如果没有全国人民艰苦奋斗，克勤克俭，坚持不懈的劳动，如果不把可能节省下来的每一文钱和每一分物质资源都积累起来，合理地使用到扩大我国社会主义经济基础上去，这样艰巨的任务，是很难完成的。为了我国的工业化，也就是说，为了我国人民集体的、长远的利益，我国生产的发展，特别是劳动生产率提高的速度，以及积累增长的速度，应当高于人民消费水平提高的速度。只有这样，才能保证社会主义的积累不断地增加，社会主义再生产不断地扩大，人民消费水平提高所依靠的物质基础不断地增强。

所以，按照我国具体的经济条件和经济发展的客观规律的要求，合理地规定我国国民收入的积累和消费的比例关系，是很重要的。

（三）我国国民收入中的积累基金

国民收入中的积累基金，除了极少数是属于个人积累以外，基本上是用来满足社会需要的。大家知道，为了满足社会不断增长的需要，就必须扩大生产。这就要求把国民收入的一部分用在扩大生产方面。马克思关于积累是扩大再生产的唯一源泉的原理，是再生产理论中的一个著名原理，它对一切社会形态都是适用的。社会主义社会为了充分地满足全社会不断增长的需要，同样必须保证生产的扩大，保证为在高度技术基础上使生产不断增长和不断完善创造物质条件。因此，在社会生产的两大部类中，第一部类（生产资料）的产品，应该比第一部类和第二部类（消费资料）产品生产过程中消耗掉的全部生产资料要多一些。也就是说，在一定时期内生产出来的生产资料应该比消耗掉的生产资料要多一些。这就必须扩大社会主义积累，必须扩大国民经济的生产性的固定资产和流动资产，否则就不能够扩大生产。

为了使社会主义社会不断地发展，还必须增加非生产性的积累。这就要求不断地增加住宅、学校、医院等的建设。这些虽然不是生产资料的积累，但却是用来满足社会非生产需要的基金的积累。

为了有计划地发展经济，还需要根据国民经济的可能条件，建立一定数量的生产资料的后备和消费资料的后备，以便对付灾荒和防备意外。这种物资储备基金，也是积累基金的组成部分。

总之，如前所述，国民收入的积累基金是由以下三个部分组成的：（1）国民经济生产基金的增长；（2）非生产性的固定资产的增长；（3）物资储备基金的增长。

1. 我国积累基金在国民收入中所占的比重

我国国民收入中的积累基金，主要是由增加国家的和合作社的固定资产和流动资产等部分组成的。它在整个国民收入中所占的比重，如在前面所说过的：1952 年占 16.1%，1953 年占 17.4%，1954 年占 21.9%，1955 年占 20.4%，1956 年约占 22.8%。积累部分的比重，在 1952 年和

1953年较低，是由于这两年处在经济恢复时期，对于资本主义工商业的社会主义的经济改造尚未完成；特别是抗美援朝战争还在进行。以后，抗美援朝战争结束，恢复经济的任务完成，社会主义的经济改造取得了决定性的胜利，生产发展，国民收入增加，人民的生活逐步改善，因而，积累部分的比重，也就相应地有所提高。积累比重的这种变化，基本上是合乎我国政治经济发展的情况和社会主义工业化的需要的。根据几年来经济建设的实践和我国政治经济发展的情况，我国国民收入的积累率以不低于20%，或者略高一点，是比较适当的。脱离这个比例太远，无论是提高或降低，都会造成国民经济发展的失调。

2. 我国国民收入这样的积累率是可以保证我国工业化的需要的

我国国民收入这样的积累率，能不能保证我国社会主义工业化所需要的资金呢？在我国生产不断发展，国民收入不断增加的条件下，在节约地使用资金的条件下，根据几年来建设的经验，这样的积累率是可以保证我国采取较快的速度实行工业化的。例如，从1953—1965年间，我国的积累基金增加了106.6%，平均每年增长的速度是19.9%，在积累基金中基本建设的投资扩大了277.3%，平均每年增长的速度是39.3%，其中重工业基本建设的投资扩大了425.5%，平均每年增长的速度是51.5%。这些数字说明，在这样的积累率之下，我国的建设资金在迅速扩大，我国的工业特别是重工业的建设在高速度地进行。如果不从我国实际的经济情况出发，不适当地提高积累率，那就不可能在保证工业建设迅速发展的同时，逐步地改善人民的生活。而人民的生活，如果不能在工业化过程中得到应有的改善，整个国民经济的发展，就要受到阻滞。这样，回过头来，还是要降低积累率和工业建设的速度的。否则，就会在经济上和政治上造成种种恶果。同时，还应当看到，积累率的确定，特别是积累基金中用于扩大基本建设的基金的增长速度，必须同生产资料特别是建筑材料和机械设备生产的增长速度相适应。否则基本建设就没有物质基础。在同一时期，我国的生产资料生产增长的速度，每年平均递增24%。这个增长速度虽然很高，但仍然低于基本建设增长的速度，因而基本建设所需要的一部分材料，特别是有相当数量的机器设备，在第一个五年计划期间，是由进口来解决的。因此，再要提高积累率是不正确的。

3. 我国国民收入这样的积累率并不妨碍而且有利于人民生活的改善

那么，这样的积累率，会不会妨碍人民生活的逐步改善呢？也不会。这也从我国过去几年的实践中得到证实。例如，在1953—1956年间，在上述的国民收入积累率的条件下，我国的消费基金增加了29.7%，平均每年递增的速度是6.7%。在消费基金中工人的消费基金，随着工人队伍的扩大和工资收入的增加而增长了48.8%，平均每年递增的速度是10.5%，其中，工人的平均实际工资增加了27.6%；平均每年递增的速度是6.3%。农民的消费基金增加了28.5%，平均每年递增的速度是6.5%。这些数字说明，在我国进行社会主义工业化的时候，我国人民的生活也在不断地改善。同时，还应当看到，人民生活的改善，不能只靠货币收入的增加，而是以消费资料生产的增长为前提的。在同一时期，我国农业和轻工业所生产的消费资料，每年增长的速度也是7%多一点。因此，在这样的积累率条件下，我国人民生活改善的程度同我国消费资料生产的增长速度，大体上也是相适应的。如果降低了积累率，就会使我国工业化所必需的资金失去保证，就会延缓我国社会主义建设的速度。同时，如果积累率降低了，对于农业和轻工业的投资也将随之减少，这样，就会降低消费资料生产的增长速度，因而使社会购买力同消费资料的供应之间，出现失调的现象。由此可见，降低我国国民收入的积累率不仅对于建立我国独立的工业体系，加强我国的国防力量，防止帝国主义侵略，保卫世界和平，保障我国人民的和平建设和和平生活，是不利的，而且对于人民生活的改善，也是不利的。因此，不适当地降低积累率，同样也是不正确的。

4. 提高积累基金的比重而又不降低人民消费水平的窍门在哪里呢

前面我们论述了我国国民收入中积累基金所占比重的问题。但是绝不能由此得出结论说，我国国民收入的积累率今后就不能再有所提高了，或者说提高了国民收入的积累率，就会降低人民的消费水平。更不能由此得出结论说，随着我国积累基金的扩大而扩大的社会主义基本建设投资，也不会有更快的增长了。事实完全不是这样。

　　首先，我国的工农业生产，特别是工业生产在以较高的速度发展，因而我国的国民收入在不断地增加。随之而来的是，我国国民收入中作为积累用的基金也在不断地增加。例如，1953—1956年间，我国的国民收入增加了46.2%，平均每年递增的速度是9.8%，而在同一时期，我国国民收入中的积累基金则增加了106.5%，平均每年增长的速度是19.9%。积累基金的增多，固然同积累基金在国民收入中的比重的提高，有一定的关系，但更重要的则是由于国民收入的增加而增加了积累基金。

　　其次，由于国民收入中用于社会消费的国防费用和行政费用，有很大的节省。例如，在消费基金中国防费用和行政费用所占的比重在1952年是6.9%，而到1956年则降低为4.8%。这样，虽然相对地缩小了消费基金的比重而扩大了积累基金的比重，但是这并不意味着人民消费水平的降低；相反，如前所说，人民消费水平则随着国民收入的增加而大大增加了。

　　最后，社会主义基本建设的规模和速度，不仅随着积累额的增长而增长，而且，由于持续不断地开展增产节约运动，物力和人力将会进一步地节约，因而国家集中使用的积累基金中用于基本建设的比例将会增大，而用于流动资金的比例将会缩小，这样，社会主义基本建设增长的速度，就必然高于积累增长的速度。过去几年的实践就充分地证明了这一点。例如，过去几年中，我国积累基金每年平均递增的速度是19.9%，而基本建设投资每年平均递增的速度则是39.3%。其中重工业基本建设投资增长的速度则是51.5%。

　　由此可见，我国国民收入的积累额，是随着国民收入的增长而增长的。只要国民收入增加了，积累额也就随着增长。但是，如果要在不仅不降低而且还要随着国民收入的增加而不断提高人民个人消费水平的前提下，提高我国的积累率，则取决于以下三个条件：（1）要提高我国工业生产在全部社会生产中所占的比重。这是因为工业比其他物质生产部门，特别是农业生产部门有更高的积累率。例如，解放后个体农民的积累率一般为3%，农业合作社的积累率一般为5%—8%，而工业的积累率一般则为30%左右（按成本计算盈利率）。（2）要不断地节约社会性消费，特别是努力节减行政、国防及管理机构的费用。（3）要使国民收入的增长速度高于人民消费水平提高的速度。也就是说，使劳动生产率提高的速度高于工资增长的速度。至于要使社会主义基本建设投资增长的速度快于积累增长的速度，则主要取决于积累基金中生产资金和流通资金的合理分配。加速流通资金的周转，就可以节约更多的资金来进行社会主义的基本建设，特别是生产性的基本建设，这样，社会主义工业化的速度，就会加快；反之，多用了流通资金，生产资金就会相对地减少，这样，社会主义的基本建设的速度就会降低下来。因此，我们应该不遗余力地发展物质生产部门的生产，首先是发展工业生产；不遗余力地节减军政费用和管理机构的费用；不遗余力地提高劳动生产率和降低成本；不遗余力地加速资金周转；以争取在不断地改善人民生活的条件下，我国的国民收入有更高的积累率。这样，就可以加速我国社会主义工业化的进程。

5. 国民收入积累率的提高也有一定的限度

当然，这也不是说，我国国民收入的积累率就可以无限度地提高。因为上述种种因素，总有一定的限度。例如，工业所创造的国民收入，在全部国民收入中所占比重的增长，总有一定的限度；行政、国防及管理费用的节约，也有一定的限度；而劳动生产率提高的速度同工资增长的速度之间的差距，也不能过大，否则人民生活的改善，就将受到不利的影响。因此积累率的提高，常常受到各种条件约束，既不可能一下子骤然提高，也不可能经常不断地提高。

国民收入中积累和消费比例的高低，是相互制约的。在社会主义制度下，一定的经济水平，人民对于改善生活的一定的需要，以及同它相联系的扩大再生产的需要，就决定着一定时期的积累和消费的水平，这是经济发展客观要求的反映。国民收入中积累和消费的比例关系，在一定时期内，也有它相对的稳定性。例如，苏联国民收入的积累率，在较长的时期中是保持在25%的水平上。

6. 我国积累基金的经济类型构成

现在，来说明我国国民收入积累基金的经济类型构成是怎样的？如下表所示。

	1953 年（％）	1956 年（％）
国家机关和国营经济	80.0	75.5
公私合营经济	1.6	6.0
合作社经济	4.8	14.3
其中：农业生产合作社经济	0.05	12.1
个体经济	9.1	1.1
资本主义经济	2.5	0.1
居民	2.0	3.2

注：以当年全部积累为100，各种经济类型所占的比例。

从上表中可以看出，我国国民收入用于积累方面的总基金中，各种经济类型所占的比重，1956 年同 1953 年相比，已经起了很大的变化。这种变化，标志着我国社会主义的经济改造已经取得了决定性的胜利。在 1953 年的时候，在当年全部的积累基金中，个体经济就占到 9.1%，合作社经济只占到 4.8%，其中农业生产合作社经济仅占 0.05%；而到 1956 年的时候，在当年全部积累基金中，个体经济只占 1.1%，合作社经济则占到 14.3%，其中农业生产合作社经济则占到 12.1%。这说明了：对于农业和手工业经济的社会主义改造，已经基本完成，而合作社经济的积累，比个体经济的积累是高得多的。同时，在 1953 年的时候，资本主义经济在当年全部的积累基金中还占 2.5%，当时公私合营经济只占 1.6%；而到 1956 年的时候，资本主义经济只占当年全部积累基金的 0.1%，而公私合营经济则占到 6.0% 了。这同时说明，对资本主义工商业经济的社会主义改造，也已基本完成。因此，公私合营经济的积累，也比资本主义经济的积累高得多了。而如前所说，这样的积累，还是在比社会主义的经济改造之前更多地改善了合作社社员和公私合营企业职工的生活的条件下进行的。这就证明了社会主义经济制度比个体经济制度和资本主义经济制度是优越得多的。

上表还表明，1966 年在我国国民收入的积累基金的经济类型构成中，由国家直接支配的部分，已经占 3/4 以上。归合作社经济支配的部分约为 14.3%；归公私合营经济支配的部分约为 6%；归个体经济支配的部分约

为 1.1％；归居民自己支配的约为 3.2％；而归资本主义经济支配的只占
0.1％了。可见，随着对于农业、手工业和资本主义工商业的社会主义的
经济改造的基本完成，农业和手工业合作经济和公私合营经济在全部积累
基金中所占比重已日益提高；而个体生产者，特别是资产阶级所支配的积
累，已经退居末位了。总起来说，我国国民收入中的积累基金，直接归国
家支配的约占 75.5％ 以上，基本上由国家支配的（如公私合营经济的积
累）约占 6％，两者合计占 80％ 以上。此外，归合作社经济支配的占
14.3％ 以上，归居民自己支配的占 3.2％；而归个体生产者和资产阶级支
配的只不过 1％ 略多一点。这就充分地说明了我国国民收入积累的社会主
义的性质。这是我们在研究我国国民收入的积累问题时，首先应该注意的
问题。

　　7. 国家积累基金的主要用途

　　如前所说，我国国民收入中的积累部分有 80％ 以上是由国家直接支
配或基本上是由国家支配的。因此，正确地运用这一部分积累，对于我国
社会主义建设的发展是有决定性意义的。

　　通过国家预算由国家直接支配的国民收入中的积累基金，主要用在以
下三个方面：

　　第一，国家的积累主要用在社会主义基本建设方面。进行社会主义的
基本建设，这是国家积累的主要用途。我国社会主义基本建设所需要的资
金，在这几年中，约占全部国民收入的积累基金的 58％，约占国家所支
配的积累基金的 80％。如果按积累基金使用的性能来划分，在第一个五
年计划期间，在全部积累基金中，用在固定资产方面的，大约占 69％；
用在流动资产方面的，大约占 31％。用来增加固定资产的资金，约有一
半以上是用于发展社会主义工业的，另外不足一半是用于发展农林水利、
交通运输、城市建设、文教卫生和商业等方面的。在发展工业的部分中，
大约又有一半是用于作为我国社会主义工业骨干的"156 项"重点工程和
直接配合这些重点工程的其他建设单位的工程的。如果按建设的性质，即
以生产性和非生产性的建设来划分，那么，在第一个五年计划期间，在全
部积累基金中，用于生产性的（如工厂厂房、机器设备、铁路、交通、

邮电、市政建设等）约占70%，用于非生产的（如职工宿舍以及办公楼等）约占30%。如果按固定资产同流动资产来划分，在第一个五年计划期间，前者约占69%，后者约占31%。可见，在过去几年中，贯彻执行党的优先发展重工业、进行重点建设和主要进行生产性基本建设的方针，是有很大的成绩的。同时，随着重工业的发展，我国的轻工业、农业、林业、水利、交通运输、城市建设、文教卫生和商业等方面的建设，也有了很大的发展。

这种社会主义的基本建设，就是增添社会主义的固定资产。这是强大的社会劳动工具。固定资产分为两种：一种是生产性的固定资产，它的规模、增长速度和构成，直接决定社会生产发展水平、技术水平和发展速度。属于这一类固定资产的有：工厂厂房、矿井、各种机器设备、动力装备、工具、各种专用器械、生产用具、运输工具，等等。另一种是非生产性即消费性的固定资产，它的增长虽然不直接决定生产的发展水平和发展速度，但是它不仅影响着生产性的固定资产的利用程度，而且影响着人民物质和文化水平提高的情况。属于是一类的固定资产有：民用住宅、学校、医院、俱乐部、托儿所及管理机构的建筑，等等。

在国家所支配的积累基金中，首先用来满足社会主义基本建设的需要，这当然是完全正确的。因为没有社会主义的基本建设，没有一个基本上完整的工业体系，就没有社会主义强大的物质基础。但是，社会主义的基本建设在整个积累基金中应占适当的比重。过少了，固然有碍于社会主义建设发展的速度；过多了，也会使建设的规模同国家物力、财力之间失去平衡，而造成人为的紧张局面。那么，在由国家支配的国民收入的积累基金中有多少用在基本建设方面才是比较合理的呢？这要从我国过去几年的建设实践中来探讨。根据国家统计局的资料，最近几年来，我国社会主义基本建设在国家决算支出中所占的比重是这样的：1952年占29.9%，1953年占37.0%，1954年占38.9%，1955年占35.6%，1956年占预算支出的45.74%。为了建设社会主义，国家预决算支出中基本建设投资（特别是工业建设投资所占比重逐步有所增长是必要的。但是，如果超过了客观条件的许可，过多地和过快地提高国家预算中基本建设支出的比重，那就会给整个国民经济的发展带来不良的后果，并且使积累和消费之间）发生脱节的现象。1956 年基本建设投资计划，就是最明显的例子。1956 年国家预算支出中用于基本建设的投资占 45.74% 以上，基本建设的工作量比上一年度增长近 62%。这是几年来基本建设投资最多的一年，也是建设工作突飞猛进地增长的一年；但是随之而来的是建筑材料和设备的供应跟不上，运输力量跟不上，造成若干方面发展的失调，给国民经济的平衡发展带来了不利的影响。根据这种经验，在我国的经济情况和财政体制没有更大变化的条件下，国家预算支出中基本建设支出的比重，以保持在 40% 左右是比较稳妥的。过多地高于这个比重，就会使建设的规模过大，建设的物力财力缺乏保证，使积累和消费之间、国家的投资和必要的储备之间、财政的收入和支出之间发生脱节的现象。这样，将不可避免地要造成经济发展的失调，而有害于社会主义建设事业。反之，如果太低于这个比重，就会延缓社会主义工业化的速度，同样也有害于社会主义建设事业。

第二，国家积累的另一部分用在增拨流动资金和信贷资金方面。由国家支配的积累基金的第二个用途，是用在增拨流动资金和信贷资金方面。按全国各企业所运用的全部资金来计算，根据 1955 年年末的统计，用于流动资金的占 55.3%，也就是说，固定资金和流动资金的比例是 1:1.24。可见，全国各企业所使用的资金中，流动资金占着很大的比重，特别在商业部门。例如，根据 1955 年的统计，从每元销货收入所需的流动资金来看，中央七个工业部平均需要 0.23 元，铁道、交通、邮电三个部平均需要 0.08 元，商业、粮食、外贸三个部平均需要 0.47 元。当然，随着生产量和商品流转额的扩大，国营企业所占用的流动资金以及信贷资金，也必须有所增加。如果不这样做，在工厂中就缺乏必要的现金去购买所必需的原料、材料、燃料，去支付电费、水费、职工的工资等；同样，在商店中也就缺乏必要的现金来购买商品和支付流通费用。这样，将不可能很好地组织社会的生产和流通。所以，国家每年都要从当年国民收入的积累基金中，拨出一定数量的资金，用作国营企业的流动资金和社会的信贷金（如农贷等）。但是，也必须看到另一方面，我国国民收入中的积累基金，用做流动资金的比重，将随着我国经济管理工作的不断改进——生产周期的缩短，商品流通的加速，而日益减少，这是必然的趋热。例如，就中央的七个工业部门来说，流动资产的周转天数在 1953 年是 98 天周转一次，而在 1955 年是 88 天周转一次。这就是说，随着管理工作的改善，流动资金相对节约了 11% 以上。这从个别企业来看，也是很清楚的。例如，石景山钢铁厂 1953—1956 年生产总值增加 60%，而占用的流动资金则减少 23%。因此，在我国国民经济发展过程中，流动资金总额，将随着生产和流通的扩大而适当地增加，但是它在国民收入的积累基金中所占的比重，将随着经济管理工作的改善而日益减少，这就给我们进一步扩大基本建设投资，增加生产性的固定资产，提供了很大的可能性。我们必须努力改进经济管理工作，把这种可能性变为现实性，这样，我国基本建设增长的速度就必须高于积累基金增长的速度。

第三，国家积累的另一部分是用在国家物资储备方面。用在国家物资储备方面，也是国民收入的积累基金使用的一个方面。没有适度的国家物资储备是不行的，因为国家的物资储备，就好像是发展国民经济的"蓄水库"，没有它，就不能应付意外的急需，就不能很好地进行计划经济和有节奏地组织生产。所以，必须真正建立国家的物资储备制度和保证完成物资储备计划。但是，国家所储备的物资，必须是最急需的和最重要的，而且应有一定的限度，如果储备了某些不急需的和不重要的物资，或者储备数量超过了所需的限度，那么，就会将有限的资金和有用的物资闲置起来，就会影响基本建设的扩大，妨碍生产的发展，这也是应当防止的。

8. 合作社和其他经济单位积累基金的主要用途

国民收入中的积累基金，除了由国家直接支配的以外，其余部分，主要是由合作社经济所支配的。合作社经济支配的积累基金主要是用来添购耕畜，添购农具、运输工具，添建生产性和非生产性的建筑物，添购种子饲料、肥料农药等。这是扩大合作社的生产、改进技术、提高合作社成员的消费水平的物质基础。根据 1956 年 6 月 30 日毛主席所公布的高级农业生产合作社示范章程的规定，我国农业生产合作社每年所提存的公积金一般不得超过实际收入 8%，公益金不得超过 2%。这种公积金的全部和公益金的一部分（如用公益金建造的非生产性的房屋等），就是为农业生产合作社所支配的国民收入的积累基金。手工业合作社和其他合作社，也要从自己的实际收入中提存相当的部分，作为公积金，用来扩大再生产和补充流动资金。

归个体经济支配的积累基金，则由个体劳动者和资产阶级用之于扩大他们的生产和经济，其中也有一部分是用于增添消费固定资产了（如建筑住宅、购置用具）以及增加物资储备和进行储蓄等方面。

关于社会主义社会里国民收入的积累问题，马克思会说过这样的话：全部社会产品里面应该扣去：第一，补偿消费掉的生产资料所需要的费用。第二，用以扩大生产的附加部分。第三，为预防不幸事故、自然灾害等而用来保险的后备基金或保险基金。……作出这些扣除乃是一种经济上的必要，而扣除多少，应当按照现有的资料和力量来确定……[①]这里，第二和第三两项，就是说明积累的必要性的。

（四）我国国民收入中的消费基金

国民收入的消费基金，就是用来满足社会成员个人需要和社会非生产需要的那一部分国民收入。换句话说，消费基金是被用来满足社会主义社会日常的非生产的需要的。

社会主义生产的目的，是充分地满足社会不断增长的需要，因此，除了必须保证生产领域的经常扩大之外，还必须保证非生产领域的经常扩大，从而保证整个社会及其成员的物质和文化生活需要的充分满足。国民收入的消费基金由以下四个方面构成：（1）物质生产领域工作人员的劳动报酬基金；（2）科学、文教、保健和艺术基金；（3）社会保险基金；（4）国家管理基金。总之，国民收入的消费基金最终分为两个部分：一部分是个人消费的部分，另一部分是社会消费的部分。

关于什么是社会主义社会里国民收入的消费基金，马克思曾经这样写道：全部社会产品中除了作为积累部分的以外，剩下的全部产品中的其他一部分，即作为消费品用的那一部分。在把这个剩下的部分进行个人分配

---

① 《马克思恩格斯文集》第二卷，莫斯科，外国文书籍出版局1955年版，第20页。

之前，从里面又得扣除：（1）一般的不属于生产的管理费用。这一部分和它在现代社会中（即资本主义社会，下同——引者注）所占的数额比较起来，将会立即大大缩减，并将随着新社会的发展而日益减少。（2）作为共同满足需要的费用，如学校、保健机关等费用。这一部分和它在现代社会中所占的数额比较起来，将会立即大大增加，并将随着新社会的发展而日益增加。（3）为丧失劳动力者设立的基金等，简言之，就是现在属于所谓官方济贫的费用[①]。这里马克思对于社会主义社会消费基金的用途早已作了明确的阐述，用不着更多的解说。

1. 我国国民收入中消费基金所占的比重及其增长

我国国民收入中的消费基金，是指居民的个人消费和社会的消费（如行政管理机关和国防部门的消费，等等）。居民个人消费的物资有食品、衣着、靴鞋、日用百货、文化用品、卫生用品，以及家庭用的燃料、电力、自来水和住宅的折旧（房租），等等。社会消费的物资有办公用品、器具、家具、燃料、电力、非生产性的固定资产折旧，等等。

国民收入中的消费基金主要是用来满足人民物质生活和文化生活的需要的，人民物质文化生活的提高，主要取决于消费资料生产的增长和相应的国民收入中消费基金的增长。

在第一个五年计划期间，我国的消费基金总额中，居民个人消费基金占 91.8%，集体性的消费基金占 2.9%，社会性消费基金占 5.3%。

在 1953—1956 年间，我国国民收入中的消费基金，大约增加了30%，平均每年增加的速度是 7% 左右。在同一时期，我国国民收入中消费基金所占的比重，根据国家统计局的初步统计，逐年如下：1952 年是83.9%，1953 年是 82.6%，1954 年是 78.1%，1955 年是 79.6%，1956年是 77.8%。总的来看，我国国民收入中消费基金所占的比重，在过去几年中，虽略有减少，但是，消费基金的总额则是逐年增加的。例如，1953 年比 1952 年增加 7.8%，1954 年比 1953 年增加 2%，1955 年比 1954年增加 8.2%，1956 年比 1955 年增加 6.5%。为什么消费基金的比重相对

---

① 《马克思恩格斯文集》第二卷，莫斯科，外国文书籍出版局 1955 年版，第 20 页。

地减少了，而消费基金的总额反而增长了呢？这主要是由于国民收入的增长。如前所说，在 1953—1956 年间，我国的国民收入大约增长了 45.2%，随着国民收入的增长，消费基金也就跟着增长了。因此，增加国民收入对于扩大消费基金，改善人民生活有着重要意义。

2. 我国各阶级居民消费水平的提高

由于我国国民收入中消费基金的绝对数量有较快的增长，所以，我国各阶级居民的消费水平也相应地提高了。全国职工每人每年平均的实物消费额，在抗日战争前的 1936 年大约是 130 元（按当时的实物消费额折合为 1952 年的人民币计算，下同），1952 年大约是 151 元，1956 年大约是 179.6 元，即在 1952—1956 年间，职工每人的消费额，每年平均提高 4.4%。农民每人每年平均的实物消费额，在抗日战争前的 1936 年大约是 61.2 元（其中包括农民自给性的消费，如吃粮、打柴、制作衣鞋加工费等，再加上商品性的消费，下同），1952 年大约是 72 元，1956 大约是 81 元，即在 1952—1956 年间农民每人的消费额每年平均提高 3%。职工同农民个人每人每年消费额平均提高的速度是略低于全部消费基金增长的速度的，这主要是由于人口增加和社会集体福利事业增长的缘故。在同一时期，人口的增殖率每年平均递增 2% 以上，社会集体福利，则有很大的增长。例如，以工人的福利来计算，1953—1956 年间，工资之外的附加工资即占其工资总额的 12.8%，企业奖励基金即占其工资总额的 1.2%，人民助学金即占其工资总额的 1.8%，三项合计，将占其工资总额的 16%。而这些开支，绝大部分是用于工人福利事业的。

由上面的举例，可以看出：1956 年我国职工平均的实物消费水平比抗日战争前的 1936 年大约提高 38%，比解放后经济恢复时期的最后一年——1952 年大约提高 19%。1956 年我国农民平均的实物消费水平，比抗日战争前的 1936 年大约提高 32%，比解放后经济恢复时期的最后一年——1952 年大约提高 12.6%。与此同时，地主、富农则正在由剥削者逐步地变为自食其力的劳动者，他们的消费水平，在抗日战争前的 1936 年每人平均大约是 327.6 元，现在则降到一般农民的消费水平上；民族资产阶级由于实行了社会主义的经济改造和"定息"政策，他们也正在由剥削者逐步地变为自食其力的劳动者，他们的消费水平，也比抗日战争以前有所降低。地主、富农以及民族资产阶级的消费水平比解放前有所降低，而职工、农民的消费水平比解放前有所提高，这正是我国民主革命和社会主义革命胜利的结果。

关于我国农民在解放后生活改善的具体情景，我们将在下一节中详细来讲，现在先来说明我国工人在解放后生活改善的具体情况。这里，不妨引证一些国民党上海市政府社会局在1934年所出版的《上海工人生活程度》一书中所列举的材料。这本书的作者们在1929—1930年间调查了上海的305户工人家庭的生活情况，他们描述当时上海的工人"备受剥削重压之苦，陷于不拔之境"；"仅以工资来维持生活，十家之中短亏的有八九家之多；若以全部收入来维持生活，也有三分之二的家庭入不敷出"；当时，"借债的户数占88.2%，当物的户数占78%"。书中列举了一个工人的家庭的例子，这个工人家庭共有四口人，三人参加劳动，每月收入40余元，但因丧父欠债，月息即达30余元。书的作者感叹地说："仅供还债，遑云生活！"那时，工人的实物消费量是很低的，这本书说：当时工人每人每年平均只消费粮食272.6斤，猪肉9.78斤，鲜菜159.57斤，食糖2.4斤，棉布19.29尺。这就是抗日战争以前上海工人生活的缩影。至于抗日战争以后，就更加恶化了。大家知道，解放前上海的工人阶级，在党的领导之下，曾经同帝国主义及其走狗进行过长期的斗争，因此，他们的生活水平，在全国范围来说，还是比较高一点的，其他地区工人的生活水平，比上海工人的生活水平还要低得很多。

现在工人阶级的生活状况怎样呢？除了在政治上获得了彻底的解放之外，在经济上也摆脱了贫困的生活。目前工人阶级的工资收入一般均可满足工人家庭生活的需要，生、老、病、死，有劳动保险条例做保障，遇着某些意外困难，还可得到国家的救济和补助。在这样的条件之下，举债的人，当然是很少的了。工人的物质消费水平有了很大的提高。据国家统计局对北京、天津、上海、沈阳等27个大中城市5793户工人家庭生活情况的典型调查，1956年全年每人平均的实物消费量是：粮食331.89斤，猪肉11.53斤，牛羊肉3.27斤，鸡鸭1.5斤，鱼虾16.52斤，蛋68.13个，鲜菜 218.76 斤，食用植物油 8.98 斤，糖 2.67 斤，棉布 35.06 尺，袜子 1.69 双，皮鞋 0.25 双，煤炭 372.13 斤，肥皂及香皂 10.47 块。这就是说，同抗日战争前上海工人生活相比，目前我国工人阶级的平均实物消费量，粮食增加 21%，猪肉增加 20%，棉布增加 81%，鲜菜增加 37%。如果以上海工人平均的实物消费量来说，还要比上述 27 个城市的平均消费水平略高一点。1956 年每人平均实物消费量是：大米 270.74 斤，猪肉 16.21 斤，鸡鸭 2.7 斤，鱼虾 27.93 斤，蛋类 84.23 个，蔬菜 193.5 斤，食糖 4.17 斤，食用植物油 10.2 斤，棉布 41.99 尺，皮鞋 0.27 双，袜子 2.08 双。请看，这是何等鲜明的对照！

但是，解放了的中国工人阶级，不应当忘记，在世界上我们还有许多被压迫的兄弟喘息在资本主义的"剥削重压"之下，就连经常夸富的美国来说，工人阶级的生活也是每况愈下的。在 1956 年 10 月 26 日美国出版的《美国新闻与世界报道》的刊物中登载了一篇《美国每个人都富吗?》的文章，这篇文章中说：在 1941—1955 年间，美国平均每个家庭的货币收入增加 1 倍以上。而同一期间，税负增加了 4 倍，生活费用上涨了 88%，15 年前美国人民的负债等于年收入的 60%，而在 1955 年则达到了 70%。这就是美国所吹嘘的"繁荣"，也就是资本主义世界工人阶级生活的实况。

上面所说的我国社会主义建设的成就和人民生活的改善情形，在旧中国当然是不可想象的，但是，在新中国却是活生生的现实。在过去几年间，在我国人口的增殖率每年不低于 2% 的条件下，我国的社会主义工业化并没有被拖住后腿而不能迅速前进；相反的，如前所说，我国的社会主义积累在迅速地扩大，我国的工业，特别是重工业的建设在高速度地发展、我国的职工、农民和其他劳动人民、知识分子的生活也获得不断的改善。大家也知道，党和政府正在采取措施，帮助人民有计划地进行生育，如果在今后若干年内，能够适当地降低人口的增殖率，那么我国的社会主义建设还将更快，人民生活的改善，将会更多。由此可见，我国社会主义建设的前途是无限美好的。同时，从这里还可以看出：我国的社会主义工业化和我国人民生活的改善是密切结合着的，我国社会主义工业化事业之所以得到了全国人民的热烈拥护，就是因为这一事业不仅同人民群众的长远利益是一致的，而且同人民群众的当前的切身利益也是一致的。

3. 工人和农民消费水平的比较

这里，需要说明一下工人和农民的消费水平的比较。从上面的举例中可以看出，（1）工人和农民的消费水平都比抗战以前有了很大的提高，工人比抗战前提高38%，农民比抗战前提高32%。可见那种认为解放后党和政府只注意了改善工人的生活，而对农民生活的改善没有认真注意的观点，是不合事实的和不正确的。（2）工人和农民的消费额提高的速度是比较接近的，工人消费额每年平均提高的速度是4.4%，农民每年平均提高的速度是3%。可见那种认为工人的生活改善得过快、农民的生活改善得过慢的观点，也是不正确的。（3）工人和农民的消费额还有一定的差别，同时工人的消费额提高的速度也稍快于农民消费额提高的速度，这是由于工人阶级代表着最进步的生产力，他的劳动生产率比农民高得多，它为社会所创造的财富也最多，所以，工人阶级所得的收入也略多一些。同时，由于我国农民的生产和消费，目前还带有很大的自给自足经济的性质（目前农民自给性的消费仍占其全部消费额的60%左右），而工人的消费额中，则绝大部分都属于商品性质的消费，就是非商品性的消费，也是靠货币收入来支付的，所以农民的生活费用比城市工人要省得多。例如，根据对湖南攸县大兴农业生产合作社员李裕芳（解放前是雇农，现在是富裕中农）生活情况的调查，1955年李裕芳全家六口人全年消费的实物折价是301元，而以同样的实物，折为上海的价格，则为743.86元，折为北京的价格，则为728.86元，两者相差一倍多。这是由于在城市生活的职工，无论吃饭、吃菜、喝水、烧柴、住房子等，一举一动，都要花钱，而在农村生活的农民，则不全是这样。所以，工人按货币计算的收入比农民高一些，也是合理的。同时，工人和农民消费水平的差别，现在比抗日战争前并未扩大。可见，那种认为工人和农民生活日益悬殊，或者差距过大的观点，也是不正确的。

此外，还应当认识到，工人和农民消费水平的某些差别是一种历史产物，它要在生产力充分发展、共产主义社会建成的时候，才会逐渐消失。

所以，要消除这种差别，就要努力提高社会生产力，并为共产主义的实现而奋斗。

既然如此，为什么还有一些人说现在农民的消费水平比抗日战争前还低了呢？他们所以这样说，是把抗日战争前地主、富农的消费水平和一般农民的消费水平混淆起来了。以 1936 年来说，地主、富农每人的消费额平均是 327.6 元，而一般农民的消费额平均只有 61.2 元，两者相差 5 倍之多，也就是说，当时地主、富农一个人的平均消费水平就等于农民"五口之家"全家的消费水平。这还是把中农、贫农和雇农的消费额平均在一起计算的，如果把贫雇农和中农分开计算，那么，差别还要更大。试问，怎么能以地主、富农的消费水平来代表一般农民的消费水平呢？显然，这种说法，并不是代表一般农民的意见，而只是那些真正比抗日战争前降低了消费水平的地主、富农分子所发出的"今非昔比"的感慨，以及一小部分参加合作社以后暂时减少了收入的富裕中农的怨言而已。

当然，也有人会说，一般所举的例子多半是城市郊区农村的例子，但是城市郊区农民的收入多，而非郊区的农民收入则少。是的，非郊区的农民的收入比城市郊区的农民收入为少，特别是在山区更少一些。为了说明全国农民消费水平增长的情况，我们在这里列举一些全国性的例子来看看吧！根据现有资料，1949 年农民每人的平均实物消费量是：粮食 396.3 斤，食油 2.89 斤，猪肉 7.12 斤，食盐 9.12 斤，食糖 0.4 斤，棉布 10 尺，针织品（纱）0.052 斤，煤油 0.22 斤；而在 1956 年农民每人的平均实物消费量是：粮食 592.5 斤，食油 4.3 斤，猪肉 7.02 斤，食盐 12.7 斤，食糖 2.1 斤，棉布 18.3 尺，针织品（纱）0.3 斤，煤油 1.46 斤，其中除猪肉略有下降外，其他都有很大的增长。可见，不只是在郊区的农民生活有显著的改善，而且全国农民的生活也有显著的改善。当然，由于各地的自然环境、种植物种类和农业合作社经营管理经验的不同，在不同地区之间、在同一地区的不同农业合作社之间，农民的收入和消费水平也是不同的。收入高的每人每年达 100—200 元，收入最低的只有 20 元左右。例如，根据 1955 年的调查，江苏省每个农民全年的平均收入，淞江专区是 110—120 元，苏州专区是 100—110 元，镇江专区是 90—100 元，该省长江以北的地区每个农民每年平均收入则是 80 元、70 元、60 元，至少是 30 元。就是在同一地区内农民的平均收入也有差别。例如，山东临沂专区，在解放初期每人平均农业收入只有 30 多元，而在 1956 年已上升到 50 元左右，如果把农业和副业收入合起来计算，农民每年平均收入则要更多一些。其中蒙阴县是 78 元，平邑县是 65—87 元；费县收入高的是 70 元，一般的是 50 元，少的是 40 元。由于在同一地区的同一合作社内，每户农民的劳动力有多有少，每户每年所做的劳动日有多有少，所以各户农民的平均收入也有不同。但是，无论怎样，我们还是可以透过上面所引证的材料来观察我国农民生活的概貌的。我们看了这些材料，就会了解，解放以来绝不是只改善了职工的生活，没有改善农民的生活，而是职工和农民的生活都获得了一定的改善。

我国农民在工人阶级的政党——中国共产党和人民政权的领导下，曾经进行了伟大的革命战争、土地改革和社会主义农业合作化。我国农民最终地选择了社会主义的道路。这是我国农民生活由贫困到富裕的必由之路。

农民消费水平的提高是同党和政府对农民的援助分不开的。就农民的负担来说，抗日战争前，按全体农民来说，要把自己净收入的 37% 以上交给地主、高利贷者及其统治机构，按贫农和雇农来说，则在 70% 左右；而现在农民只把自己净收入的 7% 左右作为农业税交给他们自己的政府来为自己谋福利。在农民的负担中仅就地租一项来说，土地改革之后，就免除了无地少地农民每年向地主交纳租粮 600 亿斤的负担。而更重要的则是农民在生产增长的基础上大大地增加了收入。大家知道，1949 年全国的粮食产量是 2162 亿斤，而 1956 年则达到 3650 亿斤，由于党和政府实行了增产不增税的政策，历年农民所增产的粮食，都归农民所有。就工业和农业产品的差价来说，1955 年比 1950 年缩小 17.2%，仅以 1955 年一年计算，农民即因此多得 21 亿元左右的收入。就人民政府对于农民的物质帮助来说，在 1950—1956 年 7 年中，国家投入农田水利基本建设的经费是 26 亿元，发放救灾和救济的经费是 13.1 亿元，用于推广优良品种、新式农具、提高农业技术、防治病虫害等经费 12.7 亿元，仅此三项合计，即达 51.8 亿元，等于灾民 7 年中向国家缴纳的税款的 32%。此外，国家在这 7 年中还以最低的利息发放给农民 80 多亿元的贷款，来扶助农民发展生产和解决生活的困难。历史上没有任何一个统治阶级曾经为农民带来过这么多的利益。这些事实，生动地说明了党和政府对农民的关怀和援助。

当然，由于过去帝国主义和国内反动阶级相勾结，进行罪恶统治的结果，使我国经济十分落后。解放后，经过党和人民的努力，这种落后状况在开始改变。但是，如果同一些先进的国家相比，我国工人或者农民今天的消费水平都还是很低的。正因为如此，我们才集中力量进行社会主义建设，从而发展生产，繁荣经济，以便进一步地提高我国人民的消费水平。我们知道，我国人民消费水平的改善，归根结底是由我国工业和农业的发展水平所决定的，而要提高我国工业和农业的生产水平，只有不断地巩固工农联盟，使工人和农民团结无间，同心协力，共同努力，相互支援，才能达到。在职工和农民之间的任何误解，都是有害于工农联盟的发展和巩固的，因而必须加以教育和解释。

毛泽东同志在《关于正确处理人民内部矛盾的问题》的报告中说："许多人说农民苦，这种意见对不对呢？就一方面说来是对的。这就是说，由于我国被帝国主义者和他们的代理人压迫剥削了一百多年，变成一个很穷的国家，不但农民的生活水平低，工人和知识分子的生活水平也都还低。要有几十年时间，经过艰苦的努力，才能将全体人民的生活水平逐步提高起来。这样说'苦'就恰当了。就另一方面说来是不对的。这就是说，解放七年以来，农民生活没有改善，单单改善了工人的生活。其实，工人农民的生活，除极少数人以外，都已经有了一些改善。解放后，农民免除了地主的剥削，生产逐年发展。以粮食为例，一九四九年全国产粮只有二千一百几十亿斤，到一九五六年产粮达到三千六百几十亿斤，增加了将近一千五百亿斤。国家征收的农业税并不算重，每年只有三百多亿斤。每年以正常价格从农民那里购粮也只有五百多亿斤。两项共八百几十亿斤。这些粮食销售在农村和农村附近的集镇的，占了一半以上。由此看来，不能说农民生活没有改善。我们准备在几年内，把征粮和购粮的数量大体上稳定在八百几十亿斤的水平上，使农业得到发展，使合作社得到巩固，使现在还存在的农村中一小部分缺粮户不再缺粮，除了专门经营经济作物的某些农户以外，通通变为余粮户或者自给户，使农村中没有了贫农，使全体农民达到中农和中农以上的生活水平。至于简单地拿农民每人每年平均所得和工人每人每年平均所得相比较，说一个低了，一个高了，这是不适当的。工人的劳动生产率比农民高得多，而农民的生活费用比城市工人又省得多，所以不能说工人特别得到国家的优待。有少部分工人的工资以及有些国家机关工作人员的工资是高了一些，农民看了不满意是有理由的，斟酌情况做一些适当的调整，是必要的。"

因此，我们必须看到，由于前面所说的历史条件所造成的我国经济的落后，特别是农业生产力落后和农民的生活水平较低，因此，工人阶级在提高劳动生产率的基础上改善自己生活的时候，不能不时刻关怀农民兄弟的生活改善，并努力使自己的生活同农民兄弟的生活都能获得适当的改善。同时，在工人阶级内部，在反对劳动报酬上的平均主义时候，也要防止脑力劳动者同体力劳动者、技术工人同普通工人、高级技术工人同低级技术工人的消费水平发生过大的悬殊。否则就不利于工人阶级的团结，不利于巩固以工人阶级为领导的工农联盟，就不利于全国人民的团结，就不利于建设社会主义。这是在消费基金的分配问题上的一个极其重要的政策问题。

五　解决积累和消费关系的几个重要政策

为了正确地解决我国社会主义建设时期的积累和消费关系，必须要有正确的税收政策、价格政策、利润政策、工资政策、农业生产合作社和手工业生产合作社收益的分配政策，以及精兵简政政策，等等。这些政策的正确制定及其贯彻执行，不但对于扩大资金积累有很大的重要性，而且对于合理地解决消费问题也有重大的意义。在解决这些政策问题的时候，必须同时考虑以下两个不可分割的方面：一方面，必须考虑社会主义建设的需要；另一方面，必须考虑逐步地提高人民消费水平的需要，从而制定正确的政策。如果忽视任何一方面的需要，片面地提高或者压低税率、价格、利润、工资标准，片面地提高或者压低各种合作社组织的公积金，都将引起国民收入在积累和消费的分配之间矛盾的发展，而达不到加速建成社会主义的目的。

必须指出：在过去几年间，我国的税收政策、价格政策、利润政策、工资政策、合作社组织收益的分配政策，以及精兵简政政策，等等，在基本方面，都是正确的。因而保证和促进了我国社会主义建设事业的发展，特别是社会主义工业化事业的迅速发展，同时，人民的消费水平也逐步地获得提高。这方面的成绩，是有目共睹的。

现在，分别说明这几个政策对于正确解决国民收入的积累和消费问题的关系。

（一）关于税收

1. 税收是各阶级居民把个人的一部分收入，义务地纳入国家预算的一种形式

税收政策是解决国民收入的积累和消费分配关系的最重要的政策之一。国家的税收是由社会各阶级居民义务地把个人的一部分收入，纳入国家预算的一种形式。国家通过税收，将国民收入的一部分集中在国家手中，有计划地用于社会主义积累（其中主要是基本建设）和个人的或者社会的消费。在我国国家预算收入中，以税收形式（工商业税、农业税、盐税、关税等）集中起来的，在第一个五年计划期间约占47%。其中农业税是直接来自农民的，其他税收则是由各阶级居民分担的，它通过商品的价格体现出来，居民通过购买商品，向国家纳税。

在《中华人民共和国宪法》第一百零二条中规定了每个公民有向国家依法纳税的义务。现在，我国人民都在以主人翁的态度积极地履行着对国家的这一神圣的义务。因为我国人民知道，我国的税收是"取之于民，用之于民"的，所以，把这种义务支出看做是使祖国繁荣和个人生活幸福的一种保证。

同我们社会主义国家的情况相反，税收在资本主义国家是资产阶级进一步剥削劳动人民的一种形式。资本主义国家的预算收入，约有90%来自税收（如美国和英国）；而资产阶级又以各种方法，将这种税收转移到工人和农民的肩上；最后，资产阶级再通过他们所控制的国家机关，把集中起来的税款为他们这个寄生阶级牟利，用于扩军备战。所以，资本主义国家的劳动人民把废除资本家的剥削和推翻资产阶级反动的政治统治看做是不可分割的任务。

2. 我国农民的税收负担在逐年减低

我国人民的税收负担，随着国家经济的发展是逐年减少的，这从农民历年的税款负担的变化得到显著的证明。例如，1952 年农民所缴纳的农业税占农业净产值的 7.2%，而在 1956 年只占 6.2%。与此相适应，在国家的预算收入中，农业税所占的比重 1952 年是 15.4%，1956 年则只有 10.3%。如果和战前相比，那么，1936 年农民对地主所缴纳的地租约有 61.8 亿元（折合为人民币计算），对高利贷者所缴纳的利息约有 6.2 亿元，对反动政权所缴纳的赋税约有 28.4 亿元，三项合计将近 100 亿元，约占该年农业净收入的 37% 以上。如果把占农民大多数的贫雇农的负担分别加以计算，则贫雇农的负担约占其净收入的 70% 左右。也就是说，如果按 1936 年农民负担的比例计算，那么在 1956 年全国农民由于负担减少而增加的收入合计为 150 余亿元。这是由于人民政权帮助农民彻底地废除了地主、高利贷者对农民的剥削和反动政权的种种勒索并且几年来在保证社会主义工业化建设的需要和逐步改善农民生活的前提之下，实行了"增产不增税"的政策，鼓励农民增产的积极性。为了我国的社会主义工业化，为了幸福生活的未来，我国农民以自己净收入的 7% 左右，作为农业税，来支援国家的社会主义建设，当然不能说是多的。

3. 我国农业的发展对于我国财政收入有重大的影响

当然，我们反对"农民负担过重"的错误说法，绝不是说我国农民对于我国的财政收入和社会主义工业化所负担的责任不大。恰恰相反，我国农民对于我国的财政收入和社会主义工业化已经担当而且还将继续担当重大的责任，因为我国农业的发展对于国家的财政收入和社会主义工业化有着多方面的重大的影响。

目前在我国的财政收入中，除了农民直接交纳的税款（农业税）约占 10% 之外，由于农业及其副业的产品，经过工业及商业部门加工和销售而产生的利润和国家的税收，还占国家财政收入的 35% 左右。例如，在工商业税中约有 65% 是直接或间接同农业以及农民的产品有关的；在盐税中约有 84%，在关税中约有 5% 是来自农民的；至于工业和商业部门的利润中，也有 17% 左右是由于对农业及其副业产品经过加工和销售而获得的；国家推销的公债，也有 30% 左右是由农民认购的。可见，我国的国家预算收入中，直接或间接来自农民的或者同农业有关的，约占将近一半，这个比重是很大的。

说到农业对于工业的重大影响那就更为明显了。以 1956 年为例，用农产品为原料的工业产值约占全部工业产值的 48%，而在工业消费资料的产值中则占 84% 左右。如果农业不发展，工业生产特别是工业中消费资料的生产，就不能迅速发展，这对于增加社会主义积累和提高人民消费都将产生不良的影响。

在农民负担问题上，如果只看到农民对国家工业建设的支持，看不到国家对农民的支持也是不正确的。几年来国家兴修农田水利的拨款、农村救济拨款和发放农业贷款的数目不仅是巨大的，而且是逐年增加的。这一方面的材料我们在前面"国民收入中的消费基金"一节中已经列举过了。由于国家对农民的巨大支援，由于几年来执行了"增产不增税"的政策，农业增产的部分，基本上留给了农民，所以农民的生产积极性不断高涨，农民自己的生产投资不断扩大，农业生产也在不断发展。

4. 在农民负担问题上，既要反对片面的群众观点，也要反对片面的国家观点

正确地处理农民的负担问题，是一个很重要的政策问题。在这个问题上，片面的群众观点固然是不对的，但是，片面的国家观点也是不对的。如果负担过多，使农民的生活水平不能随着生产的发展而逐年有所提高，甚至反而降低了，那就会引起农民的不满，也就会妨碍工农联盟，妨碍国家建设事业的胜利前进。反之，农民的负担过少了，也就会推迟社会主义工业化，因而使农民生活的改善不能获得更巩固的物质基础，这同样不利于工农联盟的巩固。所以要正确地处理国家同农民之间的关系，把国家的

利益同农民的利益正确地结合起来，既能够使国家获得必要的建设资金，又能够使农民生活不断地得到改善。

国家的税收，除了农业税是直接来自农民的以外，其他如工商业税、盐税、关税，等等，都是通过商品销售，来自社会的各个阶级的居民的（其中也包括农民），它由商品的价格体现出来。所以，关于这个问题，我们在下一节中另加论述。

（二）关于价格

1. 价格是决定社会消费品的分配以及国民收入的积累和消费之间分配的重要工具之一

在我们社会主义国家里，价格的存在是同社会主义社会里商品生产和商品流通在一定范围内存在相互关联的。我国生产品的价格的客观根据，就是以货币形式表现的产品的社会必要劳动量。

由于在社会主义制度下，消费品还不是直接地进行分配，而是通过货币来进行买卖的，所以社会主义社会的每个劳动者在社会消费品中所得的份额，也是以货币形式——工资来表现，并且通过商品的买卖关系而实现的。因此，在国营商业和合作社商业中流通的商品的价格水平，决定着社会消费品的分配，决定着国民收入在积累同消费之间的分配，也决定着整个社会产品留给社会的份额同社会主义社会每个成员个人消费的份额之间的分配。所以，我国的价格政策，一方面要能直接地刺激劳动者生产的积极性；另一方面，又能鼓励各个生产单位按国家和人民的需要发展生产。这样，才能既有利于社会主义积累的不断扩大，又有利于人民消费水平的逐步提高。

我国的价格，存在于下列几个领域之内：（1）在消费品的流通范围内；（2）在农业同工业之间的农业原料的流转范围内；（3）在生产资料的流转范围内（主要是在国营企业之间）。工业品的价格分为两种：一种是生产资料的批发价格，它由生产成本、企业利润、工业销售机构的费用和利润以及税金等项组成。另一种是消费品的零售价格和批发价格，消费品的零售价格。由生产成本、企业利润、税金、工业销售机构或者商业批发环节的费用和利润，以及零售商业的费用和利润等项组成；关于构成消费品的批发价格的内容，除不包括零售商业的费用和利润外，其他都和零售价格相同。

下面，我们来谈谈我国价格方面的一些问题。

2. 我国的物价是稳定的，它促进了生产的发展和人民生活的改善

大家可以看得见，在最近五六年来，我国的物价是稳定的，因而保证了我国工农业的顺利发展和人民生活的改善。我们不但没有为了增加积累而提高消费品价格的情形，而且相反的，工农产品的差价缩小了，工人和农民的收入增加了，他们所获得的消费品也随着增加了。这样，就大大地推动了生产的发展。

但是，当我们观察我国物价状况的时候，不能不联想到过去。在抗日战争和解放战争时期，由于国民党反动统治恶性通货膨胀的结果，人民日夜不安于货币贬值和物价波动的痛苦。所以，在解放初期，党和人民政府，不得不以最大的努力，在当时价格的基础上把物价稳定下来，这是当时人民最普遍的要求。当然，那时的物价并不完全合理，并且从那时以来，我国的经济、政治情况又起了一系列的变化：除了台湾地区外，全国统一实现了，工农业总产值提高一倍以上，交通网有很大的发展，农业、手工业、资本主义工商业的社会主义的经济改造基本上已经完成，全国统一的市场形成了。这样，从解放当时的价格基础上稳定下来的物价，就不能适应新的情况了。加以在执行稳定物价政策的过程中，偏重于稳定的一面，对于及时地、合理地调整的一面注意不够，而且物价部门在规定价格、掌握制度等方面，也有一些缺点。因此，目前在价格政策方面就出现了以下三种情况：（1）主要商品的价格过去是适当的，现在看来也是适当的；（2）一部分商品的价格，过去是适当的，现在不适当了；（3）少数商品的价格，过去就是不适当的，现在还没有进行必要的调整。

3. 目前我国物价工作中所存在的问题

全国总的物价水平是稳定的，但若干副食品的价格则是上涨的；全国主要农产品的收购价格虽然是适当的，但一部分农产品（如桐油、菜油、油菜子、生猪、花生、芝麻、茶叶、蚕茧等）的收购价格则偏低；国家经营的农业及其副业产品一般并不赚钱，但有些产品（如猪肉、食油、

豆饼等）在当地收购同销售之间差价偏大；一些山区和偏僻地区的农业、副业产品收购价格偏低，影响山区人民的收入；在商品的质量方面，未认真贯彻执行优质优价的政策；在地区差价方面，也不尽合理。针对这种情况，党和政府，正在采取有效措施，适当提高某些产品的收购价格，适当缩小购销差价和调整地区差价，并且正确地贯彻优质优价的政策。

4. 怎样才能使收购价格提高之后，售价基本不动

农业及其副业产品收购价格提高之后，它们的销售价格不是也要相应地提高吗？这样，又怎样能保持物价的稳定和人民生活水平不致降低呢？党和政府考虑到农副产品和用它所制成的其他产品，一般都是人民的生活必需品，所以，规定这些产品的销售价格目前基本不动，而由商业部门减少经营环节，降低流转费用，以及降低某些产品的税率和减少某些商品的商业利润来解决。

这样做，无疑将会促进农业及其副业生产的发展，改善副食品的供应；同时在生产不断发展和人民消费水平逐步提高的过程中，扩大国家的社会主义积累。

5. 在什么情况下的涨价是用不着害怕的

应当说明，我们绝不能将稳定物价的政策，简单地看成是必须"统一物价"或者"冻结物价"。这样做，就不能鼓励产品质量的提高和品种的增加，而只能助长产品质量的下降和品种的减少，因而有害于生产的发展和人民生活的改善。所以，在一定的情况之下，某些商品的价格在一定范围的上涨是需要的，是用不着害怕的。这些情况就是：（1）由于按质论价，那些品质优良的产品，要在一定时期内适当地提高售价；（2）由于消费品的品种缺乏，所以某些新的产品只要消费者愿意购买，在它初制的时候，可以比同类产品有一定程度的提价；（3）由于对一部分小土产放松市场管理，而改为自由收购和贩运之后，在实行初期，由于收价提高，因而在城市中的售价也会有所提高。但是，所有上述情况，都是一些暂时的现象，过了一定时期，在社会生产发展、质量提高、品种增加之后，这种差别就要适当缩小或者回落到原来的水平，而以新的需要、更高的标准和更适当的价格来刺激生产的发展。同时，某些商品在一定时期的

涨价程度，仍然是受着国家的约束的。因为在全国零售商品总额中，约有3/4 的重要商品，是由国家收购和销售的，这是稳定市场的决定力量。

6. 我国工农业产品价格的"剪刀差"在日渐缩小

在价格政策上，大家很关心工农业产品的比价问题。的确，这个问题不仅关系到社会主义工业化资金的积累，而且关系到农民生活的改善，关系到工农联盟的巩固。在这方面，党和政府一贯的方针是：缩小工农业产品的"剪刀差"。但是由于在抗日战争和解放战争时期，国民党反动统治的恶性通货膨胀的结果，工农产品"剪刀差"大大地扩大了。解放后，经过党和政府的努力，工业同农业产品的差价是缩小了，1955 年农产品的收购价格约比 1950 年提高 10%以上，而工业品的价格则基本未动，某些还有所下降。例如，1950 年每百斤大米换食盐 34.66 斤，而在 1955 年则可换 53.06 斤；1950 年每百斤小麦换食盐 46.97 斤，1955 年则可换 78.13 斤；1950 年每百斤大米换白布 24.1 尺，1955 年则可换 28.88 尺；1950 年每百斤小麦换白布 26.26 尺，1955 年则可换 33.7 尺；1950 年每百斤皮棉可换白布 219.71 尺，1955 年则可换 274.54 尺，等等。根据国家统计局的资料，由于历年来有计划地提高农副产品的价格和稳定工业品的价格的结果，到 1957 年年底为止，全国工农"剪刀差价"将比 1950 年缩小 23.3%，农民从价格上获得的收益约为 170 亿元。农民从这方面获得了不少的利益，这是非常明显的。

但是，如果和战前相比，除了粮食同食盐的差价有显著的缩小之外，在粮食同布匹、棉花同布匹的差价方面，还有某些扩大。这种"历史遗产"，党和政府正在逐步加以调整。现在，已经适当地提高了油料作物、生猪、茶叶和蚕茧的收购价格，而工业品的价格，依然维持原来的水平。这样，工农业产品的差价还将进一步缩小。

这里还必须看到，战前和现在农民的经济情况完全不同。战前农民将他们收入的相当大的部分交给地主和地主的政权机关；而现在农民只以自己净收入 7%左右交给他们自己的国家用来发展工农业生产，用来为他们更美好的生活创造物质基础。况且，由于消灭了封建主义的统治，摆脱了高利贷的盘剥，免除了私商的少尺短秤、掺假掺杂的中间剥削，加上农业合作化的大发展，农业生产的增长，等等，今天农民的收入，已经大大地增加了。

7. 为什么我国不采取降价政策而采取稳定物价的政策

有的同志问，为什么我们不采取降低工业品价格的方针，而采取基本稳定工业品价格的方针呢？这主要是由于客观上还不存在普遍降低工业品价格的条件。因为我国的日用消费品受着农业原料的限制，除了极少数的产品以外，不是供过于求而是比较缺乏的。在这种情况之下，如果普遍实行降价，必将发生严重的脱销，结果回过头来，不是被迫提价，就是出现黑市，这样做，对社会经济生活的正常发展是有害的。同时扩大市场，刺激生产，改善人民生活，也有各种办法，降低工业品的价格是一种办法，增加职工工资和适当提高某些农业及其副业产品的收购价格也是一种办法。采用哪一种办法较好，要根据实际的情况。在我国当前条件下，采用后一种办法是更加能够直接地刺激劳动者的生产积极性，更加有利于按照国家的计划来发展生产。因此，采取这种办法，对于增加社会主义积累和提高人民消费水平，更有积极意义。

（三）关于利润

1. 利润率直接影响国民收入的分配

利润率的正确规定，不仅直接影响价格，而且直接影响国民收入中积累和消费的分配。大家知道，在产品的成本和税率不变的条件下，利润率提高了，价格就随着提高；反之，价格就要降低。同样，利润率高低的变化，还直接引起企业收入和个人收入之间的变化。也就是说，在职工工资不变的条件下，利润率提高了，企业收入的比重相对地也要提高。同时，如上所说，利润率的高低是影响价格的，而价格的高低，则决定着社会消费品的分配。所以利润率的高低，也直接影响着国民收入在积累和消费之间的分配。

2. 如何正确地规定利润率

利润在社会主义条件下，能够鼓舞企业经营的积极性。正确地规定利润率，对于有计划地管理经济，合理地调节社会主义国家同企业之间的关系、各个社会主义企业相互之间的关系，以及集体和个人之间的关系，都有重要的意义。处理这个问题的原则应当是：一方面要保证各经济部门，能够按照社会需要，比例协调地发展；另一方面，又要照顾到个别部门、个别企业单位的利益和全社会劳动人民的利益。这就是说，在处理这一问题的时候，要考虑社会平均利润率，因为计算社会平均利润率，是计算社会平均必要劳动量的一个重要的条件。否则计算产品的成本、利润和价格，就没有客观的根据。但是，同时也要考虑到各个经济部门和各个企业之间的联系，照顾到每个经济部门和每个企业在国民经济总体系中的作用。否则国家计划对于国民经济发展的调节作用，就会大大地削弱。正确地规定利润率，科学地进行经济核算，是实现国民经济有计划（按比例）有的规律的重要手段。

3. 要正确规定利润率就要利用价值规律进行经济核算

大家知道，社会主义企业的生产费用、生产成果、收入和支出都是用价值形式即货币形式来衡量的。只有通过价值形式，即运用价值规律、经济部门和企业的管理人员，才能合理地管理经济、增加生产、提高劳动生产率、提高质量、降低成本和增加企业的利润。

要使企业能够很好地运用价值规律，进行经济核算，就要把国家对社会主义企业的集中领导同每个企业的经济上、业务上的独立性，密切地结合起来。这就是说，国家要拨给企业一定的生产资料和资金；国家要规定企业在一定时期所生产的产品的数量、质量，以及适当的出厂价格和利润提成比例。企业在获得这些条件之后，就要充分地发挥自己的主动性，合理地运用国家所拨给它的生产资金和流通资金，完成和超额完成国家计划，从自己经济活动的结果来取得更多的货币资金，以增加本单位的收入。企业的收入除了完成上缴国家的利润之外，所余的部分，在企业同个人之间也要进行合理的分配。其中应有适当的部分用于生产性的基本建设和补充流动资金；另一部分则用于改善职工的物质文化福利。只有这样，才能正确地处理国家同企业的关系，以及企业同个人的关系。这里既要防止国家管得过多过死的偏向，也要防止企业本位主义盲目发展的偏向。

4. 两种计算利润率的方法

目前，我们通行的计算利润率的方法，是按成本计算的。其计算的公式是：销售利润÷销售成本＝按成本计算的利润率。采取这种计算方法的好处是：可以通过它来考察劳动生产率的提高、原材料消耗的节约、管理费用的节约、成本的降低等。这些当然是必要的，也是实行经济核算所不可缺少的。但是，这种计算方法的主要缺点是：不能考察全部资金（包括固定资金和流动资金）的利用效果，不能科学地分析各生产部门的平均必要劳动量和平均利润率。这样，在生产部门就容易忽视对固定资产的充分利用，就容易占用过多的流动资金。在基本建设部门，就容易产生只愿意建设大规模、近代化和高标准的企业，而忽视投资的经济效果。大家知道，这样做对于我国社会主义建设事业是不利的。

另外，还有一种计算利润率的方法，就是按资金计算。其计算公式是：全部利润（或销售利润）÷全部资金（全部固定资金＋自有流动资金＋银行贷款）的年初年末平均额＝按资金计算的利润率。按照这种计算方法，不仅可以考察劳动生产率的提高，原材料、管理费的节约，成本的降低的情况，而且可以考察全部资金利用的效果。因此，这种计算利润率的方法，带有更高的综合性，它可以避免在用成本计算利润率的时候所产生的种种缺点，同时还可借以观察各生产部门的平均必要劳动量及平均利润率。这样，在部门之间和企业之间就便于进行比较，从而使各部门的利润率的规定更加合理，使出厂价格更加合理，而克服目前在这方面所存在的某些假象。例如，中央八个工业部门 1953 年和 1954 年按成本计算的利润率分别是 32.03％ 和 33.05％；而按资金计算的利润则只有 14.38％ 和 14.24％。显然，用资金计算利润率是比较接近实际的。因此，在财务指标方面，增加一项按资金考核利润率的指标，作为一种考核利润率的更带有综合性的指标，对改善经济管理工作是大有好处的。

（四）关于工资

1. 工资是重要的经济工具，它决定积累和消费之间、国家和个人之间的经济关系

在我们社会主义国家里，全民所有制的国营经济是社会主义经济的主体，工人阶级是社会主义积累的重要创造者。我国工人阶级所创造的国民收入，最终的分配是一部分归社会所有，用于扩大再生产，这就是积累基金；另一部分用于个人的和社会的消费，这就是消费基金。用于个人消费方面的，主要是通过工资的形式。

工资是最重要的经济工具之一，在社会主义社会中，它可以使每个工作者从物质利益上关心自己劳动的结果。因此，工资是推动劳动生产率不断提高的重要因素，它能把工作者个人的物质利益同国家的利益正确地结合起来。由于在社会主义社会中劳动力不再是商品，因此，工资所反映的不是剥削者同被剥削者的关系，而是以社会主义国家为代表的不整个社会同为自己、为自己社会工作的各个工作者之间的关系。所以，工资规定得正确与否，同我国国民收入的积累和消费的合理分配有直接的关系。

在社会主义制度下，由于商品生产和价值规律的存在，工资还必须具有货币的形式。这样，才有可能根据每个工作者劳动的结果，灵活而有差别地确定他们从社会产品中所取得的份额。社会主义的工资，是社会主义的工作者从国家按每个工作者的劳动数量和质量，付给职工的那一部分社会产品中取得的，并以货币形式表现出来的份额。根据社会主义基本经济规律和按劳分配规律的要求，我国职工的工资水平，是随着国民经济的发展和劳动生产率的提高而逐步地提高的。

2. 我国劳动生产率的提高和工资水平的提高都是很快的

几年来，我国在国民经济增长和劳动生产率提高的基础上，工人阶级的工资也有了相应的提高。根据国家统计局的统计，1953—1956 年全国物质生产部门（包括工业、建筑业、交通邮电业、商业部门，而未包括农业及其他个体经济）职工的劳动生产率，按总产值和全体人员计算，每年平均提高的速度是 8.5%；如果按净产值和全体人员计算，则每年平均提高的速度是 7.5%，而在同一时期，物质生产部门职工平均实际工资每年平均提高的速度是 6.3%。可见，随着劳动生产率的提高，职工的工资也提高了。同时，职工工资增长的幅度和劳动生产率提高的幅度之间的差距是很小的。这就说明，职工生活的改善是比较快的。

由于职工所创造的净产值（国民收入）增长的速度，还是高于职工工资增长的速度的，而职工所创造的净产值中绝大部分是归全社会来支配的，这就提供了增加社会主义积累的巨大可能性。

3. 工人阶级是社会主义积累的重要创造者

工人阶级担负了社会主义积累的主要任务，它要把自己所创造的净产值的绝大部分贡献给国家，作为社会主义的积累基金。当然，如前所述，工人阶级最亲近的兄弟——农民，也对社会主义的积累作出了重要的贡献，农民所创造的净产值中，直接提供给国家支配的约占7%。可见，那种认为农民负担重，而工人负担轻的说法是错误的。这种错误说法，主要是由于对工人阶级同农民所创造的国民收入及其积累和分配关系缺乏阶级分析，因而作出了错误的判断。

4. 劳动生产率提高和工资水平提高的关系

大家知道，社会劳动生产率提高的速度，必须高于工资增长的速度，只有这样，才能保证社会主义建设所必需的资金积累。

那种想把工资增长的速度超过劳动生产率提高的速度的观点，以及要求工资的增长同积累的增长保持相等速度的观点，实际上都是否认社会主义积累的必要性，这当然是错误的。因为前者将使人民消费水平逐步提高所依靠的物质基础遭到破坏；而后者则将延缓我国社会主义建设的速度。但是，职工工资必须随着劳动生产率的提高而适当地增长，只有这样，才能更加鼓舞工人阶级提高劳动生产率的热情。如果职工的工资不能在生产发展和劳动生产率提高的基础之上获得逐步的提高，那就会严重地脱离群众，使社会主义建设同人民的当前利益对立起来，这种做法同样也是错误的。

在社会主义制度下，既然工资的增长速度主要决定于劳动生产率提高速度，因此，正确地计算劳动生产率提高的速度，对于正确地规定工资增长的速度，从而正确地解决积累和消费的关系，有十分重要的意义。在这一方面，有一些问题是应该探讨的。

5. 计算劳动生产率的几种方法，不同方法的不同作用

劳动生产率计算的方法，应该服从于计算的目的。现在，我们对劳动生产率的计算方法，一般是以工业部门的总产值被工业部门的生产工人所除得出的。这种劳动生产率的计算方法，是有重要作用的。通过这种计算方法，可以综合地看出工业劳动的动力和技术装备的基本程度以及其他各

种可以提高劳动生产率的因素。因此，要研究工业扩大再生产过程中的劳动消耗量，就要采用以工业总产值被工业部门生产工人所除而得出的劳动生产率。

但是，如果按上述方法计算出来的劳动生产率的提高速度来确定全社会职工的工资增长的速度，就不完全妥当了。因为，工人阶级收入的多少，首先决定于它为社会创造了多少新的价值（国民收入），而要做这样的计算，就要按全社会物质生产部门所生产的净产值（国民收入）而不能按总产值计算，因为总产值中包括了物质消耗，而物质消耗则是工人阶级过去的劳动所创造的价值转移在今天的总产值之中的。所以，要观察工人阶级为社会创造了多少新价值，就应当把总产值中的物质消耗扣除，即按净产值来计算。同时，全社会职工的工资水平是整个工人阶级的工资水平，它的提高速度，应当比照全社会的劳动生产率提高的速度来计算，而不能只比照工业生产部门工人的劳动生产率提高的速度来计算。所以，用全部物质生产部门的全体人员去除全社会的净产值所求得的劳动生产率的提高的速度，作为确定全社会职工工资的增长速度的依据，是比较合理的。当然，在确定全社会职工工资水平的时候，除了必须考虑到社会劳动生产率提高的速度之外，还应当考虑到本国人口增长情况、市场供需情况、财政收支情况，以及国际形势等因素。这些问题，就不在这里多说了。

6. 用总产值被生产工人所除来计算劳动生产率的方法，对于正确规定工资水平和改进企业经营管理带来的不利影响

现在一般只计算工业部门生产工人的劳动生产率，而不计算全社会的劳动生产率，只计算以总产值计算的劳动生产率，而不计算按净产值（国民收入）计算的劳动生产率，这是不妥当的。通常工业部门的劳动生产率要高于全社会物质生产部门的劳动生产率。如果只是依照工业劳动生产率提高的速度，而不考察社会劳动生产率增长的速度，去确定工资提高的速度，就容易使之偏高。例如，以 1956 年为例，如果按总产值（即未把农民所生产的农副业产值计算在内的社会物质生产部门的总产值，下同）计算劳动生产率（即总产值被物质生产部门的全体人员所除），则每人的产值为 6222 元；如果按净产值计算劳动生产率（即净产值被物质生

产部门的全体人员所除），则每人的产值为 2766 元。显然，这两者相差很大。这是由于总产值没有扣除物质消耗，有重复计算的因素。同时，两者所计算的劳动生产率提高的速度也是不同的。在 1953—1956 年间，按前者计算，劳动生产率每年平均提高的速度是 8.5%，而按后者计算则是 7.5%。同样，按全体人员计算或者只按生产工人计算劳动生产率，也获得不同的结果。例如，1956 年工业部门的劳动生产率，如果按全体人员计算，每人的净产值是 3140 元，而按生产工人计算，则是 4382 元，后者比前者高出 40% 左右。这是由于工业部门中约有 1/3 以上的人员是不直接参加生产的人员。同时，两者所计算出来的劳动生产率提高的速度也是不同的，在 1953—1956 年间，按前者计算的劳动生产率每年平均提高的速度是 12.4%，而按后者计算则是 12.7%。可见，按目前所用的计算方法，不仅所计算的劳动生产率提高的速度是偏高的，而且所计算的每一职工所创造的价值也是偏高的。按照这样计算的劳动生产率提高的速度来确定职工工资增长的速度，当然也容易偏高。例如，1953—1956 年间，职工的工资收入，每年平均增长的速度是 6.3%，如果再加上工资附加费、企业奖金和人民助学金等用之于职工的部分，则每年平均增长的速度大约是 7%。这样，职工实际收入增长的速度就几乎接近于以净产值被全体人员所除而得出的劳动生产率提高的速度了。因此，这个问题，应该引起我们应有的重视。

另外，以目前的方法计算劳动生产率，除了上述的缺点以外，还给企业的经营带来某些不良的后果。因为对各个企业的物质奖励，是把总产值和劳动生产率计划完成的情况作为一个基本指标的。而按这种计算方法，就把产品的全部价值，包括所用的原材料的价值、半成品的价值，都算作本企业的工作成果。这样，就很容易使企业产生只考虑产品中"有利"和"无利"的特殊标准，即所谓费材料特别是费贵重材料的产品或者装配性质的产品，都是"有利的"，而所谓费劳动的产品则是"无利的"。因为生产那些需要大量原材料、贵重材料或者半成品的产品，是比较容易完成和超额完成计划的；反之，生产那些费劳动的产品，则不易完成计划。结果，就使一些经济工作人员总是热衷于生产价值昂贵的大件产品，并且助长了产品积压和浪费贵重材料（特别是金属材料）的严重现象的发生，因而增加了成本的开支。从经济效果上来看，这是很不合算的。同时，只以生产工人而不以全体劳动者计算劳动生产率，只能反映生产工人的劳动生产率提高的速度，而不能反映全社会的劳动生产率提高的速度，这样，就很难确定全社会职工工资增长的速度。而特别重要的是，这样的计算方法，不容易限制企业增加非生产人员和辅助工人，结果生产工人的比重就会降低。但是，我们知道，生产工人的比重越高，所创造的社会财富就越多，国民收入也越多。为了严格控制非生产人员的增加，为了提高生产工人的比重，减少非生产人民的比重，除了现行的按生产工人计算劳动生产率的方法以外，按全体劳动者来计算社会劳动生产率也是必要的。这对于增加国民收入，从而扩大积累和提高消费是有重要意义的。

7. 各个物质生产部门所制造的国民收入，不一定在本部门表现出来；它们的劳动生产率提高的速度也是不同的

当然，社会各个物质生产部门的劳动生产率，按货币表现的水平及其提高速度也是不同的。所以，在确定一定时期职工工资水平的时候，除了观察全社会的劳动生产率提高的速度以外，还应当观察各个物质生产部门的劳动生产率提高的速度。例如，1956 年各物质生产部门的劳动生产率按净产值计算每一职工所生产的产值，在工业部门是 3140 元，比上年提高 14.9%；在建筑部门是 936 元，比上年提高 11.7%；在运输邮电部门是 1950 元，比上年提高 27.6%；在商业部门是 2499 元，比上年提高 0.3%。各部门职工生产的价值是各不相同的，这种不同，并不能完全代表各部门为社会所创造的国民收入的实际情况。例如，建筑部门职工生产的价值较低，这并不是由于这个部门的职工为社会所创造的国民收入较少，而是因为国家为了鼓励扩大再生产，规定建筑部门的利润较低，税负较少，所以作价较低的缘故。至于商业部门职工生产和实现的价值较多，则是由工业部门特别是农业部门把一部分生产的价值转移到商业部门去实现的缘故。由此可见，国民收入是由各个物质生产部门所创造的，有些可以由本部门直接体现出来，有些则需要在流通过程中才能体现出来，因此，它的体现，可以是在这个部门多一些，或者那个部门少一些。

　　因此，在确定各部门职工的工资增长的速度的时候，不能片面地按各部门职工所生产的价值及其劳动生产率提高的速度来确定，而应当一方面比照全社会劳动生产率提高的速度，另一方面也要考虑到各个物质生产部门对于社会生产的重要性和他们劳动生产率提高的速度，来确定他们的工资增长的速度。

　　8. 社会劳动生产率提高的速度同社会职工工资水平的增长速度之间的比例关系

　　以全社会劳动生产率提高的速度来考虑全社会职工工资增长的速度，并不等于说，两者要保持相等的速度。这样做，虽然也可能为社会提供一定的积累，但是，不能满足社会扩大再生产发展的需要。大家知道，社会扩大再生产的发展，要求生产资料生产的优先增长，而生产资料生产的优先增长，则要求社会积累增长的速度高于社会消费增长的速度。为了社会再生产的进一步扩大，从而为人民生活的进一步改善创造更好的物质前提，社会劳动生产率提高的速度应当高于职工工资增长的速度。但是两者的差距也不能过大，如果职工工资增长的速度太低于社会劳动生产率提高的速度，那就不能适当地满足人民在生产发展基础上所提出的改善生活的应有的要求，这样，就会妨碍人民群众积极性创造性的发挥，妨碍劳动生产率的进一步提高。因此，正确地掌握社会劳动生产率提高的幅度和职工工资增长的幅度之间的差距，是一个需要很好地研究的问题。这个问题的解决，当然要考虑许多因素，但是，有一点则是可以肯定的，这就是：一定时期内全社会消费的增长，不能够超过全社会消费资料生产增长的可能性。否则，将使社会购买力同消费品的供应之间发生失调的现象，这样，就会影响市场，影响物价，而有害于生产的发展和人民生活的改善。

　　前面说过，在1953—1956年间，职工的平均工资收入，每年提高的速度是6.3%。工资提高的速度，同劳动生产率提高的速度（按净产值计算平均每年增长7.5%）是相差不大的。可见，职工工资提高的速度是比较快的。同时应当说明，这里所指的平均实际工资，还没有包括工资附加费，以及企业奖励基金和人民助学金用在职工身上的部分（这三项约占工资基金的13%），如果把这三项也计算在内，则职工的实际收入每年平均提高的速度则是 7.1%，已经接近于劳动生产率提高的速度了。

9. 在计算职工工资水平的时候，不仅要计算职工的纯工资收入，而且要计算各种实际收入

因此，在计算职工工资水平的时候，不仅要计算职工直接的纯工资收入，而且要计算工资附加费、各种奖金和福利等实际收入。这样，才能正确地反映工人实际收入的情况，才能看出工资的增长速度同劳动生产率提高的速度之间的正确比例。否则就容易造成工人实际收入增长的速度超过劳动生产率提高的速度，这是不利于社会主义积累，不利于工农联盟的巩固，同时也会使市场消费资料的供应失调的。当然，这样全面的计算，是为了使工资政策更加合理，使之更加鼓舞工人阶级生产的积极性，更加有利于社会主义的积累。如果只顾劳动生产率的提高，而不顾职工工资随着劳动生产率的提高而适当提高，那就会严重地脱离群众，阻碍生产的发展，损害社会主义的建设事业。

（五）关于合作社组织收益的分配

1. 合作社组织收益的分配决定着积累和消费的关系、集体和个人的关系

在我们国家里，除了全民所有制的国营经济之外，还有集体所有制的合作社经济。我国农民和手工业者所创造的国民收入最终的分配也是分为两个部分：一部分用于积累，另一部分用于消费。用于积累部分的，有两个方面，一方面通过税收等形式将一部分收益上缴国家进行再分配（其中一部分用于社会主义的积累，一部分用于社会性的消费）；另一方面则采取合作社组织提存公积金和向合作社缴纳入社基金等办法，作为扩大再生产的基金。除了上面所说用于积累方面的以外，就是消费基金。消费基金主要是用来满足参加合作社组织的农民和手工业者个人生活消费需要的。但是，也有一部分是作为合作社的成员集体消费需要的，如使用在文化和福利事业方面的大部分公益金，等等。由此可见，合理地处理合作社组织的收益分配问题，对于正确地解决积累和消费的关系有很大的意义。

在合作社组织增产的基础上，合理的分配制度，对于农业生产合作社和手工业生产合作社都起着促进生产的作用，并且是巩固和发展这些合作

社组织的决定性的条件之一。因为合作社组织收益的分配，关系到国家同农民、国家同手工业者、集体同个人、社员同社干部、社员同社员之间关系的正确处理。这是社会主义生产关系的一个重要方面。社会主义经济的优越性，也要通过分配，同社员的个人利益结合起来，才能为广大社员所公认。必须了解生产固然是分配的基础，但是如果分配不当，必然会反过来影响生产的发展。

农业生产合作社和手工业生产合作社的收入，应当在依照国家的规定纳税以后，根据既能使社员的个人收入逐步有所增加，又能使合作社的公共积累有所增加的原则下，妥善分配。只有这样，才能增加生产，增加收入，使社员"爱社如家"。

2. 农业合作社收益的分配

以下，我们着重地说一说农业生产合作社的收益的分配问题。

现在我国已有96%以上的农户加入了农业合作社，高级农业生产合作社已经占据主要的地位，合作社经济已成为农业经济的基本形式。

关于农业合作社组织的收入分配问题，1966年6月30日毛主席公布的《高级农业生产合作社示范章程》中，已经作了明确的规定。这个章程的第四十三条是这样写的："农业生产合作社全年收入的实物和现金，在依照国家规定纳税以后，应该根据既能使社员的个人收入逐年有所增加，又能增加合作社的公共积累的原则，按以下的项目进行分配：（一）把本年度消耗的生产费扣除出来，留作下年度的生产费和归还本年度生产周转的贷款和投资。（二）从扣除消耗以后所留下的收入当中，留出一定比例的公积金和公益金。公积金一般不超过8%，包括归还到期的基本建设的贷款和投资在内。公益金不超过2%。经营经济作物的合作社，公积金可以增加到12%。（三）其余的全部实物和现金，按照全部劳动日（包括农业生产、副业生产、社务工作的劳动日和奖励给生产队或者个人的劳动日）进行分配。如果合作社的生产增加不很多，为了增加社员的个人收入，公积金可以少留。遇到荒年，公积金可以少留或者不留。遇到丰年，在保证社员个人收入增加的条件下，公积金也可以酌量多留。收入分配的方案，应该由社员大会或者社员代表大会讨论通过。"

这里，主要的是要正确地处理国家、合作社、个人之间的关系。国家利益、集体利益、长远利益同局部利益、个人利益、目前利益，从根本上来讲，当然是一致的，但是在某些方面，它又是有矛盾的。一般社员个人所最关心的问题，是他在加入合作社之后能否增加收入的问题。只有收入增加了，他才赞成合作社。而合作社的干部则想多积累一些公共财产，以便扩大合作社的物质基础。但是公共积累搞多了，社员的个人收入就会减少，这就产生了矛盾。因此，既要教育合作社的干部重视个人利益，也要教育合作社的社员照顾国家利益和集体利益，只有这样，才能使合作社组织收益的分配，得到合理的解决。

毛泽东同志在《关于正确处理人民内部矛盾的问题》的报告中说："在分配问题上，我们必须兼顾国家利益、集体利益和个人利益。对于国家的税收、合作社的积累、农民的个人收入这三方面的关系，必须处理适当，经常注意调节其中的矛盾。国家要积累，合作社也要积累，但是都不能过多。我们要尽可能使农民能够在正常年景下，从增加生产中逐年增加个人收入。"

3. 农业生产合作社的公积金、公益金和股份基金

农业生产合作社的公积金，是农业合作社积累基金的主要来源，根据《高级农业生产合作社示范章程》第二十二条规定："公积金用作扩大生产所需要的生产费用、储备种子、饲料和增添合作社固定财产的费用，不能挪作他用。"同时公益金也有一部分是作为农业生产合作社的积累基金的，示范章程同一条规定："公益金用来发展合作社的文化、福利事业，不能挪作他用。"其中文化福利事业的基本建设（如房屋等）所需的投资，也是列入农业合作社的积累基金的；公益金的其余部分是列入农业合作社的消费基金的。此外，示范章程二十条还规定："农业生产合作社为了筹集生产费和收买社员私有的生产资料，可以按照生产的需要和社员的负担能力，向社员征集股份基金。"这种股份基金也是农业生产合作社的积累基金的组成部分。

4. 农业生产合作社的积累基金和消费基金

在农业生产合作社及其社员的收益中，用作积累基金的有以下内容：

（1）是合作社组织的公积金的全部；（2）是合作社组织公益金中用作基本建设及购置设备的部分；（3）是向国家缴纳的税款中，国家通过再分配用作扩大再生产的部分（国家向合作社组织所征收的税款中，经过再分配，有一部分是不作为积累基金而作为消费基金返还给社员的，如水利和其他基建工程的民工费用的支出和对受灾区域的救济，等等）；（4）是社员个人收入中用作积累的部分（如建筑房屋、储蓄，等等）。用作消费基金的，主要有三项：（1）是社员个人收入中用作个人消费的部分；（2）是合作社组织的生产管理费用；（3）是作为合作社组织的成员集体消费的部分，如使用在文化和福利事业方面的公益金（基本建设部分除外）等。

5. 在农业生产合作社收益的分配问题上要反对两种偏向

由于我国的大多数农业生产合作社是在最近一两年中发展起来的，一方面，合作社的“底子”薄（积累不多）；另一方面，合作社的开支也较多，因此，慎重处理合作社的积累和消费的关系问题，就更为重要。党和政府为了使农业生产合作社在增产的基础上，使绝大多数社员能够增加收入，以便激发广大农民的生产积极性，推动农业生产的发展，进一步巩固农业生产合作社，特提出了“少扣多分”的原则，并且指示要把农业生产合作社总收入的60%—70%分配给社员，争取90%的社员能够增加收入，作为实现这一原则的政策界限。这样，就能够一方面保证集体生产的需要；另一方面，又能照顾社员个人改善生活的需要。随着生产一年年的增加，社员个人的收入也就会一年比一年增加。

在这个问题上，要反对两种偏向：一种是过多地留出保证集体生产需要的资金，也就是说，不适当地提高积累部分的比重，这样就会影响社员个人的收入，影响他们生产积极性的提高，这对于发展生产是不利的，应该纠正。另一种偏向是，片面地照顾社员个人的收入，也就是说，不适当地扩大消费部分的比重，例如，把应该扣留的来年生产费用也不扣留，应该归还和可能归还的贷款也不归还，等等，这样就会妨碍集体生产的发展，其结果，不仅使生产所必需的积累基金感到不足，而且必将妨碍生产的发展和减少社员的收入，因此，同样也是不正确的，应当加以纠正。

在解决农业生产合作社收益的分配问题中最基本的是积累和消费的分配问题。为了使这个问题得到正确的解决，除了应当遵循上述的原则之外，还要有公平合理的劳动定额，实行按劳取酬的劳动制度，对于入社的生产资料要合理作价，对于合作社内部村同村、队同队之间的具体利益要作适当的调整，要规定农业生产合作社干部的合理报酬等。

6. 农业合作社的生产发展了，社员收入增加了，合作社的积累也扩大了

由于党和政府对于农业生产合作社收益的分配采取了正确的政策，并且一向对这个工作很重视，所以农业生产合作社的生产发展的基础之一——社员的收入增加了，合作社的资金积累也增加了。根据国家统计局1955年对全国26935个农业生产合作社的生产收益分配的调查，这些农业生产合作社每人平均生产了粮食812市斤，其中高级社每人平均生产966市斤，初级社为808市斤。如果拿农业生产合作社每人所生产的粮食来和1955年全国每个农业人口平均生产的粮食706市斤来比较，平均高出16%，其中初级社高出14%，高级社高出36.8%。农业生产合作社社员每户的农业和副业的平均收入为424元，其中高级社每户收入平均为776元。无论高级社或者初级社都高于未参加合作社的农户的收入水平。在社员增加收入的同时，农业生产合作社的生产投资也高于一般未参加合作社的农户的水平。例如，1954年年末参加合作社的贫雇农的生产投资占其总支出的21.8%，中农的生产投资占其总支出的24%，而在1955年上述全国26935个农业生产合作社的生产投资则占其总支出的25.3%，其中高级社占30.1%。高级社农业投资占农业收入的28.5%，副业投资则占到副业收入的40.4%；初级社农业投资占农业收入的21.9%，副业投资则占30.3%。如果按每亩耕地所消耗的农业投资来看，初级社是4.6元，高级社是12.9元。关于公共基金，这26935个社一共积累有5967万元，平均每个社有2216元，其中高级社是19627元，初级社是2084元。在积累基金中公积金约占1/3，社员缴纳的股份基金约占2/3。1955年提存的公积金，初级社占当年实际收益的5.2%，高级社占8.7%；公益金，初级社占1.4%，高级社占1.6%。如果按每亩耕地平均占用的当年积累

的公积金计算，初级社是 0.9 元，高级社是 3.1 元；如果按每户平均占用的当年的公益金计算，初级社是 4.2 元，高级社是 8.8 元。再如，河南商丘县道口乡中华一社的调查，社员的收入 1955 年比 1954 年增加 8.2%，1956 年虽有天灾，但因为组织了合作社仍比 1955 年增加收入 17.7%。而对农业的生产投资则占其总支出的 27%，比过去一般中农高出 5.2%（见 1957 年 1 月 17 日《河南日报》）。这些材料，都充分地证明了农业生产合作社在正确的分配政策之下，生产发展了，社员收入增加了，合作社的积累不断地扩大了。

7. 手工业合作社收益的分配

关于手工业合作社组织收益的分配问题，由于手工业合作社多是初创，底子薄，开支较多，所以在发展生产、勤俭办社、增加收入的基础上，应当根据"先工资、后治病救济、有剩余才积累"的原则，适当地解决分配问题。只有贯彻了上述原则，才能争取保证 90% 的社员的劳动收入比入社前有所增加，并且保证手工业合作社有适当的积累来扩大再生产。这是巩固和发展手工业合作社的一个极重要的政策。

（六）关于节减军政费用

1. 节减军政费用是节约社会消费、增加社会主义积累的重要方法

节减国防费用和行政管理机关的费用，是节约社会消费、增加社会主义积累的一个重要方法，也是正确地处理国民收入的积累和消费关系的一个重要问题。党的第八次全国代表大会对于这个问题非常重视。刘少奇同志在党中央委员会的报告中说："虽然近年我国已经努力节减军政费用，但是在第一个五年国家财政支出中；估计国防费用和行政费用仍占国家财政支出的 32%，经济文化建设支出共约占 56%。在第二个五年中，必须使军政费用的比重下降到 20% 左右，使经济文化建设支出的比重提高到 60%—70%。"在目前国际、国内形势下，这是一个十分重要的方针。

2. 对内外敌人，不坚决进行斗争是决不许可的

当然，这样做，绝不是意味着我们可以埋头经济建设而放松加强国防力量和巩固人民民主专政。谁要这样设想，那是十分错误的。因为尽管国际形势的发展对我国越来越有利，但是帝国主义的威胁仍然存在，美国帝

国主义正在不断制造紧张局势，并且利用蒋介石集团霸占着我国的神圣领土台湾，我国人民的和平建设和和平生活，仍然受到威胁；从国内来说，反革命残余势力还没有最后肃清，社会主义改造还没有彻底完成，剥削制度还没有最后消灭。所以，我们必须继续增强国防力量，继续巩固人民民主专政，为解放台湾而斗争，为彻底完成社会主义改造、最后消灭剥削而斗争，为继续肃清反革命残余势力而斗争。党的第八次代表大会提醒我们说："不坚决进行这样斗争，是决不许可的。"因此，我们必须在不断加强国防力量和不断巩固人民政权的条件下来节减军政费用，而不是相反。

3. 在继续加强国防力量和继续巩固人民民主专政的前提下，节减军政费用是可能的

但是，从当前国际、国内的形势看来，从我国的国防实力和人民政权的巩固程度看来，我们完全有可能节减军政费用。几年来的事实，已经清楚地证明了这一点。例如 1952—1956 年，我国财政预算支出中国防支出历年所占的比重为：1952 年是 26%，1953 年是 26.4%，1954 年是 23.6%，1955 年是 22.1%，1956 年是 20%，总的趋势是逐年下降的。再从行政费用支出来看，也是如此。1952—1955 年，我国财政支出中行政费用历年所占的比重为：1952 年是 8.1%，1953 年是 8%，1954 年是 6.9%，1955 年是 6.9%。

我国国防费用在国家预算支出中，已经降到 20%。而在美国，军事费用则占其预算支出的 60% 以上，1952—1956 年逐年的比例如下：1952 年是 67%，1953 年是 67.7%，1954 年是 68.6%，1955 年是 62.7%，1956 年是 60.7%，美国每年用在军事方面的费用即达 400 亿—500 亿美元。而在苏联的国家预算中，国防费用所占的比重，1956 年占 18%，1957 年占 16%。究竟谁在进行和平建设，谁在准备战争并以武力相威胁，由上面所列举的事实，还不是很有力的证据吗？

虽然我国的国防费用和行政费用在国家财政支出中所占比重都在逐渐减少，而我国的国防力量则不断加强，人民政权则不断巩固。可见，节约军政费用的可能性是不小的。这从 1956 年国家的财政支出中看得很明显，1956 年国家的财政总支出是 305 亿元，如果把军政费用减少 1% 就是 8000

余万元，请看，这是一个多么巨大的数字！所以，只要我们继续克服国家行政机关的某些方面的机构重叠和人浮于事的现象，并且尽可能地缩减国防费用，我们就有可能在不断地加强国防力量和巩固人民民主专政的基础上，进一步节约社会性的消费而扩大社会主义的积累。

党的第八次代表大会关于发展国民经济的第二个五年计划的建议中，已经正确地指出了对于节减下来的军政费用的使用途径。建议中说：这些节减下来的费用将"用于国家的物资储备、信贷资金、归还国内外债款和总预备费"等方面。这些都是为完成社会主义工业化所必需的。我们知道，国家的物资储备和总预备金更加充足之后，就可以腾出更多的钱来进行社会主义的基本建设。这样，就可以在不降低人民消费水平的条件下，进一步增加社会主义的资金积累，无疑，这对于我国社会主义工业化和人民消费水平的提高，都有极其重要的作用。

（七）关于厉行节约

1. 厉行节约对于合理解决积累和消费关系有重大意义

厉行节约，对于合理地解决我国社会主义建设时期的积累和消费关系，有着特别重大的意义。这不仅是因为要把一个落后的农业的中国改变成为一个先进的社会主义的工业的中国，必须付出长期的艰苦的劳动，必须克勤克俭，厉行节约，积累资金；而且还因为社会主义经济制度摆脱了造成人力、物力大量浪费的资本主义的固有的矛盾，使它具有比以往任何经济制度都更加节约生产资料和劳动的可能性。所以，无论在积累的运用方面，或者在社会和个人的消费方面，都必须厉行节约。节约是积累社会主义工业化资金的唯一道路。

2. 只有厉行节约，才能建设得更快，生活改善得更好

虽然我们有可能依靠我国国内的积累来实现社会主义工业化，但是，我们的资金，毕竟是有限的和很不宽裕的。为了使我国能够获得更多的建设资金并且加以最合理的利用，就需要全国人民继续发扬我国人民勤劳勇敢的美德，努力进行生产和建设。一方面，尽可能多地创造国民收入，把可以节省下来的每一元钱都聚集起来，进行社会主义建设；另一方面，对于积累起来的资金，要加以最合理、最节省、最有效的利用。只有这样，我们社会主义建设的规模才能更大，社会主义建设的速度才能更快，人民生活的改善也就更多。

3. 经济部门的节约

我国人民正在为社会主义建设而英勇奋斗。我国每年用在社会主义基本建设方面的资金达 100 余亿元。如果能节约 1%，就是 1 亿余元，用来建设纺织厂，就可以建立 3 个 10 万锭的全能纺织厂，它在一年中生产的布匹，足可供 2000 万人民一年的需要。又如，我国各企业现在占用的流动资金如果能节约 1%，将是 3 亿余元，这个数目更是惊人了，用来建设重工业，就可以建设 1 个设备容量达四五十万千瓦的发电站。可见，经济部门的节约对于国民经济的发展有着何等巨大的意义。

4. 个人消费的节约

从个人消费来说，尽可能节约，也有很大的意义。大家知道，我国是一个拥有 6 万万人口的大国，每人节约一点点，就能够给国家经济建设解决很大的问题，每人浪费一点点，也能够给国家经济建设增加很多的困难。比方说，我们每人每天浪费或者节约一两粮食，全年就是 130 亿斤粮食，如果每人每天少浪费一两并且多节约一两的粮食，全年即可盈余 260 余亿斤粮食，这个数字，等于 5 亿农民在没有天灾的情况下，经过全年努力才能增产出来的粮食。又如，我们每人每年如果少吃一个鸡蛋，并把这批鸡蛋出口，就可以换回三四十万吨化学肥料，或者换回四个半容量 2.5 万千瓦的能供 80 万—120 万人口用电的火力发电厂的全套设备。假使全国人民都能在改善生活的同时，注意省吃俭用，每人每年平均购买一元的公债和储蓄一元，那么，只要两年，这笔钱就可以建设一个像鞍山那样的钢铁联合企业。每个人节约一点点个人消费，是没有多大困难的，但是对于国家建设，却是很大的贡献。

关于厉行节约的问题，毛泽东同志在《关于正确处理人民内部矛盾的问题》的报告中说："我们要进行大规模的建设，但是我国还是一个很穷的国家，这是一个矛盾。全面地持久地厉行节约，就是解决这个矛盾的一个方法。""中国共产党、民主党派、无党派民主人士、知识分子、工商业者、工人、农民、手工业者，总之，我们六亿人口都要实行增产节约，反对铺张浪费。这不但在经济上有重大意义，在政治上也有重大意义。在我们的许多工作人员中间，现在滋长着一种不愿意和群众同甘苦，喜欢计较个人名利的危险倾向，这是很不好的。我们在增产节约运动中要求精简机关，下放干部，使相当大的一批干部回到生产中去，就是克服这种危险倾向的一个方法。要使全体干部和全体人民经常想到我国是一个社会主义的大国，但又是一个经济落后的穷国，这是一个很大的矛盾。要使我国富强起来，需要几十年艰苦奋斗的时间，其中包括执行厉行节约、反对浪费这样一个勤俭建国的方针。"我们必须牢牢地记住并且坚决地实现毛泽东同志的这一指示。

结　束　语

正确地处理我国国民收入中积累和消费的比例关系，是我国社会主义建设时期的一个头等重要的问题。只有正确地解决了这个问题，才能既保证我国社会主义建设所需要的资金积累，又保证我国人民的生活逐步改善。而要扩大积累和改善生活，就要增加国民收入。要增加国民收入，就要发展生产。正确地贯彻党在过渡时期的总路线，实现社会主义工业化，不断地提高劳动生产率、降低成本，则是发展生产的最根本的条件。只有生产发展了，劳动生产率提高了，国民收入才能不断地增加。在国民收入产生出来以后，要在积累和消费之间进行合理分配，以便既能增加积累，又能提高消费。这样，国家建设同人民生活改善这两个方面，才能得到完满的结合。

在过去几年中，我国的国民收入有很大的增加，在国民收入增加的基础上，我国的社会主义积累在迅速地扩大，我国的工业，特别是重工业的建设在高速度地发展，我国的职工、农民、知识分子和其他劳动人民的生活，也获得不断的改善。这些都是有目共睹的事实。同时，还应当说明，上述的成就，还是在我国人口的增殖率每年不低于2%的速度的条件下获得的。

我国国民收入中积累和消费的分配比例关系的确定，必须正确地反映我国经济发展的客观要求。这就是说，（1）必须从我国经济的现实状况出发，估计到我国生产力发展业已达到的水平和人民当前的生活水平，使我国的国家建设（积累）的增长速度，同我国生产资料的生产增长速度基本相适应；使我国人民生活改善（消费）的速度，同我国消费资料生产增长速度基本相适应。（2）国民收入中积累和消费之间的分配，必须兼顾，而不能片面地强调某一个方面。即在规定国家建设的规模和速度的时候，既要考虑到我国生产资料生产增长的可能性，又要考虑到在满足人民必要的生活消费条件下，积累增长的可能性，绝不能以降低或者限制人民生活的改善作为手段。同样，在规定人民生活改善的速度的时候，也必须既考虑到我国消费资料生产增长的可能性，又考虑到在满足国家建设必要的资金积累的条件下，消费基金增长的可能性，绝不能以牺牲社会主义国家的利益作为手段。（3）消费的水平是由生产的水平所决定的，消费水平的提高应以生产发展和劳动生产率的提高为基础。大家知道，社会生产的发展，要求生产资料生产的优先增长，而生产资料生产的优先增长，则要求社会积累的增长速度，高于社会消费的增长速度。所以，社会劳动生产率提高的速度，应当超过社会平均消费水平提高的速度。但是，我们进行生产和建设的最终目的，则是为了消费，消费在任何时候都积极地影响着生产和建设的发展。所以，国民收入中积累部分和消费部分的绝对数量应同时增长，人民的生活必须随着生产的发展和社会劳动生产率的提高而不断地改善。

总之，积累和消费的增长，是社会物质生产增长的反映。社会的积累基金和消费基金增长的速度，必须同生产资料和消费资料生产的增长速度相适应。因为积累基金的实物形态主要是生产资料，而消费基金的实物形态即为消费资料。所以国民收入中积累和消费的增长变化，基本上是受社会产品的生产构成制约的，不能随意改变。改变积累和消费的比例关系，首先就要改变社会生产构成的比例，主要是两大部类生产的构成比例，这样，才能使积累基金和消费基金都得到可靠的物质保证。

对国民收入的积累和消费两个方面进行合理的分配，就是要将集体的、长远的利益同个人的、当前的利益正确地结合起来。使之既有利于我国社会主义经济建设的迅速发展，又有利于我国人民生活的逐步改善。不能只强调个人的、当前的利益，不适当地降低积累基金的比重和提高消费基金的比重，以致妨碍必要的社会主义建设，特别是以发展重工业为中心的社会主义工业化的建设。否则，社会主义的物质基础就不能迅速建立，人民生活的根本改善，也将没有可靠的物质保证，因而使人民集体的、长远的利益受到损失。同样，也不能只顾集体的、长远的利益，而不适当地提高积累基金的比重和降低消费基金的比重，以致影响到人民生活的可能的改善，使人民个人的、当前的利益受到损失。否则，群众的积极性和创造性，就要受到挫折，社会主义建设事业就缺乏巩固的群众基础。正确解决这个问题的原则应当是：个人利益服从集体利益，当前利益服从长远利益，但同时要适当地照顾个人的和当前的利益。

为了我国人民集体的和长远的利益，我们党和全国人民必须以最大的决心和毅力，继续艰苦奋斗，克勤克俭，把可能节省下来的每一文钱和每一分物质资源都积累起来，并且按照恰当的比例，用到我国社会主义建设中去，首先是用到以发展重工业为中心的社会主义工业化建设中去。如此，才有可能在比较短的历史时期内，将我们这样一个经济上非常落后的农业国，建设成为一个伟大的社会主义的工业国。这是我国人民多少年来牺牲奋斗的主要目的，只有实现了这个目的，国家才能够进一步富强，人民福利才能够进一步增进。

但是，这绝不是说，为了人民集体的和长远的利益就可以不顾个人的和当前的利益。恰恰相反，随着我国生产的发展，劳动生产率的提高，我国人民的消费水平是应当而且必须逐步地提高的。如果不这样做，就会严重地脱离群众，损害社会主义的利益。然而，我国生产发展的速度，劳动生产率提高的速度和积累增长的速度，必须高于人民消费水平提高的速度。只有这样，才能保证社会主义的积累不断地增加，社会主义再生产不断地扩大，人民消费水平提高所依靠的物质基础不断地加强。

党的第八次全国代表大会关于政治报告的决议中说："必须使国家建设和人民生活改善这两方面得到适当的结合，也就是使国民收入中积累和消费的比例关系得到正确的处理。为了实现社会主义工业化，全国人民必须使当前利益和个人利益服从长远利益和集体利益，艰苦奋斗，克勤克俭，在发展生产和提高劳动生产率的基础上增加国家的资金积累；同时，政府必须厉行节约，认真节减国防费用和行政费用的支出。但是，如果过高地规定国民收入中积累的比重，不注意在劳动生产率提高的基础上改善人民的生活，不注意人民群众的当前利益和个人利益，就会损害人民群众建设社会主义的积极性，损害社会主义的利益。我们的税收政策、物价政策、工资政策和合作社组织收益的分配政策，应当既能保证社会主义建设所需要的资金积累，又能保证人民生活的逐步改善。"我们必须很好地领会党的这一方针，并且在实际工作中认真加以贯彻执行。只有这样，才能正确地处理我国国民收入中积累和消费的比例关系，把国家建设同人民生活的改善适当地结合起来，以达到"既能保证社会主义建设所需要的资金积累，又能保证人民生活的逐步改善"的目的。

附　录

我国国民收入的积累和消费

党的第八次全国代表大会指出，我国人民当前的主要任务是要使我国由落后的农业国变为先进的社会主义工业国。在完成这个伟大的历史任务的过程中，党的基本政策之一，是要"使国家建设和人民生活改善这两个方面得到适当的结合，也就是使国民收入中积累和消费的比例关系，得到正确的处理"。这是我国社会主义建设时期的一个头等重要的问题。在确定我国建设的速度和人民生活改善的速度的时候，必须科学地预见我国国民收入的增长速度，并且正确地规定国民收入中积累和消费的比例关系。只有正确地解决了这个问题，才能既保证我国社会主义建设所需要的资金积累，又保证我国人民生活的逐步改善。

1. 我国国民收入的增长

增加积累和改善生活的前提，是不断地增加国民收入。而增加国民收入的关键，则取决于生产的发展。

　　国民收入是由各物质生产部门，主要是工业和农业部门所创造的。在第一个五年计划期间，我国的国民收入中来自工业和农业部门的，约占3/4。可见，国民收入的增长，主要取决于工农业生产的增长。

　　我国工农业生产的增长，主要依靠劳动者的增加和劳动生产率的提高，其中主要是劳动生产率的提高。在 1953—1956 年间，我国工业生产工人的劳动生产率大约提高了 69%，在新增的工业产值中约有 3/4 是由提高劳动生产率而来的。与此同时，我国农业的劳动生产率也提高了。

　　我国国民收入增长的速度和工农业生产总值增长的速度大体是相似的，在 1953—1956 年间，我国工农业总产值每年平均递增 12.8%，而在同一期间，我国的国民收入每年平均递增的速度大约是 9.8%。这是因为，一方面，我国国民经济总产值的增长主要取决于国民经济中两个基本的物质生产部门——工业和农业部门生产的增长，工农业生产增长了，货物运输部门和商业部门的业务也就随之扩大，这些部门所创造的国民收入也就随之增加，所以工农业生产总值增长的速度，基本上也就决定了国民收入增长的速度。另一方面，在我国目前的条件下，农业的收入，在全部国民收入中占着很大的比重，而农业的增长速度则较慢，所以国民收入的增长速度又略低于工农业生产总值增长的速度。

　　在 1953—1956 年间（以 1952 年为 100），我国各个物质生产部门所生产的社会产品总值大约增长了 60.6%，其中工业部门增长 98.9%，农业部门增长 19.9%，建筑部门增长 216.2%，运输邮电部门增长 77.3%，商业部门增长 50.9%。同生产的增长相适应，我国的国民收入在同一时期增加 45.2%。各部门所创造的国民收入的增加情况如下：工业部门增加 113.2%，农业部门增加 18%，建筑部门增加 172.6%，运输邮电部门增加 56.2%，商业部门增加 43%。各物质生产部门所生产的社会产品总值增长的速度，同它们所创造的国民收入增长的速度是不一致的。这是因为，各物质生产部门所生产的社会产品总值，并不等于国民收入。国民收入是在社会产品总值中扣除了物质消耗（生产资料的消耗）之后得出的，这也就是我们经常所说的"净产值"。在我国目前经济条件下，社会产品总值中，物质消耗约占 45%，国民收入约占 55%。工业的国民收入约占其总产值的 1/3，农业的国民收入约占其总产值的 3/4。这是由于工业在现代机器生产的条件下，在生产过程中物质消耗较多；而农业则由于技术改造目前尚未广泛展开，因而在生产过程中物质消耗较少。但是，随着我国工业化的发展和对农业投资的增加，在工农业总产值不断增加的基础上，物质消耗在总产值中所占的比重也将日益提高。

因此，要增加我国的国民收入，就应该大大地发展物质生产部门，特别是工业和农业生产部门；就要努力增加生产，提高劳动生产率，节约物质消耗，降低成本。

我国国民收入的增长速度，同苏联相近似（苏联国民收入每年平均增长速度是 10%），比美国要快得多。例如，美国国民收入的每年平均增长速度，在 19 世纪最后 30 年为 4.7%，1990—1919 年为 2.8%，1920—1938 年为 1%，第二次世界大战以后（1945—1950 年）为 0.8%。当我们同美国做比较的时候，不应当忘记，目前我国还是一个农业国家，在我国的国民经济中农业还占着很大的比重。而如前所说，农业所创造的国民收入的增长速度是比工业慢得多的。虽然如此，我国国民收入增长的速度还是比美国要快得多。社会主义社会经济制度的优越性从这里不是也看得很清楚吗？

2. 我国国民收入的积累和消费的分配

我国的国民收入在生产出来之后，经过初次分配和再分配之后，最终使用在两个方面：积累方面和消费方面。使用在积累方面的，在第一个五年计划期间约占 20% 略多一点。使用在消费方面的，在第一个五年计划期间约占 80% 略少一点。

我国这样的积累水平，是同苏联在 1927—1928 年间的积累水平近似的。如果同苏联在第二个五年计划期间及战后时期的积累水平相比，则要略低一些（苏联在战后时期的积累率一般占国民收入的 25%）。这是同我国经济比较落后、农业比重很大、人民生活水平较低等特点相联系的。但是，我国国民收入的积累率，比资本主义国家则要高得多。例如，美国国民收入的积累率在 1919—1928 年间约为 10%，在 1929—1938 年间约为 2%，最高的年份（如 1955 年）也不过 15.2%。资本主义国家的资产阶级，虽然把劳动人民所创造的国民收入的很大部分攫为己有，使劳动人民处于失业和贫困的境地，但是，他们能够用来作为积累的部分则是较少的，因为大量的财富都被他们用之于荒淫无耻的寄生消费去了。在我们社会主义国家则不同，国民收入归劳动者自己支配，不仅劳动人民的生活能够不断地得到改善，国家的积累率也大大地超过了资本主义国家。这就生动地证明了社会主义制度比资本主义制度有着无限的生命力。

我国国民收入这样的积累率，能不能保证我国社会主义工业化必要的资金需要呢？能够。在我国生产不断发展，国民收入不断增加，以及在节约地使用资金的条件下，根据几年来建设的经验，这样的积累率，是能够保证我国采取较快的速度实行工业化的。例如，在1953—1956年的4年中，我国的积累基金增加了106.5%，平均每年增长的速度是20%左右，在积累基金中，基本建设的投资扩大了277.3%，平均每年增长的速度是39.3%，其中重工业基本建设的投资扩大了425.5%，平均每年增长的速度是51.5%。这些数字说明，在这样的积累率之下，我国的建设资金在迅速扩大，我国的工业特别是重工业的建设在高速度地进行。同时，和这样的积累率相联系的我国基本建设的发展速度同我国生产资料生产增长的速度，基本上也是相适应的。如果不从我国实际的经济情况出发，要求过高的积累率和过高的建设速度，那就既不可能保证基本建设所必需的生产资料的供应，也不可能保证人民生活的逐步改善，而如果人民生活在社会主义工业化过程中得不到应有的改善，整个国民经济的发展就要受到阻滞。因此，不适当的、过高的提高积累率是错误的。

那么，这样的积累率，会不会妨碍我国人民生活的逐步改善呢？也不会。这也已从我国过去几年的实践中得到证明。例如，在1953—1956年的4年间，在上述的国民收入积累率之下，我国的消费基金增加了29.7%，平均每年增长的速度是6.7%。在消费基金中，职工的消费基金，随着工人队伍的扩大和工资收入的增加而增加了48.8%，平均每年增长的速度是10.5%，职工平均实际工资提高了27.6%，平均每年增长的速度是6.3%。农民的收入增加了28.5%，平均每年增长的速度是6.5%。这些数字说明，在我国进行社会主义工业化的同时，我国人民的生活也在不断地改善。同时，还应当看到，人民生活的改善，不能只靠货币收入的增加，而是以消费资料生产的增长为前提的。在同一时期，我国农业和轻工业部门所生产的消费资料，每年增长的速度也是7%左右。因此，在这样的积累率之下，我国人民生活的改善同我国消费资料生产的增长大体上也是相适应的。如果降低了积累率，不仅使我国以重工业为中心的社会主义工业化所必需的资金失去保证，延缓我国社会主义建设的速度，而且也会降低我国消费资料生产增长的速度，使社会购买力同消费资料的供应之间，产生失调的现象。这不但对于人民生活的改善是不利的，而且对于建立我国独立的工业体系、加强我国的国防力量、保障我国人民的和平建设和和平生活，也是不利的。因此，不适当地降低积累率，同样也是错误的。

在保证人民生活逐步改善的条件下，适度地提高积累率和适度地提高基本建设投资的速度，是否可能和必须呢？是的，不仅是可能的，而且是必须争取的。

首先，我国的国民经济，特别是工业生产正在以较高的速度发展，因此，我国的国民收入也在不断增加。随之而来的，我国国民收入中作为积累用的资金也在不断地增加。例如，在1953—1956年间，我国国民收入增长了45.2%，平均每年增长的速度是9.8%，而在同一时期，我国国民收入中积累基金则增长了一倍以上，平均每年增长20%左右。积累基金的增多，固然同国民收入中积累率的提高有一定的关系，但更重要的则是由于国民收入的增加。其次，是社会性的消费的节约，特别是国民收入中用于社会需要的国防费用和行政费用的节省（例如，1952年国防支出约占国家财政预算支出的26%，而1956年只占20%左右；1952年行政费用支出约占国家财政支出的8.1%，而1956年只占6.9%），就相对地缩小了消费基金的比重和扩大了积累基金的比重。但是，这并不意味着人民消费水平的降低，相反，如前所述，人民个人的消费水平则随着国民收入的增加而大大增加了。再次，社会劳动生产率提高的速度超过了社会消费水平的增长速度。例如，从1953—1956年工人的劳动生产率提高69%，而工人的消费基金增加了48.8%，职工的平均实际收入增加了25.3%。这样，就在不断改善人民生活的条件下，增加了积累基金。最后，社会主义基本建设投资的规模和速度，不仅随着积累额的增长而增长，而且，由于资金运用得更加合理，以及物化劳动和活劳动的进一步节约，因而在积累基金中，用于基本建设投资的比例，将会增大，而用于流动资金的比例，将会相对地缩小。这样，社会主义基本建设增长的速度，就必然高于积累增长的速度。这已为过去几年的实践所证明。例如，在 1953—1956 年间，我国积累基金每年增长的速度是 20% 左右，而基本建设投资增长的速度则是 39% 左右，其中重工业基本建设的投资增长的速度则是 51% 左右。

由此可见，我国国民收入的积累额，是随着国民收入的增长而增长的，只要国民收入增加了，积累额也就随着增加。在对农业、手工业和资本主义工商业在社会主义的经济改造已经取得决定性胜利的条件之下，在不仅不降低，而且还要随着国民收入的增加而不断提高人民个人消费水平的前提之下，提高我国国民收入的积累率，则取决于以下三个条件：第一，要提高我国工业生产在全部社会生产中所占的比重，这是因为工业生产部门比其他物质生产部门，特别是比农业生产部门有更高的积累率。例如，解放以后个体农民的积累率一般为 3%，合作社的积累率一般为 5%—8%，而工业的积累率一般则为 30% 左右（按成本计算盈利率）。第二，要不断地节约社会性消费，特别是努力节减行政、国防及管理机构的费用。第三，也是最重要的是使国民收入增长的速度快于人民消费水平提高的速度，也就是说，使社会劳动生产率提高的速度高于职工工资增长的速度。至于要使社会主义基本建设投资增长的速度高于积累增长的速度，则主要取决于积累基金中生产资金和流动资金的合理分配。加快流动资金的周转，就可以节约更多的资金来投资于基本建设，扩大再生产。这样就会使基本建设投资增长的速度，大大超过积累增长的速度。因此，我们应当不遗余力地加速工业建设，节减军政费用和管理机构的费用，提高劳动生产率，加速资金周转，以争取在不断改善人民生活的条件下，使我国的国民收入有更高的积累率，使我国的建设有更高的速度。

当然，这也不是说，我国国民收入的积累率就可以无限度地提高。因为上述种种因素，总有一定的限度。因此，积累率的提高，也就常常受到各种条件的约束，既不可能一下子骤然提高，也不可能经常不断地提高。

国民收入中积累和消费比例的高低，是相互制约的。在社会主义制度下，一定的经济水平，一定时期的政治经济的任务，也就是说，在一定的时期内，人民对于改善生活的一定的需要，以及与之相联系的扩大再生产的需要，以及当时的国际条件等，决定着一定时期的积累和消费的水平。同时，国民收入中积累和消费的比例关系，在一定时期内，也有它相对的稳定性。例如，苏联国民收入的积累率在较长的时期中，就是保持在25％的水平上。

3. 正确地确定国民收入中积累和消费的比例关系

在社会主义制度下，在全民所有制经济和集体所有制经济里面，在这两种社会主义经济形式之间，积累和消费的分配问题是一个复杂的问题。国民收入在积累和消费之间的分配，是社会主义分配问题的核心。这个问题，体现着国家同企业之间、企业同个人之间、个人同国家之间错综复杂的经济关系。在认识和解决这个问题的时候，一方面，应当看到，这种关系是人民内部的关系，它们之间并不存在对抗性的矛盾，所以完全有可能在"公私兼顾"的原则之下，获得正确的解决。另一方面，也应当看到，它们之间是有矛盾的，国民收入在积累和消费之间分配得适当，可以促进生产的发展和人民生活的改善；分配得不适当，也可以破坏生产的发展和妨碍人民生活的改善。在社会主义制度下，人民内部矛盾的发展，常常是由于分配问题处理得不当而引起的。因此，国民收入在积累和消费之间的分配问题，在社会主义生产关系中占着非常突出的地位，必须慎重处理。

我国国民收入中积累和消费的分配比例关系的确定，必须正确地反映我国经济发展的客观要求。这就是说，第一，必须从我国经济的现实状况出发，根据我国生产力发展业已达到的水平和人民当前的生活水平，来确定积累同消费的比例关系，使我国社会主义建设（积累）的增长速度，同我国生产资料生产的增长速度基本相适应；使我国人民生活改善（消费）的速度，同我国消费资料生产的增长速度基本相适应。因为积累基金的实物形态主要是生产资料，而消费基金的实物形态即为消费资料。所以国民收入中积累和消费的增长变化，基本上要受到社会产品的生产构成的制约，不能随意改变。要改变积累和消费的比例关系，首先就要改变社会生产构成，主要是两大部类生产的构成比例，才能使积累基金同消费基金都得到可靠的物质保证。第二，国民收入中积累和消费之间的分配，必须兼顾，而不能片面地强调某一个方面。即在规定国家建设规模和速度的时候，必须考虑到在满足人民必要的生活消费条件下，积累增长的可能性，绝不能以降低或者限制人民生活的必要的和可能的改善作为手段，同样，在规定人民生活改善的速度的时候，也必须考虑到在满足国家建设必要的资金积累的条件下，消费基金增长的可能性，而不能以牺牲社会主义国家的利益作为手段。第三，消费的水平是由生产的水平所决定的，消费水平的提高应以生产发展和劳动生产率的提高为基础。大家知道，社会生产的发展，要求生产资料生产的优先增长，而生产资料生产的优先增长，则要求社会积累的增长速度高于社会消费的增长速度。这是因为在社会生产的两大部类中，第一部类（生产资料）的产品要比第一部类和第二部类（消费资料）产品生产过程中消耗掉的生产资料多一些。也就是说，在一定时期内生产出来的生产资料比消耗掉的生产资料要多一些。只有这样，社会生产才能不断地进行，并且不断地扩大再生产。所以，积累增长的速度应高于消费增长的速度，社会劳动生产率提高的速度，应超过社会平均消费水平提高的速度。但是，我们进行生产和建设的最终目的，则是为了消费，消费在任何时候都积极地影响着生产和建设的发展。所以，国民收入中积累部分和消费部分的绝对数量应同时增长，人民的生活必须随着生产的发展和社会劳动生产率的提高而不断地改善。

对国民收入中积累和消费两个方面进行合理的分配，就是要把集体的、长远的利益同个人的、当前的利益正确地结合起来，使之既有利于我国社会主义经济建设的迅速发展，又有利于我国人民生活的逐步改善。不能只强调个人的、当前的利益，不适当地降低积累基金的比重而提高消费基金的比重；同样地，也不能只顾集体的、长远的利益而不适当地降低消费基金的比重而提高积累基金的比重。因为前者将会妨碍我国社会主义建设的发展，使人民生活得以根本改善的物质基础不能迅速建立，这样，人民集体的、长远的利益就要受到损害。而后者，将会影响人民生活的可能的改善，使群众的劳动积极性和创造性不能充分发挥，这样，社会主义建设事业就有脱离群众的危险。正确解决这个问题的原则应当是：个人利益服从集体利益，当前利益服从长远利益，但同时必须适当地照顾个人的利益和当前的利益。

我国社会主义建设的发展同我国人民生活改善的关系

1. 我国第一个五年计划所规定的工农业生产的主要指标，提前一年，即在 1956 年，就已经基本完成

从我国的工业生产来说，在 1953—1956 年 4 年间增长了 1 倍以上。发展我国国民经济的第一个五年计划开始的前一年——1952 年的工业总产值只有 270.14 亿元，而到 1956 年已经达到 586.6 亿元（按 1952 年不变价格计算，下同），增长了 2.2 倍，超过五年计划所规定的 1957 年的指标 9.5%。如果同解放前的 1949 年相比，则提了 5.5 倍。各类工业产品的生产量，都有很大的增长。同解放前最高年产量相比，电力增长 2.8 倍，煤炭增长 1.7 倍，原油增长 3.6 倍，铁增长 2.6 倍，钢增长 4.8 倍，水泥增长 2.8 倍，金属切削机床增长 3.9 倍，棉布增长 3.1 倍，纸增长 3.4 倍。同时，我国从来没有生产过的喷气式飞机、载重汽车、大型机车、1.5 万千瓦的全套水力发电设备和 1.2 万千瓦的蒸汽发电设备，以及许多类型的机器，也都已经能够大量制造了。

在我国农业生产方面，农业及其副业的产值在解放前的 1949 年是 325.95 亿元，而到 1956 年已经达到 582.9 亿元，增加近 80%，如果同 1952 年相比，则增加 20.2%。1956 年，我国的粮食产量也提前一年完成了五年计划，达到 3650 亿斤，而在解放前的 1949 年则只有 2162 亿斤，7 年之间增加了 68.8%。

在我国交通运输方面，单就铁路的建设而言，在 1953—1956 年的 4 年间共铺轨 7532 公里，而国民党政府在 22 年的统治期间只修建了 2600 多公里。

在我国文化教育方面，以高等学校的毕业生为例，在 1953—1956 年 4 年间，共毕业学生 22.16 万人，而在旧中国，从 1912—1947 年 36 年间

的高等学校毕业生，合计还不到 21 万人。

2. 我国工农业生产和文教事业的巨大发展，是我国建设成就的光辉证明

在发展我国国民经济的第一个五年计划期间，我国的国民收入约有 20% 略多一点用于社会主义的积累。从 1953—1956 年，我国的积累基金增长 106.5%。在积累基金中，基本建设的投资增长了 1.8 倍，其中工业基本建设的投资增长了 2.17 倍。在工业投资中，重工业的投资增长了 3.25 倍。我们集中力量进行了以发展重工业为中心的社会主义的基本建设，在第一个五年计划期间计划施工的限额以上的厂矿企业建设单位将达到 825 项，比原计划超过 131 项，计划竣工的将达 448 项。这些建设项目主要是重工业的项目，也有一部分是轻工业的项目。除此之外，还有农林水利、交通运输、文教卫生、科学研究机构的许多重要的建设项目。这些工程的完成，对于我国社会主义建设的发展，不仅在第一个五年计划期间已经发挥了巨大的作用，而且今后将要发挥更大的作用。

大家可以看得见，由于基本建设计划执行的结果，我国各部门的新的生产能力都有很大的增长。1956 年一年中新增加的炼钢能力，就超过了解放前的全部炼钢能力。旧中国几乎没有的机器制造业，完全没有的汽车制造业和飞机制造业，现在也都建设起来了，近代化的国防工业也开始建设起来了。每个具有爱国心的人，对于祖国这种伟大的变化和兴旺的景象，都是欢欣鼓舞的。

3. 在我国获得伟大的建设成就的同时，我国人民的物质和文化生活也获得不断地改善

在第一个五年计划期间，我国的国民收入约有 80% 略少一点用于消费。从 1953—1956 年，我国的消费基金大约增长了 30%。在消费基金中，由于职工队伍的扩大和工资的提高，工人的消费基金增加了 48.8%，职工的平均实际收入增加了 25.3%。农民的消费基金增加了 28.5%。

职工生活的改善，具体表现在他们的实物消费水平的提高上。以上海的工人的实际生活为例，1956 年同 1929—1930 年比较，每人每年的平均实物消费量，在食品方面，大米由 240.07 斤提高到 270.74 斤，猪肉由

9.78 斤提高到 16.21 斤，鸡鸭由 0.76 斤提高到 2.7 斤，鱼虾由 10.17 斤提高到 27.39 斤，蛋类由 22.2 个提高到 84.23 个，蔬菜由 159.57 斤提高到 193.5 斤，食粮由 2.4 斤提高到 4.17 斤。只有食用植物油由 12.58 斤，下降为 10.2 斤，但食用动物油则由 0.47 斤提高到 0.71 斤。在用品方面，棉布由 19.29 尺提高到 41.99 尺，胶鞋由 0.1 双提高到 0.51 双，皮鞋由 0.17 双提高到 0.27 双，袜子由 1.26 双提高到 2.08 双。虽然由于历史的原因，目前上海工人的物质生活水平还较全国其他地区工人的物质生活水平略高一点。但是，全国其他地区工人的物质生活水平原来比上海要低得多，解放后，这些地区工人的物质生活的改善，是较上海为多的。所以上海工人物质生活改善的速度是完全可以代表一般的情况的。

农民的消费水平也有很大的提高。1956 年同 1949 年相比，每人平均实物消费量，食粮由 396.3 斤提高到 592.5 斤，食油由 2.9 斤提高到 4.3 斤，猪肉由 7 斤提高到 7.1 斤，食盐由 9.1 斤提高到 12.7 斤，食糖由 0.4 斤提高到 2.1 斤，卷烟由 94 支提高到 192 支，棉布由 10 尺提高到 18.3 尺，炭由 34.8 斤提高到 113 斤，火油由 0.22 斤提高到 1.46 斤。

工人、农民物质生活的这种改善，在旧中国当然是不可想象的，但在新中国却是活生生的现实。人民是高兴这种变化的。

不应当忘记，我国人民生活的改善，是在我国社会主义建设巨大发展中、是在我国人口每年平均递增 2% 的条件下实现的。这就充分地证明了我国的社会主义制度具有多么大的生命力。

上述简明的数字雄辩地说明我国人民的生活是不断地改善了。应当指出，我们所说的建设成就和生活改善，都是跟旧中国来比较的，从具体情况出发的，而且将来也只能首先和自己的历史比较。无疑的，当前我国的生产和生活水平同先进国家来比，还是落后的，我们若干年后将赶上而且超过先进国家的水平，这是我们奋斗的目标。

4. 我国社会主义建设的发展同我国人民生活的逐步改善是互为条件、"相因相成"的

在我国社会主义制度下，根据社会主义经济发展的客观规律的要求，在现有生产发展水平的基础上，逐步地满足人民物质和文化生活的需要，

乃是我们进行生产和建设的基本目的，大力进行社会主义的基本建设，不断地提高生产技术水平，使生产不断地完善和扩大，则是为了达到这一目的的手段。我们知道，如果不把自己劳动所创造的财富的一部分用来进行以重工业为中心的基本建设，社会主义的生产就不能扩大，人民物质和文化生活的进一步改善，就没有稳固的物质基础。为了人民集体的利益和长远的利益，在社会主义建设时期，我们必须努力把可能聚集的资金，都积累起来，有计划地用之于社会主义的建设。我们也知道，人民的物质和文化生活必须随着社会主义建设的发展而逐步地提高。所以在规定国家建设的规模和速度的时候，必须考虑到在满足人民必要的生活消费的条件下，积累增长的可能性，绝不能以降低或者限制人民生活的必要的和可能的改善作为手段。否则，就会损害人民群众的个人利益和当前利益，损害他们建设社会主义的积极性。同样，在规定人民生活改善的速度的时候，也必须考虑到在满足国家建设必要的资金积累的条件下，消费基金增长的可能性，而不能以牺牲社会主义国家的利益作为手段。否则不仅会损害社会主义的利益，而且人民生活也不可能获得真正的改善。因此，必须正确地处理社会主义建设同改善人民生活的关系，也就是说，必须正确地处理国民收入中的积累同消费的关系，以便使我国能够建设得更快，生活改善得更好。

要正确地处理我国社会主义建设同改善人民生活的关系——国民收入的积累同消费的关系，必须正确地了解我国生产力发展业已达到的水平和人民当前的生活水平，正确地反映我国经济发展的客观要求。必须使我国社会主义建设的增长速度同我国生产资料生产的增长速度基本相适应，使我国人民生活改善的速度同我国消费资料生产增长的速度基本相适应。因为积累基金的实物形态是生产资料，而消费基金的实物形态则是消费资料。所以，社会主义建设同改善人民生活之间的关系以及国民收入中积累同消费之间的关系的变化，基本上要受到社会产品的生产构成的制约，而不能随意改变。要改变它们之间的比例关系，首先就要改变社会的生产构成，主要是两大部类生产构成的比例关系。这样才能使社会主义建设同人民生活的改善都得到可靠的物质保证。

在我们伟大的社会主义国家里，社会主义建设同人民生活的改善，永远是直接地联结在一起的。建设就是为了满足人民物质和文化的需要。当然，人民对于物质和文化需要的满足是没有极限的，同样，建设的发展也是没有止境的。建设和生产的不断发展，就为不断地满足人民对于物质和文化生活的需要，提供了物质前提，而人民物质和文化需要的不断增长，又对于生产和建设的发展提出了进一步的要求。这样，不断地满足人民对于物质和文化的需要，就成了社会主义建设的主要动力。我们的党和政府就是根据社会主义经济发展的客观规律，动员和组织最广大的人民群众的力量，努力增产节约，努力进行社会主义建设，来满足人民群众的需要和实现人民群众的愿望的。在已经取得的伟大胜利的基础上，我国的社会主义建设必将取得更加辉煌的胜利，我国人民的物质和文化生活必将一年比一年更好。

作者附记

这本小册子是作者学习党的第八次全国代表大会文件的一部分笔记，在 1957 年年初写成。在写作过程中参考了薄一波同志在党的第八次全国代表大会上的发言。这个小册子在写成之后，又根据毛主席《关于正确处理人民内部矛盾的问题》的报告，作了一些修改。此外，作者还将最近发表过的两篇同本书内容有关的文章，列于书后，作为附录。现在应青年出版社的要求，将它刊印。不妥之处，请读者批评和指教！

1957 年 7 月

社会主义社会的国民收入[*]

　　这一讲，一共讲三个问题：第一，社会主义制度下的国民收入是什么？第二，我国国民收入的生产。第三，我国国民收入的分配。

一　社会主义制度下的国民收入是什么？

　　社会主义制度下的国民收入，是社会主义国家经济发展的综合指标。要了解什么是社会主义社会的国民收入，必须学习马克思列宁主义关于再生产理论的基本原理。这一基本原理，在社会主义制度和共产主义制度下，都是适用的。

　　大家知道，物质资料的生产，不仅是社会生存和发展不可缺少的条件，而且是整个社会生活最根本的具有决定性意义的条件。尽管社会生产的具体形式，会因为社会制度的不同而发生变化，但是，社会的生产，则是始终都不会停止的。在社会生产过程中，一方面，不断地生产出新的物质资料，以满足社会的生产消费和个人消费的需要；另一方面，又消耗掉一定数量的生产资料。这些消耗掉的生产资料，如工业生产用的原料、材料以及机器和厂房的折旧，农业生产用的种子、肥料、饲料、牲畜和农具

　　* 本文是作者在中央人民广播电台政治经济学讲座的讲稿，1958 年 6 月出版。署名牛中黄，中国青年出版社。

的折旧，等等，必须从社会现有的物质资料中得到补偿。这样，生产才能够连续不断地进行。从社会所生产的全部物质资料中，扣除用来补偿已消耗掉的这一部分生产资料以后，剩下来的部分，就是国民收入。

马克思说：总所得（按即国民收入——引者注）是总生产物的这一个价值部分，或其中由这个价值部分计量的部分。那是总生产物中除去垫支的并且在生产上消费掉的不变资本所借以补偿的价值部分①。

社会主义制度下的国民收入，按实物形态说就是在一定的时间内（例如在一年内），从社会总产品中，扣除用来补偿已消耗的生产资料得出来的。按货币形态说就是从国民经济的总产值中，减去物质消耗（生产资料的消耗）的价值得出来的。

因此，要说明什么是社会主义制度下的国民收入，首先应当说明什么是国民经济的总产值？

在一定的时间内（例如在一年内），全社会的劳动者所生产的全部产品，叫做社会总产品，它的价值表现，就是国民经济的总产值。为了和前后若干年代相比，这种总产值的计算，可以采用不变价格计算；在做年度计划的时候，也可以采用现行价格计算。例如，按 1952 年的不变价格计算，1952 年我国的国民经济总产值是 1023 亿元，1953 年是 1213 亿元，1954 年是 1328.7 亿元，等等。

国民经济总产值和国民收入是由哪些部门所创造出来的呢？它是由国民经济的各个物质生产部门创造出来的。这些物质生产部门包括：工业部门、农业部门、建筑部门、饮食业部门，以及作为执行生产过程在流通领域中的继续职务的运输邮电部门和商业部门。工业、农业、建筑业和饮食业部门是直接生产物质资料的部门，这是大家都懂得的。因为，这些部门的劳动，都为社会提供具体的产品。而为什么要把运输邮电业和商业部门，也列入物质生产部门，是需要解释一下的。

大家知道，在社会生产中，各个生产部门之间，以及每个生产部门内部，都有着密切的联系。要使社会生产能够继续不断地进行，就必须要有

---

① 马克思：《资本论》第三卷，人民出版社 1956 年版，第 1101 页。

为生产服务的货物运输部门。例如，棉花要由农业合作社运往棉纺织工厂中，才能纺成纱，织成布，煤炭要由煤矿运往炼焦厂，才能炼成焦炭；焦炭由炼焦厂运往炼钢厂，才能炼铁、炼钢。这里，如果离开了货物运输部门和为生产服务的邮电部门，生产就不能继续进行。货物运输部门和为生产服务的邮电部门的工作，实际上是生产过程的继续。所以，应当把它作为创造国民经济总产值和国民收入的部门。马克思把运输部门称作"独立的产业部门"。

有一种意见，主张把运输部门的客运业务和邮电部门的一切业务，都称作物质生产部门。这种主张，实际上会消除社会产品的生产同社会劳务的提供之间的界限，并且对于物质生产领域同非物质生产领域不可能作必要的划分。所以，我们现在没有采用这种方法。

同样，工业和农业所生产的产品，它的保管、修整、包装、运送，等等，都是经过商业人员来进行的，而商业人员在流通过程中所付出的劳动，同样是社会必要劳动。由于商业部门的这一部分劳动，同纯粹的流通费用不同，它在执行产品的流通和分配的职能中，为工农业产品增加了一定的价值，因此，也应当列入物质生产部门。

有人虽然也承认在社会主义制度下，有很大的一部分流通费用是社会必要劳动，但是，他们主张把这种在商品价值中实际增加的部分，分别列入工业、农业和其他物质生产部门的产值中去，而反对把商业部门的这种劳动，算做商业工作者所创造的国民收入。实际上，在社会主义制度下，作为商业投机的非生产性消费是不存在了，纯粹流通费（非生产性的物质消费）也是很少的，而作为由生产过程在流通领域中的继续而引起的费用，特别是运输、装卸、保管等费用，则占商业费用的极大部分。这种物质财富既然是商业部门创造的，就应该算在商业部门。所以，作为生产过程在流通领域中的继续的商业部门的这一部分劳动所创造的价值，也应当算做商业部门所创造的国民收入。

在哪些部门创造国民收入的问题上，资产阶级经济学家同我们是存在着根本的分歧的。他们根本不区分物质生产部门和非物质生产部门，他们以谎言欺骗人民说：资本本身产生利润，土地本身产生地租，而工人只创造等于其工资的价值，农民只创造等于其收入的价值，等等。这样，资产阶级的经济学家，就把国民收入的本质歪曲了，就把阶级剥削的本质掩盖起来了。按照资产阶级经济学家的话来说，在资本主义社会中，创造物质财富的除了工人、农民以外，还有资本家、地主和官僚，等等。资本家为自己"创造"利润，地主为自己"创造"地租，官僚也为自己"创造"薪俸，好像每个人的收入都是自己所创造的。这当然是胡说。这是故意歪曲阶级剥削的真相。所以，在资本主义制度下，弄清国民收入的本质，弄清哪些人创造物质财富，哪些人是寄生虫，这对于提高工人阶级、农民以及其他劳动者的阶级觉悟，动员和组织他们起来同资本主义作斗争，有重大的意义。

在社会主义制度下，正确地区分物质生产部门和非物质生产部门有很重要的意义。如前所说，在社会主义社会中，创造国民收入的也只有物质生产部门，而像国家管理机构，文化、科学、卫生组织，以及社会服务机构等非物质生产部门，是不创造国民收入的。但是，这些非物质生产部门工作者的劳动，对于社会主义社会和物质生产，都是必需的和有益的劳动。而且，同资本主义制度相反，这些非物质生产部门的工作者，不是依靠物质生产部门的工作者过活，而是同物质生产部门的工作者相互交换自己的劳动。所以，在社会主义制度下，非物质生产部门拥有一定数量的工作者是必需的，否则，同生产的发展有密切联系的科学和技术的进步，以及人民文化生活的改善，将是不可能的。可是，社会主义制度同其他任何制度一样，它的基础是生产，是谋取社会主义社会生存和发展所必需的物质资料。因此，尽可能地精简行政管理机构等非物质生产部门工作者的人数，尽可能地增加物质生产部门工作者的人数，对于国民经济的发展和国民收入的增加，有极大的意义。党中央所倡导的节减军政费用，减少非生产人员，增加生产人员的重要意义，也就在于此。

现在，再来说一说什么是物质消耗（生产资料的消耗）？

任何物质生产部门，在生产过程中（或者在运输、流通过程中），都是要消耗一定的生产资料的。一般把生产资料的消耗，称作物质消耗。

物质消耗，通常包括以下三个部分：（1）为生产物质产品和为完成运输、流通等活动所消耗的原料、材料、燃料、电力、种子、饲料，等等；（2）生产性固定资产的折旧，如工厂厂房和机械设备、农具的折旧，等等；（3）支付为生产服务的报酬，如生产过程中所支付的运输费、邮电费以及委托其他企业进行半成品的加工和修理费，等等。但是，不同的物质生产部门，物质消耗的内容是不同的。

例如，就工业部门来说，它在生产过程中的物质消耗，包括以下内容：原料、主要材料、辅助材料、燃料和动力、生产用的固定资产折旧等（其中原材料消耗要扣除废料的价值）。就农业部门来说，它在生产过程中的物质消耗，包括以下内容：种子、肥料、饲料、农药、牲畜折旧、农具和生产用的房屋的折旧等。前者是根据工业生产费用的报表计算的；后者是根据典型调查计算的。

在我国目前经济条件下，社会产品的总值中，物质消耗约占45%左右，也就是说，国民收入约占55%左右。其中，工业部门的总产值中，物质消耗约占2/3；农业部门的总产值中，物质消耗约占1/4。也就是说，工业部门的国民收入约占其总产值的1/3略多一点；农业部门的国民收入约占其总产值的3/4略少一点。这是由于工业在现代机器生产的条件下，在生产过程中，物质消耗较多；而农业由于目前技术改造尚未广泛展开，因而在生产过程中，物质消耗较少。但是，随着我国工业化的发展和对农业技术改造的展开，在工农业总产值不断增加的基础上，物质消耗在总产值中所占的比重，也将日益提高。

上面，说明了什么是国民经济的总产值和物质消耗。如前所说，从国民经济的总产值中扣除物质消耗，就是国民收入。国民收入也就是一般所说的"净产值"。例如，某一年国民经济的总产值是1000亿元，物质消耗是400亿元，那么这一年的国民收入或者净产值就是600亿元。

二　我国国民收入的生产

这一部分准备分为四个问题来说。即：我国国民收入中各个物质生产部门所占的比例、我国国民收入中各个经济类型的构成及其变化、我国国民收入的增长速度，以及如何增加我国的国民收入。

如前所说，我国的国民收入是由我国国民经济的总产值中扣除物质消耗得出来的。那么，各个物质生产部门所创造的国民收入，在我国国民收入总额中，所占的比例是怎样的呢？

我国的国民收入总额，1952 年大约是 611 亿元，1956 年增加到 887 亿元（都按 1952 年不变价格计算）。各个物质生产部门所创造的国民收入，在国民收入总额中所占的比例如下表所示。

	1952 年（%）	1956 年（%）
工业	18.0	26.4
农业	59.2	48.1
建筑业	3.0	5.6
运输邮电业	4.0	4.4
商业	15.8	15.5

注：以当年全部国民收入为 100 计算。

上表列举的我国国民收入中各个物质生产部门所占比例的变化，反映出我国社会主义工业化的巨大成就。

在全部国民收入中，工业部门所创造的国民收入，在 1952 年占 18%，到 1956 年已经占 26.4%；随着工业的发展，建筑部门和运输邮电部门创造的国民收入所占的比例，也有所增长；农业部门创造的国民收入所占的比例，则相对的减少；商业部门创造的国民收入所占的比例，也相对的有所减少。农业和商业部门所创造的国民收入，在我国全部国民收入中所占比例的相对减少，并不意味着这些部门国民收入的绝对数额的减少；正是相反，农业部门所创造的国民收入，1956 年比 1952 年增长了 18%，商业部门所创造的国民收入，在同一时期，增长了 43%。那么，为什么农业和商业部门创造的国民收入在全部国民收入中所占的比例不仅没有提高反而相对地降低了呢？这是由于工业部门和同它有密切联系的建筑部门、运输邮电部门所创造的国民收入增长更快。在同一时期，工业部

门所创造的国民收入增长 1.13 倍；建筑业部门所创造的国民收入增长了
1.73 倍；运输邮电部门所创造的国民收入增长了 56%。这种变化，标志
着工业在我国国民经济中所占的地位日益强大，标志着我国社会主义工业
化已经获得了巨大的成就。这是我国国民收入中各物质生产部门构成比例
变化的主要特征。

我国国民收入总额中各种经济类型的构成及其变化又是怎样的呢？下
表可作说明：

	1952 年（%）	1956 年（%）
国营经济	19.3	32.1
合作社经济	1.6	53.3
公私合营经济	0.7	7.4
资本主义经济	7.0	0.1
个体经济	71.4	7.1

注：以当年全部国民收入为 100 计算。

从上表的数字中，可以看出，我国对农业、手工业、资本主义工商业
的社会主义改造，到 1956 年已经取得了基本的胜利。在我国全部国民收
入中，个体经济所占的比重，1952 年是 71.4%，这表明，当时我国主要
还是小农经济占优势地位的国家，但是到了 1956 年，经过对农业和手工
业的社会主义改造之后，个体经济所占的比重下降到 7.1%，而合作社经
济所占的比重，从 1952—1956 年已经由 1.6% 上升到 53.3% 了。资本主
义经济所占的比重在 1952 年是 7%，而到 1956 年经过对资本主义工商业
的社会主义改造，已经下降为 0.1% 了。这说明，资本主义的经济，在我
国已经基本上被公私合营经济所代替了；同一时期，公私合营经济所占的
比重，则由 0.7%，上升为 7.4%。这样，破资本主义经济立社会主义经
济的任务，就基本上实现，而只剩下一个"尾巴"了。至于国营经济所
占的比重，则有很大的提高，从 1952—1956 年，它已由 19.3% 上升到
32.1%。总之，到 1956 年为止，从国民收入的各种经济类型所占的比例

来看，属于社会主义性质的国营经济和基本上属于社会主义性质及少部分属于半社会主义性质的合作社经济，以及在很大程度上已接近社会主义性质的公私合营经济，它们所创造的国民收入，在我国全部国民收入中所占的此例，已经达到90%以上，而资本主义经济所占的比例仅仅只有1%，个体经济所占的比例也不过7%多一点。这种情况，充分地说明了我国社会经济制度的社会主义性质。

现在，再来观察我国国民收入增长的速度。

我国国民收入的增长速度是很快的。根据现有的资料，我国的国民收入，在1936年大约是544亿元，在1952年大约是611亿元，到1956年增长到887亿元左右。1956年比1952年增长45.2%，每年平均递增的速度是9.8%。这是一个相当高的增长速度。这种速度，只有在社会主义国家才是可能的，而在资本主义国家则是不可想象的。

例如，主要资本主义国家的国民收入，在1937—1952年间，每年平均递增的速度，美国是4.3%，法国是1.33%，联邦德国是2.2%，意大利是1.17%。从1950—1956年，美国的国民收入总共只增长24%，英国增长14%，都大大低于我国国民收入增长的速度。

同资本主义国家相反，社会主义各国的国民收入增长的速度都是很高的。苏联在1950—1955年间国民收入每年平均递增的速度是11%，捷克在1949—1954年间国民收入每年平均递增的速度是10.8%。我国国民收入的增长速度，同社会主义兄弟国家相比，是相似的。

我国国民收入为什么能够有这样快的增长呢？这是由于我国人民在党的领导下，已经取得资产阶级民主革命的彻底胜利，也已取得了伟大的社会主义革命的决定性的胜利，这样，就使我国的社会生产力获得了根本的解放，因而，我国的全部国民经济，特别是工业和农业生产，就能够高速度地向前发展。

如前所说，国民收入的增长是由生产的增长所决定的。生产得多了——国民经济的总产值多了，国民收入也随着增多；反之，生产增长得不多——国民经济的总产值增加得不多，国民收入也就增长得不多。

我国国民收入增长的速度同我国工农业生产总值增长的速度大体是相

似的。由于我国国民经济总产值的增长主要取决于国民经济中两个基本的物质生产部门——工业和农业部门生产的增长,在第一个五年计划期间,我国的国民收入来自工业和农业部门的,大约占 3/4。所以,工农业生产总值增长的速度,基本上也就决定了国民收入增长的速度。另一方面,在我国目前的条件下,农业的收入,在全部国民收入中占着很大的比例,而农业的增长速度则较慢,所以国民收入的增长速度又略低于工农业生产总值增长的速度。

在 1953—1956 年间（以 1952 年为 100）,我国各个物质生产部门所生产的社会产品总值增长了 60.6%,其中工业部门增长 98.9%,农业部门增长 19.9%,建筑部门增长 216.2%,运输邮电部门增长 77.3%,商业部门增长 50.9%。同生产的增长相适应,我国的国民收入在同一时期增加 45.2%。各部门所创造的国民收入的增加情况如下:工业部门增加 113.2%,农业部门增加 18%,建筑部门增加 172.6%,运输邮电部门增加 56.2%,商业部门增加 43%。各物质生产部门所生产的社会产品总值增长的速度,同它们所创造的国民收入增长的速度是不一致的。这是因为,如前面所说,各物质生产部门所生产的社会产品总值,并不等于国民收入。国民收入是在社会产品总值中扣除了物质消耗（生产资料的消耗）之后得出来的。

由此可见,国民收入的增长,不仅取决于各物质生产部门总产值的增长,而且也取决于这些物质生产部门在生产过程中物质消耗的节约程度。因此,在社会主义制度下,国民收入的增长,是由以下两个因素所决定的:第一,是生产者人数的增加,这就要求大大地发展物质生产部门,大大地增加生产量;第二,也是最重要的,是提高劳动生产率,这就要求劳动者在同样的时间内生产更多的产品,并且节约物质消耗。

我国国民收入虽然增长速度很高,但是不能把增长速度同已经达到的水平混淆起来。从国民收入的增长速度来说,我国是相当快的。而从国民收入已经达到的水平来说,我国目前还是很低的,我国还是一个穷国。以 1955 年的国民收入总额计算,我国大约只等于苏联的 27%,如果按人口平均计算,大约只等于苏联的 9%。

那么，怎样才能够更快地和更多地增加我国的国民收入呢？

增加国民收入最根本的关键，是发展生产。而要发展生产，就要正确地贯彻执行党在过渡时期的总路线，不断地提高劳动生产率和加强经济核算制度。

党的第八次全国代表大会，对于如何正确贯彻执行党在过渡时期的总路线和如何实现我国社会主义工业化问题，特别重视。大会根据马克思列宁主义原理和以苏联为首的社会主义各国的经验，特别是我国社会主义建设的实践，要求我们在贯彻执行党的总路线，实行社会主义工业化的时候，必须完成农业的社会主义改造，积极地发展农业；在优先发展重工业的时候，必须相应地发展轻工业；在建设新的和内地（包括民族区域）的工业的时候，必须充分地运用原有的和近海地区的工业；在发展社会主义工业的时候，必须彻底完成对资本主义工业和手工业的社会主义改造；在发展中央工业的时候，必须积极地扶助地方工业的发展；不仅注意到大型工业的发展，同时注意到中、小型工业的发展；并且将上述各个方面的发展有机地结合起来。与此同时，将工业的发展同地质资源的勘探、技术人员的培养结合起来；将工业的发展同交通运输、国内外贸易、文教卫生等事业的发展结合起来；将我国工业的发展同世界最新的科学技术成就结合起来；将我国工业的发展同国际间的经济合作，特别是社会主义各国的经济合作结合起来。所有这一切，就是为了调动农业来发展工业；调动轻工业来发展重工业；调动沿海地区的经济力量来发展内地的经济；调动经济建设来巩固国防；调动 6 亿人民来加强集体；调动地方的积极性来巩固中央，加强统一；调动一切可以调动的力量来为社会主义建设服务，来促进我国生产力的迅速发展。

要实现社会主义工业化，就必须要有正确的工业化的道路。关于这个问题，毛泽东同志在《关于正确处理人民内部矛盾的问题》的讲话中作了非常重要的指示。他说："这里所讲的工业化道路的问题，主要是指重工业、轻工业和农业的发展关系问题。我国的经济建设是以重工业为中心，这一点必须肯定。但是同时必须充分注意发展农业和轻工业。

我国是一个农业大国，农村人口占全国人口的百分之八十以上，发展工业必须和发展农业同时并举，工业才有原料和市场，才有可能为建立强大的重工业积累较多的资金。大家知道，轻工业和农业有极密切的关系。没有农业，就没有轻工业。重工业要以农业为重要市场这一点，目前还没有使人们看得很清楚。但是随着农业的技术改革逐步发展，农业的日益现代化，为农业服务的机械、肥料、水利建设、电力建设、运输建设、民用燃料、民用建筑材料等等将日益增多，重工业以农业为重要市场的情况，将会易于为人们所理解。在第二个五年计划和第三个五年计划期间，如果我们的农业能够有更大的发展，使轻工业相应地有更多的发展，这对于整个国民经济会有好处。农业和轻工业发展了，重工业有了市场，有了资金，它就会更快地发展。这样，看起来工业化的速度似乎慢一些，但是实际上不会慢，或者反而可能快一些。经过三个五年计划，或者再多一些时间，我国的钢产量仍然可能由解放前最高年产量，即一九四三年的九十多万吨，发展到二千万吨，或者更多一点。这样，城乡人民都会感到高兴。"

最近党中央和毛泽东同志又提出了鼓足干劲，力争上游，多快好省地建设社会主义的路线，我们必须又多、又快、又好、又省地进行社会主义建设，以便最迅速、最充分地发展我国的生产力。这样，我国的国民收入就可以大大地增长起来。

我国生产的发展，要求国民经济各部门发展的比例必须协调，这就需要实行计划经济——有计划（按比例）的分配资金和分配劳动力。这是保证国民收入迅速增长的必要条件之一。随着我国生产的发展，不仅国家对于社会主义基本建设的投资从 1952—1956 年扩大 2.77 倍，而且物质生产部门的职工人数，也有很大的增加，1956 年比 1952 年增加近 600 万人，比 1949 年增加约 1100 万人。前面说过，国民收入是由物质生产部门的劳动者所创造的，所以，物质生产部门劳动量的增加，是国民收入增长的一个重要的条件。因此，在全部社会劳动量中，应该努力增加物质生产部门劳动量的比例，特别是努力增加工业和农业部门劳动量的比例；应该尽可能地缩减非物质生产部门劳动量的比例，特别是精简行政机构和管理机构的人员。这对于增加国民收入具有重大的意义。

　　要增加国民收入，除了前面所说的不断扩大生产、增加物质生产部门劳动者的人数以外，还必须不断地提高劳动生产率和降低生产成本。大家知道，国民收入是在社会生产过程中创造出来的。所以，在发展生产的过程中，提高劳动生产率和降低成本，对于增加国民收入有极其重大的意义。劳动生产率的提高，表现为"活劳动"的节约。在 1952—1966 年间，我国工业的劳动生产率提高了 69%，在我国工业总产值中，约有 3/4 以上是依靠我国工人阶级的劳动生产率的提高而来的。这就是说，过去要用 1.7 个人在一定时间内生产出来的东西，而现在只要一个人在同样的时间内就可以生产出来了；或者说，过去一个人在一定时间内只能生产一件产品，而现在一个人在同样的时间内就可以生产 1.7 件产品了。很明显，这对于增加国民收入是有极大的意义。

　　我国工业的劳动生产率之所以能够获得这样迅速的提高，首先是由于推翻了帝国主义、封建主义和官僚资本主义的统治后，主要的企业已经归工人阶级领导的国家所有；对资本主义工业实行了社会主义改造，民族资产阶级的企业，也变为公私合营的企业。这样，束缚生产力发展的剥削制度基本上被废除了，生产力获得了空前的解放，工人阶级成了企业的主人，他们的生产积极性非常高。其次，党和国家贯彻执行了工资随着劳动生产率的提高而适当地提高的政策。随着生产的发展，劳动生产率的提高，职工的工资基金总额在 1952—1956 年间增加 48.8%，职工的平均实际收入大约增加 25.3%。这样就从物质利益上鼓舞了工人阶级努力提高劳动生产率。再次，实行了劳动保险，举办了职工的集体福利事业。这样，职工生、老、病、死都有保障，遇到某些意外的困难还可得到国家的救济。因此，工人阶级完全摆脱了失业和穷困的威胁，而能够集中精力提高文化技术水平，改进劳动组织，改进操作方法，从而提高劳动生产率。又次，新的技术设备和先进经验的采用。最后，也是最重要的，社会主义劳动竞赛和先进生产者运动的发展。所有这些，就保证了我国工业劳动生产率的迅速提高。

　　在农业方面，在废除了封建制度和实行了农业合作化之后，农业的劳动生产率也有很大的提高，单就粮食的产量来说，1949 年全国总产量是

2200 亿斤，1956 年则达到 3680 亿斤，在 7 年之内提高了 67%。

　　其他物质生产部门工人的劳动生产率，也有很大的提高。这些，对于生产的增长和国民收入的增加，都有直接的重要的作用。

　　生产资料消耗的节约，即"物化劳动"的节约，是提高劳动生产率的另一个重要因素，它对于国民收入的增加，同样有重大的意义。我们在前面已经说过，在工业总产值中，物质消耗约占 2/3。物质消耗中包括劳动对象（原料、材料等）和劳动资料（生产工具、机器设备等）。如果我们能够在这方面厉行节约，那么，我们就可以用同样多的原材料和同样多的机器，生产出更多的产品，也就是说，增加更多的国民收入。这一点，从我国过去几年的经济实践中可以看得很清楚。在节约原材料方面，例如，发一度电所消耗的"标准煤"，1949 年平均是 0.925 公斤，1955 年平均是 0.601 公斤，也就是说，消耗和过去同样多的煤，可以多发 52% 的电，又如纺一件纱所用的棉花，1949 年平均是 202.2 公斤，1955 年平均是 192.7 公斤，也就是说，采用和过去同样多的棉花，就可以多纺出 5% 的纱来。在节约劳动资料即提高设备利用率和利用系数方面，例如，炼铁设备的利用率，1949 年是 31.6%，1955 年是 95.4%，炼铁高炉的利用系数；1949 年每 1.622 立方公尺的高炉容积才能炼出 1 吨生铁，而在 1955 年每 0.858 立方公尺的高炉容积即可炼出 1 吨生铁，提高了 90%；炼钢设备的利用率，1949 年是 24.9%，1955 年是 83.9%；炼钢平炉的利用系数，1949 年每平方公尺的平炉炉底面积只能炼出 2.423 吨钢，而在 1955 年即可炼出 6.073 吨钢，提高了 1.5 倍。轻工业方面，也是如此。例如，棉纺机的时间利用率，1949 年是 58.2%，1955 年是 79.4%；棉纺机每千锭一小时的产纱量（折合数），1949 年是 20.74 公斤，1955 年是 26.71 公斤，提高了 28.8%；织布机的时间利用率，1949 年是 58%，1955 年是 76.9%；织布机每台每小时的产量（折合数），1949 年是 3.372 公尺，1955 年是 4.334 公尺，提高了 29%。这些都是由于节约生产资料消耗而提高劳动生产率、增加国民收入的最显著的例子。

　　节约人力，节约物质消耗，就可以大大地降低产品的成本，而产品成本的降低，就意味着国民收入的增加。所以，为贯彻执行节约制度的斗争，是直接同我国人民物质福利的进一步提高密切地联系着的。我们必须认识到，提高劳动生产率和降低成本不仅有重要的经济意义，而且有重要的政治意义。我们必须尽一切可能，努力提高劳动生产率，努力降低成本，以达到增加国民收入，扩大积累，提高消费的目的。

前面论述了增加国民收入的一些主要的途径，并且指出了我们过去在这方面所取得的成就。但是，我国国民经济中还蕴藏着巨大的潜力，如果我们能够根据经济发展的客观规律来进一步改善经济管理工作，那么，我国的生产将会发展得更快，劳动生产率将会提得更高，生产成本将会更加降低，国民收入也就会进一步地增加。经济管理的改进是包括许多方面的工作的，而当前最突出的问题之一是加强经济核算。

要加强经济核算，就应当对于同经济核算有密切关系的价格、税收、利润率、商品产值、劳动生产率等最重要的经济指标，进行比较科学的计算。这些问题，如不解决，是无法真正地进行经济核算的。但是，现在这些问题还没有得到很好的解决，其重要原因之一，就在于我们在根据社会主义经济制度的要求来正确运用价值规律方面，还做得不好。

大家知道，就是在社会主义制度下，任何生产品，不管它是生产资料也好，或者消费资料也好，总是由劳动所创造的，都包含着一定的社会必要劳动量。所以，人们在生产这些产品的时候，就不能不计算劳动代价，就不能不运用价值规律。这种情况，由于社会主义制度下两种所有制——全民所有制和合作社集体所有制的存在，以及各个企业都是独立的经济核算单位，而更为明显。

社会主义国家对于集体所有制的合作社经济，是不能直接用计划来管理的，而只能对它们颁发参考性的指标，通过正确的价格政策来进行调节。因为，合作社经济的生产资料不是全民所有，而是属于集体所有的。合作社的盈亏是由合作社自己负责，而不是由国家负责的。如果在制定价格政策的时候，规定一吨棉花的价格和一吨玉蜀黍的价格差不多，那么，不管你在计划中规定了要生产多少棉花，还是不会有人去种棉花的。因为，按社会必要劳动量的消耗来计算，种植一吨棉花比种植一吨玉蜀黍要多得多。所以，国家要很好地组织合作社的经济，就要正确地制定价格政策。而要正确地制定价格政策，就要正确地计算各种生产品的社会必要劳动量，就要正确地运用价值规律。只有这样，国家对合作社经济所颁发的参考性的指标，才能真正地发生作用。

社会主义国家对全民所有制的经济，当然要实行计划管理。但是，国家在对它们实行计划管理的时候，也必须正确地运用价值规律。就消费资料的产品来说，当国营工业部门生产出来之后，要通过国营商业部门在市场上当作商品去销售。虽然工业和商业部门都是国营企业，所有权都是属于国家，但是它们又都是独立的经济核算单位，必须各自计算成本和盈亏，因此，它们之间的交换必须要有合理的价格。这样，价值规律对于国营工业的消费资料的生产和销售，就不能不发生一定的作用，也就是说，国家通过计划，并且自觉地运用价值规律，用提价或者降价的办法，来调节消费资料的生产和销售数量。就生产资料的产品来说，国营工业部门所生产的产品，绝大部分只在国营企业内部进行调拨，不再通过市场进行买卖。但是，国家是把生产资料交给企业支配的，每个企业都要根据等价原则，通过销售产品的办法，来补偿自己的生产费用。企业要想在商品生产和流通的条件下，等价补偿活劳动和物化劳动的消耗，就必须通过商品交换。所以通过国家计划，正确地运用价值规律对于生产资料的生产和调拨，仍有重要的作用。

人们会问，无论工业部门也好，商业部门也好，无论这个企业也好，那个企业也好，既然都是国营企业，都是按计划进行活动的，那么彼此盈利或者亏损，反正是"肉烂在锅里"，又何必运用价值规律来计算社会必要劳动量呢？难道不按照社会必要劳动量来进行交换或者调拨，而按照生产这种产品的企业各自所消耗的劳动量来进行交换或者调拨，就不可以吗？当然不可以。这样就不能鼓励先进的企业，也不能鞭策落后的企业，而且将使经济核算的工作失去依据。

也有人会问，我们不是有"计划价格"和"调拨价格"吗？为什么不可以根据"计划价格"和"调拨价格"来进行经济核算呢？当然是可以的，问题是我们的"计划价格"和"调拨价格"，绝不可以完全不根据生产品的社会必要劳动量——价值而主观地制定。如果这样，我们的经济核算，也就变成主观的和缺乏科学根据的东西了。如果根据这样的经济核算来制订计划，指导经济工作，那就会使国民经济中的巨大潜力不能被发掘出来，而各种各样的浪费则不能通过经济措施，加以克服，这对于我国经济的发展和国民收入的增加是很不利的。

价值规律对于我国建设投资的分配，当然不可能起调节的作用，但是如果说社会主义国家在决定投资分配计划的时候，可以不考虑价值规律的作用，可以不进行经济核算，可以不考虑投资的经济效果，那就是大错特错了。事实完全不是这样。社会主义国家在决定生产计划的时候，要进行经济核算，提高劳动生产率，降低成本——节约社会必要劳动量；在决定建设的投资计划的时候，同样也必须进行经济核算，使国家能够用同样数量的钱办更多的事情，以便迅速提高生产能力，增加盈利，发挥投资的经济效果，从而为国家积累更多的资金。

由此可见，我们在实行计划管理的时候，只有正确地运用价值规律，才能更好地促进生产品的社会必要劳动量减少，这样我们才能以最少的人力和物力生产最多的产品，才能以有限的生产资料和建设投资，发挥最大的经济效益。只有这样，我国的生产才能更加发展，我国的国民收入才能有更多的增加。

当然，对于价值规律的积极和消极两个方面的作用，应当作明确的分析。价值规律虽然在资本主义社会中起着促进技术进步和发展生产的巨大作用，但是，它在资本主义制度下是自发地发生作用的，因而，它是同自由竞争、经济危机、殖民地掠夺、侵略战争等一系列的消极破坏因素联系着的。这种种消极因素，我们绝不能让它发生作用。但是，对于它的积极的一面，必须正确地加以利用。也就是说，我们必须自觉地掌握这个规律，来为社会主义的计划经济服务。过去，有不少的人在计划规律和价值规律之间，只看到它们的对立，而看不到它们的统一，认为计划规律能够起到作用的地方，价值规律的作用就会消失而为计划规律所代替。反之，也是一样。这种认识是违反辩证法的，是不正确的。在社会主义制度下，实行计划经济的时候，也必须正确地运用价值规律，关于这点，马克思在《资本论》第三卷关于"生产过程的分析"一章中早就说过了，他说：在资本主义生产方式废止以后，但社会化的生产维持下去，价值决定就仍然在这个意义上有支配作用：劳动时间的调节和社会劳动在不同各类生产间的分配，最后，和这各种事项有关的簿记，会比以前任何时候变得重要①。

所以，在社会主义制度下，在实行计划经济的时候，正确地运用价值规律是有重大的意义的。它可以从经济上促进技术和管理工作的改善，促进社会的人力和物力得到最合理、最节省、最有效的利用，促进落后的单位向先进的单位看齐。这样，也就更加能够促进生产的发展和国民收入的增加。

三　我国国民收入的分配

在社会主义制度下，国民收入的分配和使用，归根到底是为了人民消费水平的提高和社会主义积累的增加。

毛泽东同志在《关于正确处理人民内部矛盾的问题》讲话中指示我们说："在全民所有制经济和集体所有制经济里面，在这两种社会主义经济形式之间，积累和消费的分配问题是一个复杂的问题，也不容易一下子解决得完全合理。"因此，我们应当认真研究和谨慎地处理这个问题。

在社会主义生产过程中所创造的国民收入，首先是在物质生产部门内部进行分配。在国营经济部门国民收入的分配中，一部分采取工资形式，作为职工的个人收入；另一部分则归社会所有。归社会所有中又分为两部分：一部分是企业的收入，这就是企业利润；另一部分是国家集中的收入，这就是税收、企业的上缴利润等，由国家有计划的支配。在合作社经济部门国民收入的分配中，一部分按劳动日分给社员个人；另一部分则留在合作社。留在合作社的部分，又分为两部分：一部分用来发展合作社经济，以满足全体社员的需要；另一部分则通过税收和价格等，归国家所有，用于全民的开支。

---

① 　马克思：《资本论》第三卷，人民出版社 1956 年版，第 1116 页。

为了满足全社会的需要和有计划地扩大社会主义再生产，社会主义社会的国民收入经过初次分配以后，还需要在物质生产领域同非物质生产领域之间，各种经济企业、各阶级居民同国家之间实行进一步的分配。国民收入的进一步分配，是通过国家预算、价格、银行信贷、社会保险等实现的，其中主要是国家预算。国民收入经过进一步地分配之后，就形成社会基金和居民的再收入。社会基金分别用在基本建设投资，增拨流动资金和信贷资金，增加国家物资储备，增进文化福利和国防行政费用等方面。居民的再收入分为两部分，一部分是非物质生产领域的居民的收入（如机关职工、教员、医生和生活服务人员等的收入），其中包括工资、津贴、补助费，等等；另一部分是物质生产领域居民的补充收入，如劳动保险金、人民助学金、社会救济金，等等。

这样，我国人民所创造的国民收入，经过初次分配和进一步分配，最后就形成积累基金和消费基金，分别使用于积累和消费两个方面。

关于什么是社会主义社会里国民收入的积累问题，马克思曾说过这样的话：从全部社会产品里面应该扣去：第一，补偿消费掉的生产资料所需要的费用。第二，用以扩大生产的附加部分。第三，为预防不幸事故、自然灾害等而用来保险的后备基金或保险基金。……作出这些扣除乃是一种经济上的必要，而扣除多少，应当按照现有的资实和力量来确定……①这里，第二和第三两项，就是说明积累的必要性的。

关于什么是社会主义社会里国民收入的消费基金，马克恩曾经这样写道：全部社会产品中除了作为积累部分的以外，剩下的全部产品中的其他一部分，即作为消费品用的那一部分。在把这个剩下的部分进行个人分配之前，从里面又得扣除：第一，一般的不属于生产的管理费用。这一部分和它在现代社会中（即资本主义社会，下同——引者注）所占的数额比较起来，将会立即大大缩减，并将随着新社会的发展而日益减少。第二，作为共同满足需要的费用，如学校、保健机关等费用。这一部分和它在现代社会中所占的数额比较起来，将会立即大大增加，并将随着新社会的发

---

① 《马克思恩格斯文选》第二卷，莫斯科外国文书籍出版社 1955 年版，第 20 页。

展而日益增加。第三，为丧失劳动力者设立的基金等，简言之，就是现在属于所谓官方济贫的费用①。这里马克思对于社会主义社会消费基金的用途已经作了明确的阐述，用不着再作更多的解说。

在社会主义制度下，积累基金，主要用于三个方面：第一个方面是用来扩大和改进城乡社会主义生产，即所谓生产基金。其中又分为固定资产的增长和流动资金的增长两部分。生产基金在全部积累基金中所占的比重最大。第二个方面是用来增进生活福利的非生产基金，主要是用于建筑住宅和其他各种文化福利设施的。第三个方面是用来建立各种后备，主要是储备一些必需的物资，以备在发生某种意外（如天灾等）时的需要。

消费基金是保证满足整个社会经常增长的物质和文化的需要。消费基金由两部分组成：个人消费和社会消费。消费基金的主要部分，用于个人消费，它是社会主义社会的体力劳动者和脑力劳动者的劳动报酬。这一部分基金是根据按劳分配的经济规律，用来支付职工的工资和合作社社员的劳动报酬的。消费基金的另一部分是用来满足整个社会主义社会的需要，其中一部分用于社会主义国家管理机关的费用和用于满足社会主义社会在科学、教育、卫生、保健、文化艺术等方面需要的费用；一部分用于社会救济事业，以帮助丧失劳动能力的人或者没有劳动能力而又无人抚养的人，度过困难，使"幼有所养，老有所终"。

总之，国民收入是经过初次分配和进一步分配，最后才形成积累基金和消费基金的。那种认为在社会主义制度下只有国民收入的初次分配而无国民收入的进一步分配的观点是不合事实的。根据这种意见，国民收入的再分配，只是在资本主义制度下才有的，而且这种再分配是有利于剥削阶级，而使劳动者更加贫困的。当然，资本主义制度下的国民收入的再分配，是完全有利于剥削阶级而不利于劳动阶级的。但是，在社会主义制度下，既然还存在着全民所有制和集体所有制，以及公民个人财产，既然还存在着物质生产领域和非物质生产领域，那么，国民收入的进一步分配即再分配就是必要的。问题是在于社会主义制度下的"国民收入的分配，

① 《马克思恩格斯文选》第二卷，莫斯科外国文书籍出版社1955年版，第20页。

不是为了剥削阶级及其为数众多的仆役发财致富，而是为了不断提高工农的物质生活和扩大城乡社会主义生产。"

在第一个五年计划期间，我国的国民收入使用在积累方面的，约占 20% 略多一点；使用在消费方面的约占 80% 略少一点。这样的积累水平，基本上保证了我国社会主义工业化的需要。在同一时期我国基本建设投资共有 487.8 亿元，超过原计划 14.1%，新增的工业固定资产相当于 1952 年固定资产原值的 1.25 倍。在同一时期，我国的工业生产总值也增长了 1.33 倍。这样的消费水平，也保证了我国人民生活的逐步改善。在同一时期我国职工的平均实际收入增加了 26.3%，我国农民的平均收入增加 22%。

我国这样的积累水平，是同苏联在 1927—1928 年间的积累水平相类似的。如果同苏联在第二个五年计划期间及战后时期的积累水平相比，则要略低一些（苏联在战后时期的积累率一般占国民收入的 25%）。这是同目前我国经济比较落后、农业比重很大、人民生活水平较低等特点相联系的。但是，我国国民收入的积累率，比资本主义国家则要高得多。例如，美国国民收入的积累率在 1919—1928 年间约为 10%，在 1929—1938 年间约为 2%，最高的年份（如 1955 年）也不过 15.2%。资本主义国家的资产阶级，虽然把劳动人民所创造的国民收入的很大部分攫为己有，使劳动人民处于失业和贫困的境地，但是，他们能够用来作为积累的部分则是较少的，因为大量的财富都被他们用于荒淫无耻的寄生消费去了。我们社会主义国家则不同，国民收入归劳动者自己支配，不仅劳动人民的生活能够不断地得到改善，而且积累率也大大地超过了资本主义国家。

还应当着重地指出：我国国民收入的这样高的积累率和消费水平这样的提高速度，还是在我国人口每年平均递增 2.2% 的情况下取得的。这就不难看出社会主义制度的巨大优越性。

这里，还应当指出，我们社会主义国家同资本主义国家计算消费基金的办法是完全不同的。以消费基金中的工资基金为例，资本主义国家为了掩盖资本家的残酷剥削，故意歪曲资本主义制度下国民收入分配的真相。资产阶级经济学家宣传说，每个国民收入的获得者同时又是国民收入的创造者。他们把资本主义垄断组织的经理和股份公司理事会的理事们所获得的高额薪俸，也算在工资基金里面。这样就必然缩小资本家的收入而夸大劳动者的收入。即使如此，在资本主义国家，劳动人民消费水平日益降低的情况，也是无法掩饰的。从 1947—1957 年年初，主要的资本主义国家购买力下降情况如下：美国下降 20%，英国下降 38%，法国下降 63%，日本下降 65%，联邦德国下降 24%，意大利下降 27%。资本主义各国人民的购买力，无一不在日益下降，而我国和其他社会主义各国人民的购买力则在不断地上升，这就是两个世界人民生活的对照。

当然，由于帝国主义、封建主义、官僚资本主义长期剥削和奴役的结果，旧中国的积累水平和消费水平都是很低的，我们今天所说的建设的成就和人民生活的改善，都是从旧的基础出发和自己过去做比较的，而且在将来也只能先和自己的过去做比较。但是，如果同经济发达的国家相比，我国现时的经济还是很落后的，我国人民生活水平也是比较低的，所以，我们才立志要在历史上最短的时间里，赶超经济发达的国家。

根据我国的具体条件，在保证人民生活逐步改善的条件下，适度地提高积累率和适度地提高基本建设投资的速度，是否可能呢？不仅是可能的，而且是必须争取的。

首先，我国的国民经济，特别是工业生产正在高速度的发展，因此，我国的国民收入也在不断增加。随之而来的，我国国民收入中作为积累用的资金也在不断地增加。积累基金的增多，固然同国民收入中积累率的提高有一定的关系，但更重要的则是由于国民收入的增加。

其次，是社会性的消费的节约，特别是国民收入中用于社会需要的国防费用和行政费用的节约就相对地缩小了消费基金的比重和扩大了积累基金的比重。但是，这并不意味着人民消费水平的降低，相反，如前所述，人民个人的消费水平则随着国民收入的增加而大大增加了。

再次，社会劳动生产率提高的速度高出于社会消费基金增长的速度。这样，就在不断地改善人民生活的条件下，增加了积累基金。

最后，社会主义基本建设投资的规模和速度，不仅随着积累额的增长而增长，而且，由于资金运用得更加合理，以及物化劳动和活劳动的进一步节约，因而在积累基金中，用于基本建设投资的比例，将会增大，而用于流动资金的比例，将会相对地缩小。这样，社会主义基本建设增长的速度，就必然高于积累增长的速度。这已为过去几年的实践所证明。例如，在 1953—1956 年间，我国积累基金每年增长的速度是 20% 左右，而基本建设投资增长的速度则是 39% 左右，其中重工业基本建设投资增长的速度则是 51% 左右。

由此可见，在积累率不变的条件下，我国国民收入的积累额，是随着国民收入的增长而增长的，只要国民收入增加了，积累额也就随着增加。至于我国国民收入的积累率提高的问题，在对农业、手工业和资本主义工商业的社会主义改造已经取得决定性胜利的条件之下，在不仅不降低而且还要随着国民收入的增加而不断地提高人民个人消费水平的前提之下，提高我国国民收入的积累率，则取决于以下三个条件：第一，要提高我国工业生产在全部社会生产中所占的比重。这是因为工业生产部门比其他物质生产部门，特别是比农业生产部门有更高的积累率。例如，解放后，个体农民的积累率一般为 3%，合作社的积累率为 5%—10%，在第一个五年计划期间，农业的积累率，据国家统计局的计算为7.4%，而工业的积累率一般则为 30% 左右（按成本计算盈利率）。第二，要不断地节约社会性消费，特别是努力节减行政、国防及管理机构的费用。第三，则是使国民收入增长的速度，快于人民消费水平提高的速度，也就是说，使劳动生产率提高的速度高于职工工资增长和农民收入增长的速度。至于要使社会主义基本建设投资增长的速度高于积累增长的速度，则主要取决于积累基金中生产资金和流通资金的合理分配。加速流通资金的周转，就可以节约更多的资金来投资于基本建设，扩大再生产。这样就会使基本建设投资增长的速度，大大地超过积累增长的速度。因此，我们应当不遗余力地加速工农业生产的发展，在工农业共同高涨的基础之上，提高工业在国民经济中的比重；节减军政费用和管理机构的费用；提高劳动生产率；加速资金周转；以争取在不断改善人民生活的条件下，使我国的国民收入有更高的积累率，使我国的建设有更高的速度。

当然，这也不是说，我国国民收入的积累率就可以无限度地提高。因为上述种种因素，总有一定的限度。因此，积累率的提高，也就常常受到各种条件的约束。

国民收入中积累和消费比例的高低，是相互制约的。在社会主义制度下，一定的经济水平；一定时期的政治经济的任务，也就是说，在一定的时期内，人民对于改善生活的一定的需要，以及与之相联系的扩大再生产的需要，还有当时的国际条件等，决定着一定时期的积累和消费的水平。同时，国民收入中积累和消费的比例关系，在一定时期内，也有它相对的稳定性。例如，苏联国民收入的积累率在较长的时期中，就是保持在25%的水平上。

国民收入在积累和消费之间的分配，是社会主义分配问题的核心。这个问题，体现着国家同企业之间、企业同个人之间、个人同国家之间错综复杂的经济关系。在认识和解决这个问题的时候，一方面，应当看到，这种关系是人民内部的关系，它们之间并不存在对抗性的矛盾，所以完全有可能在集体利益同个人利益相结合的原则之下，获得正确的解决。另一方面，也应当看到，它们之间是有矛盾的，国民收入在积累和消费之间分配得适当，可以促进生产的发展和人民生活的改善；分配得不适当，也可以破坏生产的发展和妨碍人民生活的改善。在社会主义制度下，人民内部矛盾的发展，常常是由于对于分配问题处理得不当而引起的。因此，国民收入在积累和消费之间的分配问题，在社会主义生产关系中占着非常突出的地位，必须慎重处理。

我国国民收入中积累和消费的分配比例关系的确定，必须正确地反映我国经济发展的客观要求。这就是说，必须从我国经济的现实状况出发，根据我国生产力发展业已达到的水平和人民当前的生活水平，来确定积累同消费的比例关系，使我国社会主义建设（积累）的增长速度，同我国生产资料生产的增长速度基本相适应；使我国人民生活改善（消费）的速度，同我国消费资料生产的增长速度基本相适应。因为积累基金的实物形态主要是生产资料，而消费基金的实物形态即为消费资料。所以国民收入中积累和消费的增长变化，基本上要受到社会产品的生产构成的制约，不能随意改变。要改变积累和消费的比例关系，第一，就要改变社会生产构成，主要是两大部类生产的构成比例，才能使积累基金同消费基金都得到可靠的物质保证。第二，国民收入中积累和消费之间的分配，必须兼顾，而不能片面地强调某一个方面。即在规定国家建设规模和速度的时候，必须考虑到在满足人民必要的生活消费条件下，积累增长的可能性，绝不能以降低或者限制人民生活的必要的和可能的改善作为手段；同样，在规定人民生活改善的速度的时候，也必须考虑到在满足国家建设必要的资金积累的条件下，消费基金增长的可能性，而不能以牺牲集体的利益，即社会主义国家的利益作为手段。第三，消费的水平是由生产的水平所决定的，消费水平的提高应以生产的发展和劳动生产率的提高为基础。大家知道，社会生产的发展，要求生产资料生产的优先增长。这是因为在社会生产的两大部类中，第一部类（生产资料）的产品，必须要比第二部类（消费资料）的产品在生产过程中所消耗掉的生产资料多一些。也就是说，在一定时期内生产出来的生产资料比消耗掉的生产资料要多一些。只有这样，社会生产才能不断地进行，并且不断地扩大再生产。所以，社会劳动生产率提高的速度，应当超过社会平均消费水平提高的速度，以便于社会积累的进一步提高。但是，我们进行生产和建设的最终目的，则是为了消费，消费在任何时候都积极地影响着生产和建设的发展。所以，国民收入中积累部分和消费部分的绝对数量应当同时增长，人民的生活必须随着生产的发展和社会劳动生产率的提高而不断地改善。

对国民收入中积累和消费两个方面进行合理的分配，就是要把集体的、长远的利益同个人的、当前的利益正确地结合起来，使之既有利于我国社会主义经济建设的迅速发展，又有利于我国人民生活的逐步改善。不能只强调个人的、当前的利益，不适当地降低积累基金的比重而提高消费基金的比重；同样，也不能只顾集体的、长远的利益，不适当地降低消费基金的比重而提高积累基金的比重。因为前者将会妨碍我国社会主义建设的发展，使人民生活得以根本改善的物质基础不能迅速建立，这样，人民集体的、长远的利益就要受到损害。而后者，将会影响人民生活的可能的改善，使群众的劳动积极性和创造性不能充分发挥，这样，社会主义建设事业就有脱离群众的危险。正确解决这个问题的原则应当是：个人利益服从集体利益，当前利益服从长远利益，但同时必须适当地照顾个人的利益和当前的利益。

为了我国人民集体的和长远的利益，我们党和全国人民必须以最大的决心和毅力，艰苦奋斗，克勤克俭，把可能节省下来的每一文钱每一分物质资源都积累起来，并且按照恰当的比例，用到我国社会主义建设中去，只有如此，才有可能在比较短的历史时期内，将我们这样一个经济上非常落后的农业国，建设成为一个伟大的社会主义的工业国。这是我国人民多少年来牺牲奋斗的主要目的，只有实现了这个目的，国家才能够进一步富强，人民福利才能够进一步增进。

党的第八次全国代表大会关于政治报告的决议中说："必须使国家建设和人民生活改善这两个方面得到适当的结合，也就是使国民收入中积累和消费的比例关系得到正确的处理。为了实现社会主义工业化，全国人民必须使当前利益和个人利益服从长远利益和集体利益，艰苦奋斗，克勤克俭，在发展生产和提高劳动生产率的基础上增加国家的资金积累；同时，政府必须厉行节约，认真节减国防费用和行政费用的支出。但是如果过高地规定国民收入中积累的比重，不注意在劳动生产率提高的基础上适当地改善人民的生活，不注意人民群众当前利益和个人利益，就会损害人民群众建设社会主义的积极性，损害社会主义的利益。我们的税收政策、物价政策、工资政策和合作社组织收益的分配政策，应当既能够保证社会主义建设所需要的资金积累，又能够保证人民生活的逐步改善。"我们必须很好地领会党的这个方针，并且在实际工作中认真地贯彻执行。只有这样，才能正确地处理我国国民收入中积累和消费的比例关系，把国家建设和人民生活的改善正确地结合起来，以达到又多、又快、又好、又省地建设社会主义的目的。

我国第一个五年计划时期的
生产和消费关系[*]

绪　　论

　　我国人民在中国共产党的领导下，正在进行着伟大的社会主义革命和社会主义建设。这个革命和建设的目的，就是要为我国人民建设一种没有剥削、没有贫困的、幸福的新生活。我国人民在完成了新民主主义革命，彻底推翻了帝国主义、封建主义、官僚资本主义的政治统治和经济统治之后，接着就进行了农业、手工业的社会主义改造，接着又进行了私营工商业的社会主义改造。社会主义三大改造，即在生产资料所有制方面的社会主义革命，在 1956 年基本完成，接着又在 1957 年进行了政治战线上和思想战线上的社会主义革命，并且取得了基本的胜利。

　　1956 年，在全国范围内，已经有占全国农户总数 98% 的农户实现了合作化；全国的手工业者，也有 90% 左右参加了手工业合作组织；资本主义的工商企业几乎全部实行了公私合营。到 1957 年年底，未改造的资本主义工业在全国工业总产值中所占的比重已经不到 1%，未改造的私营商业（主要是小商贩）在商业零售总额中只占 3%。这样，作为阶级剥削

　　* 本文是作者的专著，署名牛中黄，中国财政经济出版社 1959 年 2 月出版。本书编写于 1958 年。
　　书中的"去年"系指 1957 年，"今年"系指 1958 年，希望读者注意。

制度的历史，在我国已经基本上结束，一个崭新的社会主义经济制度已经基本上建立起来了。

我国的生产关系的伟大变革，就为我国生产力的巨大发展开辟了广阔的前途。1957 年我国的工业总产值，预计将为 1952 年的 2.41 倍，平均每年增长速度为 19.2%。在农业方面，1957 年我国的农业总产值预计将为 1952 年的 125%，平均每年增长速度为 4.5%。其中，粮食 1957 年的产量为 1952 年的 120%，平均每年增长速度为 3.7%；棉花 1957 年的产量为 1952 年的 126%，平均每年增长速度为 4.7%。而在取得了政治战线上和思想战线上的社会主义革命基本胜利以后，1958 年我国的国民经济有更大的跃进，预计工业将比上年增长 60% 左右，农业将比上年增长 60%—90%。

我国生产力这样巨大的发展，是在工人阶级和农民的生产积极性不断高涨的基础上，进一步发挥了工农业生产的潜力和大规模地进行了基本建设的结果。到 1957 年年底止，第一个五年计划全国完成的由国家投资的基本建设工作量，已经达到 550 亿元，折合黄金 57000 万两以上。五年内，由于基本建设而新增加的固定资产达到 411 亿元，其中，工业为 192 亿元，超过了旧中国近百年来所积累的工业固定资产的总和。1958 年我国基本建设的投资总额，将等于第一个五年计划期间全部投资的一半，而其实际的工作量则等于过去五年的总和。

按照我国发展国民经济的第一个五年计划的规定，工业方面施工的限额以上的项目为 694 个，预计到 1957 年年底，可以达到 921 个。此外，限额以下的项目还有 7000 多个。也就是说，在我国发展国民经济的第一个五年计划期间，平均每天就有 4 个以上的工业建设项目开工；平均每两天就有一个限额以上的工业建设项目开工。这种宏伟的建设规模，不仅在我国历史上是空前的，而且在世界上也是少见的。

在第一个五年计划期间的建设项目中，到 1957 年年底，全部或者部分地投入生产的限额以上的厂矿工程，共有 537 个。也就是说，在这一期间，我国平均每 3 天多就有一个限额以上的厂矿全部或者部分地投入生产；除此以外，还有 7000 个限额以下的工业建设项目，也已经建设完成并且投入生产。在 1958 年，基本建设规模更加扩大。

随着几百个大的和比较大的厂矿，以及大量的中、小型厂矿相继地投入生产，我国工业的生产能力已有巨大的增长。在第一个五年计划期间，主要工业产品新增加的生产能力为采煤能力增加 6379 万吨，石油采制能力增加 183 万吨，炼铁能力增加 339 万吨，炼钢能力增加 235 万吨，合成氨的制造能力增加 13.7 万吨，水泥的生产能力增加 261 万吨，金属切削机床增加 8704 台，发电能力（以发电设备计算）增加 237.8 万瓦，载重汽车的生产能力增加 3 万辆，机制纸的生产能力增加 24.9 万多吨，机制糖的生产能力增加 62 万多吨；纺纱能力，以纱锭计算增加 201.8 万枚，织布能力，以织布机计算增加 55000 台。所有各部门新增加的生产能力，在我国历史上都是空前的。1958 年新的生产能力更有急剧地增长。我国工业生产能力的巨大增长，就为我国工业的高速发展创造了物质基础。

随着工业生产能力的巨大增长，我们已经拥有了一系列的新的工业部门。在旧中国，由于帝国主义、封建主义、官僚资本主义的反动统治，我国的经济是极其落后的，工业基础很薄弱，支离破碎，并且依附于帝国主义。这种状况，经过解放后国民经济的恢复，特别是第一个五年计划期间的大规模建设，已经完全改观了。现在，我国已经成为一个拥有汽车制造业、飞机制造业、高效率蒸汽机车制造业、发电设备制造业、冶金矿山设备制造业、新式机床制造业，以及高级合金钢和重要有色金属冶炼业的国家。这些新的工业部门，不仅以最新的技术装备起来的大型企业作为骨干，而且，相互结成一个基本上完整的工业体系。有了这样一个工业化的初步基础，我们就可能大踏步地前进，我们就可能在历史上最短的时期里，在经济上和技术上赶上或者超过经济上最发达的资本主义国家。

在农田水利事业的发展方面，在第一个五年计划时期，灌溉面积总共增加 2.18 亿多亩；改治洼涝地面积 1.9 亿多亩；建成大型水库 14 座；建成国营农场 182 个。另外，在此期间，总共开荒 5876 万亩。以上这些建设的成就，对于保证我国农业增产，已经起着并且将继续起着重要的作用。1958 年我国农业的面貌已经大大地改观了。仅水田一项就增加 4.2 亿亩，等于解放前我们的祖先所开辟的全部灌溉面积的两倍多。

在交通运输方面，在同一时期，总共修建铁路 44 条，主要的有集二线、宝兰线、成渝线、丰沙线、黎湛线、广厦线、包白线、宝成线等共铺轨 6754 公里。此外，总共修建公路 10 多万公里，重要线路有康藏公路、青藏公路、新藏公路等。

同时，还应该指出：在我国发展国民经济的第一个五年计划期间，新就业的职工增加了大约 869 万人，基本上消灭了旧中国遗留下来的失业现象，并且使城市和农村中绝大多数新增加的劳动力得到就业的机会。1957 年同 1952 年相比，职工的平均工资提高 42.7% 左右，在同一时期，国营企业和国家机关支付劳动保险金、医药费、福利费等达 60 多亿元。这些都超过了原定的计划。在这期间，由于国家用很大力量促进农业的发展，并且采取了稳定农业税负担的政策，适当地提高了农产品的价格，这样，就保证农民生活有了相当的改善。据初步计算，1957 年比 1952 年，农民总收入大约提高了 30%。

我国人民为我国社会主义建设中所取得的伟大成就而自豪，这是理所当然的。同时，我国人民也非常清楚地看到，在自己面前还摆着更为伟大的任务，这就是高速度地发展我国的国民经济，不断地提高人民生活水平，以便彻底地消除旧中国给我们遗留下采的经济文化落后、人民生活贫困的现象。因为这种经济文化落后的现象，同我国人民所追求的幸福的新生活相比，还是存在着很大的矛盾的。要使我国人民永远摆脱贫困和落后，获得丰富的物质生活和文化生活，这是需要全国人民经过艰苦奋斗、长期不懈的努力，才能达到的。中国共产党第八次全国代表大会关于政治报告的决议指出："我们国内的主要矛盾，已经是人民对于建立先进的工业国的要求同落后的农业国的现实之间的矛盾，已经是人民对于经济文化迅速发展的需要同当前经济文化不能满足人民需要的状况之间的矛盾。……党和全国人民的当前的主要任务，就是要集中力量来解决这个矛盾，把我国尽快地从落后的农业国变为先进的工业国。"党的"八大"第二次会议又提出了鼓足干劲、力争上游、多快好省地建设社会主义的总路线。我国人民只有遵循党所提出的建设社会主义的总路线前进，才能够迅速地提高我国工业和农业的生产力，全面地发展我国的国民经济，这是不断地改善我国人民物质生活和文化生活的唯一正确的途径。

要把我国由落后的农业国变成为具有现代工业、现代农业和现代科学文化的伟大的社会主义国家，就必须有计划地进行建设，而要进行建设，就需要大量的资金。资金从哪里来？资金只能由人民群众的劳动创造出来。人们知道，如果不是千方百计地增加生产，增加积累，进行社会主义建设，那么，社会主义的生产就不能扩大，人民生活的进一步改善，就没有巩固的物质基础。人们也知道，如果建设的速度超过了资金积累的可能性，也就是说，超过了物质可能保证的限度，那么，人民当前生活的改善，就要受到不利的影响。所以，正确地处理社会主义建设和改善人民生活的关系，是我国社会主义建设时期的一个根本问题。

为了满足我国人民改善物质文化生活的大量的和日益增长的需要，必须努力发展生活资料的生产部门。而为了达到这样的目的，就必须把大量的劳动力和机器设备、原材料，投入到这个部门。但是，机器设备是由生产资料生产部门制造出来的，原料的采掘在一定程度上也取决于这些部门的技术装备程度，同时，在一定时期内，究竟有多少劳动力能够投入生活资料生产部门，还取决于当时社会生产力的水平。

所以，我们面临着两个方面的任务：为了不断地满足我国人民日益增长的需要，必须充分地发展生产力；为了充分地发展生产力，必须不断地提高我国人民的消费水平。这是缺一不可的。

没有不断发展的生产作基础，而片面地强调提高消费，这就会妨碍必要的社会主义建设，特别是以发展重工业为中心的社会主义工业和农业的建设。这样，不但社会主义的雄厚的物质基础不能迅速建立起来，而且现有的生产基础，也会遭到破坏。在这种情况下面，当然也就谈不到真正地提高人民的消费了。因为消费如果离开了生产便没有物质保证。

同样，如果用片面地缩减消费的办法来扩大生产，这就会妨碍人民可能和必要的消费水平的提高。在这种情况下面，人民群众的积极性和创造性，就会遇到挫折，社会主义生产也就不可能获得充分地发展。因为生产如果离开消费，便失去它内在的目的，人民群众对于提高生产就会缺乏物质兴趣。

因此，社会主义社会必须同时既加速生产的发展，又加速消费的发展。

为了达到上述的目的，就必须向生产资料生产部门和生活资料生产部门同时投入尽可能多的劳动力、机器设备、原材料。但是，每个时期，社会的资源总是有一定的限度的，社会拥有的生产力也是有一定的限度的。更多地给生产资料生产部门增加劳动力、机器设备、原材料，就不能不相应地少给生活资料生产部门增加劳动力、机器设备、原材料；反之也是一样。因此，不但在既要提高生产同时又要提高消费之间存在着矛盾，而且在同时最快地提高生产和消费的必要性同现有生产能力的有限性之间也存在着矛盾，在发展生产资料生产部门同发展生活资料生产部门之间也存在着矛盾。毛泽东同志在《关于正确处理人民内部矛盾的问题》中教导我们说："在客观上将会长期存在的社会生产和社会需要之间的矛盾，就需要人们时常经过国家计划去调节。"编著这本小册子的目的，是试着从我国过去几年的经济建设的实践中，探讨我们是如何解决上述这些矛盾的，从而又多、又快、又好、又省地进行我国伟大的社会主义建设。

一　生产和消费关系的一般原理

物质生产是社会生活的基础。人们要生活，就必须要有食物、衣着及其他物质资料。人们要获得这些东西，就必须进行生产。

人们生产物质资料，就要同自然界作斗争。人们同自然界作斗争，以及利用自然界来生产物质资料，并不是彼此孤立，彼此隔绝，由各人单独进行的；而是以社会为单位来共同进行的。因此，在任何时候和任何条件下，生产都是社会的生产。

社会生产的产品，有的用于生产消费，有的用于个人消费。利用生产资料来生产物质资料，叫做生产消费。利用生产资料来生产生活资料，满足人们的衣、食、住、行等的需要，叫做个人消费。

个人消费的分配，取决于生产资料的分配。例如，在资本主义制度下，生产资料属于资本家，因此，社会生产的产品，也属于资本家。工人阶级被剥夺了生产资料，他们为了不致饿死，不得不为占有他们劳动产品的资本家工作。同资本主义制度相反，在社会主义制度下，生产资料是公共财产，因此，社会生产的产品，属于劳动者自己。

生产和消费相互关系的原理，是从马克思列宁主义再生产理论的基本原理产生出来的。这个原理，在社会主义制度和共产主义制度下都是适用的。社会主义社会在实行计划经济管理的时候，必须运用这个原理。

社会主义社会存在和发展的条件，也同其他任何社会一样，都是连续地进行的物质资料的生产，即再生产。马克思说：生产过程，不问其社会形态如何，总必须是连续的，会周期地不断地重新通过相同诸阶段。一个社会不能停止消费，它也同样不能停止生产。所以，每一个社会的生产过程，如果是在一个不断的联系中，就它的更新之不断的联系来观察，便同时是再生产过程[1]。

物质资料的生产始终是在一定的生产方式之下进行的。生产方式就是生产力和生产关系在物质资料生产过程中的统一。在再生产过程中，既有生产力的再生产，也有生产关系的再生产。生产力的要素是生产物质资料时所使用的劳动工具和劳动对象，以及具有相当生产经验和劳动技能而发动着生产工具并实现着物质资料生产的人。生产关系则是人们在物质资料生产过程中形成的社会关系，即生产资料所有制的形式，不同社会集团的地位及其相互关系，人们所生产的物质资料在社会成员之间分配的情况。

在再生产过程中，再生产着劳动工具和劳动对象，也再生产着劳动力。所以，物质资料的再生产，就是生产资料（劳动工具和劳动对象）和生活资料（满足人们衣、食、住、行需要的生活资料产品）的再生产。

人们在生产中不仅影响自然界，而且自己也互相影响着。他们如果不用适当的方式结合起来共同活动和互相交换其活动，便不能从事生产。为了从事生产，人们便发生一定的联系和关系；只有经过这些社会的联系和关系，才会有他们对自然界的关系，才会有生产[2]。由此可见，物质资料的生产始终是在一定的社会生产关系之下进行的。所以，再生产过程也意味

---

① 马克思：《资本论》第一卷，人民出版社1953年版，第706页。
② 马克思：《雇佣劳动与资本》，载《马克思恩格斯文选》第一卷，莫斯科外国文书籍出版局1954年版，第67页。

着生产关系的再生产。由于人们在物质资料的生产过程中生产关系不同，再生产的特点也就不同，有资本主义的再生产，也有社会主义的再生产。

物质资料的再生产过程，包括以下几个要素：生产、分配、变换和消费。这些要素，都是相互联系的，它们构成有机的统一，其中具有决定意义的是生产。

（一）生产对于消费的作用

我们在前面说过，物质生产是社会生活的基础。人们要生活和生存，就要有食物、衣着、房屋、燃料等消费品。要获得这些消费品，人们就必须从事农业、工业、建筑业等活动来生产它们。人们在生产这些消费品的时候，就要有劳动对象（原料或者材料）和劳动资料（生产工具、土地、建筑物、道路、运河、仓库等）。这些就构成为生产资料。例如，人们要吃饭，就要进行农业生产以获得粮食。而要进行农业生产，就需要有种子、肥料（劳动对象）、土地（劳动资料），再加上人们的劳动，才能生产出来。同样，人们要穿衣，就要进行工业生产，以获得布匹。而要获得布匹，就必须要有棉花（劳动对象）和纺纱机、织布机（劳动资料），再加上人们的劳动，才能生产出来。由此可见，人们要生产消费品，就要生产这些生产消费品的生产资料。人们要生产这种生产资料，也要有一定的生产资料。因此，如果没有生产，则不仅没有个人的消费，而且也没有生产的消费。所以，消费是由生产所决定的，没有生产，也就没有消费。

人们之所以能够消费，是因为有了生产。生产对于消费起着如下作用：第一，生产为消费提供物质对象。生产供应消费以材料、物品，从而创造消费的可能性，产生消费。没有具体的物质对象，就没有消费。例如，人们没有食物，就不能充饥；没有衣着，就不能御寒。所以，没有生产的发展，也就没有生活的改善。第二，生产决定消费的方式。关于这一点，马克思举例说：饥饿总是饥饿，但是用刀叉吃熟肉来满足的饥饿，不同于用手、指甲和牙齿吞食生肉来满足的饥饿。因此，不仅消费的对象，并且还有消费的方式也是由生产生产的[①]。第三，生产唤起消费者的新的

[①] 马克思：《政治经济学批判》，人民出版社1955年版，第155页。

需要。例如，照明可以用豆油灯或者煤油灯，也可以用电灯。而采用电灯照明的需要，则只有在电灯生产出来之后，才有可能发生，如果世界上根本还没有电灯存在，也就不会有什么对于电灯的需要。又如，当收音机、电视机还没有生产出来的时候，人们对它们的需要是没有的；而这些东西一旦生产出来之后，人们对于它们的需要就越来越多了。

马克思对于这个问题，曾有深刻地阐明。他说：就生产方面来说，一、为消费提供物质，提供对象。消费而无对象，不成其为消费；因而，就这方面说，生产创造着、生产着消费。二、但是，生产为消费创造的不只是对象。它给消费以消费的规定、性质、完成……三、生产不仅为需要提供了一种物质，并且它为物质也提供了一种需要[1]。

马克思又说：因此，一定的生产，决定一定的消费、分配和交换，以及这些不同的要素相互间的一定的关系[2]。

（二）消费对于生产的作用

我们说，消费是由生产所决定的，这并不是说，消费对于生产只有消极的依附作用。相反，我们进行生产的最终目的，则是为了满足需要，为了消费。消费在任何时候都积极地影响着生产的发展。

消费对于生产的作用，主要是消费是生产的目的，消费给生产提出需要。没有消费，也就没有生产，因为这种生产是没有目的的。问题很明显，只是由于人民有吃和穿等消费的需要，才有粮食和布匹的生产。如果生产出来的东西没有人去消费，那么，生产就不能继续发展下去。同时，消费给生产提出需要。马克思说：消费从两方面生产着生产。一、因为要在消费中生产物才成为实际的生产物……二、因为消费给新的生产创造出需要……如果没有需要，就没有生产。而消费则把需要重新生产出来[3]。所以，没有消费，也就没有生产。

因为人民不是为生产而生产，而是为满足自己的需要而生产……跟满

---

① 马克思：《政治经济学批判》，人民出版社版 1955 年版，第 154—155 页。

② 同上书，第 162 页。

③ 同上书，第 154 页。

足社会需要脱节的生产是会衰退的和灭亡的[①]。

（三）生产和消费的关系

由上述论断中可以看出：生产和消费的相互关系是密切而不可分的。生产的增长是消费增长的不可缺少的条件、前提和基础，而社会及其成员消费的增长，又刺激着生产的发展。马克思说：如果没有生产，就没有消费，但是，如果没有消费，也就没有生产，因为如果这样，生产就没有目的[②]。生产直接就是消费，消费直接就是生产。每一个直接就是它的对方，可是同时在两者之间存在着一种媒介运动。生产媒介着消费，它创造出消费的资料，没有资料，消费就没有对象。但是消费也媒介着生产，因为正是消费替生产物创造了它们对之成其为生产物的那个主体。生产物要在消费中才得到最后的完成[③]。

马克思说：生产和消费之间是有它的同一性的。一、直接的同一性：生产就是消费，消费就是生产。……二、每一方表现为另一方的手段；以另一方为媒介；这表现为它们的相互依存性。……三、生产不仅直接是消费，而消费也不仅直接是生产；并且，生产不仅是消费的手段，消费不仅是生产的目的——就是说，不仅是每一方都为另一方提供对象，生产为消费提供外在的对象，消费为生产提供观念的对象；它们之中，每一方不仅直接就是另一方，不仅媒介着另一方，并且两者之中，每一方在完成自己的时候创造着另一方，把自己当作另一方创造出来[④]。

由此可见，生产和消费是绝不能相互脱节的。人类社会的存在和发展，完全依赖于物质资料的生产，依赖于生产的发展。生产是人类生存的经常条件，是永恒的必然性。没有生产，就不可能有人类的生活本身。但是，只有保证社会成员起码的消费，才能继续不断地进行生产。生产不能脱离消费而孤立地增长，消费也不能脱离生产而孤立地增长。生产的增长同消费的增长必须相互适应。生产和消费如果发生严重脱节的现象，社会

---

① 斯大林：《苏联社会主义经济问题》，人民出版社，第68页。
② 马克思：《政治经济学批判》，人民出版社1955年版，第154页。
③ 同上。
④ 同上书，第155—156页。

生产就要受到很大的破坏，人们的消费也将受到极端不利的影响。

在再生产过程中，生产是运动的出发点，而消费则是这一运动的终点。消费是生产的最终目的。分配和交换则是生产和消费之间的中间环节。

关于这点，马克思说：在生产中，社会成员利用自然生产物使适于人的需要（生产它，改造它）；分配，决定着个人对这生产物所参与的比例；交换，把个人想用已经分配给他的一份去换的那种；特殊生产物，转交给他；最后，在消费中，生产物变成享受的，个人利用的对象。生产作出适合于需要的对象；分配把它们依照社会法则来分配；交换把已经分配了的东西依照个人需要再作分配；最后，在消费中，生产物脱离这种社会的运动，直接成为个人需要的对象和服役者，在享受中来满足需要。因而，生产表现为出发点，消费表现为终点，分配与交换表现为中介[①]。

（四）在不同的社会经济制度下，生产和消费的关系也是不同的

在资本主义制度下，同在其他私有制度下一样，没有也不可能有生产和消费之间的适合的比例关系。因为资本主义生产的直接目的是资本积累，与此相适应的是物质资料生产者生活水平的低下，即工人阶级、农民物质生活水平的降低，他们绝对的和相对的贫困化，基本群众的消费是被限制在极其狭小的范围以内的，消费常常落后于生产的发展。马克思曾就这个意义来说，资本主义的特征是"为生产而生产"，"为积累而积累"。至于消费，只有在保证取得利润这一任务的限度内，才是资本主义所需要的。在这以外，消费问题对于资本主义就失去意义。人及其需要，就从视野中消失[②]。

但是，商品生产归根到底不是为了生产，而是为了满足人们的消费。资产阶级的手段（扩大生产），必不可免地要同他们的目的（榨取利润）发生冲突。因此，生产和消费之间的深刻的对抗性的矛盾，是资本主义本身所固有的。资本主义的生产是自发地实现着的，它周期地为经济危机所

---

① 马克思：《政治经济学批判》，人民出版社 1955 年版，第 151—152 页。
② 斯大林：《苏联社会主义经济问题》，第 69—70 页。

打断，而最后必将趋于灭亡，为社会主义的生产所代替。

资本主义的生产和消费之间的矛盾在于：国民财富随着人民贫困的增长而增长；社会生产力在增长，而人民消费并没有相应地增长，甚至还有所降低。这个矛盾，是资本主义的基本矛盾——生产的社会性和资本主义私人占有形式之间的矛盾——的表现形式。

同资本主义相反，在社会主义制度下，人民群众需要的增长经常超过生产的增长，并且推动生产前进。社会主义生产的发展，是同人民群众消费的不断增长，他们的物质生活和文化生活的不断改善相结合的。这种生产和消费之间的新的关系，产生于社会主义的生产关系，产生于不再有人剥削人的社会主义制度。所以，社会主义生产方式的特征是无危机的发展和不断地扩大再生产。

由此可见，推动生产发展的是跟生产力的性质相适合的新的生产关系。而阻碍生产发展的是不再跟生产力的性质相适合的旧的生产关系。所以，我们每个革命者都要为坚决地推翻旧的生产关系和建立新的生产关系而奋斗，都要为完成社会主义革命而奋斗。都要为准备过渡到共产主义社会而奋斗。我国人民在推翻蒋介石的反动统治之后，没收了官僚资本主义和帝国主义的企业，变为全民所有制的企业；没收了地主的土地归农民所有；这样，我国的社会生产力就获得第一次大解放。经过三大改造，对农业、手工业、资本主义工商业实行了社会主义改造，把个体的农业和手工业变为合作社经济，把资本主义的工商企业，变为公私合营企业（资本家在一定时期内只拿定息，实际上已逐步地丧失企业的所有权），这样，我国的社会生产力就获得第二次更大的解放。由于这一伟大的变革，我国就基本上解决了个体经济同社会主义工业化之间的矛盾，基本上解决了资本主义所有制同社会主义所有制之间的矛盾，从而基本上结束了我国几千年来阶级剥削制度的历史，建立起社会主义的经济制度。这种社会主义的经济制度，就为我国生产力的迅速发展和人民生活的进一步改善开辟了广阔的道路。

从上述可见，由于社会经济制度的不同，由于生产资料所有制的不同，生产和消费的关系也就不同。资本主义生产的目的，是为了追求高额利润，因此，资本主义的生产只是为了资本家少数人挥霍无度的寄生消费，而广大群众的个人消费，则被限制在极其狭小的范围以内。所以，在资本主义制度下，消费常常落后于生产的发展，生产和消费的联系是间接的，它们之间存在着深刻的、对抗性的、不可克服的矛盾。而社会主义生产的目的，则是为了满足人民消费的需要。在我国社会主义制度下，根据社会主义经济发展的客观规律的要求，在现有生产发展水平的基础上；最大限度地满足人民物质生活和文化生活的消费需要，乃是我们进行生产的直接目的，而不断地提高生产技术水平，使生产不断扩大和完善，则是为了达到这一目的的手段。所以，在社会主义制度下，生产和消费的联系是直接的，人民群众需要的增长，经常超过生产的增长，并且推动生产前进。在这里，生产和消费之间没有也不可能有对抗性的矛盾，而只有着非对抗性的矛盾。解决这种矛盾，就是社会主义国家经济部门和经济组织的任务。

在我们国家里，生产和人民的消费，永远是直接地联系在一起的，生产就是为了满足人民消费的需要。当然，人民消费需要的满足是没有极限的，同样，生产的发展也是没有止境的。生产的不断发展为不断地满足人民的消费的需要提供了物质基础，而人民消费的不断增长又对生产的发展提出进一步的要求。这样，不断地满足人民物质和文化生活的需要，就成了社会主义生产发展的一种动力。党和政府的神圣职责，就是根据社会主义基本经济规律，动员和组织最广大的人民群众的力量，来满足群众自己的需要，实现群众自己的愿望。

二　社会生产的两大部类（生产资料的生产和生活资料的生产）和两种消费（生产消费和个人消费）

前面，阐明了生产和消费的一般原理。同时，也阐明了由于社会制度的不同，由于生产资料所有制的不同，生产和消费的关系也就不同。现在来说明社会生产的两大部类和两种消费。

大家知道，社会生产分为两大部类，即生产资料的生产和生活资料的生产。消费也分为两个方面，即生产的消费和个人的消费。马克思说：这个总过程（按即指再生产过程——作者）包含生产的消费（直接的生产过程），及其媒介的形态变化（从物质方面考察，便是交换），也包含个人的消费，及其媒介的形态变化或交换[1]。

　　生产资料的生产，就是劳动对象（如原料、材料、燃料、半成品，等等）和劳动资料（如生产建筑物、生产设备、运输工具，等等）的生产。整个社会的生产消费，特别是扩大再生产的消费——社会主义基本建设的消费，必须和这一部类生产的发展水平相适应。生活资料的生产，就是消费品的生产（如粮食、肉类、衣着、日用品，等等）。整个社会的个人消费——人民生活的改善，必须和这一部类生产的发展水平相适应。

　　这里应该指出，不能把生产资料的生产和重工业的生产混同为一个概念。当然，重工业生产是构成生产资料生产的主要部分。但是，有些重工业产品的某些部分，还是当做生活资料的（如民用煤炭、民用电力、金属器皿等）。同样，也不能将农业产品都列入生活资料，因为有些农业产品，如棉花、麻类、甜菜、烤烟、羊毛，等等，大部分不是直接的生活资料，而是创造生活资料的生产资料。

　　这里，还应该指出，把社会生产只归结为个人消费，完全是错误的[2]。因为生产资料只能用于生产消费，生活资料只能用于个人消费[3]。

　　很明显，生产资料的生产，如机器、工具、工厂、仓库以及原材料，等等，是不能用于个人消费，而只能用于生产消费的。生产资料的生产不仅是为了满足简单再生产的需要，而且是为了满足扩大再生产的需要的。但是，它不能直接满足人民的个人消费的需要。而生活资料的生产，则是直接用来满足个人消费的需要的。但是，生产资料生产的发展，则是生活资料生产扩展的基本条件。如果没有充足的原料和精良而足够的机器，生活资料的生产是不可能获得充分的发展的。而充足的原料和精良而足够的机器，只有在发展生产资料生产的条件下，才能获得。所以，在扩大再生

---

① 马克思：《资本论》第二卷，人民出版社 1956 年版，第 428 页。
② 列宁：《评经济浪漫主义》，人民出版社，第 22 页。
③ 同上书，第 21 页。

产过程中，生产资料生产要比生活资料生产优先增长，这是经济发展的客观规律。马克思列宁主义者认为，在社会主义制度下，发展生产资料的生产是发展社会生产的手段，而社会生产的目的，则是为了满足人民的消费。所以，生产资料生产和生活资料生产发展的比例关系，是社会主义再生产的最重要的比例关系。正确地处理生产资料生产和生活资料生产的发展关系，对于正确地处理社会主义建设的速度和人民生活改善的程度，也就是说，合理地解决社会主义建设中的积累和消费的关系是有很大意义的。而要正确地处理这些问题，就要很好地研究生产资料的生产和整个社会生产的消费，特别是基本建设消费的比例关系，以及生活资料的生产和整个社会的个人的消费的比例关系。这是经济工作和计划工作中的一个重要的问题。如果我们不充分地发挥群众的积极性和创造性来高速度地发展生产，以便在这个基础上不断地扩大再生产和改善人民生活，或者，不尽可能利用现有的生产资料扩大再生产和合理地利用现有的生活资料来满足人民的需要，那么，社会主义的生产就不能迅速地扩大，人民群众的劳动积极性就不能充分地发挥。那样，我们就会犯保守主义的错误，就不能成为社会主义建设的促进派。如果我们所规划的社会主义基本建设的速度，超过了生产资料生产增长所可能保证的限度，或者我们所规划的人民生活改善的方案，超过了生活资料生产增长所可能保证的限度，那么，这种计划或者方案也就会成为无本之木、无源之水的主观空想。为了使我们的经济计划，特别是基本建设计划和改善人民生活的计划放在既积极又可靠的基础之上，就要认真研究生产和消费的关系，以及积累和消费的关系。这是克服经济工作和计划工作中的主观主义的一种有效的方法。

三　生产资料生产比生活资料生产优先增长，是扩大再生产的经济规律

前一章阐述了生产资料生产和生活资料生产发展的比例关系是社会主义再生产最重要的比例关系。这两大部门社会产品之间发展的比例关系是不能任意规定的。生产资料的构成和生活资料的构成也是不能任意规定

的。在它们之间和它们本身必须保持一定的联系，即比例关系，这是客观的必然性。这种比例关系，应该通过计划经济，加以实现。因此，在扩大再生产过程中，应当根据社会主义基本经济规律和国民经济有计划、按比例发展的规律的要求，正确地处理生产资料生产和生活资料发展的关系，以保证社会主义扩大再生产的不断发展。

马克思的再生产理论关于社会生产分为生产资料生产和生活资料生产的原理，无论对社会主义经济或者共产主义经济都仍然是有效的。社会生产这两大部门之间的比例关系问题，是再生产的极其重要的问题之一。

在扩大再生产条件下，生产资料生产优先增长的原理，是马克思再生产理论的一个基本原理。

在简单再生产条件下，生产资料生产部门的产品，应该用来补偿生产资料生产部门和生活资料生产部门已消耗的生产资料。为了给扩大再生产创造物质基础，就必须使生产资料生产部门所生产的生产资料多于生产资料生产部门和生活资料生产部门所已消费生产资料。关于这个问题，列宁在《评经济浪漫主义》一书中写道：为了扩大生产（绝对意义上的"积累"），必须首先生产生产资料，而要做到这一点，就必须扩大制造生产资料的社会生产部门，就必须把工人吸收到那一部门中去，这些工人也就对消费品提出需求。因而，"消费"是跟着"积累"或者跟着"生产"而发展的[①]。列宁的这些话，虽然是针对资本主义社会而说的，但是，它对于社会主义社会也是适用的。列宁把扩大再生产中生产资料生产比生活资料生产优先增长称为经济规律。

关于这一点，《政治经济学教科书》写道：生产资料（首先是劳动工具）生产的优先增长，是在社会主义生产的一切部门中广泛采用最新技术和逐步提高劳动生产率的必要条件。例如，提高机器制造业和电力生产的比重，就能够实行国民经济一切部门的全盘机械化和电气化，建立共产主义的物质生产基础。

因此，由技术迅速进步伴随着的社会主义扩大再生产的特点，是生产

---

① 列宁：《评经济浪漫主义》，人民出版社，第23—24页。

的不断高涨，在这种高涨中，生产生产资料的部门（第一部类）的增长始终快于生产消费品的部门（第二部类）的增长。同时，在社会主义社会中，消费品的生产也是不断地绝对地增长的，这表现为农业、食品工业和轻工业产量的不断增加，城乡住宅建设的扩大，苏维埃商业的扩展。

只有不断发展重工业（它是社会主义经济基础的基础），才能保证轻工业、食品工业和农业的稳步增长。

第一部类的优先增长是扩大再生产的经济规律，但它并不排斥第二部类各部门在个别时期发展较快的可能性和必要性，以便从共产主义建设的根本任务着眼，来消灭人民消费品生产落后的现象，来保证社会生产第一部类和第二部类达到正确的配合。

苏联重工业的强大的全面的发展，现在不仅给生产生产资料的部门，而且给生产消费品的部门创造了高速度前进的可能性。第一部类各部门和第二部类各部门的发展速度有了这种配合能够：第一，保持第一部类在社会生产中的主导作用并不断加强国防力量；第二，克服前一时期所发生的第一部类和第二部类间的比例失调现象；第三，加紧发展轻工业、食品工业和农业，使人民消费品丰富起来。

共产党和苏联政府提出的保持和加强重工业的主导作用，大力发展轻工业、食品工业和农业各部门，使人民消费品丰富起来的任务，反映了社会主义的基本经济规律的要求[①]。

当然，生产资料生产优先增长的经济规律，并不是在任何社会经济条件下都是如此的。这个规律，只是在社会生产力的发展达到如下水平的时候，即在社会中已经形成机器生产，并且建立起与此相适应的、彼此间有着紧密联系的国民经济各部门的体系的情况下，才发生作用。也就是说，它是扩大再生产的经济规律。

还应该说明：这个规律的作用，不可能在一两年的时间内充分地表现出来。生产资料生产的增长速度快于生活资料生产的增长速度，只有当考察较长时期的国民经济发展情况的时候，才能完全显示出来。

---

① 参见《政治经济学教科书》，人民出版社版 1955 年版，第 586—587 页。

　　苏联 40 年的经济建设的历史，最有力地证明了上述论断。苏联工业的总产量 1957 年超过 1913 年（革命前）水平的 32 倍，而在同一时期，生产资料生产比 1913 年增加 73 倍，生活资料生产比 1913 年增加 12 倍。在工业总产量中，生产资料生产同生活资料生产所占的比重，在 1913 年是 33（生产资料生产）:67（生活资料生产），而在 1957 年则为 70:30[①]。苏联社会主义建设的实践证明，生产资料生产比生活资料生产优先增长，是社会主义扩大再生产的经济规律。

　　在我国，在 1949—1957 年间，工业总产量增加 6 倍多，其中生产资料生产增加 11 倍，生活资料生产增加 4 倍。在工业总产量中，生产资料生产同生活资料生产的比例，已由 1949 年的 28.8:71.2，变为 1957 年的 52.5:47.5。我国社会主义建设的实践，也同样证明了生产资料生产比生活资料生产优先增长，是社会主义扩大再生产的经济规律。

　　那么，在社会主义制度下，生产资料生产部门和生活资料生产部门之间以及它们内部的相互关系是怎样的呢？关于这个问题，《政治经济学教科书》写道：

　　第一，在第一部类的各部门之间进行交换。第一部类所生产的生产资料，一部分仍旧留在第一部类以保证简单再生产。这一部分生产资料用来补偿部分或全部消耗掉的劳动资料和劳动对象（更换用坏了的机器，进行设备的大修理，恢复已消耗的原料储备，等等）。另一部分生产资料则保证第一部类各个经济部门的扩大再生产。例如，煤矿工业和石油工业以燃料供应机器制造业，而从机器制造业获得必需的设备；冶金工业供应建筑工业所必需的金属，同时利用采矿工业的原料来增加金属的冶炼量，等等。

　　这样，在第一部类各部门之间是有计划地交换生产资料，以维持和扩大这些部门的生产的……

　　第二，在第二部类各部门之间进行交换。第二部类的产品是消费品。第二部类所生产的消费品，一部分用于这个部类的工作者的个人消费，通

---

　　① 参见《伟大的十月社会主义革命四十周年》，人民出版社版，第 28 页。

过商品流通渠道同职工的工资和庄员的货币收入相交换。集体农庄生产的消费品，一部分在集体农庄内部分配和消费，不采取商品形式，不通过市场流通渠道。

第三，在第一部类和第二部类之间进行交换。第一部类所生产的生产资料，一部分应当用来补偿第二部类各部门中部分或全部消耗掉的劳动资料，恢复已消耗的原料、燃料及其他材料的储备，以及增加这个部类扩大再生产所必需的劳动资料、原料、燃料和材料的储备。第二部类所生产的消费品，一部分通过商业网同第一部类工作者的工资相交换。第二部类各部门生产扩大和技术进步的速度，首先取决于它们从第一部类取得的生产资料的数量和质量。这就决定第一部类对于第二部类起着主导的作用。

列宁指出：马克思的社会生产第一部类和第二部类之间的对比的公式（$I v + m$ 同 $II c$ 的关系）[①]，对于社会主义和共产主义仍然是有效的。但是隐藏在这个公式后面的社会经济关系却根本改变了。

在社会主义扩大再生产下，一方面，第一部类生产的生产资料数量，必须保证两个部类的生产在高度技术基础上不断增长，并使第一部类优先增长。另一方面，第二部类生产的消费品数量，必须满足两个部类原有的和新参加生产的工作者以及非生产部门的工作者的经常增长的需要。每个时期生产的生产资料和消费品都有一部分用来增加各种后备[②]。

关于这方面的原理，马克思说：在简单再生产下，商品资本I中与 $v + m$ 相当的价值总和（或总商品生产物I中与此相当的比例部分），必须要与总商品生产物II中同样要当作一个比例部分来区分的不变资本IIc 相等[③]。

这个公式就是 $I (v + m) = II c$。这是资本主义简单再生产实现的条件。

从这个公式，可以演变为以下两个公式；

$$II (c + v + m) = I (v + m) + II (v + m);$$
$$I (c + v + m) = I c + II c。$$

---

① 这个公式就是第一部类的可变资本加剩余价值，等于第二部类的不变资本——作者注。

② 参见《政治经济学教科书》人民出版社1955年第一版，第589页。

③ 马克思：《资本论》第二卷，人民出版社1956年版，第496页。

这三个公式，基本上是一个公式，它说明着三个原理。

第一个原理是：两个部类的生产之间要相互平衡。即第一部类的可变资本加剩余价值，要和第二部类的不变资本相等。

第二个原理是：国民收入的原理。这个公式，即 II $(c+v+m)$ = I $(v+m)$ + II $(v+m)$，说明：在第一部类和第二部类的当年劳动所创造的全部新价值，或者说，与此相等的全部物质资料，形成国民收入。也就是说，在简单再生产的条件下，当年生产的消费资料的总和，形成当年的国民收入。因此，要增加国民收入，就要增加投在生产上的劳动，并且提高劳动生产率。

第三个原理是：社会每年生产的生产资料要足够补偿社会每年所消耗的生产资料。这个公式，即 I $(c+v+m)$ = I c + II c，说明，社会的生产要照样维持下去，第一部类的产品，就要足够补偿第一部类和第二部类所消耗的生产资料。

马克思进而分析了社会资本的扩大再生产。他论证了：积累是从第一部类开始；积累的剩余价值部分也要分成不变资本和可变资本；第二部类的积累要同第一部类的积累相适应，等等。

马克思首先假定了一个扩大再生产的表式如下：

I $4000c + 1000v + 1000m = 6000$

II $1500c + 750v + 750m = 3000$

合计 $5500c + 1750v + 1750m = 9000$

马克思对于这个表式作了 5 年的推算，然后说：在五年内扩大再生产的进行中，第 I 部类与第 II 部类的总资本，由 $5500c + 1750v = 7250$，增加为 $8784c + 2782v = 11566$，成为 100：160。总剩余价值原来是 1750，现在是 2782，供消费的剩余价值，原来第 I 部类是 500，第 II 部类是 600，合计为 1100；但在最后一年，第 I 部类为 732，第 II 部类为 746，合计为 1478，成为 100：134[①]。

列宁分析了在技术进步的基础上的扩大再生产的过程，作出对马克思

---

①　马克思：《资本论》第二卷，人民出版社 1956 年版，第 648 页。

再生产图解的极有意义的发挥。他指出，生产资料生产必然比生活资料生产增长得快，而且供生产生产资料的生产，尤其增长得快。列宁根据资本主义扩大再生产过程的分析，所拟定的图解说明，在 4 年之内，供生产生产资料的生产资料的生产，从 100 增长到 136.7%；供生产生活资料的生产资料的生产，相应地增长到 109.5%；消费品的生产，则增长到 106%；而社会总产品则增长到 120%。

列宁说：这样我们看到，增长最快的是制造生产资料的生产资料生产，其次是制造消费资料的生产资料生产，最慢的是消费资料生产[①]。尽管列宁这些计算是针对着资本主义制度下的扩大再生产过程的分析做出的，但是，他对于阐明社会主义制度下扩大再生产的规律性，仍然有着重要的意义。

关于这一点，斯大林在《苏联社会主义经济问题》一书中说，马克思的再生产公式绝不只限于反映资本主义生产的特点；它同时还包含有对于一切社会形态——特别是对于社会主义社会形态——产生效力的许多关于再生产的基本原理。马克思的再生产理论的这些基本原理，例如关于社会生产之分为生产资料的生产和消费资料的生产的原理；关于在扩大再生产下生产资料的生产占优先地位的原理；关于第一部类和第二部类之间的对比关系的原理；关于剩余产品是积累的唯一源泉的原理；关于社会基金的形成和用途的原理；关于积累是扩大再生产的唯一源泉的原理——马克思的再生产理论的这一切基本原理，不仅对于资本主义社会形态是有效的，而且任何一个社会主义社会在计划国民经济时，不运用这些原理也是不行的[②]。

四　我国生产资料的生产和消费

我们发展生产资料生产的目的，不仅是为了满足我国简单再生产的需要，更重要的是为了满足我国扩大再生产的需要。我国生产资料的生产，

①《列宁全集》第 1 卷，人民出版社版 1955 年版，第 71 页。
② 斯大林：《苏联社会主义经济问题》，人民出版社，第 72—73 页。

在第一个五年计划期中，虽然有了巨大的发展，但是，同我国生产消费的需要相比，特别是同扩大再生产的需要——社会主义基本建设发展的需要相比，还存在着很大的矛盾。要解决这个矛盾，最基本的方法，是大力发展我国生产资料的生产。

前面说过，生产资料的生产是社会生产的第一部类，它创造着可以提供生产消费的产品。属于第一部类的有：燃料采掘工业、电力工业、黑色金属和有色金属的采掘、冶炼工业、机器制造业、化学工业，以及农产品原料的生产，等等。它们组成为一个作为劳动资料和劳动对象的、巨大的生产生产资料的社会生产部门。它同为提供社会成员个人消费品的生产生活资料的生产部门结合在一起，构成为社会生产的两大部类。这两大部类的关系，体现着社会生产中最重要的经济联系。它们之间的对比关系，在许多方面决定着国家再生产的发展速度和规模，以及人民生活改善的程度，等等。

第一部类是重工业的生产，它在再生产中起着很大的作用。很明显，人们要生产生活资料，就要有生产工具，就要有生产资料的生产。机械的劳动资料的生产，在生产资料的生产中，具有最重要的意义。马克思把机械的劳动资料的总和，称为生产的骨骼和筋肉的系统。生产资料的生产，主要是保证以装备来供应本生产部门和所有其他国民经济部门的。所以，生产资料生产的优先增长，对于扩大再生产有着决定的意义。

（一）我国生产资料生产的增长

我国在发展国民经济的第一个五年计划期间，生产资料生产增长的速度是很快的。为便于说明问题，暂时撇开农业部门所生产的生产资料，先来说工业部门所生产的生产资料的发展速度。

我国工业部门生产资料的产值，1957 年比 1952 年增长 3.18 倍，平均每年增长的速度是 26%，而原定的计划是 17.8%。生产资料生产这样高的增长速度，在 20 世纪 50 年代是举世无双的。这一点，连我们的敌人，也是不得不承认的。

现在，把一些主要产品的产量增长的情况，列举出来（见下表），说明它们发展的速度。

	1952 年	1957 年预计完成	1957 年为1952 年的%	平均每年增长速度
发电量（亿度）	72.61	193.2	266.0	21.6
原煤（万吨）	6352.8	12402.7	195.2	14.3
原油（万吨）	48.6	145.8	334.7	27.3
生铁（万吨）	190.0	584.5	307.7	25.2
铜（万吨）	134.9	534.4	396.3	31.7
钢材（万吨）	117.0	499.0	425.0	33.5
氮肥（万吨）	19.4	80.4	414.5	32.9
木材（万立方公尺）	1119.8	2786.8	248.9	20.0
水泥（万吨）	286.1	685.9	239.7	19.1
金属切削机床(台)*	13784.0	36341.0	264.6	21.5

* 整个机器制造业按产值计算，在第一个五年计划期间，每年平均增的速度是34.8%。

从上表中，可以看出：在短短的 5 年时间里（1952—1957 年），我国的发电量增加 1.66 倍，原煤生产量增加近 1 倍，原油的生产量增加 2.35 倍，生铁的生产量增加 2 倍多，钢的生产量增加 2.96 倍，钢材的生产量增加 3.25 倍，水泥的生产量增加 1.39 倍，木材的生产量增加 1.49 倍，金属切削机床的生产量增加 1.65 倍，氮肥的生产量增加 3.15 倍。我国生产资料生产的高速度发展，特别是钢铁工业的高速度发展对于我国整个国民经济的发展，特别是对于我国的社会主义工业化，起了很大的推动作用。正如列宁所说：机器劳动的代替手工劳动（一般指机器工业时代的技术进步）要求加紧发展煤、铁这种真正制造生产资料的生产资料生产[①]。

毫无疑问，我国生产资料的这种高速度的发展，是发展我国生活资料生产，以及与此相适应的不断提高人民物质福利水平的必要的物质基础。整个社会生产的一贯增长和生产资料生产的优先增长，是社会主义胜利的基本先决条件之一。

为了说明问题，在生产资料生产的发展方面，还可以把新中国同旧中

[①] 《列宁全集》第 1 卷，人民出版社 1955 年版，第 88 页。

国作一比较。在旧中国，从1900—1948年的49年间，生铁产量总计只有2500万吨，钢产量只有760万吨，石油产量只有280万吨，煤产量只有10.6亿吨。而在新中国发展国民经济的第一个五年计划期间，生铁产量可以达到1926万吨，等于解放前49年总产量的77%；钢产量可以达到1630万吨，等于解放前49年总产量的215%；石油产量可以达到504万吨，等于解放前49年总产量的180%；煤产量可以达到4.6亿吨，等于解放前49年总产量的43%。根据这种情况，完全应当说，我国生产资料生产发展的速度是很快的。同世界上工业发达的资本主义国家相比较，我国生产资料生产发展的速度也是很高的。以钢的生产为例，前面已经说过：我国钢的产量在1952—1957年的5年间，由135万吨提高到500多万吨，而资本主义国家在同样的基础上增加这么多的钢铁产量，法国用了25年，英国用了12年，而日本也用了11年。

（二）我国生产资料消费的增长

这里所说的生产消费，是包括简单再生产和扩大再生产两个方面的生产消费在内的。简单再生产的消费，是对于生产过程中所消耗的生产资料的补偿；扩大再生产的消费，则通过生产性的基本建设的消费来实现。当然，在全部基本建设中，还有非生产性的基本建设，也是要消耗生产资料的。

我国生产资料消费的增长速度，也是很快的。以几种最重要的生产资料的生产消费为例，就可以看出一个基本的趋势。在1952—1956年间，钢材的消费增加3.1倍，其中，生产消费增加2.4倍，基本建设的消费增加5.4倍；木材的消费增加2.2倍，其中，生产消费增加2倍，基本建设消费增加2.9倍；水泥的消费增加3.1倍，其中，生产消费增加0.7倍，基本建设消费增加3.6倍。上面所说的这种生产资料消费增长的速度，显然是很高的。

这里，还没有包括国家每年对于生产资料的必要储备，以及每年对于生产资料的必要的出口。为了消除国民经济发展中，由于估计不足而产生的个别比例失调的现象和为了应付在人力不可抗拒的自然灾害及其他意外的情况下国民经济的顺利发展，国家每年增加一定数量的生产资料的储备是必要的。另外，国家每年出口的生产资料，也是在不断地增加的。例如，在 1953—1956 年间，钢材的出口量增加 19 倍，水泥的出口量增加 1.7 倍。当然，这种出口，是为加强社会主义阵营国家的经济合作和扩大同亚非国家的友好往来所必需的。所以，在考虑生产资料的生产和消费平衡问题的时候，还必须要考虑到生产资料的必要储备和出口。

不仅如此，有些生产资料不仅用于生产消费，而且也用于个人消费，这种用于个人消费的生产资料，是通过商业部门进行分配的。例如，在 1953—1956 年间，国家分配给商业部门销售的生产资料，木材增长 3.7 倍，煤炭增长 0.6 倍。当然，通过商业部门销售的生产资料，也有一部分是用于生产消费或者基本建设消费的，但是，大部分则用于个人消费。个人消费的这一部分生产资料，都是同满足群众日常生活需要密切相关的，在考虑生产资料的生产和消费平衡问题的时候，同样应当尽可能地予以满足。

（三）我国生产资料消费增长的速度超过了生产资料生产增长的速度

从上面所列举的我国生产资料生产增长的速度同我国生产资料消费增长速度的对比中，可以看出这样一个明显的矛盾，就是：我国生产资料消费的增长速度超过了生产资料生产增长的速度，生产资料的生产不能满足生产资料消费的需要。当然，这个矛盾是非对抗性的矛盾。这个矛盾，成为推动生产资料生产发展的一个动力。

在 1952—1956 年间，钢材的生产增加 2.2 倍，平均每年增长的速度是 34%；而钢材的消费则增加 3.1 倍，平均每年增长的速度是 42%。木材的生产增加 0.7 倍，平均每年增长的速度是 15.5%；而木材的消费则增加 2.2 倍，平均每年增长的速度是 34%。水泥的生产增加 1.3 倍，平均每年增长的速度是 23.5%；而水泥的消费则增加 3.1 倍，平均每年增长的速度是 42%。生产资料的生产和消费之间不相适应的矛盾是很突出的。

（四）生产资料的生产和消费之间不相适应的矛盾，是如何解决的

那么，在过去几年中，我们是如何解决这一矛盾的呢？我们解决这个矛盾的办法，除了努力增产、厉行节约这一基本办法（关于这个问题，在下面还要详细讨论）之外，就是有计划地组织生产资料的进口。在我国发展国民经济的第一个五年计划期间，主要生产资料的进口数量，在我国生产资料总资源中所占的比重，根据国家统计局的资料，大约是：钢材约占20%，铜约占6.8%，铝约占24%，汽油约占43.6%，机器设备约占40%（其中，机床约占22.5%，发电设备约占82%）。

上述进口的物资，绝大部分是由苏联和其他社会主义兄弟国家以平等互惠的原则供应我国的。社会主义各国，特别是伟大的苏联，给了我国无私的援助。这是我国社会主义建设得以迅速发展的一个有利条件。

由于我国原有工业基础十分薄弱，解放后，虽然有了很大的发展，但是，不少生产资料国内生产量还不能保证满足全部消费的需要，而必须组织一部分生产资料进口。在第一个五年计划期间，我国生产资料的生产对需要的保证情况，可以概括为以下三种情形：第一种是：全部依靠国内生产供应的有：原煤、生铁、木材、水泥等；第二种是：基本上依靠国内生产而部分依靠国外进口的有：钢材、有色金属、化工原料等；第三种是：国外进口占较大比重的有：橡胶、汽油、柴油、化学肥料、大型和精密机床等。

（五）我国生产资料生产自给程度的提高

虽然如上所述，但是应该指出：我国生产资料的自给率是在日益提高的。在1953—1956年间，由国家分配的生产资料总额中，钢材由国内生产的在1953年为63.6%，到1956年上升为85.8%；有色金属由国内生产的在1953年为61.8%，到1956年上升为91.8%。在上述时期内，金属的自给率，平均约为80%。而在抗日战争前的1936年，钢材的自给率只有21%。锻压设备由国内生产的，在1953年为59.5%，到1956年上升为72%。金属切削机床由国内生产的，在1953年为63.5%，到1956年上升为75.9%。变压器由国内生产的，在1953年为80.6%，到1956年上升为84.8%。在上述时期内，机器设备的自给率，平均约为60%。而在抗日战争前的1936年机器设备的自给率只有23%。烧碱的自给率，1953年为80.4%，1956年上升为99.3%。石油的自给率，平均约为50%。而原煤、木材、生铁、水泥，则全部可以自给。只有化学肥料的自给率下降了，由 1953 年的 96.9% 下降为 1956 年的 42.3%，这并不是国内化学肥料的生产减少了，而是随着农业生产的发展，农业对于化学肥料的需要大大地增加了，而国内化学肥料的生产，虽然有不小的增长，但仍然不能满足需要，因而不得不大量进口化学肥料。所以，化学肥料的自给率不仅没有提高，反而下降了。

（六）生产资料的进口是有一定的限度的

应该看到，由于我国出口能力有一定的限制，因此进口生产资料也是有一定的限度的。我国出口的能力，几年来有很大的增长，例如，单就消费品来说，1957 年就比 1952 年增长 60% 以上。但是，由于在我国的出口总额中，农产品和以农产品做原料的加工品占 75% 左右，而农产品在我们国内也是需要的。因此，农产品出口能力的增长，也是有一定限度的。此外，在出口总额中，矿产类占 15% 左右，而随着我国工业的发展，国内所需要的矿产品量也是很大的。在这种情况之下，要想大量地扩大出口以增加进口，还需要大力发展工农业生产，才能达到。

因此，在规划我国生产资料的消费，特别是规划我国社会主义的基本建设规模和发展速度的时候，如果不是根据本国生产资料增长的可能性，同时又不考虑本国的出口能力，而把希望寄托在国外进口方面，那是会落空的。另一方面，也还要看到，主要的生产资料（如铜材等）的进口，也有一定的困难，例如，在 1953—1956 年我国所消费的钢材中，进口部分所占的比重逐年依次为 49%、30%、28%、14%，比重逐年下降。不仅如此，并且绝对数量也在减少，1953 年进口钢材 86 万吨，而在 1956 年仅仅进口 53.7 万吨，比 1953 年减少了 37%。这种情况，在我们考虑生产消费的时候，也是必须予以注意的。

（七）我们当前的任务就是要建成一个基本上完整的工业体系，生产我国所需要的生产资料

我国生产资料的自给率虽然已有很大的提高，但是，它还不能完全保证国内消费的需要。而且从长远的观点来看，本国需要的重要生产资料，主要是不能依靠进口来解决的。因此，在我国发展国民经济的第一个五年计划期间，我们曾作了很大努力，来发展我国的生产资料生产。在我国工

业总产值中，生产资料的生产，1957 年比 1952 年增长 2.18 倍；在工业总产值中，机械制造工业的产值所占的比重，1952 年是 5.2%，1957 年是 9.6%。生产资料在全部工业总产值中所占的比重 1952 年是 39.7%，1957 年预计将达到 52.5%。这说明了我国生产资料的生产有很大的发展。

中国共产党第八次全国代表大会关于政治报告的决议中说："为了把我国由落后的农业国变为先进的社会主义工业国，我们必须在三个五年计划或者再多一点的时间内，建成一个基本上完整的工业体系，使工业生产在社会生产中占主要地位，使重工业生产在整个工业生产中占显著的优势，使机器制造工业和冶金工业能够保证社会主义扩大再生产的需要，使国民经济的技术改造获得必要的物质基础。建成这样一个工业体系，不但对于促进我国国民经济的全面发展有重大的意义，而且对于加强社会主义阵营各国之间的协作，促进社会主义各国经济的共同高涨，也有重大的意义"。我国人民的任务，就是努力实现这个决议提出的要求。

关于发展工业生产资料生产的问题，还将在第六个问题中详细讨论。

（八）农业为工业所提供的生产资料

在全部生产资料中，除了工业部门所提供的以外，农业部门也提供生产资料。

农业所提供的生产资料，主要是轻工业原料。在我国工业总产值中，以农产品为原料的部分约占 50%。当然，以农产品为原料的，主要是生活资料工业。在生活资料工业中，以农产品为原料的部分，约占 70%。可见，农业可以提供多少生产资料，对于我国工业特别是轻工业的发展，有重大的影响。

在我国发展国民经济的第一个五年计划期间，农业为工业所提供的生产资料，也有很大的增长。以采购价格计算，1957 年预计比 1952 年增长 61% 左右，平均每年增长的速度是 9.8%。农业为工业所提供的生产资料的增长速度，超过了农业本身的增长速度。这说明了农民在支援工业的发展方面是作了很大努力的，农业为工业所提供的生产资料的增长速度是很快的。

农业为工业所提供的生产资料，根据有关方面的统计数字，它们的增长速度如下表所示。

	1952 年	1957 年	1957 年为 1952 年的%	平均每年递增的速度%
粮食（亿斤）	516.3	917.7	178.0	12.2
棉花（万吨）	97.4	109.4	112.0	2.3
油料（万吨）	254.4	344.5	135.0	6.2
烤烟（万吨）	17.1	33.7	197.0	14.5
茶叶（吨）	77900.0	115000.0	148.0	8.2
甘蔗（万吨）	602.0	1071.8	177.0	12.1
甜菜（万吨）	45.0	188.7	418.0	33.0
黄洋麻（万吨）	21.0	27.4	128.0	5.0
苎麻（万吨）	3.0	4.7	135.0	6.2
牛（万头）	200.9	332.5	166.0	10.5
羊（万头）	620.0	969.6	156.0	9.3
生猪（万头）	4807.3	5532.0	115.0	2.5

从上表中，可以看出：首先，在农业为工业所提供的生产资料中，增长最快的是糖料作物。因此，制糖工业的发展也比较快。其次，增长比较快的是烤烟。粮食生产消费的增长也比较快，这主要是用作原粮加工（如碾米、面粉工业）、酿造、大豆榨油，等等。其中，原粮加工增长的速度超过粮食生产增长的速度，是因为有一部分过去用手工加工的，现在改用机械加工了。纺织原料的增长却比较慢，因而也就相当地限制了这个工业部门的发展速度。肉食品原料——牛、羊增长较快，而生猪增长较慢。但是，肉食品工业主要是以猪肉为原料的，因为生猪供应的增长速度较慢，所以也就影响到肉食品工业的发展速度。关于这一方面的问题，将在"生活资料的生产和个人消费"的题目中，另行讨论。

（九）合理安排生产资料的消费

前面论述了我国生产资料生产的增长赶不上消费需要增长的情况，解决这个矛盾的方法，除了前面所说的努力增加和合理安排生产资料的生产以外，还应该合理安排生产资料的消费。根据国民经济发展的迫切需要，合理地安排生产资料的消费，是一个具有政策性的问题。

生产资料的消费，概括来讲，包括生产消费、基本建设消费、出口、国家储备四个方面。其中，国家储备，当然不等于已经消费掉，它是准备用于上述三个方面的消费的，特别是准备用于生产消费和基本建设消费方面去的。因此，在研究生产资料的生产和消费的平衡的时候，应当把国家储备算在待消费的项目中去。这样才能正确地提出对生产资料生产发展的要求。

生产资料的消费，包括上述许多方面，而生产资料的生产，在目前条件下又是有一定的限度的，它不可能同时充分地满足每一个方面的需要。那么，在安排生产资料消费的时候，应当掌握哪些原则呢？也就是说，应当先满足哪一个方面的需要呢？

根据我国过去几年的实践，在生产资料的消费方面，即在分配生产资料的时候，应当在服从整个国民经济计划的前提之下。首先，应当满足对于国计民生关系重大的生产资料生产的需要。这就是要满足重工业部门生产的需要，满足这种需要，也就是为扩大基本建设创造更好的物质基础。如果生产资料生产的消费，得不到适当的满足，那么，基本建设所需要的物质资源，也就没有保证。其次，也是最重要的是满足扩大再生产的需要，即满足基本建设的需要。最后，保证人民生活必需品的需要，因为如果不是这样，再生产也就无法进行。当然，在这样做的时候，如前所说，还应该考虑到必要的出口和国家储备的需要。

总之，生产资料的消费，除了在生产部门的消费和基本建设部门的消费之间，必须作合理的安排之外，在生产部门消费方面，在生产资料的生产部门和生活资料的生产部门之间，也要作合理的安排。在基本建设部门的消费方面，在生产性的和非生产性的基本建设之间；在生产性基本建设消费中，生产资料生产部门和生活资料生产部门的基本建设之间；在生产资料生产部门的基本建设消费中，原材料生产部门和加工制造生产部门的基本建设之间，也要作妥善安排。只有这样，我国的社会主义建设事业，才能又多、又快、又好、又省地进行。

（十）生产资料的消费在生产部门和基本建设部门之间的安排

生产资料的消费在生产部门和基本建设部门之间的安排，在过去几年中，基本建设部门所消费的生产资料的增长速度，虽然大大超过了生产部门所消费的生产资料的增长速度，但是，除了个别产品（如水泥等）以外，生产部门所消费的生产资料的数量，又多于基本建设部门所消费的生产资料的数量。

前面说过，生产消费，特别是社会主义基本建设消费，必须要和生产资料的生产相适应。但是，由于我国目前生产还比较落后，特别是生产资料的生产还比较落后，所以，在社会生产和扩大再生产（基本建设）的需要同现有生产资料的生产水平之间，还存在着很大的矛盾。例如，在1953—1956年的4年间，我国生产资料的生产和基本建设的消费对比关系是这样的：作为基本建设所必需的几种主要的生产资料的生产，每年平均增长的速度如下：钢材为28%左右，木材为6%左右，机器设备为28%左右；而基本建设的消费每年平均增长的速度则为：钢材为40%，木材为27%，机器设备为32%。由此可见，在生产资料生产的增长和基本建设的消费之间的矛盾是很突出的。这里还需要说明，我们在前面所列举的那些生产资料，并不是全部都能够用之于基本建设的，其中，除了机器设备大约有90%是供应基本建设需要之外，其他产品有相当大的部分要用于生产消费。例如，钢材有50%左右、木材也有50%左右，是直接用于生产消费的。而由于我国的生产在日益发展，生产过程中所必需的生产消费也在日益增长。例如，在同一时期内，前面所列举的几种生产资料，用于生产消费的，每年平均增长的速度是：钢材为32%左右，木材为16%左右。由此可见，在生产资料生产的增长和生产的消费之间，也存在着很大的矛盾。

如前面所说，我国生产资料的生产虽然发展很快，但是还不能够完全满足我国现阶段的需要的。在它对于生产部门和基本建设部门的需要不能同时都充分满足的时候，它应当满足哪一方面的需要呢？我国生产资料的生产，原则上先应当满足生产部门最必需的消费的需要。生产资料的生产不仅应当满足大企业生产的需要，而且应当满足中、小企业和手工业生产的需要；不仅应当满足工业生产的需要，而且应当满足农业生产的需要，满足运输部门和国民经济其他各部门和人民生活最必需的需要，因为这不仅是直接关系到千千万万人民群众的生产和生活的大事，而且只有满足了生产的需要和人民生活最必需的需要，才能更好地满足基本建设的需要。因为没有生产，就没有基本建设所需要的物质资源。没有人民群众最必需的生活需要的满足，人民群众建设社会主义的积极性就不能得到最充分的发挥。同时，还应当看到，随着我国生产规模的日益扩大，我国制造能力和机器设备的自给率的日益提高，生产部门对于生产资料的消费，不仅数量将要增多，而且比重也将提高，这是必然的趋势。

当然，这绝不是说，我国生产资料的生产可以不尽一切努力来满足基本建设部门消费的需要。我们所以要先满足生产部门最必需的消费需要，这正是为了更好地满足基本建设部门消费的需要，因为，有了机器设备，有了建筑材料，才能更大规模地进行基本建设。同时，我们在满足生产部门最必需的消费的时候，还尽一切努力来满足基本建设部门消费的需要。

（十一）生产资料的消费，在生产资料生产部门和生活资料生产部门之间的安排

在生产资料的消费方面，在进行生产资料生产的部门和进行生活资料生产的部门之间，应当先满足哪一方面的需要呢？原则上应当先满足生产资料生产部门的需要，因为，如前所说，生产资料的生产是提高整个社会生产的物质基础，没有生产资料生产的增长，生活资料生产的增长将是很困难的。但是，随着我国国民经济的发展，人民生活的改善，人民对于个人消费品，特别是耐用品（如用钢铁或者木料制作的家具、日用品，等等）的需要日益增加，因而生活资料生产部门对生产资料的消费也将逐步提高，这一点，也必须加以注意。

（十二）基本建设的规模和发展速度根据什么来确定

前面，主要说明了生产资料的生产消费，现在来说生产资料的基本建设的消费。基本建设的消费，即基本建设的规模和发展速度是根据什么规定的呢？就物质形态来说，它受着两个方面的制约：一方面是生产资料生产增长的可能性；另一方面是在满足人民必要的生活消费的条件下积累增长的可能性，这里来探讨我国基本建设的发展和生产资料生产的增长之间的关系。

　　无疑，进行社会主义基本建设的目的，是为了扩大再生产，是为了给改善人民生活创造更好的物质基础。可是，基本建设主要是对明天生产的发展起作用，而今天的基本建设规模和发展速度，基本上还是由今天生产的发展水平所决定的。谁都知道，进行基本建设必须要有相应的钢材、水泥、木材、机器设备等生产资料的保证，以及在生产发展的基础上不断增加的财力的保证。而这种物力和财力的基础就是今天的生产。能不能指望大量进口生产资料来满足我国基本建设的需要呢？前面已经说过了，进口必须要有相应的出口来支付，而出口的多少，还是取决于今天本国的生产水平。由此可见，应当根据本国生产发展的速度，特别是基本建设所必需的生产资料生产增长的速度，以及随着生产发展而增加的财政力量的可能，并且在不影响人民生活可能和必要的改善的条件下，适当地安排基本建设发展的规模和速度。

　　（十三）基本建设部门的消费在生产性和非生产性的基本建设之间的安排

　　在基本建设部门对于生产资料的消费方面，在生产性的和非生产性的基本建设之间，必须作适当的安排。毫无疑问，在基本建设对于生产资料的消费方面，原则上应当先满足生产性的基本建设的需要。不如此，我国的扩大再生产就不能顺利进行。但是，一定比例的非生产性的基本建设（例如，职工宿舍以及文化福利设施，等等），也是必需的，否则，生产性的基本建设也不能充分地发挥作用。从 1952—1955 年，在我国全都基本建设的投资中，非生产性的基本建设，历年所占的比重，依次是：33.6%、41.4%、33.9%、24.2%，4 年平均约为 30.4%；其他为生产性的（如工厂厂房、设备、铁路、公路、邮电、仓库，等等）基本建设。显然，前一两年由于生产性基本建设的设计、设备都准备不及，所以，在基本建设中，非生产的投资略多一些。但在以后几年中，非生产性的基本建设投资大大减少了。这是完全必要的。因为在一定的基本建设投资下面，非生产性的建设过多了，就将相对地减少生产性基本建设的投资，妨碍生产的扩大。当然，不搞必要的非生产性建设，也是不行的，那样，生产性的基本建设的充分利用，和人民生活的必要和可能的改善也会受到不利的影响。但是，目前主要的问题是非生产性建设的投资比例太大了，应当作必要的压缩。

（十四）　生产性的基本建设消费，在生产资料生产部门和生活资料生产部门之间的安排

在生产性基本建设对于生产资料的消费方面，在生产资料生产部门和生活资料生产部门的消费之间，也应当作适当的安排。当然，原则上应当先满足生产资料生产部门基本建设消费的需要。因为生产资料生产部门的扩大是生活资料生产部门扩大的先决条件。但是，如前所说，前者是不能直接提供人民以个人的消费品的，只有适当地发展后者，才能直接满足人民个人消费的需要。而个人需要的适当满足，则是社会主义生产发展的动力之一。所以，在优先发展生产资料生产的同时，必须积极地发展生活资料的生产。在我国发展国民经济的第一个五年计划期间，对工业部门的基本建设投资中，属于生产资料生产部门的约占85.6%，属于生活资料部门的约占14.4%。由于过去几年中，我国人民的购买力还较低，而生活资料生产部门的潜力还较大，所以，上述的比例还是适当的，这可以从我国人民生活历年有所改善和物价稳定得到证明。但是，应该看到，过去的一些条件正在变化中，人们的购买力在日益提高，生活资料生产部门的潜力正在不断地被挖掘出来，更重要的是农业生产正在飞快地发展，在这样的条件之下；就必须有计划地增加对生活资料生产部门基本建设的投资，以满足人民个人消费的需要。在个人的消费需要得到适当满足的条件下，就可以从经济上把社会主义工业化的事业和人民群众的切身利益紧密地结合起来，从而更好地发动广大群众建设社会主义的积极性。如果片面地强调生产资料生产的发展而不注意生活资料生产的发展，或者是说，如果只强调重工业的发展而忽视农业和轻工业的发展，这就会把工业化和人民群众的切身利益对立起来。这样做，也许重工业可能在一定时期内获得某种畸形的发展，但是，整个国民经济的发展和人民生活的改善，就会受到严重的阻滞；反过来，必将推迟重工业的发展。这样，重工业的发展不但不会很快，而且还可能比较慢一些。所以，我们在优先发展生产资料的同时，必须注意生活资料的发展，使这两大部类的生产的发展，取得

平衡。

（十五）生产资料生产部门的基本建设消费，在原材料生产部门和加工制造部门之间的安排

在生产资料生产部门的基本建设对于生产资料的消费方面，在原材料生产部门和加工制造生产部门之间，也要作合理的安排。无疑，机械制造业是我国工业的心脏，它的强大和发展是我国进行国民经济的技术改造的物质基础。正是因为如此，我们才大力进行机械工业的建设，我国的机械工业在整个工业产值中所占的比重，1946 年为 1.7%，1957 年已达到 9.6%。我国的一些新的制造企业已经建成或者即将建成，如汽车工厂，飞机工厂，各种机械、电机制造厂，以及即将建成的拖拉机厂、重型机械厂，等等。一些原有的企业经过扩建、改建或者初步的技术改造之后，也可以进行某些重要设备的制造了，如火车头制造厂、发电机制造厂、锅炉制造厂、工具机制造厂，等等。这就是说，我国的制造工业，已经不同过去那样是"一张白纸"了，我国已经开始有了自己的制造工业，并且在日益扩大之中。在这种情况下，我国的原材料采掘和冶炼工业，就更加不能满足制造工业的需要了。这种机械制造工业对于原料和材料的越来越多的需要和采掘、冶炼工业不能满足这种需要之间的矛盾，已经日益明显。因此，有一些制造工厂虽然已经建成，但是，由于原材料在数量和品种上供应不足，而不能充分利用，以发挥其生产能力。所以，我们应当加速原材料工业的基本建设以克服这一薄弱环节。同时，在发展原材料工业的时候，又应当注意使采掘工业和冶炼工业的发展结合起来。在机械制造工业的发展方面，则着重发展我国目前所急需的重型机械和工农业进行技术革命所必需的各种机械的制造能力。只有这样，我们的国民经济才能更加迅速地向前发展。

（十六）生活资料生产部门的基本建设消费在农业部门和轻工业部门之间的安排

生活资料生产的扩大，在很大程度上决定于农业的发展。例如，面粉工业、榨油工业、制糖工业、纺织工业等的发展，先要取决于农业中小麦、油料作物、糖料作物，棉花和麻类的增产程度。因此，要发展生活资

料的生产，必须把农业的发展和轻工业的发展结合起来。如果盲目地扩大轻工业生产部门的基本建设，而不考虑农产品原料的供应是否有保证，那就会造成极大的浪费。当然，轻工业生产部门的基本建设，如果不随着农业，特别是农业经济作物生产的发展而有计划地扩大，就不利于生产的发展和人民生活的改善。

过去，由于农业生产的发展不能满足轻工业生产发展的需要，因此，在生活资料生产部门的基本建设对于生产资料的消费方面，在农业部门和轻工业部门的安排上，必须优先地注意农业部门的发展，只有农业发展了，轻工业部门才有原料，才能够获得顺利的发展。

（十七）非生产性基本建设消费的安排

在非生产性基本建设的消费方面，应当在适当地满足人民需要的条件之下，尽可能地缩小非生产性基本建设的消费，相应地扩大生产性基本建设的消费，这是为进一步增加非生产性基本建设消费创造物质前提。

非生产性基本建设的消费，应当从当前最大多数人的需要出发，即有计划地建设那些为广大群众所迫切需要的基本建设，如集体宿舍、食堂、门诊所、学校以及其他服务性的行业的建筑，等等。这种建筑应该力求简朴省钱。只有这样，才能建筑更多的东西，为更多的人服务，并且节约必要的生产资料来扩大生产性的基本建设。

党和政府对于人民生活的改善是一贯关怀的。在第一个五年计划期间，国家投资新建的职工住宅面积约近1亿平方米，所用投资即达70余亿元。为劳动人民建造这么多的生活福利建筑，在我国历史上是空前的。千千万万的劳动者得到了好处。但是，也应当看到，上述建筑，有些是必需的，有些则不是必需的。有些必需的建筑，其造价也是可以大大降低的。在第一个五年计划期中，用在非生产性建设方面的投资约占基本建设投资总额的24%。这个比例是很大的，今后应该适当降低。这样，就可以增加生产性的建设。同时，根据前国家建设委员会的资料，如果按照国家当前的经济水平，适当地降低民用建筑的标准，适当地压缩居住面积定额，适当地少建楼房，多建平房，就可以在住宅建设方面节约投资1/4—1/3。其他公共福利建筑，采用简易的结构修建，也可以节约投资 1/4 左右。例如，北京市虎坊桥北京工人俱乐部，全部造价 193 万元，每平方米造价 175 元，共有 1412 个座位；而北京市西郊三里河建筑工人俱乐部，全部造价 7.2 万元，每平方米造价 41 元，共有 1300 个座位。用虎坊桥工人俱乐部的投资，可以建设像三里河那样的建筑工人俱乐部 26 个，可以多增加 3 万多个座位。又如，不久以前落成的国家经济委员会办公大楼每平方米的造价是 141 元，文化部办公大楼每平方米的造价是 117 元，而国家技术委员会办公楼每平方米的造价只有 49.4 元，如果去建筑像国家技术委员会那样的办公楼，就可以多建设好几个办公楼。可见，在非生产性基本建设方面，在不断满足人民需要的条件之下，适当地节约生产资料的消费，是完全可能的。

小　结

我国的生产消费，特别是基本建设的消费，必须同我国生产资料的生产基本相适应，我国国民收入中积累基金的增长，特别是基本建设的规模和速度，必须同我国生产资料生产增长的速度基本相适应。

在第一个五年计划期间，我国工业和农业的总产值每年的增长率大约是 10.9%，工业生产每年的增长率大约是 19.2%，农业生产每年的增长率大约是 4.5%。在工业生产中，生产资料生产每年的增长率大约是 26%。社会主义基本建设的投资每年的增长率有时增长得快，有时增长得较慢，如果以平均增长速度计算，大约在 25%。社会主义基本建设支出在国家财政支出中所占的比重在 37%—40%。第一个五年计划期间，这样的社会主义基本建设的规模和速度，从整个国家的物力和财力来看，是适当的。同时，这样的社会主义基本建设的规模和速度，对于人民生活的逐步改善不仅没有妨碍，而且有促进作用。反之，如果缩小基本建设的规模和降低它的发展速度，而把社会主义基本建设的投资削减下来，用以改善人民的生活，那么，不仅将延缓社会主义建设的速度，而且从生活资料（主要是农业和轻工业产品）生产的发展水平来看，也是没有保证的。

五　我国生活资料的生产和个人消费

（一）我国生活资料的生产

我们进行生活资料生产的目的，是为了不断地满足人民个人消费的需要。我国生活资料的生产，几年来，虽然有了一定的发展，但是，依然赶不上我国人民个人消费增长的需要。这个矛盾，要在生产资料生产不断增长的基础上，大力发展生活资料的生产，才能逐步地解决。

生活资料的生产，提供人们以食物、衣服、鞋袜、用具、住宅，等等。它一般是用来满足人民个人消费的需要的；它是用于非生产性的消费的。

社会主义生产的目的，是保证最大限度地满足整个社会经常增长的物质和文化需要。社会主义生产，在高度技术基础上不断地增长和完善，则是达到这一目的的手段。在社会主义制度下，社会生产的生产资料生产部门和生活资料生产部门，是当作国民经济的统一的整体的两个组成部分，在生产资料生产优先增长的基础上共同发展的。生产资料生产不断地发展，就可以保证生活资料生产不断地增加。生活资料同生产资料一样，也是由物质生产部门所创造的。在我国目前的条件下，生活资料的大部分是由农业部门生产出来的。

研究生活资料的生产和个人消费，对于社会消费基金和社会购买力的合理安排，特别是对于职工工资福利费用的安排，对于农民购买力的安排，具有重大的意义。工人、农民、知识分子以及其他阶层生活的改善，必须和生活资料生产的增长相适应。否则，生活的改善，就没有物质保证。

1. 我国生活资料生产的增长

我国生活资料生产增长的速度，同样也是相当快的。1957 年我国工业、农业、手工业所生产的生活资料的总额，比 1952 年大约增长46.5%，平均每年增加约 38 亿元（按 1952 年不变价格计算）；每年增长速度是 7.9%。如果按商品零售总额计算，则增长 55.4%，每年增长的速度是 9%，同其他国家相比较，这样的增长速度是比较快的。

在我国所生产的生活资料总额中，如果扣除每年国家必要的出口和储备，平均每年增加约 34.1 亿元，每年增长的速度是 7.2%。

上述生活资料的计算，是从工业和手工业所生产的生活资料的产值中，扣除各行业在生产上和计算上的重复部分，扣除消费品用作生产资料的部分（如工业用布、工业用盐，等等），再加上生产资料生产用于居民生活的部分（如煤炭、电力、煤油，等等）而得出来的。农业所生产的生活资料的计算，是在农业总产值的基础上，扣除种子、饲料以及工业加工用的农产品（这一部分算在工业内）等而得出来的。

我国人口增殖率比较高，平均每年增长 2.2%，也就是说，按现有人口计算，全国人口每年大约要增殖 1300 万人。这个增加的人数，按全国现时的平均消费水平计算，大约需要消费品 10.5 亿元。这样，在每年平均可以增加的生活资料总额中，大约有 30% 是用于新增加的人口的消费；其余 70%，则用于改善全体人民的生活。

按照上述的计算，1957 年每人平均的消费总额，比 1952 年增加 27.2%，平均每年增长的速度是 4.9%。在我国现时经济还比较落后的条件之下，我国人民的生活，每年平均能够有这样的改善，已经是相当好的了。

在我国发展国民经济的第一个五年计划期间，生活资料生产总额中，按生产部门来划分，农产品大约占 52%，这主要是粮食、肉类、蔬菜、蛋品，等等；工业品大约占 48%，主要是布匹、呢绒、针织品，以及其他生活用具、用品，等等。在工业品中约有 70%，是以农产品为原料，经过加工制造成的；其余 30% 是用工业品为原料制造成的。总之，我国生活资料的增长，约有 85%，是由农业增产所决定的。

在发展我国国民经济的第一个五年计划期间，我国农业部门和工业部门所生产的生活资料，都有相当的增长。但是，其中增长最快的是使用工业品为原料所制造的消费品，它每年增长的速度是 17.2%。增长比较快的是用农业产品为原料经过加工制造的消费品，它每年增长的速度是 12.2%。增长比较慢的是农业所生产的消费品，它每年增长的速度是

4.6%。当我们研究我国生活资料增长问题的时候，必须很好地研究我国农业增产的问题。

2. 我国农业所生产的生活资料

如前所述，在我国的生活资料中，约有85%是依靠农业的。也就是说，全国6亿多人口的吃饭、穿衣问题的解决，主要指望于农业的发展。在我国发展国民经济的第一个五年计划期间，我国的农业生产，虽然有两年遭受重灾，但是，农业总产值仍然有巨大的增长，以1952年的不变价格计算，1957年的农业总产值比1952年增长了24.7%左右，超过了第一个五年计划规定的23.3%。

1957年粮食产量预计可达3700亿斤左右，超过第一个五年计划增产指标的1.9%。棉花产量可达3280万担左右，也比第一个五年计划规定的增产指标超额10万担完成任务。其他各种经济作物、油料和畜牧业都有不同幅度的增加。

农业增产任务的胜利完成，基本上保证了国家工业化的发展，国民经济的高涨和人民生活的改善。我国粮食和棉花的产量，按全国平均人口计算，1949年全国每人平均只有388.1斤粮食，1952年每人平均可达554.4斤，1957年每人平均达到562.7斤。1949年全国每人平均只有1.6斤棉花，1952年每人平均可达4.42斤，1957年提高到每人平均4.99斤。这是一个很大的变化。农业的发展，是发展国民经济、提高人民生活水平的一个极重要的条件。没有农业的发展，国民经济的全面高涨，人民生活的不断改善，是不可能的。

在1952—1957年间，农业提供给全社会的生活资料商品总额，按零售价格计算，大约增长36%，平均每年增长的速度是6.3%。这应当说是不慢的。我国农民为了国家的社会主义工业化，付出了辛劳，是有很大的贡献的。

但是，应当指出，虽然我国的农业有了上述的发展，可是还赶不上整个国民经济发展的需要。有许多以农产品为原料的轻工业部门，由于农业所供应的原料不足，而不能充分利用其生产能力。例如，纺织工业、制油工业、制酒工业、制糖工业、烟草工业，等等，都在不同程度上存在着这样的问题。而在人民需要方面，随着我国国民经济的不断发展，不仅希望吃得更多一些和更好一些，而且也希望穿得更多一些和更好一些。这些都要求农业有进一步的发展。所以我们必须在重工业优先发展的条件下，工业和农业同时并举，以便把我国建设成为一个具有现代工业和现代农业的国家，大大地提高工业产量和农业产量，以满足我国人民消费的需要。

3. 我国工业所生产的生活资料

我国生活资料的生产，除了农业部门所提供的以外，就是由工业部门所提供的，主要是轻工业部门所提供的。工业部门所提供的生活资料，约占我国生活资料总额的48%，但是，其中70%是依靠农产品为原料的轻工业。

我国轻工业部门的生产，在我国发展国民经济的第一个五年计划期间，大约增长89.7%，平均每年增长的速度是13.7%。此外，在同一时期内，我国的手工业部门的生产，大约增长86.0%。平均每年增长的速度是13.2%。轻工业和手工业所提供的生活资料的增加，对于我国人民在衣着、用品、用具方面的改善，起了很大的作用。

但是，同先进国家相比，我国工业部门所生产的生活资料还是很不够的。例如，在棉布的生产方面，按全国人口平均计算，目前我国每人只有14.75公尺，而苏联每人则有27.4公尺（都是按1956年的生产量计算的），我国只相当于苏联的1/2。所以，我国轻工业部门所生产的生活资料，必须有进一步的发展，才能满足人民日益增长的物质生活和文化生活的需要。同时，对于占全国零售商品总额9%的手工业产品，也必须给以足够的重视。在手工业合作化的基础上，有计划地积极地组织手工业生产，对于增加我国人民生活资料的供应，也有重要的意义。

4. 按用途来划分的生活资料的构成以及它们的增长速度

在我国的生活资料总额中，如果按吃、穿、用和燃料四大类用途来划分，那么，以吃的占第1位，为62%；穿的占第2位，占15%多一点；用的占第3位，占15%少一点；燃料占第4位，约占8%。由此可见，要解决我国的生活资料问题，首先，应当解决吃的问题，吃的问题解决了，生活的全部问题就解决了一大半。其次，应当解决穿的问题。吃的问题和穿的问题，在目前情况下，都是同农业的发展直接有关的，农业发展了，这两个问题就好解决了。再次是用的问题，这个问题，是应当由工业部门来解决的。最后是燃料问题，这也是应当由工业部门来解决的。近年来，煤炭、煤油的生产，虽然都有较快的增长，但是同人民的需要相比，还是不相适应的。增产民用煤炭和煤油，还是一个严重的任务。

按用途来划分，各类生活资料也都有所增长。其中，增长最快的是用的部分。它在全部生活资料中所占的比重，已由 1952 年的 12.7%，提高到 1957 年的 16.5%。平均每年增长的速度是 13.7%。穿的部分，增长也比较快，它在全部生活资料中所占的比重，由 1952 年的 13.9%，提高到 1957 年的 14.3%，平均每年增长的速度是 8.5%。但是，应当说明，穿的部分的增长情况是不稳定的。在 1952—1957 年间，它在全部生活资料中所占的比重：1952 年是 13.9%，1953 年是 15.7%，1954 年是 16.1%，1955 年是 13.8%，1956 年是 15.6%，1957 年是 14.3%，这是受了棉花生产丰歉的影响所致。吃的部分，在全部生活资料中所占的比重虽然由 1952 年的 65.1% 降为 1957 年的 60.3%；但是，它的绝对额是有所增长的，1957 年比 1952 年增长 37.5%。燃料部分，在全部生活资料中所占的比重也有所下降，由 1952 年的 8.3% 降为 1957 年的 7.8%；但是，它的绝对额也是有所增长的，1957 年比 1952 年也增长 37.5%。这种情况说明了，在全部生活资料中，用的部分上涨最快，穿的部分增长也较快，吃的部分和燃料部分增长较慢。

在我国的生活资料总额中，吃的部分所占的比重，虽然有所下降，但是每年仍占 60% 以上。吃的部分在全部生活资料中占有这样高的比重，在世界各国是少有的。这说明，我国经济的发展和人民生活的水平还是比较低的。我国同其他国家的生活资料总额中吃的、穿的、用的各部分构成的比例比较如下表所示。

从表中可以看出，在生活资料总额中，吃的部分所占的比重以我国为最高；穿的部分所占的比重，我国居于中间地位，用的部分所占的比重，以我国为最低。当然，我国同这些资本主义国家是不能类比的。但是，这些材料说明，我国在加速农业的发展，适当满足人民对于吃的和穿的需要的同时，尽可能地多生产一些人民日常生活用品和用具，也是改善人民生活，提高人民消费水平的一个重要的方面。

	中国	日本	加拿大	丹麦	瑞典	挪威
生活资料总额	100.0	100.0	100.0	100.0	100.0	100.0
吃的部分	62.3	54.2	51.4	50.3	44.2	43.2
穿的部分	14.8	6.3	18.2	19.5	18.1	13.6
用的部分	22.9	39.5	30.4	30.2	47.7	43.2

注：在这个表中，我国的数字是 1953—1957 年的平均数。其他国家的数字是根据联合国统计局所编的《1938—1948 年国民收入》的统计推算的，其中日本为 1944 年的数字，其他国家为 1948 年的数字。

5.38 种主要的生活资料生产的增长情况

为了进一步观察我国生活资料生产增长的情况，这里列出主要的 38 种生活资料来进行研究（见下面的表）。

一、吃的部分有 11 种

品名	1952 年产量	1957 年产量	1957 年为 1952 年的百分比（%）	平均每年增长的速度（%）
粮食（亿斤）	3087.9	3700.0	119.8	3.7
食用植物油（吨）	1815944.0	2314717.0	127.5	5.0
猪（万头）	8976.5	14470.0	161.2	10.0
食糖（吨）	451141.0	873804.0	193.7	14.1
食盐（万吨）	346.0	689.7	199.3	14.8
茶叶（百万担）	16478.0	26600.0	161.4	10.0
酒类（万吨）	68.2	74.9	128.7	5.1
水产（吨）	1666266.0	2262437.0	135.8	6.2
卷烟（箱）	2649888.0	4456000.0	168.2	11.0
罐头（吨）	14446.0	50812.0	256.9	21.0
乳制品（吨）	2515.0	7937.0	328.0	26.8

* 包括进口部分。

二、穿的部分有 10 种

品名	1952 年产量	1957 年产量	1957 年为 1952 年的百分比（％）	平均每年增长的速度（％）
棉布(万匹)	11163.4	14619.2	131.0	5.5
呢绒(千米)	4233.0	16190.0	382.5	30.7
绸缎(千米)	64758.0	145399.0	224.5	17.5
毛线(千公斤)	1979.5	5200.0	262.7	21.3
汗衫背心(千打)	2875.0	9566.0	332.7	27.0
袜子(千打)	29930.0	36463.0	121.8	4.0
棉毛衫裤(千打)	800.0	1926.0	240.7	19.0
卫生衫裤(千打)	1898.0	4091.0	215.5	16.5
胶鞋(千双)	61693.0	116810.0	189.3	13.6
絮棉(万担)	198.78	499.2	251.0	20.0

三、用的部分有 17 种

品名	1952 年产量	1957 年产量	1957 年为 1952 年的百分比（％）	平均每年增长的速度（％）
火柴(千件)	9112.0	10352.0	107.1	1.5
自行车(辆)	170000.0	800000.0	470.5	36.3
收音机(台)	17071.0	295300.0	1668.3	75.0
热水瓶(千个)	8208.0	20944.0	269.4	22.0
铅笔(千支)	1939000.0	484760.0	250.0	20.0
金笔(千支)	5088.0	10061.0	197.7	14.5
钢笔(千支)	31699.0	39978.0	126.1	4.7
肥皂(吨)	117212.0	242081.0	206.5	15.5
磺砇药类(吨)	80.6	1740.0	2161.0	80.3
青霉素(亿单位)	459.6	140000.0	28910.0	310.0
搪瓷口杯(千个)	18000.0	26237.0	145.7	7.7
搪瓷面盆(千个)	8800.0	19706.0	224.0	17.5
民用煤炭(万吨)	2374.0	5575.0	234.8	18.5
民用煤油(吨)	71591.0	190000.0	265.3	21.5
民用电(亿度)	9.4	17.9	180.5	12.5
民用纸(万吨)	11.3	23.4	206.6	15.5
毛巾(千打)	18640.0	23375.0	125.4	4.5

上述的 38 种主要生活资料的产值，约占全部生活资料总额的 70% 左右。这 38 种主要生活资料每年总的平均增长速度是 5.4%，这就是在过去几年我国经济发展的条件下，人民生活改善的可能程度的一种界限。在这 38 种主要的生活资料中，吃的部分有 11 种，每年平均增长的速度是 5%；穿的部分有 10 种，每年平均增长的速度是 5.2%；用的部分有 17 种，每年平均增长的速度是 17.3%。按 38 种主要的生活资料计算，吃、穿、用三部分的增长速度，同前面总的计算不一样，这是因为它们所包括的内容不同。但是，从这 38 种主要生活资料的计算中，更可以明显地看出：用品增长较快，而吃、穿两项增长较慢。这种情形，同前面所说的一样，生活资料增长上不去，主要是吃的和穿的增长上不去，这是受了农业生产发展速度的限制。所以，要进一步改善我国人民吃和穿的条件，就要加速农业生产的发展。

（二）我国生活资料的消费

1. 我国人民消费基金的增长

同前面所说的我国生活资料的生产基本相适应，在我国发展国民经济的第一个五年计划期间，在全国国民收入中，用于消费基金的部分，预计将增长 36.8%，平均每年增长的速度是 6.5%。在扣除了社会性的消费，再加上每年人口增殖率 2.2%，这样，按人口平均计算的消费水平，每年平均增长 4.6%。这种消费水平增长的速度，同我国农业生产发展的速度是大体相适应的。因为在我国的生活资料总额中，农产品或者依靠农产品加工的工业品就占 85% 左右。所以，在目前条件下，农业生产发展的速度，基本上也就决定了我国按人口平均计算的消费水平提高的速度，根据我国当前工农业生产特别是生活资料生产发展的情况来看，我国人民消费水平提高的速度是不算慢的。我国人民的生活水平在不断地提高。

在我国发展国民经济的第一个五年计划期间，在我国的消费基金总额中，居民个人的消费基金大约占 91.8%，集体性的消费基金大约占 2.9%，社会性的消费基金大约占 5.3%。由于社会性的消费基金的节约，特别是节减军政费用的结果，这一部分消费基金，在全社会消费基金中所占的比重，已由 1952 年的 6.9% 降为 1957 年的 5.2%，这样，就有利于国家资金的积累和居民个人消费水平的提高。

由于我国国民收入中消费基金总额有较快的增长，所以，我国各阶层居民的消费水平也相应地提高了。全国职工每人每年平均的消费额，1952年大约是 167.7 元（按 1952 年不变价格计算，下同），1957 年大约是 211.8 元，即在 1952—1957 年间，职工（连家属在内）每人的消费额，提高 26.3%。农民每人每年的平均消费额，1952 年大约是 83.2 元，1957年大约是 98.7 元，即在 1952—1957 年间农民每人的消费额提高 18.6%。职工同农民个人消费水平提高的速度是略低于全部消费基金增长的速度的，这主要是由于人口增加和社会集体福利事业增长的缘故。在同一时期，人口的增殖率每年平均递增 2.2% 以上，社会集体福利则有很大的增长。

2. 我国人民购买力的提高

我国所生产的生活资料，一部分是由生产者直接消费的，例如，农民自产自用的农产品，这部分占农产品总额的 60% 左右。这说明，我国农业的商品率还是不算高的。但是，随着农业合作化和农业生产的发展，随着国家对于粮食、棉花、油料作物等的计划收购、计划供应政策的实施，农产品的商品率正在不断地提高。另一部分是通过商品流通的部分，这就是农业合作社和农民个人所出售的除了自产自用和必要储备以外的农产品，以及工业和手工业部门所生产的属于生活资料的产品。

通过商品流通部分的生活资料的消费，是经由人民的购买力来实现的。由于农民的大部分生活资料是自产自用而不是通过商品流通过程的，所以就不能把消费基金的增长同社会购买力的增长混同起来。

在我国生产资料迅速增长的基础上，在我国生活资料不断增长的同时，我国人民的购买力也在不断地提高。在发展我国国民经济的第一个五年计划期间，我国人民的购买力大约提高 71% 以上，平均每年增长的速度是 11.3%。这是我国人民生活改善的主要标志。我国人民购买力如此迅速地提高，在资本主义国家是不可想象的，而在我们国家则是活生生的事实，这说明了社会主义社会制度的优越性。

我国人民购买力的提高，主要原因有以下两方面：

第一是职工的工资总额增长较快。在我国发展国民经济的第一个五年计划期间，全社会的职工总数，大约增加 869 万余人，增长 55%。职工的平均工资增长 42.7%，因而使全社会的工资基金增长 1.31 倍。这说明党和人民政府对于改善职工生活的一贯的关怀。

第二是农业的增产，农业增产不增税的政策的执行，农产品的采购价格的提高，因而增加了农民的购买力。在我国发展国民经济的第一个五年计划期间，农业生产增长了 24.7%；农产品的采购价格大约提高 21%，其中，粮食类的采购价格提高 16.6%，猪的采购价格提高 40.7%。同时，执行了农业"增产不增税"的政策，这就大大地增加了农民的收入，提高了农民的购买力。这说明了党和人民政府对于改善农民生活也是一贯关怀的。

3. 我国城乡人民生活改善的具体情况

我国人民购买力提高的具体表现，就是人民对于生活资料消费量的不断增长。在我国发展国民经济的第一个五年计划期间，城乡人民对于几种主要生活资料平均消费水平的增长情况，如下表所示。

产品	1952 年	1957 年预计	1957 年为 1952 年的百分比（%）
粮食（原粮斤）	446	505	113.2
棉布（尺）	17.8	22.9	128.5
猪肉（斤）	10.7	11	10.3
食用植物油（斤）	3.7	4.5	121.5
水产品（斤）	5.8	8.9	153.4
糖（斤）	1.8	3.3	183.1

从上表中可以看出，我国人民平均的消费水平除了猪肉一项增加较少之外，其他各种主要生活资料都有不小的增长。应当说明，我国的人口每年大约要增加 1300 万人。按每人每年的粮食和棉布的消费水平提高 2% 计算，仅仅每年新增的人数，就必须要有粮食 65 亿余斤，棉花数十万担，才能满足需要。由此可见，我国人民的消费水平在第一个五年计划期间能

够获得这样的提高，是一项巨大的成就。这说明了，在我国的大规模社会主义建设中，党和人民政府是既照顾了人民长远的集体的利益，也照顾了人民当前的个人的利益。这就使国家建设同人民生活的改善正确地结合起来，从物质利益上进一步提高了广大群众建设社会主义的积极性。

4. 我国工人阶级生活改善的情况

我国工人阶级的生活，在解放后，是有很大的改善的。

几年来，工人劳动就业面扩大了。从解放到 1957 年的 8 年中，全国共增加职工 1640 余万人，如果把私营企业转为国营和公私合营企业的人员和乡村干部除外，全国新就业的职工人数共有 1300 余万人，平均每年就业人数约为 160 余万人。劳动就业人数的增长速度，是旧中国历史上所没有过的，在世界各国也是少有的。

工人的工资收入，不断有所增长。在第一个五年计划时期，全国职工工资总额共增加了 88.5 亿元，全国职工每人平均货币工资，1952 年是 445.9 元，1957 年提高到 636.2 元，5 年共提高了 42.7%，提高的速度是很快的。不仅职工的货币平均工资增加很快，就是实际平均工资也有很大的提高。因为我国的物价是基本稳定的。

为了改善工人生活，国家除了提高职工工资水平以外，还拨出大批款项，进行劳动保险和文教福利事业。在 1953—1956 年的 4 年间，国家和企业实际开支的附加工资（包括劳动保险费、职工医疗费、职工文教费和职工福利费等）共有 43.9 亿元，相当于工资总额的 12.8%；用于职工子弟的人民助学金共有 4 亿多元，相当于工资总额的 1.2%；以及由企业奖励基金开支的集体福利费共有 6 亿多元，相当于工资总额的 1.8%。

厂矿企业劳动保险的实施范围也扩大了，全国实行劳动保险的职工人数是逐年迅速增加的。1952 年为 330 万人，到 1957 年上半年已经增加到 909 万人；5 年来共增加了 579 万人。在国家机关和学校实行公费医疗的人数也有很大的增加，1956 年已达到 656 万人，为 1952 年的 164.2%。

工会举办的疗养事业有了很大的发展。截至 1957 年上半年，全国基层单位以上工会举办的疗养院、休养所已由 1952 年的 64 所，增加到 174 所；床位数由 1952 年的 7195 张，增加到 25472 张；工会基层组织举办的业余疗养所、休养所，已由 1953 年的 1022 所，增加到 1286 所，床位数由 1953 年的 29563 张，增加到 38009 张。4 年来，共接待了近 70 万名职工休养或者治疗。

国家对于保护劳动者在生产过程中的安全和健康，给予极大的关怀。在生产过程中，机械运转的危险部分、锅炉、受压容器、电气设备等都安设了必要的安全装置。另外，在高温作业和在有毒物质的工作场所，一般都采用通风、排气、隔热、密闭化或者机械化等措施。从 1953—1956 年，国家用于改善劳动保护设施的经费共有 2.9 亿元。

职工劳动条件有很大的改善，职工的负伤频率逐年下降，如以 1953 年职工的负伤频率为 100，1954 年为 83.76；1955 年为 79.22；1956 年为 55.08。

职工的住宅条件也有了很大的改善。从 1952—1957 年，国家兴建的住宅面积达 1 亿平方米，平均为每个职工（以 1956 年职工人数计算）兴建的住宅达 4 平方米。除了由国家投资建筑职工住宅外，有些地区的工会组织还和企业行政一起，用"自建公助"的办法，帮助职工建筑住宅。仅在 1956 年，全国就有 1678 个厂矿企业组织推行了"自建公助"职工住宅的办法，全年新建的住宅面积共达 252 万平方米，有 6 万多名职工搬进了新房。

工会组织利用国家拨给的和会员自筹的会员困难补助费和企业福利基金，对有特殊困难的职工，进行了长期的和临时性的补助，从 1956—1957 年上半年，得到长期补助和临时性补助的共有 199 万人次；补助金额共 1 亿多元。

党和政府对女工的特殊问题和儿童福利，给予深切的关怀。在很多厂矿企业里，对特殊繁重或有碍女工生育机能的工作，禁止使用女工。在一般生产中，有些企业对怀孕的女工采用改进机器设备，调整劳动组织，给予工间休息，减轻工作或调换轻工作的办法加以保护。并且实行了女工在产前产后休养 56 天照付工资的产假制度。对需要喂乳的女工，给予一定的哺乳时间。女工卫生室到 1956 年年底已有 1541 个。基层组织中的托儿机构不断增多，到 1956 年年底，基层托儿所共有 5775 所，比 1952 年增加了4300多所，受托儿童达18.4万多人，比1952年增加了14万多人。哺乳室也由1953年的973个，增加到2471个。此外，还依靠群众自己的力量，由职工家属举办1774个托儿站和幼儿园，收托儿童91830人。

在党的"向科学文化进军"的号召下，职工学习文化的热情是很高的，在职工业余文化学校学习的职工人数已达502万人，比1953年增加了64.8%，从解放初期到1956年年底止，全国共扫除职工中的文盲达223万多人；从1952—1956年在高小班毕业的有88万多人，初中班毕业的有17万多人，在高中班毕业的有4200多人。

几年来，职工的技术水平和熟练程度都在不断提高。在1952—1956年的4年间，国家共培养了新工人101万人，在职职工经过技术深造的有242万多人。

工会组织还利用了国家或者企业本身拨款建筑的13348个文化宫、俱乐部和车间俱乐室，组织职工进行政治、文化学习，传播科学知识，协助职工提高生产技术，并且进行各种文化休息和娱乐。1956年，共组织政治时事、工会业务等各方面的报告、讲演、座谈会、展览会共30738场（次），听众（观众）达1500万人次，并组织了各种文艺演出62103次，观众有4867万人次。建立了6473个业余剧团、9958个业余戏剧小组，包括演员及工作人员42万多人；音乐、歌咏、舞蹈、曲艺、文艺创作、美术漫画组共20198个，参加人数有22.7万多人。此外，工会组织还建立了15438个图书馆，藏书达2800多万册。工会所组织的各种文艺活动，提高了职工群众职工家属的政治水平和文化水平，并且发挥了职工的创造才能。

全国职工体育运动工作有了很大的发展。厂矿企业组织普遍建立了体育协会组织，到1956年，建立基层体育协会组织的有25879个，会员共215万多人。全国性的产业体协也都相继建立起来了。"劳卫制"锻炼也在全国基层组织中逐渐开展起来，全国开展"劳卫制"的基层组织有4487个，有29.7万多名职工参加了经常的锻炼。从1956年到今年上半年，有1万多个厂矿基层组织举办了全厂性的运动会，有177万个职工参加，并且组织了篮球队49112个，包括队员50多万人；组织了排球队

14480 个，包括队员 13.9 万多人；组织了足球队 5199 个，包括队员 71741 人。省、自治区、市的地方和产业工会组织为职工群众举办了各种类，田径、体操、举重、水上、冰上、自行车等单项和综合性的比赛共 4652 次，参加的运动员有 87.9 万多人。这些活动对增强职工的体质，丰富职工的文化生活，起了显著的作用。

只看到工人生活的改善，还是不够的，我们还可以看一看城市居民生活改善的具体情景。这里，举出上海、天津、武汉三市市民生活改善的情形做例子。

首先看上海。根据 1957 年 7 月 11 日《解放日报》所登载的材料：1957 年每个上海居民的消费额比 1952 年提高了 27 元，从 1952 年的 209 元增加到 1957 年的 236 元。社会总的购买力 1957 年比 1952 年增加 32% 以上。全市职工的工资总额在第一个五年计划时期增加了 36% 左右，平均每个职工 1957 年比 1952 年增加收入 79 元。一些主要商品的销售量 1956 年与 1952 年相比，大米增加 24%，食油增加 5%，棉布增加 47%，到 1956 年年底为止，全市已有 80 万职工享受到劳动保险待遇，50 万职工享受劳动保险合同。5 年来，上海市兴建的住宅面积达 317 万平方米，解决了几十万人的住屋问题。

再从一个普通工人的生活来看。国棉一厂曾经作过一次调查。调查的对象是技工陈长宽。他在国民党统治时期的所谓"黄金时代"——1936 年，是崇信纱厂钢丝车间的揩车工，他父亲在生下脚花厂作打包工。那时两人每天工资 5 角，要养活一家 8 口，只好吃些粗粮野菜。他的妻子回忆说："当时能够吃上一顿洋山芋，就好像吃肉一样的高兴。"锅里是长年滴油不入，衣服穿得补了又补，脚着草鞋，全家住在一间草棚里。现在呢？他一个人每月收入 80 多元，不仅吃的是大米，还有油、有肉，到 1955 年 7 月底，全家共添置了棉单衣服 68 件，并且都有了皮鞋，住了新房子，有了自来水、电灯，两个孩子上了学，他还订了份报纸，每月还能看上一两次戏。

再看天津。这是 1957 年 7 月 14 日《天津日报》所登载的该报记者访问南市闸口街 13 号大院居民经济生活情况调查报告。

　　这个大院里，住着 56 户人家，260 多口人。在这些住户的家庭主要成员里，有市建设局、税务局、河北区工会办事处、人民银行和街道办事处等的中下级干部；有天津针织厂、棉纺六厂、天津化学厂及一些小工厂的杂工、技工和职员。另外，还有百货公司售货员、医院护士、小学教师、人民警察、炊事员、临时工和手工业社员。他们的生活水平，基本上能代表大多数依靠工薪收入维持生活的劳动者家庭。由于这些住户家庭人口、劳动力和收入不同，所以生活水平也参差不齐。但是，从调查结果来看，这些住户中有 90% 以上的人家生活水平是逐步提高了。从去年以来，大约有 50 个住户的成员，在机关、工厂、企业里增加了工资或者同时升级了，其中包括有各种类型的 10 个家庭，每月收入就增加了 108 元。

　　另外一个增加收入、提高生活水平的因素，是院里有些失业、要求就业的人，在去年社会主义改造高潮之后，有了工作。如下表所示。

职业类别	人数	每月收入
正式工人	4	30—45 元
临时工	7	14—41 元（时间比较长的）
干部	2	38—49 元（小学教师、售货员）
手工业社员	1	40.8 元
共计	14	

　　此外，去年以来，几乎全院所有人家的主要成员都享受到了公费医疗或者劳动保险待遇，目前他们已不再因为生病而造成严重的经济困难了。例如，住在院里的居民张逸南（新生被服厂缝纫女工），患有关节炎、血压高等病症，已经有一年多不能上班；但每月仍领得相当于工资 60% 的生活补助费，厂里另外还要替她负担全部医药费。她家里还有儿子的工资收入，生活仍然不错。

　　为了便于说明大院里居民生活改善的情现，大体上可以把这 56 户人家分成四种类型，分别加以考察。

　　第一种类型是富裕户（这是仅就大院里各户间比较而言，以下类型亦同）。这种住户，一般是每家有两人有职业（虽然每人工资不多，但两人加在一起就多了），或是一个有职业，收入较多的人养一家人。一般人口不超过 6 人，平均每人每月生活费在 20 元以上的。这种住户在大院里约占 47%。现以郭庆荣家为例，郭庆荣（62 岁），在 1949 年以前，一家老少三辈 8 口人，住在万德庄一间窝铺里，生活来源靠郭庆荣做临时工和摆摊卖糖豆，每天只挣几角钱（折成新币），当时吃的是豆渣和棒子面做的团子，再拾些菜帮子拌盐，一个月也不买一斤细粮或者一二两油。到 1949 年 4 月以后，他家生活就逐渐好起来：两个较大的儿子在这一年和第二年进了市建设局做工，每月各收入 30 来元，1952 年这两个儿子分别被提拔为工会和保卫处的干部，每人每月收入也都达到 33—34 元。郭庆荣本人仍然到外边做些小工。这样，家里每月收入将近 100 元。去年郭庆荣的两个较大的儿子又调整了工资。父子三人每月收入达 140 多元。收入增加后给家庭生活带来了一些变化。过去从来不买的小站稻米，现在每月要买 40 斤。每月吃的粮食（187 斤）里，还买 70 斤白面、50 斤籼米，其余的买点小米面、棒子面和做菜用的豆子。粗粮只占全部用粮的 14% 了。肉食也比过去多了：每月要吃鱼 12 斤左右，吃肉大约 3 斤。每月计划供应的油有时感到不够用，还要买些大油贴补。每个人每年还要添置一两身新衣裳。郭庆荣家里的陈设，这几年（主要是 1952 年以来）也改变了样子，添置了收音机、双人木床、弹簧床、写字台、转椅、立柜、闹钟……总之，现在用的家具中，除了两只旧木箱和一副铺板之外，其余都是这几年新置的。

第二种类型户，平均每人每月生活费 14—15 元。这类户在大院的住户中约占 1/3 左右。以赵以焕家为例，赵以焕是个建筑工人，供养妻子、上学的弟弟和 3 个孩子。每月工资 85 元，平均每人每月生活费 14 元多。

1950 年，他在建筑部门当临时工，每天工资不到 1 元。那时，他有一个孩子，家里的人勉强能够吃饱饭。主食几乎全部是粗粮，衣服是破旧的，家里只有两条破棉被。到了 1951 年，赵以焕转为正式工，每月工资 40 多元。1952 年，每月工资增加到 60 多元。1953 年，每月工资增加到 70 多元，1956 年 8 月份又增加到 85 元。这时，虽然多了两个孩子，生活还是有了比较显著的改善。主食当中，细粮占大部分，一个月买小站稻米和大米 30 斤上下，白面 40 多斤，玉米面 20—30 斤。每天吃菜要花 3—4 角钱，时常吃鱼，几年来还陆续添了 4 床棉被、2 床棉褥，做了 20 多件衣服。赵以焕除了吸烟（和风牌）以外，1 个月还听几次评书。赵以焕的弟弟在第十三中学上学，每个月由赵以焕供给伙食、零用钱 15 元。

第三种类型户，平均每人每月生活费在 10 元上下。这类户在大院的住户中约占 17%。以陈以庄为例，他是人民警察，每月工资 69 元多，有 5 个孩子，平均每人每月生活费 10 元。

1949 年，陈以庄负担祖母、父、母、妻子和两个孩子的生活费。当时的收入，1 个月大约 20 元（折合新币）。每天只能买 2 斤玉米面掺豆腐渣吃，时常到菜市拾些菜帮做"团子"吃。孩子、大人的棉衣服，只有身上穿的一套破的，往往到了天暖的时候，还没有单衣服换。1951 年，陈以庄的父亲就业了，他在 1952 年年底和父亲分居另过。这时，他已经有 3 个孩子了，但是工资也增加了。除了自己的伙食费、零用钱以外，每个月还给家里 30 元。这时期，主食是秫米、玉米面，每个月只买 5—10 斤大米、白面，留着在陈以庄歇班时一起吃。平日吃的菜蔬也很简单。每天吃菜花七八分钱，经常吃小白菜、豆腐等素菜，还吃一些咸菜。他们陆续添置了两床棉被，孩子、大人也都做了些衣服。1953 年年底，陈以庄的妻子生了第四个孩子，但在以后，陈以庄的工资调整了。每个月交给家里 40 元生活费。在这个时期内，几个孩子都添上了棉衣服，家里的旧棉被换了新被面，又添置了一些家具，每个月还储蓄两元。

去年，陈以庄的工资增加了 11 元，11 月份，他的第五个孩子出生了。陈以庄除了伙食费、零用钱、买公债的钱以外，1 个月交给家里 45 元。主食当中，细粮占大部分。每个月买白面将近 50 斤，大米四五十斤，玉米面三四十斤。平日菜钱 1 角 5 分，星期日花 1 元上下。一家七口都添置了些衣服，每个月还储蓄 4 元。

第四种类型户，平均每人每月生活费为 6 元上下至 7 元多。这类户生活困难，甚至欠债。但是，这类户很少，在大院的住户中只有两户。以吕贵珩为例，吕贵珩是理发工人，近半年以来，因为理发店的营业比较清闲，他的收入减少了一些。他供养妻子和两个孩子。去年，他一个月可以给家里50元上下。目前，一天的工资有一元上下，按家里的人口计算，平均每人每月生活费7元上下。吃饭以粗粮为主，菜蔬一般吃价钱低的素菜和咸菜。今年以来，有几个月的房租还没有交，另外还欠了点债。

再看武汉。下面是《长江日报》所登载的材料。

解放以来，全市人民购买力是不断上升的。根据武汉市统计局的材料，如以1950年为100，1951年为130，1952年为117（由于"三反"、"五反"的影响有暂时的下降），1953年为160，1954年为148（由于受到防汛影响），1955年为151，1956年为218。其中工人和农民的购买力都有显著的增长。主要销售对象是工人和工人家属的百货公司申福新分销处，几年来发展很快，1950年的卖钱额，平均每月只有1万元左右，到去年平均每月已达3.6万多元。在品种质量上，工人的要求也高了。这个分销处主任祝贻珍说："1950年和1951年工人们多半买洋布做衣服；1953年以来，一般都需要府绸和麻纱；1956年工资改革后，绸缎、呢绒也很能销售了。过去销售的汗衫，多是32支纱的，现在多数是60支和80支纱的。毛巾过去销售的多是4角多钱一条的，现在是每条9角钱以上的。"申新纱厂老女工邓善清，解放前做工，饭都吃不饱，7个小孩，因为贫病死了5个，还送了1个给别人。现在除了吃饱穿暖外，家里布置得非常整洁，有一个大玻璃衣柜，一个五屉柜，床上挂着夏布帐子，桌上放着热水瓶、玻璃杯、搪瓷脸盆……这些东西都是解放后买的，解放前她仅有一床棉被，冬天盖、夏天垫。她还说：解放后她添置了好多衣服，并顺手拿一件香云纱短衫说：这种料子的衣服她就有两件，夹袄、棉袄她都是做的荤料（绸缎）。最近她的女儿结婚，她花了100多元给她买了许多衣服和用具。说到这里，她联想到她自己结婚时的情形说：那个时候太可怜了，被子是租的，她爱人结婚那天穿的袍子也是借的。过去生活在地狱里，现在真是到了天堂。

以农民为主要销售对象的汉桥区供销合作社的营业额，1956年比1952年增加了3倍多。1956年与1952年比较，胶鞋增加201%，纸烟增加108%，毛巾增加227%，袜子增加211%。据这个社的负责人说：1956

年第四季度，他们对农业合作化高潮以后农民购买力的提高估计不足，计划订得过小，市里分配给他们的货物不够，他们自己又到上海去买来了球鞋 165 打、竹壳水瓶 110 打、搪瓷口杯 75 打、汗衫 33 打、拉练套靴 90 打，来满足农民的需要。这几年来，农民的生活提高得很快，青年人穿上了毛线衣，小孩大都穿上了球鞋，农民们吸的纸烟过去多半是 9 分钱一包的红云牌、0.11 元钱一包的鲜花牌，现在大都是吸白金龙、新华、红金了。建设农业合作社有个社员叫叶树宝，解放前替地主做工，穷得连儿子都卖了；现在生活得很好，去年冬天还添置了一件皮领棉大衣。群力一社社员杨德福解放前为地主做零工，儿子为地主放牛，吃不饱，爱人还要出去讨饭；现在一家八口，不但天天吃细粮，孩子们都穿上花衣，床上盖的、垫的都是新的。他那个为地主放牛的儿子杨松如，解放后也进了学校，现在在第四中学读书。他对记者说：没有共产党哪有今天，谁说我们生活不好，吃不饱，要他来看看。

全市人民并没有将所有收入都消费掉，在购买力增长的同时银行的储蓄额也在增长。全市人民截至 1957 年 6 月 20 日止的存款额比 1952 年年底增加了 151.4%。国棉、一纱、裕华、震寰 4 个纱厂职工的储蓄额 1957 年 5 月底比 1955 年年底增加了 58.73%。全市郊区农民存款也大大增加，截至 1957 年 6 月 20 日止，全市农民在信用合作社的存款就比 1956 年第二季度增加两倍多。

从上面的举例中，可以看出我国城市各阶层人民生活不断改善的具体情景。

5. 我国农民生活改善的情况

我国农民的生活，在解放后，同样有很大的改善。据初步估算，农民的总收入 1957 年比 1952 年大约提高了 30%。

按不变价格计算（1952 年的价格），在抗日战争前的 1936 年，农民每人每年的平均消费额是 61.2 元，1952 年是 83.2 元，1957 年是 98.7 元。1957 年比 1936 年增长 61.2%，比 1952 年增长 18.6%。这样的增长速度也是比较快的。

农民生活的改善，从全国农民每人每年平均消费实物量的不断增长，就可以看得很清楚。下表就说明了这一点。

产品	1952 年	1956 年	1956 年为 1952 年的百分比（%）
粮食（斤）	385.5	432.2	112.0
食用植物油（斤）	3.2	3.8	118.8
食糖（斤）	1.0	1.7	170.0
棉布（尺）	14.2	20.0	140.8
煤油（斤）	0.4	1.2	300.0

由上表可以看出，在我国发展国民经济的第一个五年计划期间，全国农民的平均消费水平，都有相当程度的提高。粮食提高 12%，棉布提高 40% 以上，食糖提高 70%。

当然，由于各地的自然环境、种植物种类和农业合作社领导水平的不同，在不同地区之间，在同一地区的不同农业合作社之间，农民的收入和消费水平也是不同的。收入高的每人每年达 100—200 元，收入最低的只有 20 元左右。例如，根据 1955 年的调查，江苏省每个农民全年的平均收入，松江专区是 110—120 元，苏州专区是 100—110 元，镇江专区是 90—100 元；江苏省长江以北的地区每个农民每年平均收入则是 80 元、70 元、60 元，至少是 30 元。就是在同一地区内农民的平均收入也有差别。例如，山东临沂专区，在解放初期，每人平均农业收入只有 30 多元，而在 1956 年已上升到 50 元左右。如果把农业和副业收入合起来计算，农民每年平均收入则要更多一些，其中，蒙阴县是 78 元，平邑县是 65—87 元，费县收入高的达 70 元，一般的是 50 元，少的是 40 元。至于在同一地区的同一合作社内，由于每户农民的劳动力有多有少，每户每年所做的劳动日有多有少，所以，各户农民的平均收入也有不同。但是，无论怎样，我们还是可以透过上面所引证的材料来观察我国农民生活的概貌的。我们看了这些材料，就会了解，解放以来，绝不只是改善了职工的生活，而没有改善农民的生活，实际上职工和农民的生活都获得了一定的改善。特别是在今年农业大发展以后，农民生活的改善，还要更多。

　　这里，不妨举一个县的例子，来说明农民生活改善的具体情况。这个例子，就是吉林省的蛟河县。这个县共有 4.1 万户农民，1957 年概算结果，平均每个社员纯收入达 89.29 元，比 1956 年的实际收入 86.33 元提高 3.3%，大大超过了当地富裕中农单干时的生活水平。

　　蛟河县位于一个半山区，土地贫瘠，每年无霜期一般在 127 天左右，经常遭受霜灾、冻灾，过去人民生活较为贫困。但是，解放以来，特别是占全县农户总数 95.21% 的农户加入合作社以后，大力开辟水田，发展多种经营，面貌就逐渐改观了。近几年来，虽然年年遭受自然灾害，农田单位面积产量也能逐年增加，绝大多数农业合作社生产水平和社员生活水平超过了富裕中农单干时的水平。

　　跨进蛟河县社员们的门槛，那种整洁的陈设就会立即映入你的眼帘，大米、黄米装满囤子，家家不缺吃烧，人人冬有棉、夏有单，不仅有穿，而且要求穿的整洁、漂亮。

　　据调查，这个县 1956 年三定留粮，细粮占 51.5%。过去的富裕中农只有年节才能尝到细粮；一般贫户的吃粮里，豆饼、土豆、茭瓜占 20%。而现在都吃上了细粮。全县以细粮为主食的，目前已有 30%—40% 农户。

　　较为富裕的中农，过去一年平均每人只能添 14 尺半棉布，1956 年这一年，蛟河县平均每人就消费了 42 尺棉布。这个县工业、文化用品的上涨更是惊人，1956 年与 1952 年比较，几种常用的主要用品销售的数字如下表所示。

产品	1952 年（丰收年）	1956 年（受灾年）
食糖（公斤）	162960	489363
棉布（公尺）	4030859	5470913
胶鞋（双）	216487	302649
毛巾（打）	12424	16581
书籍（册）	178947	861262

　　1956 年全县平均每人收入 86.33 元，平均支出 79.6 元，结余 6.7 元。

如果按"够吃够用还有余"作为衡量富裕中农生活标准的话，那么，蛟河县每个人都达到富裕中农的生活水平了。下边这笔账，可以具体说明蛟河县每个人的生活状况：（1）吃粮支出 35.5 元；（2）油盐支出 3.6 元；（3）衣服支出 14.4 元；（4）烟费支出 5.0 元；（5）年节费支出 6.5 元；（6）文化生活费 1.50 元；（7）医药费支出 1.0 元；（8）其他日常零用 11.50 元；（9）公债支出 0.63 元。

由于人们余钱增多，储蓄额也逐渐增加。目前全县存款额达 37 万元。

农业合作化前，蛟河县的富裕中农收入如何呢？根据典型调查，按较偏高的推算，全县富裕中农每年每人平均收入为 70 元，比今年全县社员平均收入少 19.29 元。白石山乡长青农林合作社今年平均每人可分得 210 元，比社里 8 户富裕中农入社前平均每人收入 74 元提高近 2 倍。过去的穷山沟，现在变成富裕屯了。这个社的社主任王琮颇有风趣地说："现在找个穷人太难了。全社只有一户平均每人收入低于 70 元，因为他入社太晚、劳动不好、人口又多。"长青社全社 151 户，家家都有天棚和玻璃窗，其中 60 户铺上了地板。甚至那些老富裕中农们也无不交口称赞合作化，不少人说，过去累死累活也梦想不到的日子，入社后只两年就来到了①。

另外，1957 年 4 月 7 日《黑龙江日报》所登载的该省海伦县共和乡拥军农业生产合作社 12 户农家生活情况调查，对于农民在解放以来生活改善的情况，描述得也很详细。现在把它摘录在下面：

为了回答合作社到底给农民带来了什么，解放前后农民生活到底有怎样的变化这个问题，不久以前，在海伦县一个在 1956 年受灾较重（70 公顷苞米未收，150 公顷谷子减产五成，其他作物因内涝也有不同程度减产）、地少人多（每个劳动力平均 2.9 公顷耕地）的农业社——拥军社，选择了 12 户有代表性的农民进行了家庭访问。这 12 户农民有老中农、老下中农 3 户，新中农 3 户，新下中农 3 户，贫农 3 户（新中农、下中农、贫农，在土地改革前均为贫雇农）。从下述材料可以明显地看出农民生活的变化。

---

① 见 1957 年 11 月 26 日《大公报》所载新华社稿。

　　第一，家庭收入年年增加。这 12 户农民，在土地改革前除 3 户中农以自耕（自有地 7.4 公顷）和租佃（2.7 公顷）为生外，其余 9 户贫、雇农都是房无一间，地无一垅，依靠扛大活、卖零工维持生活。1948 年土地改革，每人分地 0.56 公顷，组织换工互助。1954—1955 年先后加入初级社，1956 年转入高级社。随着党领导的互助合作运动的发展，农业生产不断发展，因而他们的收入也在逐年增加着。这 12 户农民，如果按其各个时期农副业主要收入（合作社时期家庭副业收入在内）以现价折合为人民币计算，那么就是：土地改革前每年总收入为 6062 元，互助组时期较好年景纯收入为 8322.8 元，初级社时纯收入 11060.6 元，高级社时收入 11330.9 元（因受灾收入较少）。如果按逐年增加的人口平均计算，土地改革前每人收入 61.2 元，互助组时期每人收入 78.5 元，初级社时期每人收入 91.3 元，高级社时期每人收入 91.4 元。这就看出，互助组时期比土地改革前总收入提高 31.2%（实际还多），初级社时比土地改革前提高 81.6%，比互助组时提高 33%，高级社时比土地改革前提高 86.4%，比互助组时提高 35.9%，比初级社时提高 0.7%。从不同阶层的总收入看，原来的贫雇农现在超过中农、下中农生活的 6 户收入逐年有很大提高：互助组时比土地改革前收入提高 106%，初级社时比互助组时收入提高 18.7%。现在劳动条件较差仍过贫农生活的 3 户，收入也是逐年增加的：互助组时比土地改革前提高 56%，初级社时比互助组时提高 40.8%，高级社时期因为受灾，收入大体相等于初级社时的收入。原来的 3 户老中农、下中农土地改革前地少，还租佃土地，土地改革分到部分土地，在互助组时，比土地改革前收入提高 4%，在初级社时，比在互助组时提高 35.7%，在高级社时虽然取消了车马组，但他们劳动条件较好，家庭副业也搞得好些，因而也程度不同地增加了收入。大家都说：如果去年不受灾害，高级社大大增加收入"没有个冒"。农民"家庭收入年年增加"——这就是在访问中得出的第一个结论。

　　第二，生活步步向上。生产增加，收入增加，是改善生活的物质基础。几年来，这 12 户农民的生活也有显著提高。土地改革前，这 12 户农民是入不敷出，较好的户是够吃不够穿，一般都是吃粮不足，缺穿少盖，其中有 9 户每年都缺 2—4 个月的口粮，欠地主与高利贷者的债款一年比一年多。正像他们所说："打活不用本，越打越加紧。"现在这些现象已经一去不复返了。这 12 户农民除了 3 户因生活计划安排不当和劳动条件较差，生活上比较紧一些以外，一般的生活都比较宽裕，不仅已达到有吃、有穿、有铺、有盖，而且大部分农户每年还有几元的储蓄。从下边几项数字的变化来看，就可以完全说明农民生活是在怎样的变化着：

土地改革前衣食支出为 5082.1 元，互助组时期为 6762.7 元，初级社时为 7515 元，高级社（不满 1 年的统计）为 7183 元。这就看出，随着收入增加，他们的衣食支出绝对数在逐年增加：互助组时比土地改革前提高 33%，初级社时比互助组时提高 11.1%。土地改革后特别是在初级社、高级社时期，这些农民除了改善吃穿以外，还有钱用来修盖新房、添置家具、嫁娶等。这 12 户近两年内就新盖房子达 13 间半，新买住房 1 间半。这些农民反映过去吃饭连饭碗都不够用，别的家具就别提啦；现在从桌子、箱柜到饮食用具都很方便了，并且家家都有了茶壶、茶杯，一部分农户还购买了暖壶、手电筒等。

再从吃与穿用费的比例变化看，具体情况如下表所示。

时期	土改前		互助组时期		初级社时期	
	衣	食	衣	食	衣	食
支出数（元）			1235	4527	1591	5924
比重（%）	9	91	18.2	81.8	22.6	77.4

从各时期棉布购买数字变化看，具体情况如下表所示。

时期	解放前		互助组时期		初级社时期	
	总数	每人	总数	每人	总数	每人
粗布（尺）	880	8.9				
细布（尺）			2170	24.6	3045	28.5
花布（尺）			10	0.09	725	6.8
棉花（尺）	50	0.5	95	0.89	147	1.38

从这个变化中可以看出：解放前农民收入极少，不得不把几乎全部收入用于吃的方面，穿盖就无力顾及了。访问过的农民普遍反映，过去没钱买布，旧衣补了又补，冬天没有棉衣，夏天又脱不下棉衣，钱少只好到小市买点旧衣、更生布或者麻布片，有下衣没有上衣，有出外的没有家里的，衣不遮体，盖的就更谈不上了。现在收入增多，穿用的支出比重增加，因此，不仅在食用方面大大改善，而且可以不断地增添衣服被褥了。据 12 户农民家庭的统计，现在大人小孩每年冬季都最少各有一套棉衣服，15 个大人冬夏各有两套衣服，7 个大人有了棉大衣，两人有了皮袄，有 8户的家庭妇女和小孩有了花衣服，年轻妇女还有了花头巾，12 户农民炕上都已满铺满盖，并有 4 户有了招待客人的被褥。

再从 12 户在各个时期所食用的粗粮细粮的比重变化和食用的猪肉、鸡蛋数字的增长情况看，具体情况如下表所示。

时期	解放前		互助组时期		合作社时期	
	总数	每人	总数	每人	总数	每人
粗粮（斤）	平均缺 2—3 个月的		6029	668	6620	624
细粮（斤）	148	14.5	300	28.3	334	31.5
猪肉（斤）	693	7	1840	17.3	1698	16.2
鸡蛋（个）	2450	25	3830	36.1	4130	38

这个数字及比例的变化，说明农民在食粮的数量上比解放前充足了，保证了每人每年足够吃饱。同时，从食用的粗细粮比例变化和食用的肉、蛋数量的增加也可以看出，农民的生活在不断地改善（初级社时期因闹猪瘟，吃猪肉比互助组时期略有减少）。过去只是逢年过节才能吃到一顿白面和蛋肉，现在不仅过节吃得多了，就是在平时也能吃到一些。

以上这些材料，有力地说明了农民的生活水平随着合作化运动的发展在不断改善和提高着。所以他们都说，没有合作化就没有我们的幸福生活，"合作化使我们生活步步向上"。这就是访问得出的第二个结论。

第三，合作社带来了文化生活。过去这 12 户农民吃穿不上，对念书识字、文化娱乐，他们说："一没有钱，二没心情。"解放前 12 户中，除 1 户只有 1 个儿童念过 3 年书外，其余 11 户"祖祖辈辈没一个念过书的"。解放后，伴随着经济生活的改善与提高，他们的文化生活要求迫切了，他们有可能让孩子们念书了。到 1951 年就有 10 名儿童上了学，有 3 名升了高小，到 1956 年已有 7 名初小学生，有 8 名高小学生，2 名初中学生。成年人也积极参加了业余扫盲教育，从 1950 年开办夜校以来，他们中的很多人已经识到 200—300 个字，已可记一般的工账。

此外，他们社里从初级社时起，就为社员们订了各种报纸、杂志 40 多份，在劳动之余，男女青年就给不识字的农民们读报讲时事。社里还为社员们设了篮球运动场和运动设备，供他们打球和做体育活动，锻炼身体。现在村里以学校和青年男女为核心的文化娱乐活动已经活跃起来。对这种情况，有的农民说："合作化，合作化，有吃有穿有文化。"

这些就是 1957 年以前我国农民生活的一般情景。而 1958 年随着农业的发展，农民生活的情景则更为美好。

我国农民在工人阶级的政党——中国共产党和人民政府的领导下，曾经进行了伟大的革命战争、土地改革和社会主义农业合作化。我国农民最终选择了社会主义的道路。这是我国农民生活由贫困到富裕的必由之路。

农民消费水平的提高是同党和人民政府对农民的一贯的关怀和援助分不开的。就农民的负担来说，抗日战争前，按全体农民来看，要把自己净收入的 37% 以上被迫交给地主、高利贷者及其统治机构，至于贫农和雇农则要把自己净收入的 70% 左右被迫交给地主、高利贷者及其统治机构；而现在农民只把自己净收入 7%—8% 的部分，作为农业税交给他们自己的政府来为自己谋福利。在农民的负担中，仅就地租一项来说，土地改革之后，就免除了无地少地农民每年向地主交纳租粮 600 亿斤的负担。更重要的是，农民在生产增长的基础上大大地增加了收入。大家知道，1949 年全国的粮食产量是 2162 亿斤，而 1956 年则达到 3650 亿斤。由于从 1955 年起党和政府实行了增产不增税的政策，这样，农民所增产的粮食，都归农民所有。就工业和农业产品的差价来说，1955 年比 1950 年缩小 17.2%，仅以 1955 年一年计算，农民即因此多得 21 亿元左右的收入。就人民政府对于农民的物质帮助来说,在 1950—1956 年的 7 年中,国家投入农田水利的基本建设的经费是 26 亿元,发放救灾和救济的经费是 13.1亿元,用于推广优良品种、新式农具、提高农业技术、防治病虫害等经费是 12.7 亿元,仅此三项合计,即达 51.8 亿元,等于农民 7 年中向国家缴纳的税额的 32%。此外,国家在这 7 年中,还以最低的利息发放给农民80 多亿元的贷款,来扶助农民。历史上没有任何一个统治阶级曾经给农民带来过这么多的利益。这些事实,生动地说明了党和人民政府对农民的关怀和援助。

6. 工人和农民消费水平的比较

解放以来,我国的工人阶级和农民的消费水平都是有所提高的。同抗日战争前的 1936 年相比,1956 年我国工人阶级的消费水平大约提高38%;我国农民的消费水平大约提高 32%。可见,那种认为,解放后党和政府只是注意了工人阶级生活的改善,而对于农民生活的改善没有认真注意的观点,以及认为工人生活改善得过快,农民生活改善得过慢的观点,都是不符合事实的和不正确的。

应当指出:目前工人和农民的消费额还有一定的差别,这是由于我国农民的生产和消费,目前还带有很大的自给自足经济的性质(目前农民自给性的消费仍占其全部消费额的 60% 左右),而工人的消费额中,则绝大部分都属于商品性质的消费,就是非商品性的消费,也是靠货币收入来支付的,所以农民的生活费用比城市工人要省得多。例如,根据对湖南攸县大兴农业生产合作社社员李裕芳(解放前是雇农,现在是富裕中农)生活情况的调查,1955 年李裕芳全家 6 口人,全年消费的实物折价是 301元,而以同样的实物折为上海的价格则为 743.86 元,折为北京的价格则为 728.86 元,两者相差 1 倍多,这是由于在城市生活的职工,无论吃饭、吃菜、喝水、烧煤、住房子等一举一动都要花钱,而在农村生活的农民,则不全是这样。所以,工人按货币计算的收入比农民高一些,也是合理的。同时工人和农民消费水平的差别,现在比抗日战争前并未扩大,而且随着农业生产的大发展和农民生活的不断改善而日益缩小。可见,那种认为工人和农民生活日益悬殊,或者差距过大的观点,也是不正确的。

此外，还应当认识到，工人和农民消费水平的某些差别是一种历史的产物，它将随着生产力的充分发展和共产主义社会的建成，而逐步地消失。所以，要取消这种差别，就要努力提高社会生产力，并为共产主义的实现而奋斗。

既然如此，为什么还有一些人说现在农民的消费水平比抗日战争前还低了呢？他们所以这样说，是把抗日战争前地主、富农的消费水平和一般农民的消费水平混淆起来了。以 1936 年来说，地主、富农每人的消费水平是 327.6 元，而一般农民的平均消费水平只有 61.2 元，两者相差 5 倍之多。也就是说，当时地主、富农 1 个人的平均消费水平就等于农民"五口之家"全家的消费水平。这还是把中农、贫农和雇农的消费额平均在一起计算的，如果把贫农、雇农和中农分开计算，那么，差别还要更大。

当然，过去帝国主义和国内反动阶级相勾结，进行罪恶统治的结果，使我国经济十分落后。解放以来，经过党和人民的努力，这种落后状况已在开始改变。但是，如果同一些经济发达的国家相比，我国工人或者农民今天的消费水平都还是很低的。正因如此，我们才集中力量进行社会主义建设，从而发展生产，繁荣经济，以便进一步提高我国人民的消费水平。我们知道，我国人民消费水平的改善，归根结底是由我国工业和农业的发展水平所决定的，而要提高我国工业和农业的生产水平，只有不断地巩固工农联盟，使工人和农民团结无间，同心协力，共同努力，相互支援，才能达到。在职工和农民之间的任何误解都是有害于工农联盟的发展和巩固的，因而必须正确地加以解释。

毛泽东同志在《关于正确处理人民内部矛盾的问题》中说："许多人说农民苦，这种意见对不对呢？就一方面说来是对的。这就是说，由于我国被帝国主义者和他们的代理人压迫剥削了一百多年，变成一个很穷的国家，不但农民的生活水平低，工人和知识分子的生活水平也都还低。要有几十年时间，经过艰苦的努力，才能将全体人民的生活水平逐步提高起来。这样说'苦'就恰当了。就另一方面说来是不对的。这就是说，解放 7 年以来，农民生活没有改善，单单改善了工人的生活。其实，工人农民的生活，除极少数人以外，都已经有了一些改善。解放以来，农民免除了地主的剥削，生产逐年发展。以粮食为例，一九四九年全国产粮只有二千一百几十亿斤，到一九五六年产粮达到三千六百几十亿斤，增加了将近一千五百亿斤。国家征收的农业税并不算重，每年只有300多亿斤。每年以正常价格从农民那里购粮也只有五百多亿斤。两项共800多亿斤。这些粮食销售在农村和农村附近的集镇的，占了一半以上。由此看来，不能说农民生活没有改善。我们准备在几年内，把征粮和购粮的数量大体上稳定在八百几十亿斤的水平上，使农业得到发展，使合作社得到巩固，使现在还存在的农村中一部分缺粮户不再缺粮，除了专门经营经济作物的某些农户以外，通通变为余粮户或者自给户，使农村中没有了贫农，使全体农民达到中农和中农以上的生活水平。至于简单地拿农民每人每年平均所得和工人每人每年平均所得相比较，说一个低了，一个高了，这是不适当的。工人的劳动生产率比农民高得多，而农民的生活费用比城市工人又省得多，所以不能说工人特别得到国家的优待。有少部分工人的工资以及有些国家机关工作人员的工资是高了一些，农民看了不满意是有理由的，斟酌情况做一些适当的调整，是必要的。"

我们必须看到，由于前面所说的历史条件所造成的我国经济的落后，工人和农民的生活水平都较低，因此，工人阶级在提高劳动生产率的基础上改善自己生活的时候，不能不时刻关怀农民兄弟的生活改善，并努力使自己的生活和农民兄弟的生活都能获得适当的改善。同时，在工人阶级内部，在反对劳动报酬上的平均主义的时候，也要防止脑力劳动者和体力劳动者的消费水平发生过大的差距。否则就不利于工人阶级的团结，不利于巩固以工人阶级为领导的工农联盟，就不利于全国人民的团结，就不利于社会主义的建设事业。

总之，在分配问题上，最重要的是处理好工人与农民的关系、体力劳动与脑力劳动的关系。这是在消费基金的分配问题上的一个极其重要的政策问题。

7. 我国人民购买力提高的速度超过了社会商品零售总额零增长的速度

前面说明了我国人民购买力提高的速度是很快的。在我国发展国民经济的第一个五年计划期间，我国人民的购买力大约提高 71%，而在同一时期，我国社会商品零售总额增长 55.4%。人民购买力提高的速度，超过了社会商品零售总额增长的速度。这说明人民的需要，是走在生产发展的前面的，也说明，不断地满足人民日益增长的需要，是社会主义生产发展的一个动力。

虽然在我国发展国民经济的第一个五年计划期间，人民购买力提高的速度超过了社会商品零售总额增长的速度，但是，就全局来说，我国生活资料的生产和消费基本上还是平衡的，我国的市场基本上是稳定的。当然，由于人民购买力的增长快于社会商品零售总额的增长，所以，商品的供应是比较紧张的。前面所说的平衡是"紧张"的平衡。

既然人民购买力的增长超过了社会商品零售总额的增长，那么，这种平衡是如何实现的呢？

第一，是人民储蓄的增加。在我国发展国民经济的第一个五年计划期间，人民储蓄增长将近两倍，其中城市人民的储蓄增加 1.6 倍，农村人民的储蓄增加 3.8 倍（1957 年同 1953 年的比较）。以武汉市为例，到 1957 年 11 月 11 日止，人民在国家银行中所储蓄的存款，已经达到 4016 万元，比 1949 年增加 42 倍。参加储蓄的人数也有显著增加，到 10 月底止，仅活期存户就有 52 万户，比 1949 年年底增加了 192 倍。全部存款中 90% 以上是劳动人民的工资结余。以基本建设职工为主要对象的青山区储蓄所，近两年来储蓄存款增加了 2.6 倍。武昌第一纱厂 1957 年 9 月底的储蓄金额比 1951 年增加了两倍多。很多过去没有在银行中存过钱的三轮车工人和装卸工人都参加了储蓄。特别是 1957 年全市普遍开展增产节约运动以来，参加储蓄的人更踊跃了。1957 年第一季度就打破了历年因春节消费而存款下降的局面，增加了 121 万元存款。居民中的储蓄也有了很大的发展，全市有 500 多个里弄和宿舍成立了零存整取有奖储蓄代办点，1957 年第三季度吸收储蓄金额比去年同期增加了 1.6 倍①。以上情况，一方面说明了人民收入的增加，生活的改善和勤俭持家的风气的发展；另一方面

---

① 参见 1957 年 11 月 27 日《长江日报》。

也说明了有一部分购买力还未实现。

第二，是动用商业库存。例如，在 1956 年大约就动用了商业库存 22.5 亿元，来满足市场的需要。

第三，是一部分商品提高了价格。在提高了价格的商品中，有一部分商品的价格的提高，是由于在对私营商业未实行全面的社会主义改造之前，部分私商为了本利而哄抬起来的；另一部分商品的价格的提高，是自由市场开放之后，小商小贩哄抬起来的。此外，国家为了提高农民的购买力和限制某些高级商品的消费，对于一些商品的售价也进行了有计划的调整。例如，在我国发展国民经济的第一个五年计划期间，农产品采购价格提高 21%，其中，粮食类采购价格提高 16.5%，猪的采购价格提高 40.7%。对于这种提价，农民是欢迎的，因为它提高了农民的购买力，农民由于农产品提价多得 90 多亿元的收入。而由于采购价格提高，也就不能不相应地调整出售价格。但是，为了照顾消费者的利益，农产品的零售价格则提高得较少。例如，粮食类的零售价格在城市只提高 10%，猪的零售价格也只提高 36% 左右。同时，为了适当地限制高级商品的消费，也有计划地提高了呢绒等高级消费品的零售价格。

人民购买力提高的速度同社会商品零售总额增长的速度基本上是应当平衡的。后者过分地落后于前者，就会引起市场的波动，就不利于生产的发展和生活的改善。所以，必须避免这种情况的发生。当然，前者也不能落后于后者，如果发生这种情形，那也会妨碍生产的发展和人民生活的改善，所以，也应当加以避免。

小　结

我国人民生活的改善，必须同我国生活资料生产的增长基本相适应，我国国民收入中消费基金的增长也必须同我国生活资料生产的增长基本相适应。

我国是一个人口众多，人口的增殖率很高，人民的生活水平较低的国家。人民对于生活资料的需要量是非常巨大的。所以，在优先发展生产资料生产的同时，必须积极发展生活资料的生产，以满足人民生活改善的需要。生活资料生产的发展，是改善人民生活的直接要求，而满足人民生活消费的需要，则是生活资料生产的直接任务。

过去几年我国经济发展的情况表明：在生产资料优先发展的同时，生活资料生产也有了很快的发展。但是，同人民购买力的增长相比较，生活资料生产增长的速度，显然还是赶不上人民购买力增长的速度。例如，在我国发展国民经济的第一个五年计划期间，人民购买力预计增长71%，而同一时期，社会商品零售总额只增加55.4%。这就是说，人民的购买力有一部分没有实现。这种情况，如果分别主要产品按产量同零售量来比较，可以看得更为明显。1952—1956年，粮食的产量，平均每年增长4.9%左右，而零售额平均每年增长8.8%左右；棉花的产量，平均每年增长为5.25%左右，棉布的产量，平均每年增长11.2%左右，而棉布的零售额则平均每年增长16.7%左右；5年间，3种主要油料作物（大豆、油菜子、花生）的生产量，1956年的生产量仅仅维持1952年的水平。由此可见，在生活资料的生产和社会的个人消费需要之间，也存在着显著的矛盾。

应当说明，在一定时期里，生活资料的生产不能充分满足人民需求的状况，是难以避免的。但是，这种矛盾是必须逐步地解决的。因此，应当在保证生产资料优先增长的前提下，努力发展生活资料的生产，并且，这样做，也是完全可能的。目前不但生产资料在高速度地发展，而且生活资料——农业和轻工业也在高速度地发展。这就是党的在重工业优先发展的条件下工业和农业同时并举的方针所发挥的伟大作用。

可以期望，在我国工农业的共同发展中，我国人民的消费水平，在生产发展的基础上，将会进一步得到提高。1958年，我国的粮食产量将达到6000亿—7000亿斤，比1957年增加2300亿—3300亿斤，增长将近一倍，全国每人占有粮食的平均数将达到1000斤左右。明年农业的产量将有更大的提高。这样，我国人民的消费水平，就将有进一步的提高。

如前所述，人民消费水平的提高，直接依靠生活资料生产的发展，而生活资料生产的增长速度，又主要是取决于农业发展的速度。不仅人民所需的粮食要靠农业来生产，而且轻工业生产所需要的主要原料也依靠农业。农业的丰收和歉收，对生活资料生产的发展有着决定性影响，从过去几年的经济生活实践中，可以看得非常清楚。例如，1952年农业丰收，农副业的总产值就比上年增长15.1%，而依靠前一年农业供应的原料来进行生产的轻工业，在1953年产值就增加了28.4%。又如1954年农业歉收，农副业产值只增加3.3%，而1955年的轻工业的产值只增长了1%。这种情况充分说明了：发展生活资料生产和提高人民消费水平，关键在于求得农业的迅速发展。离开农业，人民生活的改善就失掉了一个基本的条件。关于发展农业的问题，将在第六个问题中再来讨论。

总之，人民生活的改善，主要取决于生活资料生产即农业和轻工业生产的发展。从1952—1957年的5年中，农业和农村副业的生产，每年平均增长的速度为4.5%。工业生产中，生活资料的生产每年平均增长的速度为13.7%。在工业所生产的生活资料中，棉布的生产，每年平均增长的速度是5.5%（如按1956年同1952年比较，则平均每年增长的速度是6.5%。这是因为1955年棉花丰收，1956年棉布大大增产；而1956年棉花歉收，1957年棉布就减产）；面粉的生产每年平均增长的速度是9.5%；食糖的生产，每年平均增长的速度为18.2%。总起来说，如果扣除重复计算的部分，把农业和轻工业所生产的产品，可以用来满足人民消费的全部计算在内，平均每年增长的速度为7%左右。而在同一期间，我国的人口平均每年增长的速度是2.2%。我国的农业和轻工业生产增长速度这样高，在资本主义国家一般是不可能达到的。这种增长，在扣除了由于人口增加所引起的消费扩大的部分之外，可以用来改善全体人民物质生活的部分，每年大约增长4%或者略多一点。这样，在过去几年中，随着生产的发展，劳动生产率的提高，而增加的社会财富，除了用于积累方面（其中主要是社会主义的基本建设）的以外，根据生活资料生产发展的可能性，能够用来改善人民生活的部分，大致就是这样。

当然，在生活资料的分配方面，在工人阶级和农民之间、在体力劳动者和脑力劳动者之间，必须分配得合理。也就是说，根据生活资料生产发展的可能，既要改善工人阶级的生活，又要改善农民的生活，使工人、农民和其他阶层人民的物质生活和文化生活一年比一年有所提高。工人阶级代表着最进步的生产力，他们的劳动生产率最高，他们为社会所创造的财富最多，所以在现阶段工人阶级获得较多的个人消费品也是合理的。但是，由于我国经济比较落后，人民生活水平较低，特别是农民的生活水平较低，因此，工人阶级在提高劳动生产率的基础上改善生活的时候，应当同时关怀农民兄弟的生活的改善，要努力使工人的生活和农民兄弟的生活不发生过大的悬殊。否则，就不利于巩固以工人阶级为领导的工农联盟，也就不利于社会主义的建设。

根据过去几年的经验，在确定职工工资水平的时候，应当坚决地贯彻执行党中央和毛泽东同志所提出的从 6 亿人口出发，统筹兼顾，适当安排的方针。为此，就需要考虑以下几个问题：（1）职工工资水平提高的速度，不能超过社会劳动生产率提高的速度，职工工资总额增长的速度，应该照顾到工农业生活资料生产增长的速度，这样，职工工资的提高，才有物质保证。（2）社会各个物质生产部门劳动的具体情况不同，劳动生产率提高的速度也不同，在确定各部门职工的工资水平的时候，应该照顾到这种不同性，反对绝对平均主义。但是，绝不能脱离前条所说的同一性，否则，一个部门工资水平的提高，必将波及其他部门，形成连锁反应，而这是必须避免的。（3）在生产发展的基础上，工人和农民的生活都应该有所改善。工人和农民的劳动以及生活条件，各不相同，工人的劳动生产率比农民高得多，而农民的生活费用比城市工人又省得多，所以，工农的消费水平，按货币计算，是存在着一定的差别的。但是，根据我国目前经济的具体情况，工人和农民之间消费水平的差距，则不宜再行扩大，而应该有步骤地适当地缩小，以减少城乡之间的矛盾，且巩固工农联盟。

六　发展生产，保证需要

前面各部分，讨论了我国社会主义建设时期的生产和消费的关系，其中第四部分和第五部分着重地讨论了消费的问题，这一部分将主要讨论生产的问题。

前面说过，我国建设的规模和人民生活改善的程度，取决于我国生产发展的水平。也就是说，我国基本建设的消费和人民生活的消费，取决于我国生产的发展。这是不是说，我国的建设就不可能比第一个五年计划期间的速度更快一些，人民生活就不可能比第一个五年计划期间改善得更多一些了呢？当然不是。那种只看到物的作用，看不到人的作用，只看到静止的东西，看不到发展的东西，是不正确的。

建设得更快一些，生活改善得更好一些，这不仅是全国人民强烈的愿望，而且也是可能的和必须争取的。要把这种可能性变为现实性，决定的条件就是全国人民在党的鼓足干劲、力争上游、多快好省地建设社会主义的总路线的指导下，乘风破浪，奋勇前进，以推进我国的生产高速度地发展，国民收入更多地增加，从而为建设的发展和生活的改善创造更好的物质基础。1958年我国国民经济的全面大跃进，完全证明了只要坚决地贯彻执行党的社会主义建设总路线，只要充分地发挥人民群众的积极性和创造性，我国的社会主义建设是能够飞跃前进的，我国人民的物质文化生活是能够迅速提高的。

（一）坚决执行党的鼓足干劲、力争上游、多快好省地建设社会主义的总路线

什么是党的鼓足干劲、力争上游、多快好省地建设社会主义的总路线呢？刘少奇同志在党的第八届全国代表大会第二次会议的工作报告中说："根据几年来人民斗争的实际经验和毛泽东同志的思想的发展，党中央认为，鼓足干劲、力争上游、多快好省地建设社会主义的总路线的基本点是：调动一切积极因素，正确处理人民内部矛盾；巩固和发展社会主义的全民所有制和集体所有制，巩固无产阶级专政和无产阶级的国际团结；在继续完成经济战线、政治战线和思想战线上的社会主义革命的同时，逐步实现技术革命和文化革命；在重工业优先发展的条件下，工业和农业同时并举；在集中领导、全面规划、分工协作的条件下，中央工业和地方工业同时并举，大型企业和中、小型企业同时并举；通过这些，尽快地把我国建设成为一个具有现代工业、现代农业和现代科学文化的伟大的社会主义国家。

根据这条总路线的要求，党和全国人民在技术革命和文化革命方面的主要任务是什么呢？

在技术革命方面，主要的任务是：把包括农业和手工业在内的全国经济有计划有步骤地转到新的技术基础上，转到现代化大生产的技术基础上，使一切能够使用机器的劳动都使用机器，实现全国城市和农村的电气化；使全国的大、中城市都成为工业城市，并在那些条件具备的地方逐步建立新的工业基地，使全国的县城和很多乡镇都能有自己的工业，使全国各省、自治区以至大多数专区和县的工业产值都超过农业产值；在全国范围内建立一个以现代工具为主的四通八达的运输网和邮电网。在尽可能地采用世界上最新的技术成就的同时，在全国的城市和农村中广泛地开展改良工具和革新技术的群众运动，使机械操作、半机械操作和必要的手工劳动适当地结合起来。

为了适应技术革命的需要，必须同时进行文化革命，发展为经济建设服务的文化教育卫生事业。它的主要任务是：扫除文盲，普及小学教育，逐步地做到一般的乡都有中等学校，一般的专区和许多的县都有高等学校和科学研究机关；完成少数民族文字的创制和改革，积极地进行汉字的改革；消灭'四害'，讲究卫生，提倡体育，消灭主要疾病，破除迷信，移风易俗，振奋民族精神；开展群众的文化娱乐活动，发展社会主义的文学艺术；培养新知识分子，改造旧知识分子，建立一支成千万人的工人阶级的知识分子队伍，其中包括技术干部的队伍（这是数量最大的），教授、教员、科学家、新闻记者、文学家、艺术家和马克思主义理论家的队伍。

积极实现党的社会主义建设的总路线，积极实现技术革命和文化革命，将使我国的社会生产力大大地发展起来，将要大大地提高我国的劳动生产率，使我国工业在十五年或者更短的时间内，在钢铁和其他主要工业产品的产量方面赶上和超过英国；使我国农业在提前实现全国农业发展纲要的基础上，迅速地超过资本主义国家；使我国科学和技术在实现'十二年科学发展规划'的基础上，尽快地赶上世界上最先进的水平。"

这里，想着重地谈一谈在重工业优先发展的条件下，工业和农业同时并举；在集中领导、全面规划、分工协作的条件下，中央工业和地方工业同时并举，大型企业和中、小型企业同时并举的问题。因为这些问题是关系到我国高速度发展生产，尽可能加快建设，以及提高我国人民生活水平的最重要的问题。

1. 在重工业优先发展的条件下，工业和农业同时并举

为了多快好省地建设社会主义，不断提高人民的生活水平，为什么必须在重工业优先发展的条件下，工业和农业同时并举呢？

正确处理重工业、轻工业和农业发展的关系，这是社会主义经济建设的最重要的问题。毛泽东同志把这个问题叫做中国工业化的道路问题。

毛泽东同志在《关于正确处理人民内部矛盾的问题》报告中说："这里所讲的工业化道路的问题，主要是指重工业、轻工业和农业的发展关系问题。我国的经济建设是以重工业为中心，这一点必须肯定。但是同时必须充分注意发展农业和轻工业。

我国是一个大农业国，农村人口占全国人口的80%以上，发展工业必须和发展农业同时并举，工业才有原料市场，才有可能为建立强大的重工业积累较多的资金。大家知道，轻工业和农业有极密切的关系。没有农业，就没有轻工业。重工业要以农业为重要市场这一点，目前还没有使人们看得很清楚。但是随着农业的技术改革逐步发展，农业的日益现代化，为农业服务的机械、肥料、水利建设、电力建设、运输建设、民用燃料、民用建筑材料等等将日益增多，重工业以农业为重要市场的情况，将会易于为人们所理解。在第二个五年计划和第三个五年计划期间，如果我们的农业能够有更大的发展，使轻工业相应地有更多的发展，这对于整个国民经济会有好处。农业和轻工业发展了，重工业有了市场，有了资金，它就会更快地发展。这样，看起来工业化的速度似乎慢一些，但是，实际上不会慢，或者反而可能快一些。"

毛泽东同志常常教导我们说：做事情有两种方法：一种方法是进行得快一些，好一些；另一种方法是进行得慢一些，差一些。应当力争前者，避免后者。遵循毛泽东同志所指示的工业化道路前进，我国的社会主义工业化事业，就可以进行得快一些，好一些，而避免慢一些，差一些；这已经为我国过去几年社会主义经济建设的全部实践所证明。

　　第一，关于优先发展重工业的问题。

　　我国社会主义经济建设必须优先发展重工业，把我国建设成为一个社会主义工业国是我国人民当前的主要任务。而社会主义工业化的中心环节，则是优先发展重工业。

　　我国的工业基础，特别是重工业的基础，原来是很薄弱的。1949年全国生产资料部门的产值，只占全部工业产值的28.8%，在第一个五年计划开始的时候，也只占39.7%。生产资料生产的落后，说明了重工业生产的落后，因为生产生产资料的部门主要是重工业生产部门。不仅如此，我国工业的技术水平也很低，主要的生产设备自己都不能制造。这种落后，是近百年来我国人民挨打受气、生活贫困的基本原因之一。

　　为了改变这种情况，必须高速度地实行工业化。而要在比较短的历史时期中，把我国由落后的农业国变成强大的社会主义工业国，并不是任何一种工业的发展都能够符合这个历史任务的要求的。只有优先发展重工业，才能达到这个目的。因为只有建立超强大的重工业，才可能制造现代化的各种工业设备，使重工业本身和轻工业得到技术的改造；只有建立起强大的重工业，才可能实现农业的机械化、化肥化，使农业得到技术的改造；只有建立起强大的重工业，才可能生产现代化的交通工具，使运输业得到技术的改造；只有建立起强大的重工业，才可能制造现代化的武器，进一步地加强国防力量。同时，也只有在重工业充分发展的基础上，才能够最迅速地提高生产技术，提高劳动生产率，不断地增加农业和消费品工业的生产，保证人民生活水平的不断提高。

　　中国共产党第八次全国代表大会第一次会议关于政治报告的决议说："必须继续坚持优先发展重工业的方针，积极扩大冶金工业、机器制造工业、电力工业、煤炭工业、石油工业、化学工业和建筑材料工业的建设，积极建立和发展我国重工业中目前还缺乏的或者薄弱的而又是最急需的部分，例如高级合金钢和稀有金属的冶炼，重型机器、专用机床和仪表的制造，有机合成化学工业、无线电工业和原子能工业的建设，等等。对于优先发展重工业这一基本建设方针不能有任何的忽视。要求各项建设事业不分轻重缓急地齐头并进的倾向，是错误的。"

——我国已经建设起重工业的初步基础。在我国发展国民经济的第一个五年计划期间，已经建立起社会主义工业化的初步基础——重工业的初步基础，这种重工业的初步基础，除了在绪论中所说的我国已经拥有一系列新的工业部门和我国重工业的生产能力已有很大的增长之外，还表现在以下两个方面：

一是我国工业的技术水平已经大为提高。大家知道，在解放前，我国是不能制造一架飞机，不能生产一辆汽车的，工厂中的绝大多数设备也都是由国外进口的。而现在不仅飞机和汽车已经能够自己制造了，而且在技术上比这更为复杂的产品，也能够制造了。目前，除了少数特大的重型机械和特别精密的机械以外，我们已经能够用自己制造的许多设备，来建设自己所需要的大多数重工业企业和绝大多数轻工业企业了；已经能够用自己制造的许多机器来逐步地装备本国的农业部门、运输部门，并且加强国防力量了；已经能够用自己生产的金属和其他原材料来供应我国建设事业的大部分需要了。在设计工作方面，除了少数特大的、技术最新的和特殊复杂的工程以外，许多大型的、技术比较复杂的工程，已经能够自行设计了。例如，年产150万吨的钢铁联合企业，年产150万吨的煤矿，年产5万吨合成氨的化学肥料工厂，100万瓦的大型水力发电站，40万瓦的大型火力发电站，许多类型的机械制造厂以及各种棉纺织厂、印染厂、造纸厂、制糖厂等，都能够自行设计了。由于我国工业技术水平的不断提高，我国今后的建设，也就更加能够又多、又快、又好、又省地进行了。

二是我国原有的、沿海的工业基地大为加强，新的、内地的工业基地正在建设起来。我国原有的工业不仅很少，而且大部分集中在沿海地区，分布很不合理。经过第一个五年计划期间的建设，原有的工业基地大大地加强了。以鞍山为中心的东北工业基地，已经基本上建成；上海、天津以及其他沿海城市的工业基础也大为加强，与此同时，在我国的腹心地区，新的工业基地正在大规模建设中。在我们祖国的地图上，已经出现了许多过去为人们所不知道的新的工业点。目前，我国最重要的工业区，即有如下一些：在华北地区，有以太原、大同和内蒙古自治区的包头为中心的工业基地；在华中地区，有以武汉为中心的工业基地；在陕甘两省，有以西安和兰州为中心的工业基地；在四川境内，有以成都、重庆为中心的工业基地。这些新的工业基地正在形成；而在西南地区和华南地区以及青海地区新区、新疆维吾尔自治区等，也已部分地开始了新的工业企业的建设。这样，就可以逐步地改变我国各地区之间经济发展不平衡的状态，并且逐步地提高经济不发达地区，特别是少数民族地区的经济和文化。

这些，就是我国社会主义工业化初步基础的主要内容，也就是我国工业发展中的质的变化。我国工业发展的这种变化，对于我国社会主义工业化的伟大未来，将发生极其重大的作用。

——要正确处理重工业内部发展的关系。在贯彻执行重工业优先发展的方针问题上，正确地处理重工业内部发展的关系，有很重要的意义。大家知道，我国工业的发展，在很大程度上取决于钢铁工业和机械制造工业的发展，而在钢铁工业和机械制造工业发展的关系上，当前的主要矛盾，又是钢铁材料的供应不能满足机械制造工业的需要。针对这种情况，党中央提出了"以钢为纲"的建设方针。这是由于钢铁工业是我国社会主义工业化的"基础"，如果钢铁工业不发展，那么，机械制造工业的发展，以及整个工业的发展，就会缺乏"粮食"，就会陷入困难。也就是说，在这样的条件下，机械制造工业和整个工业的充分发展是不可能的。当然，如果只是发展钢铁工业，而不注意发展机械制造工业，那么，钢铁工业也将得不到必要的技术装备，因而它也不可能获得充分的发展。问题就是要将这两种工业的发展很好地结合起来，而避免两者的脱节。因此，在贯彻执行重工业优先发展的方针的时候，对于重工业内部发展的关系，必须正确地处理。

在重工业内部发展的相互关系上，目前主要的问题是：钢铁工业以及其他原材料工业，虽然有了很大的发展，但是，还赶不上加工制造工业发展的需要，因而限制了后者的生产能力的充分利用。例如，在冶金工业方面，原料采掘和冶炼工业的发展虽然很快，但是仍然赶不上机械制造工业发展的需要。目前钢材的数量、品种和规格，有色金属的数量和品种都不能满足需要。至于燃料工业、电力工业、化学工业、森林采伐工业等，也赶不上整个工业和农业发展的需要。为了解决这个矛盾，在重工业部门内部,应当"以钢为纲"带动整个工业部门的发展。

在我国发展国民经济的第一个五年计划期间,对于原材料工业和加工制造工业投资的比例,原定的计划是2:1,预计执行的结果将是2.2:1;1957年将达到3.1:1。今后还将适当地提高原材料工业的投资比重。这种改变,就是为了适应上述要求的。

现在,先谈一谈加速原材料工业的发展问题。原材料工业包括冶金工业、燃料工业、动力工业、化学工业、建筑材料工业等方面。

——加速冶金工业的发展。发展冶金工业,首先是发展钢铁工业。钢铁工业,是我们整个工业的纲,纲举才能目张。这个纲发展了,其他工业部门的发展也就好办了。1957年与1952年比钢铁的生产增加2.96倍,钢材的生产增加3.25倍,这样的增长速度,在世界上是少有的。但是,在机械制造工业发展的过程中,还遇到了金属材料供应不足的困难。例如,新建的一些工厂都由于金属材料供应不足,还不能充分地发挥其生产能力。同时,生产部门和基本建设部门之间也存在着互争钢材的现象,其主要原因,就在于金属材料生产不足。必须努力增产金属材料,以满足国民经济各部门的需要。

冶金工业的发展,应该在增加数量的基础上增加品种、规格,只注意增加品种、规格,而不注意增加数量,这当然是不对的。反过来,只注意增加数量,而不注意增加品种、规格,同样也是不对的。必须把两者的发展相互结合起来。不仅要努力增加钢材的生产量,而且同时要增加品种、规格;不仅要努力增加普通钢材,而且要努力增加合金钢材。而要增加钢铜,就不仅要努力增加黑色金属的生产,而且要努力增加有色金属的生产。必须把开采和冶炼有色金属提高到重要日程上来,特别是增产铜和铝,在目前有特别重要的意义。

同时,生产更多的金属材料,不仅可以满足我国国民经济各部门发展的需要,而且也可以支援社会主义兄弟国家,因为在目前,世界各国的金属材料一般都是感到不足的。

——加速燃料工业和动力工业的发展。燃料工业和动力工业是先行的工业,在重工业的发展中,必须注意这两种工业的发展。

——加速电力工业的发展。在第一个五年计划期间，发电量平均每年增长 21.6%，略高于全部工业增长的速度，但是，发电设备能力的增长，平均每年只增长 16.3%，不仅低于工业增长的速度，而且地区分布不平衡，有些工业地区（如东北地区）由于缺电，已经在一定程度上影响到生产力的充分利用。考虑到第一个五年计划建设的结果和第二个五年计划发展的需要，以及农业用电需要的增加（如江苏、浙江两省的农村，有不少是用电力抽水灌田的），今后对于电力的需要，将越来越大。而在第一个五年计划期间，由于发电量增长较快，发电设备增长较慢，因而发电设备的利用率，已由 1952 年的 3680 小时，提高到 1957 年的 4773 小时，少数缺电较多的地区设备利用率还要更高。提高设备利用率是好的，但是，发电设备利用率过高，电力工业后备能力不足，对于工业发展是不利的。一些工业发达的国家的经验证明，发电设备增长的速度，应当高于工业增长的速度。因此，在发展重工业的时候，有必要加快电力工业的发展速度。

在发展电力工业方面，应当是水力发电和火力发电相结合。在有水力资源的地方，尽可能地利用水力发电，这是最经济的。由于我国水力资源丰富，我们应当充分利用这个有利的条件。火力发电应当建设在产煤的矿区，这样可以尽量使用选剩的劣质煤发电，并且节约运输费用。在建设火力电站的时候，在切实需要热力的地方才建设热电站，一般不应当建设热电站。因为热电站的投资比一般凝汽式电站要高 30% 左右。同时，在电站的建设上，也要大型和中、小型相结合，不应当一概追求大容量的机组，要根据具体情况和具体需要来进行建设，这样才能又多、又快、又好、又省地发展电力工业。

加速发展煤炭工业。在我国发展国民经济的第一个五年计划期间，煤炭的产量平均每年增长 14% 多一点，这个速度是比较高的。但是，煤炭工业发展的速度，不仅赶不上整个重工业的发展速度（平均每年增长 26%），而且也低于全部工业发展的速度（平均每年增长 19% 以上），低于民用煤炭增长的速度（平均每年增长 16%）。这是由于我国木材资源少、石油和天然气还没有大规模地开采，以及人口多、民用煤消费多的缘故。因此，必须加速煤炭工业的发展。除了根据工业地区分布的需要和资源的可能，积极建设生产煤炭的基地以外，还应当有计划地发展地方性的手工开采或者半手工开采的小煤矿，以满足社会各方面的需要。同时，要大力节约用煤和加强煤炭的综合利用，以减少煤炭的消耗。

加速石油工业的发展。原油的生产，在我国发展国民经济的第一个五年计划期间，虽然增长了两倍多，但是，目前我国所需要的原油，仍有一半需要由国外进口，因此，有必要加速石油工业的发展。

在发展石油工业方面，考虑到我国地质情况，储油规律比较复杂的特点，首先，必须继续加强地球物理勘探工作，扩大调查区域，进行区域开采规划，以发现更多的天然油田，增加天然油的生产。其次，我国有比较丰富的油页岩资源，应当建设油页岩炼厂，以增加石油的生产。再次，我国有一些地区（如四川）生产天然气，应当合理利用，以代替石油。最后，我国煤炭资源比较丰富，从煤炭中提炼石油的工作正在部分企业中进行，这也是增产石油的一个重要的途径。

——加速化学工业特别是化学肥料和合成纤维工业的发展。在重工业的发展中，还应当加速化学工业，除了加速硫酸、硝酸、盐酸和纯碱、火碱的生产以外，应当注意化学肥料工业的发展。这对于我国农业的发展有着重要意义。如前所述，我国化学肥料的自给率在 1956 年只有 42.3%，绝大部分依靠进口。同时，还应该说明，目前我国农田所用的化学肥料是非常有限的，和一些经济发达的国家相比，要差好几十倍。而要大大发展我国的农业，特别是提高单位面积产量，生产大量的化学肥料，是一个重要的条件。因此，中共中央所提出的《1956—1967 年全国农业发展纲要（修正草案）》中说："中央和省、专区、县都应当积极发展化学肥料的制造工业。要求在七年到十二年内，化学肥料的年产量达到两千五百万吨左右。"[1] 这个计划的付诸实施，对于我国农业的发展有极大的支援作用。根据目前的统计，在同样的一亩耕地上，每多施 1 斤化学肥料，就可多收获粮食（带皮的）3 斤，或者多收获棉花（皮棉）0.33 斤。按此计算，

---

[1]　《1956—1967 年全国农业发展纲要（修正草案）》。

多施 100 万吨化学肥料，就可以增产粮食 60 多亿斤或者棉花（皮棉）约 7 亿多斤。这是农业增产的一项重要的措施。

还应当看到，发展化学工业，特别是合成纤维（一般称作"尼龙"或者叫做"卡布龙"）工业，对于解决我国人民的穿衣问题，也有一定的意义。发展了合成纤维工业，就可以使农业更多地发展粮食及其他技术作物。

——加速建筑材料工业特别是森林采伐工业的发展，综合利用木材资源。森林采伐工业，也应当加速发展。目前在生产和基本建设方面，每年大约缺木材 300 万立方米。随着我国经济的发展，这种缺额还将继续增加。因此，必须采取发展森林采伐工业和综合利用木材资源的办法，来解决这个矛盾。同时，还应当采用代用品，以节约木材。

此外，随着基本建设发展的需要，除了木材以外，其他建筑材料工业（如水泥、陶瓷、石棉制品，等等），也必须加速发展。

上面所说的是加速原材料工业发展的问题，下面再来谈一谈加速加工制造工业的发展问题。

——加速机械制造工业的发展。由于我国正在进入以技术革命为中心的社会主义建设的新时期，我们要把包括农业和手工业在内的全国经济有计划有步骤地转到新的技术基础上，转到现代化大生产的技术基础上，使一切能够使用机器的劳动都使用机器，实现全国城市和农村的电气化；使全国的大、中城市都成为工业城市，并在那些条件具备的地方逐步建立新的工业基地，使全国的县城和很多乡镇都能有自己的工业，使全国各省、自治区以至大多数专区和县的工业产值都超过农业产值；在全国范围内建立一个以现代工具为主的四通八达的运输网和邮电网。要做到这一切，如果不加速机械制造工业的发展，那是不可设想的。所以，机械工业，也是我国工业的一个"元帅"部门。

要加速机械制造工业的发展，首先应当对于各机械工业部门所管的机械工业企业，以及非机械工业部门和地方所管的机械工业企业，进行统筹安排，以便充分地发挥它的生产能力。这是当前加速机械制造工业发展的一个重要问题。安排的原则，应该是：国防工业和民用工业相结合，专业化和协作相结合，制造和修理相结合，中央管理的工业企业和地方管理的工业企业相结合。

我国的机械制造工业的生产能力，经过统筹安排之后，有可能大大提高起来，但是，即使如此，仅仅依靠现有的机械制造企业，还是不能完成技术革命对于它所提出的要求的，必须进一步加速机械制造工业的基本建设，特别是加速重型机械、精密机械、农业机械、交通运输机械制造厂的建设，才能不断地满足技术革命对于机械制造工业所提出的日益增长的需要。

第二，关于发展工业必须和发展农业同时并举的问题。

——工业和农业同时并举的必要性。我国的社会主义经济建设，在重工业优先发展的条件下，发展工业必须和发展农业同时并举。

在前面，着重说明了我国社会主义经济建设必须要优先发展重工业，这是不是意味着我们可以使农业生产的发展缓慢一些，"坐等"工业发展起来之后，再去发展农业呢？不，绝不是这样。工业虽然是国民经济的领导力量，而农业对于工业化事业有多方面的极其重要的影响。工业和农业的结合，构成国民经济的统一的整体。它们的发展是相互依赖、相互促进和互为前提的。特别是像我们这样一个幅员广大、人口众多的国家，农业在整个国民经济中不仅现在，就是将来，也将要占相当重要的地位。农业对于我国的国民经济有着巨大的重要性。农业是轻工业原料和粮食的供应者，是吸收工业品的主要的市场，是为输入设备以满足建设需要所必需的出口物资的主要供应者，是积累建设资金的重要来源之一。在这方面，只要举出以下的事实就很明白了。

大家知道，我国轻工业生产所需要的原料，目前约有70%要依靠农业，而我国轻工业在整个工业中所占的比重目前还占50%左右。我国供应国内人民生活需要的商品，也有85%左右是农产品及其加工品；我国出口贸易所需要的物资，农产品及其加工品约占2/3以上。我国铁路、公路、水路的运输量的增减，在一定程度上也受农业的影响。而这一切，也就很大程度上地影响到国家建设资金的积累。同前一年作比较，国家财政收入在1953年和1956年分别增长了24%和15.8%，在1955年和1957年只分别增长了 3.7% 和 6.81%。这同 1952 年和 1955 年农业丰收，1954 年和 1956 年农业歉收有很大的关系。可见，农业在很大程度上决定国民经济的发展速度，决定国家投资建设的规模。

我们还应当看到，我国广大农村不仅是轻工业的主要市场，而且将是重工业的重要市场。我国目前农业技术改造才刚开始，但是，即使在这种情况下，农村需要的重工业产品的数量还是十分庞大的。根据不完全的计算，在供应市场的重工业产品中，供应农村的比重大致如下：生铁 12% 以上，煤 50% 以上，煤油 80% 左右，木材 30% 左右，化学肥料和农药则全部供应农村。以 1957 年为例，计划规定供应农村的煤有 3570 多万吨，木材有 250 万立方米，化学肥料有 165 万吨，实际上这些物资还远不能满足农村的需要。可以想见，随着我国农业技术改革的逐步发展，农业的日益现代化，广大农村对于重工业产品的需要将会增长数倍或者数十倍，甚至更多。例如，要初步满足农业对于化学肥料的需要，我国化肥的产量应当提高到 3000 万吨以上（那时候，每亩播种面积的平均施肥量也不到 30 斤），而现在我国每年供应农村的化肥，不过 100 多万吨。我国农业的这样庞大的需要，正是为我国重工业的巨大发展，开辟了极其宽广的道路。

在发展我国国民经济的第一个五年计划期间，我国的农业有了很大的发展。5 年中，我国的农业和农村副业的总产量增长了 24.7% 左右，其中，粮食 1957 年比 1952 年增长 610 多亿斤，棉花 1957 年比 1952 年增加了 670 多万担。这样的增长速度是很快的，在中国历史上是没有过的。这些增产成绩的获得，是全国农民在党和人民政府的领导下付出了巨大努力的结果。

我国人口众多，增殖很快，并且原来人民生活水平很低，因此，迫切要求农业的迅速发展。根据目前我国的人口增殖率计算，每年平均大约要增加人口 1300 万，这些新增加的人口，每年就需要大约五六十亿斤粮食和数十万担棉花。可见，如果我国的农业得不到发展，人民生活水平不仅不能得到提高，而且还可能降低。而当这种情况出现的时候，国家和人民之间的矛盾就会扩大，社会主义建设事业也就难以顺利进行。

由上面的事实可以看出：如果我们真正要想高速度发展工业，特别是重工业，要想增加积累和提高消费水平，就必须积极地发展农业。这是发展工业，特别是发展重工业的一个十分重要的条件。谁要忽视了它，谁就会犯大的错误。

鉴于上述的种种情况，我国的社会主义经济建设，在优先发展重工业的条件下，发展工业必须和发展农业同时并举，以便求得工业和农业在发展中彼此结合和相互促进。只有这样，才能既保证国家建设的不断扩大，也保证人民生活的逐步改善。

毛泽东同志早在1945年《论联合政府》报告中就说过：农民——这是中国工业市场的主体。只有他们能够供给最丰富的粮食和原料，并吸收最大量的工业品[①]。

关于工业和农业必须同时并举的问题，毛泽东同志在1955年7月31日在省委、市委和区委书记会议上所作的《关于农业合作化问题》的报告中，就从理论上和实际工作上作了精辟的分析。他说：我国的商品粮食和工业原料的生产水平，现在是很低的，而国家对于这些物资的需要却是一年一年地增大，这是一个尖锐的矛盾。如果我们不能在大约三个五年计划的时期内基本上解决农业合作化的问题，即农业由使用畜力农具的小规模的经营跃进到使用机器的大规模的经营，包括由国家组织的使用机器的大规模的移民垦荒在内（三个五年计划期内，准备垦荒四亿亩至五亿亩），我们就不能解决年年增长的商品粮食和工业原料的需要同现时主要农作物一般产量很低之间的矛盾，我们的社会主义工业化事业就会遇到绝大的困难，我们就不可能完成社会主义工业化[②]。在这个报告中，毛泽东同志又说：社会主义工业化的一个最重要的部门——重工业，它的拖拉机的生产，它的其他农业机器的生产，它的化学肥料的生产，它的供农业使用的现代化运输工具的生产，它的供农业使用的煤油和电力的生产，等等，所有这些，只有在农业已经形成了合作化的大规模经营的基础上才有使用的可能，或者才能大量地使用。我们现在不但正在进行关于社会制度

[①]　毛泽东：《论联合政府》，《毛泽东选集》第三卷，人民出版社1953年版，第1101页。
[②]　毛泽东：《关于农业合作化问题》，载《社会主义教育课程阅读文件集编》（第一编）下，人民出版社，第589页。

方面的由私有制到公有制的革命，而且正在进行技术方面的由手工业生产到大规模现代化机器生产的革命，而这两种革命是结合在一起的。……由此可见，我们对于工业和农业，社会主义的工业化和社会主义的农业改造这样两件事，绝不可以分割起来和互相孤立起来去看，绝不可以只强调一方面，减弱另一方面。接着又说：为了完成国家工业化和农业技术改造所需要的大量资金，其中有一个相当大的部分是要从农业方面积累起来的。这除了直接的农业税以外，就是发展为农民所需要的大量生活资料的轻工业的生产，拿这些东西去同农民的商品粮食和轻工业原料相交换，既满足了农民和国家两方面的物资需要，又为国家积累了资金。而轻工业的大规模的发展不但需要重工业的发展，也需要农业的发展。因为大规模的轻工业的发展，不是在小农经济的基础上所能实现的，它有待于大规模的农业，而在我国就是社会主义的合作化的农业。因为只有这种农业，才能够使农民有比较现在不知大到多少倍的购买力①。这就是我国的经济建设为什么要在重工业优先发展的条件下，发展工业必须和发展农业同时并举的基本原理。大家知道，毛泽东同志在《关于正确处理人民内部矛盾的问题》的报告中，关于中国工业化的道路问题的理论，即以重工业为中心，发展工业必须和发展农业同时并举的理论就是从这个基本原理发展起来的。

根据毛泽东同志的创议，党所制定的我国社会主义建设的总路线，把在重工业优先发展的条件下，工业和农业同时并举，列为一个基本点。刘少奇同志代表党中央向党的第八次全国代表大会第二次会议所作的报告中说："为了提高建设速度，为什么工业和农业必须同时并举呢？这是由于我国是一个农业的大国，在我国的六亿多人口中有五亿多农民。他们无论在革命斗争中和建设工作中都是一支最伟大的力量。我国工人阶级只有依靠这个伟大的同盟军，把他们的积极性和创造性充分地调动起来，才能取得胜利。农民同盟军问题的极端重要性，革命时期是这样，建设时期仍然

---

① 毛泽东：《关于农业合作化问题》，载《社会主义教育课程阅读文件集编》（第一编）下，人民出版社，第589—590页。

是这样。无论在什么时候，政治上犯错误，总是同这个问题相关联的。在优先发展重工业的同时，大力地发展农业，这就是动员世界上最大的国内市场对于农业机械、化学肥料、建筑材料、燃料、电力、运输工具等各种重工业产品以及各种轻工业产品提出巨大无比的要求，动员世界上最大的劳动大军发展粮食和各种副食品的生产，发展棉花和许多其他工业原料的生产，动员他们贡献无限的劳动，创造无限的财富，为国家的工业建设积累大量的资金，并且直接在农村发展小型工业。因此，大力发展农业，必将加速国家的工业化，加速整个国民经济的发展，大大有利于改善全国人民生活和巩固工农联盟。而如果没有农业的迅速发展，就不能有轻重工业的迅速发展，也就不能有整个国民经济的迅速发展。这个真理已经为过去八年特别是今年的事实所充分证明了。

有一些同志担心，发展农业虽然可以为工业化积累资金，但是目前却首先要分散国家用在工业化上面的资金。前年和今年两次农业高潮证明这种忧虑是多余的。只要我们善于依靠五亿多农民这个伟大的力量，即使国家不增加对农业的投资，也可以使农业建设的规模大大地扩大。八年来国家为根治淮河，共投资十四亿五千万元，完成的工程总量为十六亿多土石方；而在一九五七年冬至一九五八年春运半年的时间内，仅河南、安徽两省，主要依靠农民自己的劳动力和财力物力，就完成了一百二十亿土石方的工作量。

有人怀疑农业生产究竟能不能迅速增长。他们曾经引经据典，证明农业的发展只能是慢慢的，并且是不能保证的。某些学者甚至断定，农业增长的速度还赶不上人口增长的速度，他们认为，人口多了，消费就得多，积累就不能多，由此，他们对于我国农业以至整个国民经济的发展速度作出了悲观的结论。这种思想的本质是轻视我国组织起来了的革命的农民，因而不能不受到事实的反驳。今年我国农业的生产建设的大跃进，不但彻底推翻了他们的农业发展快不了的论断，而且彻底推翻了他们的人多了妨碍积累的论断。他们只看到人是消费者，人多消费要多，而不首先看到人是生产者，人多就有可能生产得更多，积累得更多。显然，这是一种违反马克思列宁主义的观点。"

现在，大家已经可以看得见，按照毛泽东同志所指示的工业化道路前进，按照毛泽东同志的创议而制定的党的社会主义建设总路线前进，不但我国的工业迅速的发展了，而且我国的农业也正在大发展。农业的大发展，推动了工业的大发展。

1958 年 8 月召开的中共中央政治局扩大会议指出：1958 年农业生产的大发展，将使粮食作物的总产量达到 6000 亿—7000 亿斤，比 1957 年增产 60%—90%；全国每人占有粮食的平均数将达到 1000 斤左右；棉花将达到 7000 万担左右，比 1957 年增产一倍以上。这样，到明年我们就有可能完成全国农业发展纲要所规定的粮食产量指标。

——努力实现全国农业发展纲要（修正草案）。

为了迅速发展我国的农业生产力，为了建设社会主义的新农村，为了保证我国社会主义工业化的顺利实现，中共中央在 1956 年 1 月公布了《1956—1967 年全国农业发展纲要（修正草案）》。1957 年 10 月 25 日又根据两年来一些事实的变化和工作的经验，作了一些必要的修改和补充，现已再次公布，提交农民和全体人民展开讨论，以便再作修改。这个纲领，正如这个文件的序言所说：是在我国第一个到第三个五年计划期间，为着迅速发展农业生产力，以便加强我国社会主义工业化、提高农民以及全体人民生活水平的一个斗争纲领。

这个斗争纲领的精髓，就是要在农业合作化的基础上，在第一个五年计划中社会主义工业化所获得的伟大成就的基础上，经过全国人民首先是农民千方百计的努力，从 1956 年开始，在 12 年内。粮食每亩的平均年产量，在黄河、秦岭、白龙江、黄河（青海境内）以北地区，由 1955 年的 150 多斤增加到 400 斤；黄河以南、淮河以北地区，由 1955 年的 208 斤增加到 500 斤；淮河、秦岭、白龙江以南地区，由 1955 年的 400 斤增加到 800 斤[①]。从 1956 年开始，在 12 年内棉花每亩平均年产量（皮棉），由 1955 年的 35 斤（全国平均数），按照各地情况，分别增加到 60 斤、80 斤和 100 斤[②]。在同一时间内，把油菜作物的单位面积产量提高到 1—2 倍，

---

① 《1956—1967 年全国农业发展纲要（修正草案）》，人民日报出版社，第 6 页。

② 参见谭震林《关于 1956—1967 年全国农业发展纲要（第二次修正草案）的说明》，载 1958 年 5 月 28 日《人民日报》。

花生亩产达到 300—500 斤，油菜亩产达到 100—300 斤，大豆亩产达到 200—400 斤。这些指标的实现：就可以使我国的粮食总产量由 1957 年的 3700 亿斤，增加到 8000 亿斤以上，即增长 1 倍多。这样，我国人民的吃穿问题，就可以有很大的改善。

如何把全国农业发展纲要（修正草案）所提出的增产指标付诸实现呢？

其一，要把现有耕地经营好，努力提高单位面积产量。我国现有耕地面积 16.8 亿亩。以 1955 年和 1956 年平均产量计算，每亩耕地的粮食产量不过 197 斤，棉花（皮棉）不过 33 斤。这样的水平，同农业高产量的国家相比，是比较低的。但是，只要我们兴修水利，深耕土地，多施肥料，合理密植，采用良种，消灭病害，改良农具，加强田间管理，完全有可能提高单位面积产量。

为了提高单位面积产量，首先要大规模进行农田水利建设，特别是中型的和小型的水利建设。这是战胜干旱、战胜涝灾、保证农业增产的最可靠的措施。因为水田的产量一般高于旱田 1—2 倍以上；水浇地的产量，也高于旱田 0.5—1 倍。我国人民经过 1957 年冬季和 1958 年春季的努力，已经使可以灌溉的土地增加到全部耕地面积的一半，平均每人有一亩多水地，这是很大的成绩。今后，我们还要更多地扩大灌溉面积，以争取农业的进一步增产。在水利建设上，应当坚决执行党中央所提出的"以小型为主，以蓄为主，以社办为主"的方针。其次是增加肥料。在目前主要是积极组织农家积肥。1958 年农家积肥 3000 多亿担，相当于化学肥料 1 亿多吨。这是一个非常巨大的数字。应当大力发展养猪积肥。养猪不仅可以增加肉食的生产，而且猪本身就是小的"肥料厂"。每头猪 1 年能够生产粪肥 1 万斤，其中所含的氮量，能顶化学肥料 60—100 斤，可以增产粮食 150—300 斤[①]。所以，养猪积肥和采取其他各种办法积肥，是现时解决我国农业肥料的主要来源。除了农家积肥以外，必须迅速发展化学肥料工业。最后是推广增产的先进经验。按照《全国农业发展纲要（修正草

---

① 参见 1957 年 11 月 18 日《人民日报》所载的材料。

案)》的规定，有下列各项：改良旧式农具和推广新式农具；推广优良品种；扩大复种面积；多种高产作物；实行合理密植；实行精耕细作，改进耕作方法；改良土壤；保持水土；保护和繁殖耕畜；消灭虫害和病害，等等[1]。

其二，向山区发展，发展山区经济。我国的特点之一，山区面积大。全国山区面积，大约要占国土总面积的 2/3。这就是说，全国有 60% 以上的土地面积是山地。目前山区的人口、耕地和粮食产量，约占全国的 1/3。山区既可生产粮食，又可生产水果、干果、蚕丝、油料、药材等土特产，还可发展林业和畜牧业。我国的矿产、土特产、药材等大部产在山区；木材则主要产在山区。山区有许多产品，不仅是重要的工业原料和人民生活资料，而且是重要的出口物资。所以，开发山区、发展山区的经济不仅是发展我国国民经济的重要措施，而且是发展农业生产的一个重要的方面。

但是，应当指出，我国目前对于山区的资源还远没有利用起来。而且有些地方还发生山区人口下山，山区耕地荒废的现象。这是应当加以改变的。党的八届三中全会提出了"下乡上山"，面向山区的号召。这是一个向山区进军，开发山区的伟大号召。稳定山区的人口，使其不再外流，并且动员城市和平原地区的人口上山，积极建设山区，发展山区的经济，这是当前的一项重要任务。

其三，有计划地开垦荒地。开垦荒地是扩大耕地面积、增加农作物产量的一个重要的方面。我国腹心地区荒地不多，主要的荒地集中在东北、西北、西南的边远地区。开垦荒地，应当首先把重点放在土壤肥沃、收获量高，以及交通方便、距离工业地区比较近的地区。这样，不仅开垦工作较易进行，投资的经济效果较大，而且便于使工业的发展同农业的发展结合起来。例如，在我国的第一个五年计划期间，在黑龙江省地区开垦荒地 1000 余万亩，就收到了这种效果。

在开垦荒地的时候，既要采取国营农场的形式，也可以根据条件组织

---

[1]　参见《1956—1967 年全国农业发展纲要（修正草案）》，人民日报出版社，第 8 页。

移民垦荒，或者鼓励人民公社派出生产队进行垦荒。在向山区或者接近山区的内地垦荒的时候，要在不破坏水土保持的条件下进行。

其四，有步骤地积极地实现农业机械化。在实现农业合作化以后，实现农业机械化是我国农业进一步发展的一个重要条件。毛泽东同志在《关于农业合作化问题》的文章中指示我们说：我们现在不但正在进行关于社会制度方面的由私有制到公有制的革命，而且正在进行技术方面的由手工业生产到大规模现代化机器生产的革命，而这两种革命是结合在一起的[①]。在我们的实际的工作中，有一个短时期对于毛泽东同志的这一指示是体会不够的，有时甚至以为我国人多地少，就对于我国农业的机械化问题，采取不够积极的态度，这是不正确的。因为从技术方面，而不是从社会制度方面来说，我国的农业还是落后的，要把这种落后的农业变为现代化的农业，除了兴修水利、增加化学肥料之外，还必须有步骤地实现农业机械化。这是解决我国畜力不足和人力不足的基本措施。实行农业机械化就可以进一步提高农业劳动生产率。应当根据农业发展的需要，按照我国的具体条件，采取积极的措施，大量地生产适合于我国各地需要的农业机械，这对于促进我国农业的发展具有重大的意义。

其五，增加农业积累，扩大农业的基本建设。无论经营好现有的耕地，或者开垦荒地、开发山区、实行农业机械化，都需要扩大农业的基本建设，都需要增加农业生产的积累。当然，要做好上面所说的各项工作，没有社会主义国家巨大的财力、物力的支援是不行的。党和政府为了发展农业，过去曾给农民以很大的支援，今后将要给予农民以更大的支援，这是肯定的。但是，如果只靠国家的支援，而没有农村人民公社本身不断扩大的积累，要想搞好农业的基本建设，要想尽快地发展农业，那也是不可能的。

在1956年6月30日公布的《高级农业生产合作社示范章程》中规定："从农业合作社的收入中，扣除交纳国家的税款和生产消耗以后所留

① 毛泽东：《关于农业合作化问题》，载《社会主义教育课程的阅读文件集编》（第一编）下，人民出版社，第589—590页。

下的收入当中，公积金一般不超过8%，经营经济作物的合作社，公积金一般地不超过12%，包括归还到期的基本建设的贷款和投资在内"。1958年1月6日全国人民代表大会常务委员会对于农业生产合作社的公积金的规定，作了一些修改，主要是："在生产不断增长的基础上，并且在保证绝大多数社员的收入逐年有所增加的原则下，农业生产合作社全年收入的实物和现金，在依照国家的规定纳税并且扣除生产消耗以后，经过社员大会或者社员代表大会讨论决定，农业生产合作社所留公积金的比例包括归还到期的基本建设的贷款和投资在内，可以超过8%，经营经济作物的合作社可以超过12%。但是，也不宜超过太多，以免影响绝大多数社会收入的逐年增加。""公积金用作扩大生产所需要的生产费用、储备种子、饲料和增添合作社固定财产的费用。"这就是说，农业生产要不断地增加积累，进行农业基本建设，扩大再生产。

增加农业的积累，对于农业生产的发展有重大的意义。这一点，从下列的事实中就可以看得很清楚：1957年国家对于发展农业、林业、水利建设事业的基本建设投资是10.38亿元，而同年农业生产合作社自己的积累，如果按农业净产值的5%计算，应当不少于20亿元，等于国家对于发展农田水利事业基本建设投资的两倍。这还没有包括农业合作社的人力投资在内。1957年冬天和1958年春天，每天平均有将近1亿个劳动力参加农田水利建设，以平均工作100天计算，就是100亿万个劳动日，每个劳动日如果按5角钱计算，就等于50亿元的投资。

1957年冬到1958年夏，没有要国家花多少钱，依据农民自己的力量，就扩大了42000万亩灌溉面积，而按照过去的想法，要完成这样的建设，需要国家投资几十亿元。1958年群众积肥已经达到4000多亿担，相当于氮肥1亿多吨。如果按照过去的想法，单单依靠国家投资建设大型化学肥料厂来解决这么多的肥料，需要成百亿元的投资。可见，只要依靠5亿农民这个伟大的力量，依靠农业本身的积累，特别是农民劳动力的投资，我们就不愁没有国家大量投资，农业就不愁很快地发展。所以，必须努力提高农业的积累，特别是农民的人力投资。把农村人民公社的积累和国家对于农业的投资结合起来使用，才能更好地发挥对农业投资的经济效果。

要增加农村人民公社的积累，就要贯彻执行党中央关于勤俭办社、勤俭办一切事业的方针。

第三，工农业的发展要相互促进。

——重工业要支援农业的发展。坚决贯彻执行党中央和毛泽东同志所提出的在重工业优先发展的条件下发展工业必须和发展农业同时并举的方针，就是为了求得工业和农业在发展中相互协调和相互促进，而避免相互脱节。只有这样，才能既保证国家建设的不断扩大，也保证人民生活的逐步改善。

在前面说过，我国生产资料的生产同国家建设的需要之间必须取得平衡；我国生活资料的生产同人民生活改善的需要之间也必须取得平衡。怎样才能取得这两方面的平衡呢？这就需要贯彻执行在重工业优先发展的条件下发展工业必须和发展农业同时并举的方针。

当然，我国的经济建设，必须以发展重工业为中心，或者说重工业必须得到优先的发展，这是必须肯定的。因为只有重工业的发展，才能保证农业有加速自己发展所必需的生产工具和肥料，等等，只有以大机器工业为核心的社会主义工业发展了，国家才有必需的工业产品去交换农民的产品，以满足农民生产和生活的不断增长的需要。这样，在工业和农业之间、城市和乡村之间，就不仅有着商业的结合，同时还具有生产的结合，从而使工人阶级和农民的联盟，建立在新的坚实的社会主义经济基础上。也只有这样，才能保证劳动生产率的迅速增长，使社会主义制度，既在城市，也在乡村进一步巩固起来。所以，实行发展工业和发展农业同时并举的方针，必须肯定以重工业为中心。

为了使农业有更大的发展，重工业应当给予农业以更大的支援，特别是在增产化学肥料、加强水利建设和发展农业机械方面，因此，我国的化学工业、冶金工业、燃料工业、电力工业、机械工业、建筑材料工业，在它们的发展过程中，必须充分考虑农业发展的需要和要求。

——轻工业的发展必须和农业的发展相适应。不但农业的发展需要工业的支援，而且工业的发展也需要农业的支援，尤其是轻工业的发展和农业的发展有着非常密切的联系。前面说过，我国轻工业生产所需要的原料，约有 70% 是依靠农产品的。如果离开农业的发展，而片面地去发展轻工业，那是会落空的。所以，轻工业的发展必须和农业的发展相适应。

在第一个五年计划期间，我国轻工业品的生产大约增长 89.7%，平均每年递增 13.7%。这个速度是比较高的。

按照我国发展国民经济的第一个五年计划期间合计的产量计算，在 11 种主要轻工业产品中，有卷烟、食糖、食用植物油和火柴 4 种没有完成计划。其中，卷烟、食糖和食用植物油 3 种产品，都是由于农产品原料供应不足，而没有完成计划的。

同时，如前所述，大部分的轻工业，也都因为农产品原料供应不足，而不能充分地发挥生产能力。例如，在第一个五年计划期间，在棉纺织工业方面，计划增加棉纺纱锭 156 万枚，实际增加 185 万枚。1957 年全国拥有生产棉纱 560 万件的生产能力，但是，由于棉花供应不足，只能生产 463.5 万件，设备利用率只达到 85%。在制糖工业方面，由于甘蔗和甜菜供应不足，1957 年的设备利用率只达到 66.7%。在制油工业（食用植物油）方面，全国设备可加工原料 1000 万吨，但是，每年只能供应油料作物 500 万—700 万吨，设备利用率只达到 50%—70%。此外，卷烟工业的设备利用率只达到 50% 左右；机制面粉工业的设备利用率只达到 70% 左右；罐头工业的设备利用率只达到 40% 左右；制革工业的设备利用率只达到 70% 左右。上述轻工业部门的生产能力不能充分地利用，都是由于农产品原料供应不足所致。1958 年我国农业的大发展，上述情况就有了很大的改变。因此，在发展那些以农产品为原料的轻工业的时候，必须充分地考虑农产品供应的可能性；应当在原料有保证的条件之下，才能建设新的工厂。同时必须大力发展农业和发展农业经济作物，以满足轻工业发展的需要。

遵循党的在重工业优先发展的条件下工业和农业同时并举的方针前进，我国的工业和农业就可以比翼双飞，高速度地发展！

2. 在集中领导、全面规划、分工协作的条件下，中央工业和地方工业同时并举，大型企业和中、小型企业同时并举在我国的工业体系中，既有中央工业部门管理的工业，又有地方管理的工业。中央工业一般是具有全国意义的，并且成为带动全国工业发展的骨干的大型企业，其中主要是重工业；它们的产品，一般是满足全国性的需要的。地方工业除个别特殊的以外，一般是地区性的、中型的，特别是小型的企业，其中主要是轻工业，但是，也有一部分是大、中型的重工业，特别是在工业管理体制改变以后。它们用本地原材料进行生产，其产品也主要是用来满足本地区的需要的。在工业管理体制没有改变以前，即企业管理权限没有下放以前，我国地方工业的产值，大约占全国工业总产值的一半以上。在工业管理权限下放以后，它在我国工业体系中所占的地位，就更加重要了。

那么，在我国的中央工业和地方工业之间，在大型企业和中、小型企业之间，它们的发展关系是怎样的呢？如何正确地处理它们之间的发展关系呢？

刘少奇同志代表党中央向第八次全国代表大会第二次会议所作的工作报告，对于如何正确地处理这些问题，已经作了极其深刻的阐明，并且把它作为社会主义建设总路线的一个基本点，加以科学地表述了。这就是："在集中领导、全面规划、分工协作的条件下，中央工业和地方工业同时并举，大型企业和中、小型企业同时并举。"

为什么中央工业和地方工业，大型企业和中、小型企业必须同时并举呢？这是为了要高速度地发展我国的工业，为了尽快地把我国建设成为一个具有现代工业、现代农业和现代科学文化的国家。而要高速度地发展我国的工业，只靠少数部门、少数人来办工业，也就是说，只靠中央主管工业的部门，只靠大型企业，是决然不行的，而必须是全党办工业、各级办工业、全民办工业。只有这样，才能彻底打破对于办工业的神秘观点，把我国的工业办得又多、又快、又好、又省。

在我国发展国民经济的第一个五年计划期间，在工业建设方面，已经施工的限额以上的建设项目（一般来说属于大型企业）共计有921个；限额以下的建设项目（一般来说属于中、小型企业）共计有7000多个。从数量上来说，是以中、小型企业为主的，大型企业在全部工业建设项目中，只占1/8。但是从投资的分配上来说，则是以大型企业为主的，第一个五年计划原定的限额以上工业建设项目的投资，占工业建设投资总额的70%左右。其中苏联帮助我国设计的156项重点工程，就占工业建设投资总额的41.6%。这样做是必要的。因为只有这样，才能建立起我国社会主义工业化的主要的物质基础——大工业。这种大型工业，正如刘少奇同志在党的八届全国代表大会第二次会议的报告中所说：它的"产量大、技术高，能解决国民经济中有决定意义的关键问题，并且成为带动全国工业发展的骨干"。正是因为大型企业具有这样一些优点，所以在一般的条件下，它的劳动生产率高，生产成本低，便于采用新技术；而且有些大型机器和大型金属材料，如果不建设大型企业，就很难进行生产。同时，有些工业部门，如煤炭工业、冶金工业、化学工业和石油工业等部门，建设大型企业还可以综合利用资源，以提高资源的利用率。

在第一个五年计划期间，我们首先注意了发展中央管理的大型企业，这是完全必要的；但是，对于地方工业和中、小型企业的发展注意不够，是一个缺点。

地方经营的大多数是中、小型企业，而中、小型企业则有大型企业所难以具备的种种优点。

和大型企业相比较，中、小型企业虽然不具备上面所说的大型企业的优点，但是中、小型企业也有大型企业所难以具备的种种优点。中、小型企业有哪些优点呢？

其一，它投资少，便于吸收分散的资金。建设中、小型企业，一般只要几百元、几千元或者几万元，最多也不过百余万元的资金；而建设大型企业，一般需要几千万元，甚至成亿元的资金。建设中、小型企业，由于所需资金不多，因此，可由地方自行筹集，也可以由群众自行集资。而且地方自筹资金自行办工厂，群众集资办工厂的积极性很高。"集腋成裘"，地方和群众所能筹集的资金，全国合计起来，为数是很可观的。1958年我国国民经济发展的经验证明：一个几十万人口的县，集资几百万元，办成千上万的工厂，是完全没有问题的。例如，今年1—5月河南、河北等20个省市，就办起52万个中、小型工业，其中县办的工厂就有2万个。而建设大型企业，由于需要资金较多，所以，在一般条件下，地方不容易举办，特别是专区、县以下更难举办，更不要说由群众举办了。

其二，中、小型企业建设时间短，投资效果发挥快。这在冶金工业方面看得最清楚。1958 年 1—8 月我国已建成大量的小高炉，极大地提高了炼铁能力，不但在炼铁方面，而且在炼钢方面，中、小型企业也有很大的发展。在石油工业方面，现在中、小型企业也像雨后春笋一样地发展了起来。至于建设中、小型煤矿，特别是小煤窑，去年就已经大干起来，今年干得更加有声有色。除了原料采掘工业以外，许多地方只用几十元钱、几百元钱就办超小型机械厂来，它们的产品还和大的机械厂进行比赛呢。

其三，中、小型企业可以自己设计和供应设备，便于因陋就简地利用当地多种原有的设备。中、小型企业，因为规模较小，比较容易设计，许多都是按照现成的小工厂、小矿山建起来的；也有一些是由原有企业的技术人员和老工人帮助设计的，这种设计切合我国现时的经济条件，又好、又省，建设起来又多又快。至于这些企业所需要的设备，也比较简单，有的本地的工厂就可以制造；有的可以使用大工厂更换下来的旧设备，有的还可以采用土设备，只有个别关键性的设备，才需要大工厂的支援。例如，在炼铁高炉中，有的用电动机鼓风，有的用蒸汽鼓风，也有的用水力鼓风，多种多样。也有的是借用各企业的闲置设备，例如，北京钢厂在短短三四个月的时间里，就建设成功一个年产 20 万吨的炼钢车间。这个厂由河北省工业厅借来 5 吨电炉的变压器，由良乡的工厂借来电炉，由煤炭部借来鼓风机，自己制作的轧钢机锻件，又取得了北满钢厂的支持，因此，工厂就很快地建设起来了。

其四，中、小型企业能广泛分布，有利于促进全国的工业化，促进全国技术力量的生长，促进各地区经济力量的平衡发展。现在中、小型企业遍地开花，它们可以把各种各样的、分散的农业和矿产资源充分地利用起来，使人尽其力，地尽其利，物尽其用。由于社社办工业，乡乡办工业，县县办工业，专区办专区的工业，市办市的工业，省办省的工业，工业就可以很快地兴旺起来，当地工业产值很快就可以超过农业产值。这样，不但可以加速全国工业化的进程，而且可以使经济发达地区和经济不发达地区的差别尽快地缩小，使各地区的经济获得平衡的发展。

随着地方中、小型企业的大发展，地方的技术力量也可以迅速地增长起来。许多地方采取了一方面在群众中物色人才；另一方面通过开训练班、母厂带子厂、老将带新兵、师傅带徒弟等办法，很快就培养出大批技术人才。甘肃省渭源县就在短时期内组成了 500 多人的技术队伍，解决了办工业的技术力量问题。

其五，中、小型企业生产的品种多，改变品种也容易。中、小型企业规模小，适应性大，它可以生产这种东西，也可以生产那种东西。如果某种产品社会上暂时不需要那么多，它又可以改产另外的东西。山西省沁县的"万宝全"工厂就是一个最鲜明的例子。这个工厂可以制造小型机械、制造颗粒肥料、熬卤水、磨面粉、印刷、榨油等各种业务。总之，中、小型企业，特别是县以下的小型企业，它们一般都能做到社会需要什么，就生产什么。它们有很大的灵活性，它们最接近群众，所以，它们也就最能清楚地了解群众的迫切需要，最能为社会需要服务。

其六，中、小型企业接近原料产地和市场，可以灵活地利用资源，节约运输费用，供、产、销也易于结合。地方的中、小型企业多半是就地取材，就地制造，就地销售的，所以它们和原料供应地以及市场的联系最密切，可以合理地充分地利用当地的资源。同时，这种地方的中、小型的企业，原料进厂，产品出厂，也不要远程运输，这样，就可以大大地节约运输费用。工业接近原料产地和消费地区，这是合理地进行工业布局的一个重要的原则。同时，这样做，也可以避免某些供、产、销脱节的盲目发展的现象，使地方的经济在国家集中领导、全面规划、分工协作的条件下，逐步地形成一个有机的整体。这对于地区经济的发展有重大作用。

其七，大力发展地方的中、小型企业便于按照工作的多少而灵活地使用农村的劳动力和其他非专业工人，这对于缩小城乡和工农之间的差别，有很大的好处。地方的中、小型的企业，特别是人民公社所办的小型企业，许多是农忙搞农业，农闲搞工业；既为工，又为农。这种做法，可以合理地利用我国劳动力资源丰富这个非常有利的条件，使工业和农业之间，根据生产的需要，适当地调剂劳动力。不但人民公社所办的工业是这样，就是县办的工业有许多也是这样。这是工农联盟的新形式，也就形成工人和农民、工业和农业血肉不可分的最亲密的关系。这样，不但更加巩固我国的工农联盟和我国的社会主义制度，而且有利于加速缩小市和乡村、工人和农民之间的差别，为更加美好的共产主义社会逐步地创造条件。

刘少奇同志在向党的第八届全国代表大会的第二次会议所作的报告中说，中、小型企业"投资少，便于吸收分散的资金；建设时间短，投资效果发挥快；可以自己设计和供应设备，便于因陋就简地利用当地各种现成的设备；分布广，利于促进全国的工业化，促进全国技术力量的生长，促进各地区经济的平衡发展；可以生产的品种多，改变产品也容易；接近原料和市场，可以灵活地利用资源，节约运输费用，供、产、销也易于结合；易于按照工作的多少而灵活地使用农村的劳动力和其他非专业的工人，因而有利于缩小城乡和工农之间的差别"。

我国有20多个省、自治区，有100多个专区、自治州，有2000多个县、自治县，有8万多个乡、镇，有10万多个手工业合作社，以及由70多万个农业生产合作社组成的上万的人民公社，如果都能够在发展工业方面正确地发挥各方面的积极性，特别是充分地发挥地方的积极性，中央办大工业，省办省的工业，专区办专区的工业，县办县的工业，社办社的工业，遍地开花，到处发展，那么，在一个短的时期内，各种工厂矿山就会像星罗棋布那样，分布在祖国各地。这样，我国的工业，就会振翅高飞，高速发展；我国的农业就会得到工业的更加有力的支援，从而尽早地实现农业现代化，以加速自己的发展。我国的城乡差别，就会更快地缩小，我国城乡的物质文化生活面貌，就会蔚然改观。到那个时候，我们不但有遍布全国各地的、工厂林立的城市，而且有广阔无垠的农村工业网。正如山西沁县县委同志们所说的，那时将是："粮食堆满仓，牛羊满山冈；山青春常在，水秀好风光；机器到处响，工厂遍城乡"这样一幅引人入胜的繁荣景象。

因此，在社会主义建设中，既要求大力建设和发展中央管理的工业，即具有全国意义的、大型的企业，又要求充分发挥地方的积极性和主动性，在集中领导、全面规划、分工协作的条件下积极地、有计划地发展地方工业，特别是中、小型企业，两者不可偏废。

应当看到，我国地大物博，人口众多，各地经济发展既不平衡，人民需要又是多种多样，因此，只靠中央所管的大型企业，远不能满足经济发展和人民日益增长的需要。所以，必须在发展工业方面，正确地充分地发挥各方面的积极性，充分利用地方的原料、材料以及其他一切可以利用的资源，积极地发展地方工业，特别是中、小型企业，来满足地方性的需要和补充中央的大型企业的不足。但是，地方的、中小型的企业的发展，必须以中央的、大型的企业为骨干。因为要发展地方的、中小型的企业，无论在设备供应方面，或者在技术力量的培养方面，都需要中央的、大型的企业的支持和援助。

由此可见，大型企业的发展和中、小型企业的发展是相互配合、相互促进和相互补充的。只发展地方的、中小型的企业，而不迅速发展中央的、大型的企业，当然不可能实现社会主义工业化，而且地方的、中小型的企业的发展，也会遇到很多困难；反之，如果只是片面地强调集中力量发展中央的、特别是大型的企业，而忽略了或者限制了地方的，特别是中、小型企业的发展，势必造成投资长期不能动用，工业增长速度缓慢，而各地的丰富的资源得不到及时的充分的利用，地方的积极性也得不到充分的发挥，各地人民多样性的需要也得不到满足。这是很有害的。同时还由于在第一个五年计划期间，我们对于地方工业和中、小型企业的发展注意不够。因此，今后应当根据党的中央工业和地方工业同时并举，大型企业和中、小型企业同时并举的方针，更多地发展地方工业和中、小型企业。这样，才能又多、又快、又好、又省地发展我国的工业。

中央工业和地方工业同时并举，大型企业和中、小型企业同时并举，这是一个新的事物。任何新事物在它的发展过程中，都会遇到这样那样的困难。在执行中央工业和地方工业同时并举，大型企业和中、小型企业同时并举的方针的时候也可能发生某些盲目发展、自由竞争的现象，发生某些资本主义经营思想和地方主义、本位主义的倾向。但是，党中央在事先就已经英明地指出：地方工业的大发展，中、小型企业的大发展，必须是在集中领导、全面规划、分工协作的条件之下进行的。刘少奇同志在第八届全国代表大会第二次会议的报告中说："在这里需要特别指出：我们所提倡的地方工业和中、小型企业的发展，是在集中领导、全面规划、分工协作的条件下的发展，而不是盲目的、自由竞争的发展。为了防止和减少可能的资源资金的浪费和产品的积压，中央和地方各级都必须认真地加强协作和平衡的工作，必须坚决反对资本主义的经营思想和地方主义、本位主义的倾向。"

除了上述的以外，在社会主义建设的技术政策上，应当是：从我国的具体情况出发，实事求是地使高标准和低标准同时并举，"土办法"和"洋办法"同时并举。

为了尽快地实现我国工业的现代化，毫无疑问，我们需要首先在某些工业部门，有重点地迅速采用最新的技术装备，我们也需要那些我们所必需的"洋办法"。但是，一切都要"最新"的，一切都要"洋"的，就不对了。特别是把那些由地方办的、由群众办的、小的、"土"的、标准低的工业企业，都看做不合乎所谓"科学"，都加以歧视，那就更加不对了。

有些人不了解，低可以变高，"土"可以变"洋"。在所谓"低标准"和"土办法"中间，常常包含着我国人民在技术方面的许多优良传统，许多创造发明。所以这种"低标准"和"土办法"，最容易做到普及，也最容易获得提高。今天是"低标准"和"土办法"，明天提高之后，就会变得和"高标准"、"洋办法"一样高明。我国的工人、技术人员在没有多少新设备的条件下，用自己勤劳的双手和聪敏的头脑，在今年的前 5 个月内就试制成功几千种新产品，采用了许许多多的新技术，这还不是最生动的证明吗？

高标准和低标准的关系，实际上也就是普及和提高的关系。毛泽东同志教导我们说：我们的提高，是在普及基础上的提高；我们的普及，是在提高指导下的普及。正因为这样，我们所说的普及工作不但不是妨碍提高，而且是给目前的范围有限的提高工作以基础，也是给将来的范围大为广阔的提高工作准备必要的条件[①]。毛泽东同志的这些话，是对文化工作

---

①　毛泽东：《在延安文艺座谈会上的讲话》，《毛泽东选集》第三卷，人民出版社 1953 年版，第 884 页。

来说的，但是，对技术工作来说，也同样适用。

无数的经验证明：科学技术并不是那样神秘，那样高不可攀。问题是在于有些人的头脑中存在着这样那样的迷信。只要破除了迷信，一切工业建设和其他建设方面的设计、设备，都可以根据我国的具体情况，独出心裁地加以创造性的改进，使高标准和低标准相结合，"土办法"和"洋办法"相结合，这样，建设同样的厂矿，投资就可以比第一个五年计划的时候节约一半，而建设的速度也可以加快一倍，以至更多。

刘少奇同志代表党中央向第八届全国代表大会第二次会议所作的工作报告中说："无论在中央工业和地方工业中，无论在大型企业和小型企业中，都必须坚定不移地反对那种片面地追求最新技术而不愿意充分利用一切现有技术条件的倾向，反对那种片面地强调专家的作用而忽视工人、农民革新生产技术的伟大作用的倾向。这种脱离实际，脱离群众的倾向，同那种安于落后、不求进步的倾向，同样不利于建设事业的发展。"

遵循党中央所指示的道路前进，我们就有完全的可能克服种种困难，胜利地达到目的。

党的社会主义建设总路线所指出的在优先发展重工业的条件下，工业和农业同时并举，在全面规划、集中领导、分工协作的条件下，中央工业和地方工业同时并举，大型企业和中、小型企业同时并举。工农业并举，就可以调动5亿多农民的力量；中央和地方并举，就可以调动全国几十个省、市人民的力量；大、中、小并举，"土"、"洋"并举，就可以把文化技术高的和文化技术较低的人们的力量都调动起来。所以，这几个并举是一个大并举，除了直接动员工人阶级的力量以外，更重要的就是把5亿多农民的伟大力量调动起来。这是一个调动一切积极因素来发展工业和农业，发展科学技术的伟大运动，是一个社会主义建设方法的大革命。

前面，主要阐述了坚决执行党的鼓足干劲、力争上游、多快好省地建设社会主义的总路线，从而高速度地发展我国生产力的问题。这些问题归纳起来，主要的还是重工业、轻工业和农业发展的关系问题。这个问题也就是生产资料和生活资料生产发展的关系问题。正确地处理社会生产中生产资料和生活资料之间的发展关系，是实现社会主义扩大再生产的一个根本问题。生产资料的生产是社会生产向前发展和人民生活不断改善的物质基础，而人民需要的满足，则必须通过生活资料生产来实现。由此可见，要使我国的社会主义建设和人民生活改善完满地结合起来，就需要正确地处理生产资料生产和生活资料生产发展的关系；而要正确地处理它们之间的发展的比例关系，就要正确地处理重工业、轻工业和农业的发展关系。毛泽东同志关于中国工业化的道路问题主要指重工业、轻工业和农业的发展关系的学说，就是根据马克思列宁主义关于扩大再生产的基本原理，总结了中国社会主义建设的经验和社会主义各国建设的经验，创造性地加以发展的。

（二）贯彻执行党的勤俭建国的方针

前一部分，着重讨论了坚决执行党的鼓足干劲、力争上游、多快好省地建设社会主义的总路线，以便充分地发展我国的生产力的问题。为了多快好省地建设社会主义，在生产方面、建设方面，以及在其他一切事业方面，都必须严格遵循党的勤俭建国的方针。只有贯彻执行这个方针，我国建设的速度，才能够更快，人民生活的改善才能够更多。

为了使我们的整个建设事业符合党的这个方针，首先就应当合理地运用社会主义的国民财富。大家知道，社会主义社会所拥有的一切物质资料，构成为社会主义的财富。它基本上由以下五个方面所组成：一是国民经济的生产基金，这就是一切物质生产部门中的厂房、机器等劳动资料，以及原料、材料、燃料等劳动对象。二是流通基金，这就是一切生产部门和商业部门的成品储备。三是国家的后备物资。四是国民经济的非生产基金，即国家和各种经济组织等用于非生产性消费的财产，如住宅、文化福利设施，等等。五是居民个人的财产。在这五项中，一、二两项，占社会主义财富的绝大部分。在社会主义制度下，社会财富的上述五个部分，都是不可缺少的，都应当按比例地有所增长。但是，其中起决定作用的部分则是生产基金的增长。因为生产基金的增长，是扩大再生产的物质前提。所以要又多、又快、又好、又省地建设社会主义，就应当对于社会主义财富在生产基金和流通基金之间进行合理地分配，这同高速度地发展我国的生产力有着重大的关系。

1. 社会主义财富在生产基金和流通基金之间的合理分配

社会主义的财富在生产基金和流通基金之间如何进行合理地分配呢？

大家知道，生产发展的一个重要条件是生产基金的扩大。所以，在分配社会主义财富的时候，必须注意生产基金的优先增长。但是，应该看到，我国是一个经济落后的国家。解放前，流通基金（主要是商业资金）在社会全部资金中，曾经占着很重要的地位。解放后，由于国家需要集中力量掌握、稳定物资市场，同时，商业部门还担负了一部分为工业部门采购原料和包销产品的任务，以及代替国家储备物资的任务（如储备粮食，等等），特别是由于商业部门还担负了社会主义改造的任务，在城市要对资本主义工商业进行加工订货、统购、包销；在农村要对粮食和棉花等实行统购统销，这就不能不增加流通基金。因此，在 1955 年年底，我国全部社会资金在国民经济各部门的分配是：工业占 33.2%，商业占 43.5%，交通运输业占 14.8%，其他部门占 8.5%。商业部门所占的资金最多，而且增长速度也最快。同 1952 年相比，商业部门的资金增长 90%，而工业部门的资金只增长 69%。而且商业部门资金的周转比工业部门要慢。例如，1955 年全国工业资金周转 1.83 次，商业资金只周转 1.01 次。这一切，当然是同上面所说的种种情况有关的。但是，上述情况现在已经有所变化，基本物资已为国家所掌握，市场已经稳定，同时，在所有制方面，对于农业、手工业、资本主义工商业社会主义改造的任务也已经基本完成。在这种情况下，就应当适当地缩小流通基金在社会全部国民财富中所占的比重，而适当地增加生产基金的比重。从流通基金目前的使用状况来看，这样做也是有可能的。从每元销货收入所需的流动资金来看，中央各工业部门平均需要 0.23 元，而中央商业各部门平均则需要 0.50 元。商业部门资金周转的速度，低于工业部门，这是不尽合理的。同时，工业部门也有占用流动资金过多的现象。根据 1957 年上半年人民银行总行对 300 个工业企业的调查，目前工业部门所占用的流动资金，还可以节约 20% 左右。

目前，全国各部门所使用的流动资金，如能节约 1%，就是 4 亿余元。这个问题，必须引起我们足够的重视。因为，流动资金的占用和周转，集中反映着经济活动的一切方面。无论生产、供销，任何一个方面计划和组织得不好，都会造成流动资金的呆滞和浪费。而流动资金的呆滞和浪费，就必然影响基本建设投资的增长。要加速我国社会主义的建设，就要合理地运用资金，而在目前条件下，适当地紧缩流通基金和增加生产基金是有十分重要的意义的。

加速流通基金的周转，是否可能呢？回答是完全可能的。

加速流通基金的周转，实质上就是加速物资的周转。从生产部门来看，加速物资的周转是完全可能的。例如，在1952—1956年间，各工业生产部门（如铁道部门）主要材料储备的周转速度如下：原煤每年平均周转10.1次；生铁每年平均周转9.6次（若把冶金工业部炼钢的生铁扣除，则生铁的周转每年仅有4次）；钢材每年平均周转2.2次；木材每年平均周转4.5次；水泥每年平均周转7.9次。按不同的部门来分析，钢材的周转速度（5年平均速度），有的部门是100多天，有的部门是200多天，有的部门甚至长达400多天。原煤储备的周转天数，有的部门是76天，有的部门是108天，有的部门是126天。尽管各部门由于生产性质不同，材料储备数量和周转天数难以完全一致，但是，相差过多却是值得注意的。而这种差别，正说明了有加速材料周转的可能性。

同时，从各个年度主要物资的平均周转天数的变化来看，加速物资的周转也是完全有可能的。请看下表：

单位：天

	1953 年	1954 年	1955 年	1956 年
原煤	35	32	35	33
生铁	38	43	41	24
钢材	143	164	165	121
木材	63	71	93	66
水泥	42	35	38	44

从上表中可以看出，1955年比1954年物资周转的速度不是加速而是缓慢了。1956年随着国民经济建设高潮的到来，特别是生产和建设的发

展，物资的周转速度大大地加快了。这就说明，努力提高生产和建设的速度是加速物资周转的重要方法。但是，从总的方面来看，在加速物资周转方面，进步是不够大的，材料储备的周转速度还是比较缓慢的。

在物资周转方面，还有一个很重要的问题，是成品储备问题。在第一个五年计划期间，最突出的有两个年份。一个是1955年。以该年年末成品储备同该年全年每昼夜平均的产量比较，生铁相当于27天的生产量，钢材相当于46天的生产量，木材相当于142天的生产量。同1954年相比，生铁的成品储备增加两倍多，钢材的成品储备增加64%，木材的成品储备增加18%。显然，成品储备量是过多了。1956年由于生产和基本建设有了很大的发展，成品储备同1955年年末相比较，也都下降了：生铁下降90%，钢材下降52%，木材下降73%。这对于加速物资周转，节约流通资金，是非常有利的。

应当指出：进一步加速物资周转和适当地减少物资储备量，就可以使用较少的物质资源完成更多的生产和建设的任务，这对于我国国民经济的发展是有巨大的意义的。如果在1956年年末的基础上，把原煤、生铁、水泥的材料储备周转速度每年各增加一次，钢材、木材各增加半次，可以减少的材料储备数量如下：原煤为33.3万吨，钢材18.9万吨，生铁1.8万吨，木材35.7万立方公尺，水泥5.9万吨。用这些物资来进行生产和建设，无疑地将可以进一步提高生产发展的速度和扩大基本建设的规模。所以，各个生产部门都应当进一步加速物资的周转，使现有的物质资源发挥更大的效果。

上面，主要是说明了生产部门特别是工业部门加速物资周转速度的问题。正如前面所说，流通基金主要是集中于商业部门，所以，在加速资金即物资的周转方面，商业部门也负有很大的责任。在过去一个时期内，商业部门分工过细，层次过多，无疑是有碍于资金即物资的周转的。现在已经在这些方面作了必要的改进，这对于加速资金周转是有重要意义的。

2. 在基本建设中贯彻执行党的勤俭建国的方针

前面，说明了节约流通基金的问题。无疑地，节约了流通基金，就可以增加生产基金。而生产基金使用的合理与否，除了努力改善生产经营的工作以外，主要是取决于基本建设工作，取决于基本建设工作中坚决贯彻执行党的勤俭建国的方针。

这里将着重从基本建设方面，特别是从生产性的基本建设方面讨论一下如何进一步贯彻执行党的勤俭建国方针的问题。

在我国发展国民经济的第一个五年计划期间，进行基本建设的经验证明：我国的基本建设事业，凡是从我国经济的具体情况出发的，凡是根据党的勤俭建国的方针办事的，就可以用同样数量的钱办更多的事，就可以用同样的或者更差的生产设备，生产更多更好的东西。

在基本建设方面，节约投资的可能性究竟有多大呢？许多基本建设单位的实践证明，只要把基本建设的工作做好，投资可以节省一半，而建设速度则可以加快一倍。那么，怎样才能又多、又快、又好、又省地进行基本建设呢？

第一，新的企业的建设要同原有企业的改建和安排相结合。

正确地解决这个问题，不仅对于充分地发展我国的生产力有很大的意义，而且对于近海地区和内地经济的密切结合，也有重大的意义。

毫无疑问，要实行社会主义工业化，只靠原有的和近海地区的工业是决然不行的。社会主义工业化的任务就是要集中主要力量建立新的以重工业为中心的现代工业体系，并且根据社会主义工业分布原则——工业的分布要尽量注意到接近原料产地和消费地区，在内地（和少数民族区域）建设新的工业基地。只有这样，才能改变我国经济落后和各地区间经济发展不平衡的状态，才能迅速地发展少数民族地区的经济和文化，才能完成我国社会主义工业化的任务。在这方面，我国已经进行并将继续进行规模越来越大的建设工作。在第一个五年计划时期，已经建设和正在建设着的有东北、华中和内蒙古地区的以钢铁工业为中心的工业基地和工业区点。根据中国共产党第八次全国代表大会关于发展国民经济的第二个五年计划的建议，在第二个五年计划期中，要求继续进行东北、华中和内蒙古地区的以钢铁工业为中心的工业基地的建设；开始进行西南、西北和三门峡周围地区以钢铁工业、水电站为中心的新工业基地的建设；继续进行新疆地区石油工业和有色金属工业的建设；积极发挥华东地区原有工业基地的作用；充分发挥华北地区和华南地区在工业上的作用；加强西藏地区的地质勘探工作，以便为发展西藏地区的工业准备条件。

但是，建设新的工业，绝不可以忽视原有工业的发展；建设内地工业，绝不可以忽视近海地区工业的发展。因为，发展原有的和近海地区的工业，对于加速我国社会主义工业化的事业和满足人民的需要都有着很大的作用。在第一个五年计划中，靠原有工业企业增加的产值约占70%，在第二个五年计划中，仍将占相当的比重。由此可见，没有原有的和近海地区的工业，我们就没有前进的阵地。原有的和近海地区的工业，在供应设备、培养干部，特别是在供应人民消费品和积累建设资金方面，不仅在今天，而且在将来相当长的时间内，都将占有极其重要的地位。仅以上海的工业为例，在1956年即供应全国纱、布、纸烟需要量的1/3，日用百货的60%。这还不说，如果对于原有的和近海的工业，加以适当的扩建和改建，比起建设新的工业来，是投资少、建设快、收效大的。例如，上海机床厂在采取技术措施以后，年产量由550台增加到1400台，如再投资250万元，就可以年产机床2500台；而要新建一个年产1100台的机床厂，则需投资3000万元，而且需时很久，才能建成。又如对国营天津钢厂投资1491万元，在短时期内，钢锭的产量即可提高4.82倍，钢材的产量即可提高1.68倍，劳动生产率即可提高80%，成本即可降低20%，每年即可增加利润4600万元。而如果在内地新建一个同样的钢厂，投资将要增加几倍，而建设的时间则需要两三年。再如纺织工业，旧厂扩建，每1万纱锭只需要投资120万元，而新建则需要投资200万元，扩建投资只及新建投资的60%。还有，广东造纸厂，如投资250万元，增添某些设备，每年即可增加生产化学木浆7900吨、纸6780吨的能力，而建设同样规模的新厂，则需要投资800万—1000万元。由此可见，合理地利用原有的和近海地区的工业，充分地发挥它们的积极性，对于加速我国社会主义工业化和满足人民的需要有多么重大的意义。

但是，并不是我们所有的部门都充分地利用了原有的生产能力。例如，有的部门不利用原有的企业，而建设新厂，结果使新、旧企业的生产能力都不能很好地利用。也有一些企业，在扩建、改建旧厂的名义下，拆旧建新，也造成了浪费。这些都是应当引以为戒的。

为了提高社会主义工业化的速度，为了更好地满足人民的需要，我们在集中主要力量建设新的和内地的工业的同时，必须比以往更加积极地重视原有的和近海地区的工业的发展，充分发挥它们的作用。我们应当采取积极的措施，对于那些有条件改建和扩建的企业，在投资少、建设快、收效大的原则下，予以改建和扩建。对于那些不能或不需要改建和扩建而只需要更新某些设备或改造某一生产环节的企业，就应当坚决予以更新或改造，使其有更高的生产能力。为了配合某些原有企业的生产，也可以考虑在近海地区建设一些与原有企业协作的新企业，使它们能协作生产，更大地发挥原有企业的潜在能力。总之，充分利用，合理发展，这就是党对近海地区的工业的正确方针。

第二，采用适合于当前我国经济条件和工业水平的技术装备。

为了实现我国的社会主义工业化，并且对整个国民经济进行技术改造，有计划地建设一批用最新技术装备起来的现代化企业作为骨干，这是完全正确的和必要的。在我国发展国民经济的第一个五年计划期间，作为我国工业建设重点的、苏联帮助我国设计和供应设备的156项重点工程，它的技术水平，在现今条件下，是属于世界上第一流的。其他社会主义兄弟国家帮助我国设计和供应设备的企业，在技术上也是很先进的。由我国自己设计和自己制造设备而建设起来的新企业，同原来的老企业相比较，在技术上也是比较先进的。这些，对于我国工业技术水平的提高，对于我国国民经济的技术改造，无疑将起到重要的作用。

但是，在我国目前的条件下，并不是所有的企业，都需要最先进的技术装备；即使在现代化的企业里面，也并不是所有的生产过程，都需要机械化和自动化。不顾我国的经济条件和工业水平而盲目地追求现代化、机械化和自动化是不正确的。应当根据我国当前的经济条件和工业水平，采用最新技术和一般技术相结合，机械化、半机械化同手工操作相结合。这样，不仅可以节约投资，节约外汇，便于本国设计力量和制造力量的成长；而且可以充分发挥我国劳动力充足的优越条件。因为，如果要建设在技术上最先进的企业，在我国当前的条件下，是不能够全部由本国自行设计和自行制造设备的，而必须取得苏联及其他社会主义兄弟国家的援助。这样，不仅给社会主义兄弟国家增加负担，而且也需要花费大量的外汇。同时，这种技术上最先进的企业，一般生产过程是机械化、自动化的，因而吸收的劳动力不多，不能充分地发挥我国劳动力资源丰富的优越条件。根据 1955 年的资料，大型的、技术先进的企业，平均每 8 万元的固定资产，才能安排一个职工，而中型的、一般技术水平的企业，只要 7900 元的固定资产，就可以安排一个职工。小型企业还可以安排更多的职工。这就是说，建设中、小型的一般技术水平的企业，不仅投资少，收效快，而且以同样的投资，可以多吸收十几倍、几百倍的劳动力。这对于我国生产的发展和充分运用我国劳动力的资源是有很大意义的。所以，在我国的工业建设中，除了那些作为骨干的、具有决定意义的企业，必须采用最新的技术装备外，一般企业的建设应当提倡最新技术同一般技术相结合，机械化、半机械化同手工操作相结合。

第三，自行设计、自行制造设备。

在苏联及其他社会主义兄弟国家的专家无私地帮助之下，经过第一个五年计划的实践，我国的工程技术人员和设计、制造部门的技术水平，已有很大的提高。目前，苏联帮助我国设计的和供应设备的工厂，无论已经建成的和即将建成的，我国的工程技术人员已经从那里学到了一套比较完整的本领。今后我国要建设同样的工厂，就可以由国内自行设计了。在设备的供应方面，由于我国制造力量的成长，以及继续贯彻执行先进技术同一般技术相结合，机械化、半机械化同手工操作相结合的技术政策，这样，我国所需要的大多数技术设备，就可以基本上由国内自行制造了。

当然，那些技术水平最先进的企业的建设，我国自己还不能设计，仍然要请苏联和有关的兄弟国家帮助设计和供应某些关键性的、我国还不能制造的设备。除了这种情形以外，其他企业的建设，就应当努力自行设计和自行制造设备。

在这个问题上，有一种偏向是应当批判的，这就是盲目求大求新，不加区别地委托国外设计，不加区别地采用进口的设备和材料，而不愿意委托本国设计和多用本国的产品。这种做法，对于我国社会主义建设的发展和技术力量的成长是有害的。凡是国内能设计的，就应当采用国内设计。凡是国内能制造的设备，即使质量差一点，也应当采用本国的产品。这样，才能促进我国的经济更快地发展和技术力量更快地成长。

第四，加强协作配合。

协作是生产发展的一个客观条件，特别是工业生产，它要求有高度的协作。如果协作搞得不好，生产也就不能很好地进行。这种协作关系，在设计一个企业的时候，就需要加以周密地考虑和正确地解决。

我们有不少企业，在这方面是做得好的，但是，也有一些企业做得不好或者不够好。例如，在同一个城市或者同一个工业区内，建设几个工厂的时候，也往往大家都建设相同的辅助车间，如供汽、供热、机修、电修、工具、木工等车间；也往往大家都建设相同的服务设施，如消防站、汽车房、托儿所、卫生所、俱乐部，等等。至于机械工厂的建设，虽然在同一个城市或者相距很近，也往往都有铸工、锻工车间；有些还有热处理和电镀车间；有些还有煤气站、氧气站、乙炔站、电焊条车间，等等。这就是说，有些部门在建设工厂的时候，对于辅助车间和各种福利设施，常是各搞一套，互不协作。这种样样"求全"的做法，不仅浪费建设投资，而且使很多辅助车间和附属设备的生产能力不能得到充分的利用，以致加大了产品的成本，造成管理上的困难。

为了改变工业建设中各搞一套、互不协作的做法，必须批判某些人员"万事不求人"的孤立观点和本位主义；同时，也要做好基本建设项目的统筹安排。在确定基本建设项目的时候，就要对于原料供应、产品推销和有关生产协作的单位加以合理地确定。凡是可以共用的辅助车间或者服务设施，都应当协作共用，避免重复建设，浪费资金。应当以一个市或一个地区为单位，尽可能地在这个范围里统一安排各个企业之间的协作；邻近的工厂，要尽量共同使用辅助车间或者附属车间。

第五，根据需要和可能的条件，适当地降低设计标准和定额。

我国在发展国民经济的第一个五年计划期间建设起来的工业和民用建筑，一般来说，质量都是良好的。工程的质量，关系到国家的百年大计，必须搞好，这是肯定的。但是，在基本建设的设计部门中，也有某些脱离实际，追求美观，不适当地提高安全系数的保守偏向，因而多用了建设资金。在这一方面，则是应当避免的。

对于生产性建筑的标准，包括工厂的厂房在内，应当在保证建筑质量、保证生产顺利进行的条件之下，根据需要和可能的条件，力求节约，而不应当追求过高的标准。宿舍的建筑标准，一般应当同当地居民的居住水平看齐或者稍高一些。其他公共福利设施，也应当简朴耐用，力求节约。目前所采用的卫生、防洪、防震、安全等标准，一般偏高，可以适当降低，以节约建设资金。

第六，降低非生产性建设的比例。

由于党和人民政府对于广大群众物质福利的深切关怀，在我国发展国民经济的第一个五年计划期间的前 4 年中，已经建设完成的房屋建筑面积，是 19835 万平方米，其中，生产性的房屋建筑面积占 22.8%，非生产性的建筑面积约为 1.5 亿平方米。非生产性建设的投资约占全部基本建设投资的 30%。这样，就基本上解决了广大职工居住和其他福利设施的需要，这是很大的成绩。

在非生产性的建筑面积中，职工宿舍特别是职工家属宿舍占着很大的比重。在这方面，由于最近国务院颁发了《关于工人职员回家探亲的假期和工资待遇的暂行规定》，这样，在今后就有可能少建家属宿舍，主要解决职工的集体宿舍；也可以建设一部分标准较低的公寓，供职工在假日或亲属来探望的时候租用；还应当鼓励职工自建家属宿舍。同时，住宅建筑的造价还可以进一步降低，中央各部所属企业建筑的宿舍，每平方米的平均造价 1953 年是 83 元，1954 年是 87 元，1955 年是 61 元，1956 年是 44 元。如果同当地居民目前的居住水平相比较，造价还是有可能进一步降低的。

在非生产性建筑中，办公楼、俱乐部、托儿所、招待所等建筑的数量也是不少的。在实行精简机构的条件下，现有的建筑物，经过调整，也可以基本上满足当前的需要了。今后一个时期内也可以少建或者不建这一类非生产性的建筑物。

适当地降低非生产性的建设投资的比例，就可以增加生产性建设的投资比例，这对于合理使用建设资金有极重大的意义。

第七，节约城市建设的投资。

在我国发展国民经济的第一个五年计划期间，随着我国社会主义工业化的发展，许多新的工业城市建设起来了；有些原来属于消费性的城市也逐步地改建为生产城市了；有些原有的工业城市，规模更加扩大了。

在1952年，我国人口在100万人以上的大城市只有8个，而到1957年已经增加到13个了。城市人口1952年为7100万人，1957年已经增加到9200万人。城市的扩大和城市人口的增加，就要相应地增加城市的建设费用。

当然，必要的城市建设项目，是应当投资的，因为这是关系城市千千万万居民生活福利的大事，同时也是和发展城市的生产直接有关的，不注意城市建设工作显然是不正确的。

但是，适当地节约城市建设的费用则是可能的。首先，是城市的远景规划要符合我国当前经济的具体情况。有些城市在远景规划中规定每人居住面积是9平方米，加上道路、广场、文化设施和绿化的面积，平均每人达到76平方米，这显然是太高了。按照这样的规模进行城市的规划设计，对于道路、上下水管道、车辆等建设的投资，就要增加1倍以及数倍。其次，机械地把城市划分为工业区、商业区、文化区、行政区的做法，并且追求形式，建设大的市中心、大广场、大马路，而且要在它的周围配置高层的比较讲究的建筑物。这样，也就把城市建设的规模扩大，建设标准提高，结果，往往既浪费资金，又造成种种不便。再次，不利用原有的城市及其建筑物，不依原有的城镇设点，而另建新点，或者过多地拆迁原有的建筑物，这也造成某些浪费。最后，对城市人口控制不严，农村人口大量流入城市，这样也就增加了城市建设的费用。如果能够采取有效措施，解决上述这些问题，城市建设的投资，就可以进一步节省。

第八，节约建设用地。

在工业、交通、水利、城市等项建设中，必须占用一部分可耕的土地。为了我国的社会主义工业化和全国人民的长远利益，这样做是完全必要的，也是为广大农民群众所拥护的。

但是，在基本建设中必须注意节约用地。这不仅是因为我国地少人多，每人平均只有 3 亩左右的土地，而基本建设所用的土地一般又是在城市附近的好地，如果基本建设占用土地过多，就将影响农业增产；而且还因为建筑用地过多，必将提高建筑费用并且延长企业内部的运输线，增加将来的生产费用。因此，在基本建设中，特别是在设计工作中，必须十分注意节约用地。

应当说，不少的基本建设部门是注意了这个问题的，或者是经过检查之后，已经把多用的土地退还给农民耕种。这样做不仅节约了土地，而且节约了建设投资，这是很好的。但是也有一些单位，大量圈用农民的耕地，多征少用，征而不用，形成严重的浪费土地、浪费投资的现象。例如，在 1957 年春季，四川省的领导机关检查了 14 个基本建设单位用地的情况，这些单位总共征购土地 4486 亩，其中，未经当地政府审批擅自占用的即达 46%；征而不用，任其荒芜的达 37%；有一个工厂征购农民耕地 182.3 亩，因推迟建设，全部荒芜。

在已经占用的建设用地中，也存在着浪费的现象。在一些新发展的地区，建筑物面积一般只占建设用地的 25% 左右，有的还不到 5%。例如，西安地区工厂同住宅区之间，一般距离过远，工厂区建筑物所占的土地一般只占 20%，其他都是绿化地带和所谓"预留发展余地"。有些工厂不仅预留了近期发展余地，而且预留了远期发展余地；不仅整个工厂预留了发展余地，而且许多车间也预留了发展余地，所以，不但工厂与工厂之间，而且车间与车间之间都摆得很稀。在学校及其他部门的建设中，也存在着类似的情形。

为了节约建设用地，首先，要根据我国当前的经济状况适当修订城市的远景规划，克服某些规模过大、标准过高的缺点。其次，建设单位如急需建设用地，经过当地政府审核，应先从现有的建筑实地中拨给。用地单位在提出建设用地计划的时候，应当根据节约的原则，用多少征多少；可用可不用的决不征用；暂时不施工的也不征用；分期分批施工的，分期分批征用；已经多征尚未占用的，应当退还农民耕种，或者交当地人民委员会处理。只有这样，才能杜绝建设用地中的浪费，节约国家建设投资；并且也可以解决建设单位同农民之间在使用土地上的矛盾，使建设事业更加获得广大农民群众的积极支持。

第九，进行合理的工业布局。

在工业布局上，必须注意工业接近原料产地和消费地区，这对于减少长途运输、相向运输和合理地组织国民经济有很大的意义。这个问题，在前面关于中央工业和地方工业同时并举，大型企业和中、小型企业同时并举的那一部分中已经阐述过，这里就不再重复了。

第十，改善建筑施工的工作。

我国在发展国民经济的第一个五年计划期间，建设了一支强大的建筑施工队伍，完成了繁重的建设任务，成绩很大。如果能够进一步改善建筑施工的工作，也可以节约更多的建设投资。

首先，过去建筑企业是分散管理的，在一个地区、一个城市中，有分属于不同系统的几个建筑企业，而且是专业性的公司，分工过细，以致不能相互调剂，常常造成窝工。现在已改变为在中央统一安排之下的地方统一管理，并且把某些可以合并的专业性工程公司逐步地改变为综合性的工程公司，这样在人力、物力方面就可能有很大的节省。

其次，目前已经建设起来的建筑基地，有些是适用的，也有不少是不合乎我国的具体情况的。今后建筑安装单位，在进行基本建设的时候，应当尽可能地利用原有建筑物或者正式工程的建筑物，少建或者不建临时性的建筑物。在必须建设某些临时性的建筑物的时候，也应当只限于少数必要的工期和现场性的加工厂，一般不需要建设永久性的建筑基地。这样，也可以节省建筑费用。

再次，建筑施工的工厂化和机械化要根据需要和可能有步骤地进行。对于那些必须采用工厂化、机械化方法施工的重要工程，当然应当根据可能的条件，采用工厂化、机械化方法。但是，在现时条件下，不可能也没有必要实行全部的工厂化和机械化。至于一般工程的施工，基本上应当是现场预制，小型机械化和手工操作相结合。这样，才能更便于降低建筑造价。

最后，基本建设企业不仅应当有它的年度计划，而且应当有它的长期计划，这样就可以更好地组织施工，而避免上半年窝工、下半年赶工的浪费现象发生。

上面，只是阐述了在基本建设方面贯彻执行党的勤俭建国方针的几个重要的方面。当然，不仅在基本建设方面，而且在其他一切方面也应当贯彻执行勤俭建国的方针。关于其他各部门贯彻执行勤俭建国的方针问题，将连同增产节约问题一并在下一节中再行讨论。

（三）开展节约运动

如前面所阐述的，在我国当前的经济生活中，生产的发展赶不上社会主义建设和人民生活改善的需要的矛盾是很明显的，在这种情况之下，要更好地满足社会消费，既能适当地满足社会主义建设的需要，又能逐步地改善人民生活，除了前面已经说过的千方百计地扩大生产之外，厉行节约，有着非常重大的意义。

因为在一定的物力、人力、财力的条件下，更多的节约，就可以有更多的增产，所以，节约和增产是密切联系着的。

厉行节约的最重要的方面，是尽一切可能，努力节约一切生产性的消费，即在生产中和基本建设中，最节省地利用原料、材料和燃料，利用劳动力。只有这样，才能最有效地为社会增加财富，更好地满足建设的需要和生活的需要。

在生产性的消费中，对于物资消耗的节约，应当予以特别的注意。物资的节约，就为在一定的生产水平之下，进行更多的生产和建设，以及进一步满足生活的消费，提供了更大的可能。这里可以举出电力工业和纺织工业生产中的物资消耗做例子，电力工业的生产，火力发电站每发一度电平均所使用的标准煤量，1949 年为 0.925 公斤，1956 年降低为 0.590 公斤，1956 年同 1949 年相比，每发一度电节约煤 0.335 公斤，也就是说，降低煤的消耗 36.2%。按 1957 年全年发电量计算，如果每度电降低煤的损耗 0.1 公斤，就可以节约原煤 188.6 万吨，用这些原煤再来发电，就可以增发 32 亿度电。纺织工业的生产，每件纱的平均用棉量，1949 年为 202.2 公斤，1955 年降低为 192.7 公斤，每件纱节约棉花近 10 公斤，也就是说，用同样多的棉花可以多织出 5% 的布来。

近几年来，在生产和建设部门降低物资消耗方面，曾经不断地取得了成绩，但是，进一步节约物资消耗的可能性仍然是很大的。

在生产方面，如果使落后的企业赶上先进的企业，便可以大量地增产节约。例如，1957 年电力工业部平均每度电的煤耗量降低到 0.556 公斤，但是，先进的发电厂的煤耗量更低，吉林热电厂只用 0.364 公斤。如果所有的电厂都能像吉林热电厂那样，那么，就可以节省大量的煤炭。1956 年平炉炼钢每吨耗用的金属料，上海钢铁一厂是 1106.3 公斤，鞍钢是 1111 公斤，而大冶钢厂则高达 1184 公斤。如果全国平炉钢耗用金属量都能达到上海钢铁一厂的标准，全年便可多产许多钢。大连机车厂 1956 年第三季度生产的机车，每台净重 100.8 吨，比青岛四方台机车厂多耗用钢料 28 吨，若前者能达到后者的水平，全年便可节约许多钢材。纺织部国营企业 1956 年每个纱筒扯用棉量，华东纺织管理局为 192.19 公斤，而北京国棉二厂则为 196.3 公斤。以 1956 年棉纱的产量计算，每节约用棉 1%，就可以多生产 5 万件纱，织成 200 万匹布，足够现时北京市全体市民 1 年之用。

在基本建设方面，如果使用钢筋混凝土结构来代替钢结构，约可节约钢材 20%；如果使用冷拉或冷轧钢材，或者预加应力，还可进一步节约钢材 10%—15%；如果使用干硬性的混凝土代替普通的混凝土，约可节约水泥 15%。如能全部推行这种先进经验，以 1957 年的全部基本建设工作量计算，可以节约的钢材将是 10 余万吨，可以节约的水泥将近百万吨。用这些节约下来的材料，就可以完成更多的基本建设工程。

同物资消耗的节约密切联系着的是劳动消耗的节约，即提高劳动生产率。在这方面节约的可能性也是很大的。1952—1957 年，工业工人的劳动生产率提高了 61%，在新增加的工业产值中约有 60% 以上是依靠劳动生产率的提高而来的。这说明，我国的工人阶级为了国家的社会主义工业化，是作了很大的贡献的。但是，在这方面的潜力还是很大的。例如，从采煤来说，1955 年煤炭工业部平均每个工人每日采煤 1.05 吨，而该部先进的企业每个工人每日则采煤 1.43 吨。从炼钢来说，1955 年冶金工业部炼钢工人平均每人每年炼钢 353.6 吨，而该部先进企业的工人每人每年则炼钢 743.8 吨。从织布来说，1955 年纺织工业部织布工人平均每人每年织布 776 匹，而该部先进企业的工人每人则织 986.2 匹。这些都是过去的材料，工业生产进一步发展以后，不但一般的企业的劳动生产率提高了，而先进的企业提得更高。如果把落后企业的生产水平提高到先进企业的生产水平，我们就可以获得更多的生产资料和生活资料，这是很清楚的。因此，必须大力推广先进经验，提高劳动生产率。只有把节约物资消耗和节约劳动消耗密切结合起来，才能达到提高生产、扩大建设和改善生活的目的。

应该特别指出，进行技术革命，采用新技术和实行技术革新，合理地利用设备，对于节约物力特别是节约人力有着极大的作用。技术革新不仅直接促使劳动的节省，而且也是改进物资利用状况的一个极其重要的条件。由于技术的进步，不仅可以减少单位产品的物资消耗，并且可以减少废料和合理地利用废料，以及创造某些人造原料。这方面的例子，在国民经济各部门中都是屡见不鲜的。

还必须着重指出，提高产品的质量和工程的质量，是节约社会财富的一个极重要的方面。不难理解，如果我们能够设法使每项工程和每套设备的耗损期限延长，使每件产品的耐用程度提高，这无疑是对社会财富的最大节省；反之，则是对人力、物力的最大浪费。

当然，改进商业部门和运输部门的工作，降低商品流通费用和运输费用，对于扩大建设和改善生活也有着很大的意义。

要厉行节约，就必须展开群众性的反保守、反浪费运动，对生产中、建设中的一切缺乏主人翁思想的、不爱护公共财物的现象，进行坚决的斗争。

同时，要厉行节约，还必须加强经济核算，降低生产费用和管理费用。

除了生产性消费的节约以外，还应该提倡在生活消费方面厉行节约，一切非生产性开支必须节省。在逐步改善人民生活的同时，应该在社会上树立崇尚俭朴、不务奢华的风气，并且向人民解释，为了长远利益，为了更美好生活的未来，目前的某些困难应该而且也只能够以克己的办法来解决。

有些人认为提倡节约，就不能再谈改善生活，要改善生活，就很难做到节约。依照这些人的看法，节约同个人生活的改善，是不能相容的。这种看法是不正确的。

大家知道，整个社会的物资，一部分用于消费，一部分用于扩大再生产。而有些物资是既可以用于消费，又可用于生产建设的。对于这种物资，消费部分用得多了，扩大再生产的部分就用得少些。也就是说，如果消费部分用得太多，就会影响国家建设，影响今后的生活改善。因此，个人在安排生活的时候，就必须考虑到个人利益与集体利益相结合，个人的消费必须与社会生产和物资供应的情况相适应。对于生产建设和消费都需要的物资来说，个人多节省一分消费，就可以多扩大一分生产，也就是为长远地改善个人生活作了一分努力。例如，我们在日常生活中节省 1 度电，就可以多磨 1 袋面粉；节省 1000 度电，就可以多炼 1 吨钢。总之，一丝一缕的物力，都值得我们珍惜，都应该使它充分发挥作用。

从个人消费来说，尽可能节约，有很大的意义。大家知道，我国是一个拥有 6 亿多人口的大国，每人节约一点点，就能够给国家经济建设解决很大的问题；每人浪费一点点，也能够给国家经济建设增加很多的困难。例如，我们每人每天浪费或者节约 1 两粮食，全年就是 130 亿斤粮食；如果把浪费和节约的粮食相加，全年即可盈余 260 余亿斤粮食。又如，每人每年如果少吃一个鸡蛋，并把这批鸡蛋出口，就可以换回三四十万吨化学肥料，或者换回容量 2.5 万瓦的 4 个火力发电厂的全套设备，它所发出来的电能供一个拥有近百万人口的工业城市使用。假使全国人民都能在改善生活的同时，注意到省吃俭用，每人每年平均购买 1 元的公债和多储蓄 1 元钱，那么，不用两年，这笔钱就可以建设一个像鞍山那样的钢铁联合企业。每个人节约一点点个人消费，是没有多大困难的，但是对于国家建设，却是很大的贡献。

关于厉行节约的问题，毛泽东同志在《关于正确处理人民内部矛盾的问题》中说：“我们要进行大规模的建设，但是我国还是一个很穷的国家，这是一个矛盾。全面持久地厉行节约，就是解决这个矛盾的一个方法。""中国共产党、民主党派、无党派民主人士、知识分子、工商业者、工人、农民、手工业者，总之，我们六亿人口都要实行增产节约，反对铺张浪费。这不但在经济上有重大意义，在政治上也有重大意义。在我们的许多工作人员中间，现在滋长着一种不愿意和群众同甘苦，喜欢计较个人名利的危险倾向，这是很不好的。我们在增产节约运动中要求精简机关，下放干部，使相当大的一批干部回到生产中去，就是克服这种危险倾向的一个方法。要使全体干部和全体人民经常想到我国是一个社会主义的大国，但又是一个经济落后的穷国，这是一个很大的矛盾。要使我国富强起来，需要几十年艰苦奋斗的时间，其中包括执行厉行节约、反对浪费这样一个勤俭建国的方针。"我们必须牢牢地记住并且坚决地实现毛泽东同志的这一指示。

结　束　语

　　前面所说的我国社会主义建设的速度和人民生活改善的程度，是对我国过去几年经济发展的情况的一些回顾，所引用的材料大多也是第一个五年计划期间的材料。

　　过去几年，我国社会主义建设的速度是快的，人民生活也有相当的改善。现在第一个五年计划已经胜利完成，党向全国人民提出的新任务，就是要争取建设得更快一些，生活改善得更好一些。这样做是完全有可能的，只要我们坚决地遵循党的鼓足干劲、力争上游、多快好省地建设社会主义的总路线前进，只要我们更好地贯彻执行党的勤俭建国、增产节约的方针，并且认真地进行整风运动，充分地发挥人民群众的积极性和创造性，我们就可以发展再发展。1958 年我国建设的实践，就是最生动的证明。在党的领导下，奋勇前进，我们所有生产部门的工作者都能够给人民提供数量更多、质量更好、成本更低的生产品；我们建筑部门的工作者都能够给人民提供更多、更好、更便宜的建筑物；我们交通运输部门的工作者都能够更迅速、更便宜地载运更多的货物和旅客；我们商业部门的工作者都能够更多地降低商品流通费用和更好地为人民服务；我们的一切事业部门和机关团体的工作者都能够以一个人办几个人的事情，能够以 1 元钱办几元钱的事情，我们的整个社会生活都能够发扬我国劳动人民勤劳朴素的美德，那么，我国社会主义建设的规模就会更大，速度就会更快，人民生活的改善也就会更多。

总之，为了把我国建设成为一个具有现代工业、现代农业和现代科学文化的伟大的社会主义国家，为了更好地满足人民的消费，我国人民必须努力增产、厉行节约、克勤克俭、艰苦奋斗，把全部力量都用到社会主义建设的事业上去。这不仅是为了我们这一代的幸福，而且是为了我们子子孙孙的幸福。

在中国共产党领导的伟大的社会主义国家里，人民是社会的主人。历史的命运、幸福生活的未来，完全操纵在人民自己手中。我国人民一定会以我们智慧的头脑和万能的双手，在历时最短的时间里，把我国建设成为一个具有现代工业、现代农业、现代科学文化的伟大的社会主义国家，使我国人民能够永远摆脱贫困，享受丰富的物质和文化生活。

社会主义再生产和国民收入的分配[*]

一 马克思列宁主义关于再生产的理论

（一）简单再生产和扩大再生产

1. 社会生产都是再生产

物质生产是人类社会生存和发展的基础，是一切社会生活的基础。

人们要生存，就必须要有食物、衣着等生活资料和工具、原料等生产资料。没有这些物质资料，人们就生存不下去，人类社会也就不能向前发展。

人们要生产物质资料，就必须同自然作斗争。人们同自然作斗争，利用自然来生产食物、衣着等生活资料，是不可能赤手空拳地进行的。他们必须采用一定的生产工具，也就是说，必须进行生产资料的生产。

人们同自然作斗争，以及利用自然来生产物质资料，不是彼此孤立，彼此隔绝，由各个人单独进行的，而是以团体为单位，以社会为单位来共同进行的。在任何时候和任何条件下，生产都是社会的生产。劳动都是社会的人的活动。

人们如果不用一定的形式联合起来，进行共同的活动，并且相互交换

---

* 本文是作者的专著，署名牛中黄，中国青年出版社 1963 年 12 月出版。

自己的活动，就不能进行生产。不妨想一想，我们每个人生活用的东西、生产用的东西，是多么的复杂，要每一个人都亲手来生产他所需要的一切东西，这怎么可能呢？为了进行生产，人们就发生一定的联系和一定的关系，这就是我们通常所说的社会联系和社会关系，通过这些联系和关系，人们才能对自然进行有效的斗争，才能进行生产。

社会生活各个方面的发展，归根到底取决于物质生产的发展。任何社会要存在、要发展下去，都必须进行物质资料的生产。既然社会是不断向前发展的，社会生产也必须连续地反复地进行，而不能中断、不能停止。所以，我们把社会生产，叫做再生产。

社会再生产，有简单再生产，也有扩大再生产。

2. 什么是简单再生产

简单再生产，是生产过程在原来规模上的重复，它表现为保持上年已经达到的生产水平。在简单再生产的条件下，新生产出来的产品，基本上是用来补偿已经消耗了的生活资料和生产资料的。例如，在某一年中，全社会新生产的粮食、衣着等生活资料，基本上是用来补偿这一年人们的生活消耗的；这一年，全社会新生产的工具、机器、原料、材料等生产资料，基本上是用来补偿当年社会生产的消耗的。这种再生产，就是简单再生产。所以，马克思说，简单再生产是以消费为目的[①]的。

一般来说，个体农民和个体手工业者的再生产，主要是简单再生产。比如，在资本主义社会里，个体农民和个体手工业者，往往一家老小都参加劳动，而生活却难以温饱。在这种情况下，维持原有生产规模都成问题，要扩大再生产那就更加困难了。

在原始社会、奴隶社会、封建社会中，都是简单再生产占有优势。简单再生产占优势，并不等于说完全是简单再生，而没有一点扩大再生产。正如列宁所说：实际上，简单再生产当然是不会有的[②]。因为历史是前进的，社会生产不可能每年都停留在原来的规模上。在资本主义社会以前的

---

① 马克思：《资本论》第二卷，人民出版社1956年版，第508页。
② 《列宁全集》第1卷，人民出版社1955年版，第65页。

各个社会中，当它们的生产关系还适合于生产力性质的时候，总的来说，它们的生产还是会有所扩大的。不过它们生产的扩大，规模很小，速度很慢，而且很不经常罢了，因此，资本主义以前的各个社会的再生产，主要是简单再生产。

3. 什么是扩大再生产

扩大再生产，是生产过程在更大规模上的重复。资本主义的再生产，一般来说，是扩大再生产。资本主义社会同它以前的社会比较起来，它的再生产，规模要大得多，速度要快得多。资本主义社会用两百多年所造成的生产规模，比它先前的各个社会总共造成的生产规模，要大得多。很明显，在资本主义社会中，扩大再生产占着优势。

在资本主义社会中，扩大再生产虽然占优势，但是，它周期地被毁灭性的经济危机所打断。在经济危机时期，资本主义不但不能扩大再生产，就是连简单再生产也难以维持下去。在经济危机的打击之下，资本主义的生产力，常常遭到严重的破坏，生产规模比经济危机发生以前，大大缩小。在经济危机发生以后，必须经过一段所谓"复苏"时期，才能恢复到原来的水平，然后才有可能扩大再生产。所以，资本主义的再生产，表现为扩大的再生产同萎缩的再生产相互交替的过程。

社会主义的再生产，是有计划、按比例地发展的扩大再生产，它根本不同于资本主义那种扩大与萎缩交替的再生产，而是始终一贯的扩大再生产。这已经为各个社会主义国家建设的经验所证明。关于这一点，将在后面加以论述。

（二）扩大再生产的条件

1. 生产资料生产的优先增长

大家知道，社会生产分为两大类：一类是生产资料的生产。另一类是生活资料的生产。这两大类的生产，在社会经济生活中所起的作用，是完全不同的。

马克思说过：社会的总生产物，从而，社会的总生产，是分成两大类的：

（Ⅰ）生产资料：这一类商品的形态，使它们必须加入生产的消费，至少是能够加入生产的消费。

（Ⅱ）生活资料：这一类商品的形态，使它们加入资本家阶级和劳动者阶级的个人的消费①。

上述两类生产的每一个部类，都分别包括有许多不同的生产部门，它们合起来各形成一个大的生产部门，一个是生产资料的生产部门，一个是生活资料的生产部门。

生产资料，就是劳动对象和劳动资料。属于劳动对象的，有原料、材料、辅助材料、燃料等等。属于劳动资料的，有机器、工具、厂房、运输设备等等。生产资料产品，是供给生产消费的，至少是能够供给生产消费的。整个社会的生产消费，包括扩大再生产的消费——基本建设的消费，要和这一部类生产的发展水平相适应。

生活资料，就是消费品。属于生活资料的，有粮食、肉类、衣着、日用品等等。社会全体成员的生活消费，即个人消费——人民生活的改善，要和这一部类生产的发展水平相适应。

这里应当说明，不能把生产资料的生产和重工业的生产等同起来。当然，重工业生产的主要部分，是生产生产资料的。但是，重工业也生产一部分生活资料，如煤炭和电力中的民用部分，以及用金属材料制成的器皿等等。同样，也不能将农业和轻工业的生产，都看做是生活资料的生产。固然，农业和轻工业，主要的是生产生活资料，但是，有些农产品，如棉花、麻类、甜菜、烤烟、羊毛，等等，大部分不是直接的生活资料，而是创造生活资料的生产资料。有些轻工业品，如工业用纸、工业用布等等，也不是生活资料，而是生产资料。由此可见，两大部类的关系，基本上是农业、轻工业、重工业的关系。但是，它们之间也有区别，如果把社会生产两大部类的关系，同农业、轻工业，重工业的关系，简单地画等号，那也是不对的。

但是，这并不妨碍我们对于生产资料生产和生活资料生产这两大部类的正确划分。马克思说：同一生产物（如小麦）一部分形成生产资料，

---

① 马克思：《资本论》第二卷，人民出版社 1956 年版，第 486 页。

另一部分却在自然形态上（例如当作种子），当做原料，再加入再生产过程的情形，例如在农业上可以看到的。但这无影响于我们的问题。因为这样的生产部门，依照它的一种属性，是属于第Ⅰ部类，依照它的另一种属性，是属于第Ⅱ部类①。对于某一种产品，究竟应当划为生产资料，还是应当划为生活资料，要进行具体的分析。像马克思所说的，要按照这种产品的"属性"来划分，就是说，要按它的实际用途来划分。凡是用作生产消费的，就划入生产资料这一类；凡是用作生活消费的，就划入生活资料这一类。

这里，还要说明，把社会生产只归结为个人消费完全是错误的②。因为生产资料只能用于生产消费，生活资料只能用于个人消费。道理很明白，像机器、钢铁等这类生产资料，是不能作为人们吃穿等生活消费之用的。同样，像面包、衣着等这类生活资料，也是不能作为社会生产消费之用的。

社会生产这两大部类，在简单再生产的条件下，是一种情况，在扩大再生产的条件下，则是又一种情况。

举资本主义的简单再生产为例来说，假定资本家垫支的资本是 10000元，其中 8000 元是不变资本（用于购买生产资料的，代号为 C），2000元是可变资本（用于购买劳动力的，代号为 V），剩余价值率是 100%，在生产过程完了之后，他获得 2000 元的剩余价值（资本家剥削工人的那部分价值，代号为 M）。如果资本家把剩余价值全部用于个人消费，那么，他就只能把原来一样多的资本重新投入生产，在其他情况不变的限度以内，这就是资本主义的简单再生产。

这种资本主义的简单再生产，实现的条件是下列的等式：第一部类的可变资本加剩余价值，应当等于第二部类的不变资本，即 Ⅰ（V＋M）＝Ⅱ C。或者说，社会生产的两大部类，在一个年度内新创造的全部价值总额，应当等于第二部类全部产品的价值：Ⅰ（V＋M）＋Ⅱ（V＋M）＝

---

① 马克思：《资本论》第二卷，人民出版社 1956 年版，第 664—665 页。
② 《列宁全集》第 2 卷，人民出版社 1959 年版，第 121 页。

Ⅱ（C + V + M）。

这就是说，在简单再生产的条件下，生产生产资料的第一部类的企业，一年所生产的全部商品，按价值计算，应当等于第一部类和第二部类的企业当年所消耗的全部生产资料；生产生产资料的第二部类的企业，一年所生产的全部商品，按价值计算，应当等于第一部类和第二部类的工人和资本家收入的总和。

扩大再生产，却是另外一种情况。

扩大再生产，必须具备追加的生产资料、生活资料和追加的劳动力。这就要求生产资料生产的优先增长。

列宁说过：在简单再生产的条件下……生产资料中的可变资本与额外价值之和应该等于消费品中的不变资本。相反地，如果是规模扩大的再生产，就是说要进行积累的，那么前者就应该大于后者，因为必须有生产资料的余额来开始新的生产①。这就是说，为了给扩大再生产创造物质条件，就必须使生产资料生产部门所生产的生产资料多于生产资料生产部门和生活资料生产部门所消耗掉的生产资料。因为生产资料生产和生活资料生产的扩大，都需要增添新的机器设备，新的原料、材料、燃料、电力，而这些都是由生产资料生产部门提供的。生产资料生产部门要满足生产资料生产和生活资料生产两方面扩大再生产的需要，就必须生产更多的生产资料，就必须更大规模地扩大生产资料的生产。因此，生产资料生产的优先增长是扩大再生产的规律，这是不以人们意志为转移的。

2. 生产资料生产优先增长的规律，在什么社会经济条件下才发生作用

生产资料生产优先增长的规律，并不是在任何社会经济条件下都发生作用的。

关于这个问题，列宁曾经说过这样的话：生产资料增长最快这个规律的全部意义和作用就在于：机器劳动的代替手工劳动（一般指机器工业时代的技术进步）要求加紧发展煤、铁这种真正"制造生产资料的生产

---

① 《列宁全集》第3卷，人民出版社1959年版，第32页。

资料"生产。……技术愈发展，手工劳动就愈受排挤而为许多愈来愈复杂的机器所代替，就是说，机器和制造机器的必需品在国家全部生产中所占的地位愈来愈大①。列宁在分析了扩大再生产的有关资料以后，得出结论说：在扩大再生产的条件下，增长最快的是制造生产资料的生产资料生产，其次是制造生活资料的生产资料生产，最慢的是生活资料生产②。很明显，生产资料生产优先增长这个规律，只是在社会生产力的发展达到如下水平的时候，即在社会经济中已经形成机器生产，并且建立起与此相适应的、彼此间有着紧密联系的国民经济各部门的体系的情况下，才发生作用。

这里需要说明，优先发展生产资料的生产，同优先发展重工业生产，是既有联系又有区别的。前面说过，重工业生产主要是生产生产资料。生产资料生产的优先增长，当然要求重工业的优先增长。但是，如果把生产资料的优先增长，同重工业的优先增长，完全等同起来，那是不对的。因为生产资料不但包括生产工具、机器等重工业产品，而且还包括农业生产和工业本身生产的各种原料、材料。所以重工业的优先增长，还不能完全概括生产资料生产优先增长的全部内容。

毫无疑问，社会生产的最根本的生产资料，首先是生产工具。正如马克思所说的，这是"生产的骨骼和筋肉系统"。没有这种骨骼和筋肉系统，生产就无法进行。但是，有了生产工具，有了"骨骼和筋肉系统"，还要能够提供相应的原料、材料，包括农业生产和工业本身生产的原料、材料这一类生产资料。只有这样，生产工具、机器才能转动起来，社会生产才能进行，社会扩大再生产才能进行。

3. 生产资料的增长最终还是依存于生活资料的增长

马克思列宁主义者还认为生产资料生产的增长，最终还是要依存于生活资料的增长，依存于个人消费。马克思写道：我们看到，在不变资本与不变资本之间，产生了一种不断的流通，这种流通从来不进入个人消费的

①《列宁全集》第 1 卷，人民出版社 1955 年版，第 88 页。
② 同上书，第 71 页。

领域，就这个意义而言，它是不以个人消费为转移的，但是归根到底它还是受个人消费的限制，因为不变资本的生产并不是为了本身的需要而进行的，这仅仅是由于生产个人消费品的部门需要更多的不变资本[①]。列宁也说过：生产资料的制造必然是和消费品的制造联系着的，因为生产资料的制造不是为了生产资料本身，而是由于制造消费品的工业部门对生产资料的需要日益增加[②]。由此可见，那种把生产资料生产的发展，只看做是为了生产资料本身，把发展生产资料生产和发展生活资料生产对立起来的观点是不对的。因为，生产资料的生产，只能用于生产消费，而生产消费，归根到底是和人民生活的消费联系着的，总是以人民生活的消费为转移的。生产资料生产的增长，只有同生活资料生产的增长密切地结合起来，同人民生活消费的逐步提高密切地结合起来，这样的生产资料的生产，才是有生命力的，才是有远大前途的。

（三）扩大再生产的理论对于社会主义建设的重要意义

马克思的再生产的理论，不仅对于正确地了解资本主义的生产，有极大的重要性，而且对于有计划，按比例地发展社会主义的生产，也具有极大的重要性。

斯大林在《苏联社会主义经济问题》一书中说："马克思的再生产公式绝不只限于反映资本主义生产的特点，它同时还包含有对于一切社会形态——特别是对于社会主义社会形态——发生效力的许多关于再生产的基本原理。马克思的再生产理论的这些基本原理，比如关于社会生产之分为生产资料的生产和消费资料的生产的原理；关于在扩大再生产下生产资料生产的增长占优先地位的原理；关于第一部类和第二部类之间的比例关系的原理；关于剩余产品是积累的唯一源泉的原理；关于社会基金的形成和用途的原理，关于积累是扩大再生产的唯一源泉的原理——马克思的再生产理论的这一切基本原理，不仅对于资本主义社会形态是有效的，而且任何一个社会主义社会在计划国民经济时，不运用这些原理也是不行的。"[③]

[①]　转引自《列宁全集》第4卷，人民出版社1958年版，第44页。
[②]　同上书，第143页。
[③]　《苏联社会主义经济问题》，人民出版社1961年版，第61页。

社会主义计划工作重要的任务之一，是保证国民经济各个部分彼此适应，使社会生产的产品，能够符合于它们在再生产过程中的社会用途。这是保证社会主义扩大再生产顺利进行的一个重要的条件。

生产资料生产和生活资料生产这两大部门之间，以及生产资料生产部门和生活资料生产部门内部的各个部分之间，在发展过程中，都保持着一定的联系，即比例关系，这是客观必然性。这种比例关系，在社会主义社会中，通过计划经济体现出来。在社会主义扩大再生产过程中，应当根据社会主义经济发展的基本规律和国民经济有计划、按比例发展规律的要求，使社会主义扩大再生产不断地向前发展，并且在这个基础上，逐步地满足社会全体成员的需要。

在社会主义制度下，发展生产资料的生产是发展社会主义生产的手段，社会主义生产的目的，则是为了满足社会全体成员的需要。社会主义的扩大再生产是不断地向前发展的，人民的需要也是逐步地满足的。我们应当努力学习马克思列宁主义关于再生产的理论，正确地处理生产资料生产和生活资料生产发展中的相互关系，正确地处理社会主义建设和人民生活改善的关系，正确处理社会主义国民收入的积累和消费关系，这对于有计划、按比例地发展社会主义国民经济，是有重要意义的。

二　社会主义的扩大再生产

（一）社会主义扩大再生产的特点

1. 社会主义扩大再生产有哪些特点

社会主义社会存在和发展的条件，也同其他任何社会一样，都需要连续不断地进行物质生产，即再生产，前面说过，社会主义的再生产是扩大再生产，它和资本主义的扩大再生产有根本的区别。社会主义的扩大再生产是按照国民经济计划规定的一定的比例进行的，因此，它不会发生经济危机。

我国人民在党中央和毛泽东同志的领导下，在全国解放后，立即没收了官僚资本，把它改变为全民所有制的社会主义经济。1956 年，实现了对资本主义工商业的社会主义改造，把私营工业改造成为公私合营的工业。在实行定息条件下的公私合营工业，由于资本家对工人的剥削受到了严格的限制，由于资本家丧失了对生产资料的支配权、企业管理的统治权和分配利润的处理权，公私合营企业的扩大再生产，基本上也就是社会主义的了。

社会主义扩大再生产，同资本主义扩大再生产比较起来，有哪些特点呢？

第一，社会主义扩大再生产是建立在生产资料公有制基础上的。社会主义制度废除了生产资料资本家所有制，废除了剥削阶级对劳动人民的剥削，社会主义扩大再生产的目的，是为逐步地满足整个社会日益增长的物质生活和文化生活需要服务，为在将来实现共产主义准备条件，因此，它和广大劳动人民的利益是一致的。

而资本主义扩大再生产，则是建立在资产阶级的生产资料私有制基础上的，是建立在资产阶级对无产阶级剥削的基础上的。因此，资本主义扩大再生产的目的，是保证资本家获得最高额的利润，是为资产阶级的利益服务的。资本主义扩大再生产的结果，资本家的财富越来越多，而广大劳动人民则越来越穷，因此，它和广大劳动人民的利益是根本对立的。

第二，正是由于社会主义扩大再生产是建立在生产资料公有制基础上的，所以社会主义扩大再生产是按照国民经济有计划，按比例发展的规律，有计划、有组织地进行的，而不是自发地进行的。

资本主义扩大再生产则相反，因为它是建立在生产资料私有制基础上的，所以资本主义扩大再生产是自发地进行的，是无政府状态的。

第三，正是由于社会主义扩大再生产是有计划、有组织地进行的，因此，社会主义扩大再生产是国民经济各部门的全面发展，它是全面的扩大再生产。

而资本主义再生产则相反，它的生产是自发地进行的，是无政府状态的。因此，在资本主义制度下，地区之间、部门之间、企业之间的发展是经常失调的，有些地区、有些部门（如某些军事工业部门等）发展得很快，有些部门则停滞不前，有些部门甚至在不断衰退。

第四，正是由于社会主义扩大再生产是以生产资料公有制为基础的，是同人民的利益一致的，因此，社会主义扩大再生产是同技术的进步紧密地联结在一起的。技术的不断进步和劳动生产率的不断提高，是社会主义生产发展，劳动人民生活水平提高的重要因素。

而资本主义扩大再生产，只是在保证资本家掠取高额利润的条件下，才采用新的技术。如果新技术的采用，不能给资本家带来高额利润时，资本家就常常阻碍技术的发展，而用提高劳动强度的办法，加强对工人的剥削。

第五，正是由于有前面所述的种种特点，因此社会主义扩大再生产是不断前进的扩大再生产，它没有中断，没有危机。

资本主义的再生产，虽然也是扩大再生产，但是，它不是一贯的扩大再生产，它的发展，周期地被危机所打断。在危机时期，资本主义的生产不但不能扩大，而且还要大大地缩小。

因此，社会主义扩大再生产的速度同资本主义扩大再生产的速度比较起来，是要快得多的。例如，从 1918—1957 年的 40 年中间，美国的工业只增长三倍，每年平均增长的速度是 3.2%；英国的工业每年平均增长的速度只有 1.9%。而我国从 1950—1958 年的 9 年间，工业增长九倍多，每年平均增长的速度是 28.1%。比美国工业的发展速度要快九倍，比英国工业的发展速度快得更多。

人们从这里可以看见，以资本主义国家不可想象的步伐来扩大再生产，是社会主义社会的一个重要特点。

第六，正是由于社会主义再生产是发展速度很高的扩大再生产，而这种扩大再生产，又是以逐步地满足社会全体成员的需要为目的的，因此，社会主义扩大再生产的过程，也就是全部有劳动能力的人口充分就业的过程，人民群众的物质福利和文化水平逐步提高的过程。

而资本主义扩大再生产的过程，却是失业后备军形成和扩大的过程，无产阶级和农民的贫穷和破产的过程。

所有这一切，都说明了社会主义制度比资本主义制度具有无比的优越性。整个社会生产以资本主义所梦想不到的速度向前发展，国民经济各部门都有计划按比例地协调地向前发展，全部有劳动能力的人口充分就业，人民群众的物质福利和文化水平逐步提高，这些，就是社会主义再生产的基本特征。

2. 社会主义扩大再生产和简单再生产是相互区别、相互联系的

社会主义的再生产是不断扩大的再生产，但是，它并不否定简单再生产。那么，社会主义的简单再生产同扩大再生产之间的关系是怎样的呢？

社会主义的扩大再生产同简单再生产之间是又相互区别、又相互联系的。社会主义再生产的过程，是简单再生产和扩大再生产统一的过程，它既包括简单再生产，也包括扩大再生产。当然，这种简单再生产同个体经济条件下的简单再生产是根本不一样的。个体经济条件下的简单再生产，生产规模比较固定，很少变化。社会主义再生产过程中所包含的简单再生产，不是固定不变，而是不断扩大的。一般来说，社会主义的生产，总是年年有所增长的，而上一年的生产规模在下一年必然再现出来，但是，它表现为扩大了的形态，而其中同上年生产规模相等的部分，就是我们常说的简单再生产。

社会主义简单再生产是扩大再生产的起点和基础，而扩大再生产则是简单再生产的发展，它使简单再生产不断变化，不断发展。比如说，上年的生产规模要在今年生产规模中再现出来，就是今年的简单再生产，同时，它也是今年扩大再生产的起点和基础；而今年扩大了的生产规模，又将在明年的生产规模再现出来，又是明年的简单再生产，是明年扩大再生产的起点和基础。所以，简单再生产和扩大再生产辩证地统一在社会主义再生产过程中。如果认为，社会主义再生产，以扩大再生产为特征，简单再生产只是一个理论的抽象，在实际生产中并不存在，因此，研究简单再生产没有实际意义。这种看法是不对的。恰恰相反，研究简单再生产和扩大再生产的关系，对于处理现有企业生产和基本建设工作之间的关系，对于国民经济的综合平衡，无论在理论上和实践上都有重大意义。因为，如果只注意扩大再生产，而忽视保持简单再生产，那就会削弱以致损害扩大再生产的基础。如果只注意简单再生产，而忽视扩大再生产，那就会使社会生产停留在原有的规模上，而不能发展起来。这对社会主义建设事业都

是不利的。

　　按照马克思的学说，现有的生产资料，应当首先用来满足简单再生产的需要，余下来的部分，才能用来满足扩大再生产的需要。所谓简单再生产的需要，包括两部分：一是对生产资料的需要，二是对生活资料的需要。对生产资料的需要，又分为两部分：一是保证两大部类简单再生产正常进行所必需的对机器设备的维修和更新；二是保证两大部类简单再生产所消耗的原料、材料和燃料等得到补偿。对生活资料的需要也分为两部分：一是保证社会主义再生产中两个部类的工作者，都能在各尽所能、按劳分配的原则下，得到与自己支出的劳动的质量和数量相等的消费品；二是保证从事科学、文教、艺术、医疗、行政以及国防的工作者，在各尽所能、按劳分配的原则下，得到应得的消费品，这些工作者虽然没有直接参加物质生产领域的活动，但是他们是为物质生产部门服务的。只有在生产资料和生活资料能够满足上述需要的条件下，简单再生产才能正常进行，从而给扩大再生产创造物质条件。如果不能满足上述需要，那么，简单再生产都将难以正常进行，还谈得上什么扩大再生产呢？因此，我们应当在努力增加生产的前提下，使我们所生产的生产资料和生活资料，首先充分地满足简单再生产的需要，即不折不扣地补偿在生产过程中的消耗；然后力争有更多的余额来有计划地扩大国民经济各部门的再生产，并且要留有一定的社会必需的储备和后备。只有这样，扩大再生产才能有深厚的基础，才能够持续不断地进行。

　　这里还需要说明，简单再生产同扩大再生产的关系和当前的生产同基本建设的关系，不是同一个概念。有人认为，简单再生产就是指当前的生产，扩大再生产就是指基本建设。因此，当前的生产同基本建设的关系，也就是简单再生产同扩大再生产的关系。这种看法，有一定的道理。因为简单再生产上要依靠现有企业生产；扩大再生产，从长远来看，主要依靠基本建设。但是，如果把现有企业当前的生产同基本建设的关系和简单再生产同扩大再生产的关系等同起来，那是不妥当的。我们知道，在当前生产中，有不是靠基本建设，而是靠对现有生产能力的改进和技术的提高而新增加的生产，在基本建设中，也有不是新增加生产而是弥补已经消耗的固定资产的部分，例如矿井的更新，就是这样。因此，应当既看到它们的联系，又看到它们的区别，而不应当把它们混同起来。

（二）社会主义扩大再生产的正确途径

社会主义社会是先进的社会制度，它为扩大再生产的持续地前进，提供了客观可能性。而要把这种可能性变为现实，需要我们沿着正确的途径，加倍努力，才能成功。

为了使社会主义扩大再生产能够持续地前进，我们在社会主义建设中必须正确地处理生产资料生产和生活资料生产发展中的比例关系。前面说过，重工业的生产主要是生产资料的生产，轻工业的生产主要是生活资料的生产；农业生产则既是生活资料的生产（如粮食、蔬菜，肉类等），又是生产资料的生产（如棉花、麻料、糖料、烟叶、羊毛等）。因此，要处理好生产资料生产和生活资料生产发展中的比例关系，就必须正确地处理农业、轻工业、重工业发展中的相互关系。这是在社会主义建设过程中，就是说，在社会主义扩大再生产过程中，我们在国民经济发展的方针、计划方面，必须解决的一个重大问题。

中国共产党第八届中央委员会第十次全体会议，为我国社会主义扩大再生产，再一次明确地指出了正确的途径。

八届十中全会的公报说："我国人民当前的迫切任务是：贯彻执行毛泽东同志提出的以农业为基础、以工业为主导的发展国民经济的总方针，把发展农业放在首要地位，正确地处理工业和农业的关系，坚决地把工业部门的工作转移到以农业为基础的轨道上来。"

毛泽东同志提出的以农业为基础，以工业为主导的发展国民经济的总方针，科学地表达了农业和工业这两个国民经济最重要的部门在发展中的相互联系、相互作用，指明了社会主义扩大再生产的正确途径，这对于社会主义扩大再生产的顺利进行，具有重大的意义。

1. 农业是发展国民经济的基础

国民经济包括农业、工业、交通运输业、商业等等许多部门，为什么在国民经济各个部门中，其他部门不能够成为发展国民经济的基础，而只有农业才是发展国民经济的基础呢？这是由农业生产本身的特点所决定，就是说，这是由农业部门生产人类生活不可缺少的生活资料这个特点所决定的。

第一，农业是唯一生产粮食和副食品的部门。大家知道，不论农村或者城市人民食用的粮食、蔬菜、肉类，以及其他副食品，都是由农业部门生产出来的。人们要不断地进行生产活动，首先就要不断地获得这些生活必需的食品。马克思早就说过：生活资料的生产（引者注：指农业生产），是他们（引者注：指农业生产者）的生存与一切生产一般最先决的条件①。任何生产部门，不但在扩大再生产的时候，需要追加生产资料和劳动力，因而也就必须相应地追加生活资料；而且在简单再生产的条件下，也一定要保证已有的劳动力所必需的生活资料的需要，否则生产活动就会受到阻碍，甚至难以进行。可见，无论是简单再生产或者是扩大再生产，都需要农业部门提供必要的粮食和副食品。因此，农业是一切生产部门进行生产的先决条件，是发展国民经济的基础。农业之所以成为发展国民经济的基础，就在于粮食和副食品这些由农业部门所生产的产品，不但在目前技术条件下，就是在将来很长的时间以内，工业部门或者其他生产部门是不能生产的，也无法以它们的产品来代替这种农业产品的。

第二，农业是提供轻工业原料的主要生产部门。人们的生活资料，不但包括吃的东西，还包括穿的东西，用的东西。其中穿的东西，又占相当重要的地位。而穿的东西，如衣着、鞋袜，等等，它们虽然是由城市里的轻工业和手工业企业制造出来的，但是，制造这些东西所用的原料、材料，基本上也是由农业提供的。举例来说，目前，我国轻工业生产所用的原料，约有80%左右，是依靠农业部门供应的，其中如棉花、麻料、丝料、糖料、烟叶，等等，都来自农业。虽然由农业提供的棉、麻、丝等纤维原料，有一部分可以用化学纤维代替，可是，要全部代替，还是有困难的。在人们的生活用品中，用农业原料制成的东西，也占相当的比重。农业除了给轻工业提供原料以外，就是重工业部门的生产，也需要一些农副产品作辅助材料，如工业用油，工业用酒精、草绳、扫帚，等等。可见，

① 《资本论》第三卷，人民出版社1956年版，第829页。

农业生产部门，不但供应我们吃的东西，而且对于我们穿的、用的东西的生产，在原料供应方面，也起很大的作用。

第三，农业是发展国民经济所需要的劳动后备力量的主要来源。国民经济的发展，需要有计划地增加新的劳动力。像我国这样丰富的劳动力资源是世界上任何国家都没有的，但是，仍然不能满足国民经济各部门迅速发展的需要。这个问题怎样解决呢？从长远来看，只能随着农业技术改革的逐步发展，农业劳动生产率的逐步提高，有计划地由农业部门腾出劳动力来解决。随着我国国民经济的大发展，职工人数已经成百万、成千万地增加。这些新增加的职工，绝大部分来自农业部门。今后，我国国民经济的继续大发展，还需要有计划增加新的劳动力，而农业部门仍然是劳动后备的主要来源。马克思说过：从事工业等等而完全脱离农业的劳动者人数，取决于农业劳动者超出他们自身的消费以外所生产的农产品的数量①。这就是说，农业的劳动生产率越高，农产品越丰富，就越能够养活和腾出更多的劳动力来从事工业和其他方面的活动。这也就是农业之所以成为发展国民经济的基础的一个重要的原因。

第四，农业是工业的广阔市场。轻工业要以农村为主要市场，这是大家都知道的。比如，我国棉布的销售量，有80%以上是在农村；其他轻工业产品的销售量，也绝大部分是在农村。至于重工业要以农村为主要市场，这一点，过去有不少的人还不深刻了解。可是，生活的实践，已经使人们逐步地懂得了这个道理。我国重工业产品在农村的销售量，从1950—1958年总共增长了九倍多。随着农业技术改革的发展和农民生活水平的不断提高，农业将需要几百万台拖拉机，几千万匹马力的动力机械，几十万辆汽车，每年将需要几千万吨石油，几千万吨化学肥料，等等。同时农民对生活资料的需求，也将不断地迅速地增长。这就是说，在我国，不论轻工业或者重工业，都要以五亿几千万农民的农村为主要市场。这是世界上任何国家都没有的最广阔的国内市场。这是一个社会主义的国内市场。这个社会主义的国内市场，有着极大的潜在力量，它能够容

----

① 马克思：《剩余价值学说史》第一卷，第41页。

纳越来越多的轻工业品和重工业品。有了这样大的国内市场，我国的工业的发展，就有无限广阔的天地。

第五，农业是积累社会主义建设资金的一个重要源泉。要进行大规模的社会主义建设，就需要有大量的资金，就必须大大地增加国家的财政收入。这种资金从哪里来呢？就我国目前的情况来说，在我们的财政收入中，直接来自农业和间接来自农业的，占大多数。由于农业在我国国民经济中占有非常重要的地位，因此，在农业丰收的当年或者次年，国家的财政收入就增加较多，国家的基本建设投资也就增加得较多。反之，凡是农业歉收的年份及其次年，国家的财政收入和基本建设投资就要受到一定的影响。所以，要加快我国的社会主义建设，实现国家的农业现代化、工业现代化、国防现代化和科学技术现代化，就要从各方面，当然也必须从农业方面来积累资金。

第六，农业还是出口贸易物资的一个重要来源。我们出口贸易的物资，目前大部分也是由农业部门生产出来的。为了在适当地满足国内消费的条件下，出口更多的物资，以便更多地换回我国社会主义建设所需要的机器设备和重要原料、材料，我们也绝不能脱离开农业这个基础。

从以上几方面可以看得很清楚：农业在国民经济中居于非常重要的地位，它给国民经济提供粮食、副食品，提供工业原料，提供劳动力，提供市场，提供建设资金，提供出口物资，等等。这一切，正是发展工业，发展整个国民经济所必须具备的前提。一句话，农业是人类生存的根本。如果农业不发展，就谈不到什么办工业，办交通，办基本建设，办商业，办学校，办一切事业，因此，农业是发展国民经济的基础。

我国社会主义建设十多年的经验证明，以农业为基础发展我国国民经济，有着特别重要的意义。农业发展得快或者慢，对于整个国民经济的发展有极大的影响。农业如果不发展，整个国民经济的发展是比较困难的；有了农业的大发展，就能够有整个国民经济的全面大发展。

前面说过，生产资料生产的优先增长，是扩大再生产的规律。又说过，重工业的生产，主要是生产资料的生产。那么，以农业为基础，加快农业发展的速度，同这个扩大再生产的规律是不是相互矛盾的呢？不能认为是相互矛盾的。因为，首先，优先发展生产资料的生产，不但表现在重工业部门中，同样也表现在农业部门中。在农业生产过程中，也创造着生产资料，如棉花、麻类、丝类、种子、饲料，油料、糖料、烟叶，等等，所有这些，都是扩大再生产所不可缺少的。其次，重工业的生产，主要是生产资料的生产，重工业生产的发展，对社会主义扩大再生产是很重要的，但这和加快农业的发展并不矛盾。加快农业的发展速度，要求积极地进行农业的技术改革，就是说，要给农业以更多的物质技术装备，这样，也就要求加快重工业的发展。同时，加快农业的发展速度，必然会促进轻工业的发展速度，轻工业需要重工业给它们提供新的技术装备。这样，又促进了重工业的发展。由此可见，以农业为基础，加快农业的发展速度，同优先发展生产资料的生产并不矛盾，以农业为基础，正是优先发展生产资料生产这个规律的客观要求之一，正是这个规律本身所包含的一个重要的内容。

　　是不是由于中国经济比较落后，农民在全部人口中占绝大多数，因此才以农业作为发展国民经济的基础呢？这当然是一个重要的原因，但是，以农业为基础发展国民经济的意义绝不仅仅如此。农业是国民经济发展的基础，这是马克思列宁主义者在经济问题上的一个根本论点。伟大的革命导师马克思早就说过：……实际上，农业劳动的生产率，是一切剩余价值生产的自然基础，从而也是一切资本发展的自然基础。如果人一般在一个劳动日内不能超出他自身再生产的所需，生产更多的生活资料（可以在最狭义上，就是生产更多的农业生产物），如果他全部劳动力每日的支出，只够再生产他个人的需要所不可缺少的生活资料，一般说来，那就说不上剩余生产物，也说不上剩余价值。超越于劳动者个人需要的农业劳动生产率，是一切社会的基础，尤其是资本主义生产的基础①。

　　马克思所说的上面这段话的意思，用通俗的话来解释，就是说：只有农业发展了，工业、商业和其他各种事业才能够顺利地发展起来。如果农民所生产的粮食和其他农产品，只够他们自己吃用，而没有剩余的东西，

①　马克思：《资本论》第三卷，人民出版社1956年版，第1024—1025页。

那么做工的人、经商的人和干其他事业的人，就没有必需的吃用的东西，就无法生活下去，结果他们也只好去务农。在这样的情况下，工业和其他各项事业就不能存在，当然更谈不上发展了。反过来说，如果农民所生产的粮食和其他农产品，除了他们自己吃用的以外，还有剩余，也就是说，还可以再多养活一些人，这样，就给发展工业和其他经济文化等创造了条件。农民生产的东西，除了他们自己使用的以外，剩余得越多，能养活的人也就越多，这样发展工业和其他事业的可能性就越大。所以农业是国民经济发展的基础。马克思在这里所说的"超越于劳动者个人需要的农业劳动生产率，是一切社会的基础"，这当然不只是指资本主义社会，而是指一切社会，其中也包括社会主义社会以及共产主义社会。

由此可见，农业在国民经济中的基础作用，在一切社会都是客观地存在的。但是，在资本主义制度之下，由于生产在无政府状态中进行，由于资本家的残酷榨取，农村中大多数人陷于破产，这就使资本主义国家的农业一般落后于工业。同时，由于资本主义工业畸形发展，资产阶级就向外掠夺殖民地、半殖民地的农业，这就形成了殖民地、半殖民地的农业的衰落和广大农民的破产。社会主义制度废除了生产资料资本家所有制，废除了那种形成农业的发展落后于工业发展的社会条件，因而有可能通过人们的自觉地安排，实现国民经济有计划、按比例发展规律的要求，有可能通过国家计划，去迅速发展农业生产。

2. 以农业为基础发展国民经济的思想，是毛泽东同志一贯的思想

以农业为基础发展国民经济的思想，是毛泽东同志指导我国社会主义建设的一个根本思想，他根据我国革命和建设的经验，不断地丰富和发展了这个思想。

毛泽东同志早在 1934 年 1 月写的《我们的经济政策》一文中就说过：在目前的条件之下，农业生产是我们经济建设工作的第一位[①]。把农业生产放在经济建设工作的第一位，这不但在当时的革命根据地是完全正确的，而且在今天社会主义建设时期也是完全正确的。

---

① 《毛泽东选集》第一卷，人民出版社 1951 年第一版，第 128 页。

1945 年 4 月，毛泽东同志在《论联合政府》一文中说：农民——这是中国工业市场的主体，只有他们能够供给最丰富的粮食和原料，并吸收最大量的工业品①，这段话，是在争取全国革命胜利的党的第七次代表大会上说的。毛泽东同志进一步地论证了农业在我国国民经济中的重要性，他从我国的实际情况出发，非常明确地指出：农业是中国工业市场的主体。

1948 年 4 月，毛泽东同志在晋绥干部会议上的讲话中，又说：消灭封建制度，发展农业生产，就给发展工业生产，变农业国为工业国的任务奠定了基础②。在这时，毛泽东同志就提出了农业是我国国民经济发展的基础这个极其重要的思想。

1949 年 7 月，毛泽东同志在《论人民民主专政》一文中说：没有农业社会化，就没有全部的巩固的社会主义③。在这里，毛泽东同志不但强调了农业在我国社会主义建设中的重要性，而且强调了农业社会化的重要性。实现农业的社会化，就是说，我们在完成反封建的土地改革以后，第一步要实现农业的集体化，第二步要在集体化的基础上实现农业的技术改革，即农业的现代化。

接着，中华人民共和国成立，开始了中国社会主义革命和社会主义建设的新时期。1950 年 6 月，毛泽东同志在中国人民政治协商会议的闭幕辞中号召大家"积极地帮助农民进行土地改革"。他说：中国的主要人口是农民，革命靠了农民的援助才取得了胜利，国家工业化又要靠农民的援助才能成功④。

土地改革一完成，毛泽东同志就立即提出了农业合作化的问题。他在 1955 年 7 月 31 日所作的《关于农业合作化问题》的报告中，批评了下面这种错误的观点："认为在工业化的问题上可以采取现在规定的速度，而在农业合作化的问题上则不必同工业化的步骤相适应，而应当采取特别迟

---

① 《毛泽东选集》第三卷，人民出版社 1953 年第一版，第 1101 页。
② 《毛泽东选集》第四卷，人民出版社 1960 年第一版，第 1314 页。
③ 同上书，第 1482 页。
④ 毛泽东：《中国人民政治协商会议第一届全国委员会第二次会议闭幕辞》，1950 年 6 月 24 日《人民日报》。

缓的速度。"他说：如果我们不能在大约三个五年计划的时期内基本上解决农业合作化的问题，即农业由使用畜力农具的小规模的经营跃进到使用机器的大规模的经营……我们就不能解决年年增长的商品粮食和工业原料的需要同现时主要农作物一般产量很低之间的矛盾，我们的社会主义工业化事业就会遇到绝大的困难，我们就不可能完成社会主义工业化[①]。这里，毛泽东同志非常明确地提出了发展农业生产对于社会主义工业化的巨大作用，提出了农业合作化的步骤要同工业化的步骤相适应的问题。

1956年，毛泽东同志全面地总结了第一个五年计划的经验，提出了又多、又快、又好、又省地建设社会主义的口号。同年四月，他做了关于"十大关系"的报告，要求全党注意正确处理十大关系，其中工业和农业的关系，重工业和轻工业的关系，沿海工业和内地工业的关系，经济建设和国防建设的关系，国家、集体和个人的关系，中央和地方的关系，等等，主要说的就是国民经济建设的方针问题。这是两条腿走路的一整套方针，而归根到底是要正确处理农业和工业的关系。

正确地处理农业、轻工业、重工业发展的关系，这是社会主义经济建设的最重要的问题。毛泽东同志把这个问题叫做中国工业化的道路问题。

毛泽东同志在1957年2月发表的《关于正确处理人民内部矛盾的问题》报告，对于农业和工业发展的关系，作了新的全面的论断。他说："我国是一个大农业国，农村人口占全国人口的百分之八十以上，发展工业必须和发展农业同时并举，工业才有原料和市场，才有可能为建立强大的重工业积累较多的资金。大家知道，轻工业和农业有极密切的关系。没有农业就没有轻工业。重工业要以农业为重要市场这一点，目前还没有使人们看得很清楚。但是随着农业的技术改革逐步发展，农业的日益现代化，为农业服务的机械、肥料、水利建设、电力建设、运输建设、民用燃料、民用建筑材料等等将日益增多，重工业以农业为重要市场的情况，将会易于为人们所理解。在第二个五年计划和第三个五年计划期间，如果我们的农业能够有更大的发展，使轻工业相应地有更多的发展，这对于整个国

---

① 《关于农业合作化问题》，人民出版社1955年版，第22页。

民经济会有好处。农业和轻工业发展了，重工业有了市场，有了资金，它就会更快地发展。这样，看起来工业化的速度似乎慢一些，但是实际上不会慢，或者反而可能快一些。"毛泽东同志用辩证唯物主义和历史唯物主义的观点，把社会主义建设中农业、轻工业、重工业发展中的相互关系，把生产资料生产和生活资料生产发展中的相互关系完全正确地解决了。

1958 年 5 月，党的八届二次会议，制定了鼓足干劲、力争上游、多快好省地建设社会主义的总路线。这条总路线，把毛泽东同志关于发展工业和发展农业同时并举的思想，作为它的一个重要的基本点。

1959 年，毛泽东同志又进一步地提出以农业为基础的发展国民经济的方针，接着又提出国民经济计划安排的次序，必须是农业、轻工业、重工业。

这一切，都是毛泽东同志根据社会主义扩大再生产的要求，创造性地运用马克思列宁主义再生理论来指导我国社会主义建设的典范。毛泽东同志关于农业是发展国民经济的基础，在社会主义建设中"发展工业必须和发展农业同时并举"，"重工业要以农业为主要市场"等等著名的论点，都是马克思列宁主义在经济问题上的创造性的总结和发展。

3. 工业是发展国民经济的主导

在国民经济中，除了农业以外，工业也是一个非常重要的部门。工业和农业在国民经济中所起的作用是不同的。前面说过，农业在整个国民经济中起着基础的作用，而工业在整个国民经济中则起着主导的作用。如果认为，以农业为基础发展国民经济，强调发展农业的重要性，就可以忽视或者低估工业在发展国民经济中的主导作用，就可以忽视或者低估发展工业的重要性，这种认为，显然是不正确的。假使这样，不但工业不能够很好地发展起来，而且农业也不能够很好地发展起来。

毛泽东同志说过：中国一切政党的政策及其实践在中国人民中所表现的作用的好坏、大小，归根到底，看它对于中国人民的生产力的发展是否有帮助及其帮助之大小，看它是束缚生产力的，还是解放生产力的[①]。

---

① 《毛泽东选集》第三卷，人民出版社 1953 年第一版，第 1102 页。

发展生产力，需要有两个根本的条件：一个是社会的条件，一个是技术的条件。这里所说的社会的条件，就是要改变束缚生产力发展的旧的生产关系，建立新的生产关系，使之适应于生产力的发展，这就要进行社会革命。这里所说的技术的条件，就是要以新的劳动手段、新的生产工具，来代替旧的落后的劳动手段、生产工具，这就要进行技术革命。正如毛泽东同志说：中国只有在社会经济制度方面彻底地完成社会主义改造，又在技术方面，在一切能够使用机器操作的部门和地方，统统使用机器操作，才能使社会经济面貌全部改观①。历史发展的经验证明，没有社会的大革命，就不可能有技术的大革命。

我国在取得了新民主主义革命的彻底胜利的基础上，又取得了社会主义革命的基本胜利。我国的社会主义制度，比旧时代的社会制度要优越得多。这个先进的社会主义制度，促进了我国生产力突飞猛进的发展，促进了我国技术革命的发展。

在我们先进的社会主义制度下，生产力的发展，技术革命的发展，起主导作用的物质力量是什么呢？

这就是我们的工业，特别是我们的重工业。

我国国民经济的发展，要以工业为主导，这就是说，工业在整个国民经济中居于领导的地位。我国工业在整个国民经济中所以具有这种主导作用，占据了这种领导地位，是因为：工业代表着当代最进步的生产力。工业是现代化的大生产，它是当代最先进的经济形式。它具有现代化的装备和先进技术，它是生产资料首先是生产工具的生产部门，它对农业和整个国民经济担负着技术改造、实现现代化的任务。要使社会经济面貌全部改观，离开工业是根本不可能的。

我们的工业，特别是重工业不但为我们的工业各部门，而且也为农业部门、交通运输部门、建筑部门、其他一切国民经济部门，以及我们的国防部门，提供机器、机床、机械、仪器，工具等等，把它们用现代化技术装备起来，工业、特别是重工业之所以成为发展国民经济的主导，就在于

---

① 《关于农业合作化问题》，人民出版社 1955 年版，第 33 页。

机器、机床、机械、仪器、工具等等这些生产工具，即劳动手段，是由工业、特别是重工业部门所生产的，农业和国民经济其他生产部门都是不能生产这类产品的，也无法以它们的产品来代替这种产品的作用。这个道理很明白，用不着做更多的解说。

除此以外，还应当看到，工业代表着最进步的生产关系。工业是社会主义全民所有制的社会化大生产，它既要以现代化技术装备农业和国民经济其他部门，又要引导农业、手工业通过集体化的道路，在将来的日子，逐步过渡到全民所有制，这是集体经济发展的必然方向。同时，应当特别指出：同现代化大生产的工业相联结的是当代最革命、最先进的阶级——工人阶级。它是新的生产力的代表者，是社会主义革命和社会主义建设的领导力量。工人阶级不但要以自己所掌握的先进技术改造自然界，以自己先进生产关系改造整个国民经济，而且要以自己的世界观——马克思列宁主义的世界观，改造全人类。总之，我国工业是整个国民经济中的领导因素，它在国民经济的发展中起主导的作用，它引导和带动整个国民经济沿着社会主义道路前进，沿着现代化的道路前进，它逐步地改造国民经济各个部门的面貌。工业在整个国民经济中的这种主导作用、这种领导地位，是由于工业本身所具有的特点和它在整个国民经济中所处的地位决定的，是客观存在的。谁若忽视或者轻视工业的主导作用、领导地位，谁就会犯极大的错误。

4. 以工业为主导的思想，这同样是毛泽东同志指导我国革命和建设的一个根本的思想

以工业为主导的思想，工业无产阶级领导的思想，这同样是毛泽东同志指导我国革命和建设的一个根本思想。

早在 1926 年 3 月，毛泽东同志在他所写的《中国社会各阶级的分析》一文中就说过：工业无产阶级人数虽不多，却是中国新的生产力的代表者，是近代中国最进步的阶级，做了革命运动的领导力量[1]。在这时，毛泽东同志就明确地提出了中国的工业、中国的无产阶级，是中国新

[1] 《毛泽东选集》第一卷，人民出版社 1951 年第一版，第 8 页。

的生产力的代表者，工业无产阶级是革命运动的领导力量。

1940 年 1 月，毛泽东同志在他所写的《新民主主义论》中说：在无产阶级领导下的新民主主义共和国的国营经济是社会主义的性质，是整个国民经济的领导力量①。这里，毛泽东同志肯定地提出了无产阶级领导的人民共和国要把大工业收归国有、肯定地提出了国营工业对整个国民经济的领导作用。

1945 年 4 月，毛泽东同志在《论联合政府》一文中写道：没有工业，便没有巩固的国防，便没有人民的福利，便没有国家的富强。又说：在新民主主义的政治条件获得之后，中国人民及其政府必须采取切实的步骤，在若干年内逐步地建立重工业和轻工业，使中国由农业国变为工业国。新民主主义的国家，如无巩固的经济做它的基础，如无进步的比较现时发达得多的农业，如无大规模的在全国经济比重上占极大优势的工业以及与此相适应的交通、贸易、金融等事业做它的基础，是不能巩固的②。毛泽东同志在这里，不但论证了工业在我们国家建设中的重大作用，而且提出变农业国为工业国的伟大历史任务。

在全国革命胜利的前夜，1949 年 3 月中国共产党七届二中全会上，毛泽东同志所作的报告，提出了使中国由农业国转变为工业国、由新民主主义社会转变为社会主义社会的总任务和主要途径。他说：从现在起，开始了由城市到乡村并由城市领导乡村的时期③。毛泽东同志所说的城市领导乡村的物质力量，主要的就是指的现代工业。在这个报告中，他进一步详细地说明：中国的现代性工业的产值虽然还只占国民经济总产值的百分之十左右，但是它却极为集中，最大的和最主要的资本是集中在帝国主义者及其走狗中国官僚资产阶级的手里。没收这些资本归无产阶级领导的人民共和国所有，就使人民共和国掌握了国家的经济命脉，使国营经济成为整个国民经济的领导成分。这一部分经济，是社会主义性质的经济，不是资本主义性质的经济。谁要是忽视或轻视了这一点，谁就要犯右倾机会主

---

① 《毛泽东选集》第二卷，人民出版社 1952 年第一版，第 649 页。
② 《毛泽东选集》第三卷，人民出版社 1953 年第一版，第 1104—1105 页。
③ 《毛泽东选集》第四卷，人民出版社 1960 年版，第 1428 页。

义的错误①。毛泽东同志在这里，进一步明确地肯定了现代工业，是我们国家的经济命脉，是整个国民经济的领导成分，它对国民经济起主导的作用。并且非常明白地告诉大家，谁若忽视或轻视了这种作用，谁就会犯右倾机会主义的错误。

1957 年，当我国第一个五年计划即将完成和第二个五年计划的准备工作就要开始的时候，毛泽东同志发表了"关于正确处理人民内部矛盾的问题"的著名讲演，在这个讲演中，他精辟地论述了中国工业化的道路，肯定了我国的经济建设是以重工业为中心，但是，必须充分注意发展农业和轻工业。毛泽东同志这个报告，像灯塔一样，照亮了我国工业化的道路。

毛泽东同志以工业为主导的思想，把马克思列宁主义的普遍真理同我国建设的具体实践创造性地结合起来，大大地推进了我国的社会主义建设事业。

人们可能会提出这样的问题，既然工业在国民经济的发展中起主导作用、居领导地位，又说工业的发展要以农业为基础，这会不会削弱工业的主导作用、领导地位呢？当然不会。工业的主导作用是针对国民经济中的农业和其他部门说的，工业的主导作用、领导地位，只有在以农业为基础的条件下才能充分地表现出来。如果工业不以农业为基础，不为农业服务，不去促进农业和国民经济其他部门的技术改革，只顾自己本身的发展，那么，工业的主导、领导作用也就失去了对象，还谈得上什么主导作用、领导地位呢？工业的发展，以农业为基础，不但不会削弱自己的主导作用、领导地位，恰恰可以发挥自己的主导作用、领导地位，推动农业的发展，从而为自己的发展创造前提条件。

由此可见，要有计划地扩大社会主义再生产，要在一定的历史时期内实现国民经济的大发展，必须把农业的基础作用和工业的主导作用辩证地统一起来，正确地处理农业、轻工业、重工业在发展中的相互关系。只有这样，农业，工业和整个国民经济才能迅速地发展起来。

---

① 《毛泽东选集》第四卷，人民出版社 1960 年版，第 1432 页。

5. 坚决贯彻执行以农业为基础、以工业为主导的发展国民经济的总方针

党中央和毛泽东同志确定的以农业为基础、以工业为主导的发展国民经济的总方针，正确地体现了社会主义工业化和农业现代化互相促进的关系。我们必须坚决贯彻执行发展国民经济的总方针，把发展农业放在首要地位，按农、轻、重的次序来安排国民经济计划，坚决地把工业部门的工作转移到以农业为基础的轨道上来。

把发展农业放在国民经济工作的首要地位，动员和集中全党全国的力量，在物质方面、技术方面、财政方面，在组织领导方面、人才方面，积极地、尽可能地支援农业，支援人民公社集体经济，分批分期地，因地制宜地实现农业的技术改革，这是加速我国农业发展的关键问题。对于全国人力、物力和财力的分配，应当首先安排好发展农业的需要。根据农业发展的可能，安排好轻工业的发展。最后，根据农业和轻工业发展的可能和需要，以及相应的重工业本身发展的需要和可能的条件，安排好重工业的生产和建设。在安排重工业的生产和建设的时候，又必须首先尽最大的可能安排好农业生产和农业技术改革的需要，就是说同发展农业生产直接有关的各种农具、农业机械、化学肥料、农用药品等的生产和建设，要首先安排好。其次安排好为轻工业服务的生产和建设，然后再安排好重工业本身发展的需要。在安排重工业发展的时候，还要充分地考虑加强国防的需要，这样做，不但农业、轻工业可以迅速发展，人民群众日益增长的需要可以得到适当的解决，而且重工业生产的发展，也将获得一个切实可靠的基础，可以发展得更顺利、更迅速，它的主导作用也才能更充分地发挥出来。

为了使我们的工业更好地为农业服务，工业部门的工作，应当转移到以农业为基础的轨道上来。

把工业部门的工作，转移到以农业为基础的轨道上来，它的含义是什么呢？一是工业的发展，要同农业所能提供的粮食、副食品、工业原料，所能腾出的劳动力，所能容纳的工业品的市场，所能积累的资金，在一定程度上要互相适应。这就是说，在一定时期内，工业的发展，究竟怎样才合适，要看当时农业能够为工业提供多少粮食、副食品、工业原料和劳动力，能够提供多大的市场，能够积累多少资金这些条件来决定。工业的发展，如果离开了农业这个基础，就像无本之木、无源之水一样，绝不可能顺利地发展起来。二是工业的发展，要以五亿几千万农民的农村为主要市场，面向农村，把支援农业，支援人民公社集体经济放在第一位，尽最大的努力，逐步实现农业的技术改革，使我国社会主义农业日益现代化，使我国农业现代化的步骤同我国社会主义工业化的步骤相适应。工业的发展，决不能只考虑本身的需要，它必须全面地考虑到其他经济部门，首先是农业部门的需要，为国民经济各部门，首先是为农业的技术改革服务。重工业必须尽可能为农业提供越来越多的技术装备、化学肥料、燃料等等，来不断地提高农业的劳动生产率。轻工业的发展，也必须尽可能为农民提供越来越多的日用品。

农业也必须支援工业的发展，尽可能为工业和城市提供越来越多的粮食、工业原料和其他农副产品。

由此可见，如果离开农业的需要去片面地、孤立地考虑工业的需要，离开农业的发展去片面地、孤立地考虑工业的发展，甚至把为农业服务、支援农业，看做是工业的"额外负担"，这种思想，显然是不正确的。如果以为，强调农业在发展国民经济中的基础作用，就是重视农业，轻视工业；或者以为，强调工业在发展国民经济中的主导作用，就是重视工业，轻视农业；这种把国民经济发展过程中农业的基础作用和工业的主导作用对立起来，把社会主义工业化和农业现代化对立起来的观点，显然也是不正确的。

只有工业和农业发展比例协调，相互促进，才能够比较快地发展农业，也才能够比较快地发展工业。在农业和工业共同高涨的基础上，整个国民经济才能够持续不断地发展，社会主义扩大再生产才能够不断地前进。

三　社会主义制度下的社会总产品和国民收入

社会主义制度下的社会总产品和国民收入是社会主义再生产的结果。要了解社会主义扩大再生产，就要懂得什么是社会总产品和国民收入。

（一）什么是社会主义制度下的社会总产品和国民收入

1. 社会总产品和国民收入

社会主义制度下的社会总产品，就是在一定时期内整个社会所生产的全部产品。这也就是社会主义社会全部再生产的产品，它的价值表现，就是国民经济的总产值。为了同前后若干年代相比，这种总产值的计算，可以采用不变价格（即为表现不同时期同类产品价值而规定的标准价格）。在做年度计划的时候，也可以采用现行价格。

社会总产品的价值表现，就是工业、农业、建筑业以及其他国民经济生产部门所制造的产品的价值总额。这个价值总额，包括两个部分：一部分是已经消耗掉的生产资料的价值；另一部分是物质生产领域中的工人、农民、知识分子的劳动新创造的价值。

在社会生产过程中，一方面，不断地生产出新的物质资料，以满足社会生产消费的需要和人民生活消费的需要；另一方面，又消耗掉一定数量的生产资料。

在社会主义生产过程中，生产资料的消耗，通常包括以下三个部分：（1）为生产物质产品和为完成运输、流通等活动所消耗的原料、材料；（2）生产性固定资产的折旧；（3）支付为生产服务的报酬，如在生产过程中所支付的运输费，等等。

不同的物质生产部门，物质消耗的内容是不同的。

就工业部门来说，它在生产过程中的物质消耗，包括以下的内容：原料、主要材料、辅助材料、燃料和电力，以及生产用的固定资产，如厂房和机器设备的折旧等。

就农业部门来说，它在生产过程中的物质消耗，包括以下的内容：种子、饲料，肥料，农药以及牲畜、农具和生产用的房屋折旧，等等。

一切在生产过程中消耗掉的生产资料，必须从社会现有的物质资料中得到补偿。这样，生产才能够连续不断地进行。从社会所生产的全部物质资料中，扣除了用来补偿已经消耗掉的那一部分生产资料以后，剩下来的部分，就是国民收入。

马克思说：总所得（即国民收入——引者注）是总生产物的这一个

价值部分，或其中由这个价值部分计量的部分。那是总生产物中除去垫交的并且在生产上消费掉的不变资本所借以补偿的价值部分①。这里，马克思对于什么是国民收入，作了科学的解释。

社会主义制度下的国民收入，按实物形态来说，就是在一定的时间内（例如在一年内），从社会总产品中，扣除了用来补偿已经消耗掉的生产资料得出来的；也就是在一定的时间内，全社会新生产出来的，用于积累、扩大社会主义生产，以及用于人民的生活消费和其他非生产消费的生产资料和生活资料的总和。换句话说，国民收入的实物形态，包括这样两个部分：一部分是，一定时期内生产出来的，全部的人民生活消费品；另一部分是，一定时期内生产出来的，在补偿消耗了的生产资料以后，剩下来的用于进一步扩大生产的全部生产资料。

社会主义制度下的国民收入按货币形态来说，就是从国民经济的总产值中，减去物质消耗（生产资料的消耗）的价值得出来的，也就是一般所说的净产值。例如，某一年国民经济总产值是 1000 亿元，生产过程中的物质消耗是 400 亿元，那么，这一年的国民收入或者净产值，就是 600 亿元。这也就是社会主义劳动者新创造的，体现着新的劳动消耗的那个部分的社会总产品的价值。换句话说，从社会主义社会的国民收入的价值形态来看，就是物质生产领域中的工人、农民、知识分子的当年的必要劳动和剩余劳动所创造出来的全部价值。这全部价值用于满足社会成员的个人需要和社会需要，用于扩大社会主义生产和满足国家各方面的需要。

2. 社会总产品和国民收入是由哪些部门、哪些人创造的

社会总产品和国民收入是由哪些部门、哪些人创造的呢？

它是由国民经济的各个物质生产部门中，从事生产性劳动的人创造出来的。这些物质生产部门包括：工业部门、农业部门、建筑部门，以及作为执行生产过程继续服务的运输部门和商业部门，这些物质生产部门，从事生产性劳动的人，都创造国民收入。

工业、农业、建筑业是生产物质资料的部门，这是很容易理解的。因

---

① 马克思：《资本论》第三卷，人民出版社 1956 年版，第 1101 页。

为，这些部门的职工劳动的结果，都直接为社会提供具体的产品。但是，为什么要把那些不为社会提供具体产品的运输业和商业也列入物质生产部门呢？这是需要说明的。

大家知道，在社会生产中，各个生产部门之间，以及每个生产部门内部，都有着密切的联系。要使社会生产能够持续不断地进行，就需要有为生产服务的运输部门。例如，要把棉花由农村人民公社的生产队运往棉纺织工厂，才能纺成纱、织成布；要把煤炭由煤矿运往炼焦厂，才能炼成焦炭；要把焦炭由炼焦厂运往炼铁厂、炼钢厂，才能炼铁、炼钢。这里，如果离开了运输部门，生产就不能进行，运输部门职工的劳动，实际上是生产过程的继续。运输虽然不增加具体的产品，不增加使用价值，但是，它增加价值，运输所用的劳动是社会必要劳动的一部分。没有运输，生产过程就没有完成，就不能转到消费过程，在这样的情况下，使用价值虽然生产出来了，但是还不能实现。例如，铁矿石和煤炭，即使在矿山开采出来了，如果不由铁路、船运到炼铁厂，而仍然堆积在矿山，那么，它的使用价值就不能实现。所以，应当把运输部门作为创造国民经济总产值和国民收入的一个部门。马克思把运输部门称作独立的产业部门，称作物质生产的第四个部门，就是这个意思。

同样，工业部门和农业部门所生产的产品，它的包装、整修、保管，等等，常常是经过商业工作人员来进行的，商业工作人员在流通过程中所付出的劳动，虽然不生产具体的产品，但是，同样是社会必要的劳动。因为，如果没有商业工作人员的劳动，生产也不能转化为消费。商业工作人员的包装、整修、保管等，虽然不增加使用价值，但是，它在执行产品的流通过程中，为工农业产品增加了一定的价值，因此，也应当列入物质生产部门。

有人虽然也承认在社会主义制度下，有很大的一部分流通费用是社会必要劳动，但是，他们主张把这种实际增加的价值，分别列入工业、农业和其他物质生产部门的产值中去，而不赞成把商业部门职工的这种劳动，算做是商业工作者所创造的国民收入。实际上，在社会主义制度下，商业已经不是资本主义制度下非生产性消费的投机商业。作为由物质生产过程在流通领域中的继续而引起的费用，像包装、整修、保管等项费用，则占商业费用的很大部分。这种物质财富既然是商业部门工作人员的劳动所创造的，就应当算在商业部门。所以，作为物质生产过程在流通领域中的继续的商业部门职工的这一部分劳动所创造的价值，应当算做商业部门所创造的国民收入。

当然，运输业和商业同工业、农业、建筑业，还是有所不同的。在这两个部门中非生产性的职能占着一定的比重。例如，在运输业中，旅客运输是属于非生产性的；在商业中，纯粹的商品销售业务，也是属于非生产性的。但是，这两个部门中的其他不少的业务，则是社会再生产过程中所不可缺少的环节，因而也应当和工业、农业、建筑业一样，列入物质生产领域。列宁认为，运输业和商业部门是半生产部门，这是很有道理的。

3. 驳斥资产阶级经济学家关于国民收入的理论

在哪些部门、哪些人创造国民收入的问题上，资产阶级经济学家同我们是存在着根本分歧的。他们不区分物质生产部门和非物质生产部门，他们更不敢区分剥削者和被剥削者。例如，英国计算国民收入，分为四个部分：（1）个人部分，包括全体居民——工人、职员、官吏、资本家的收入；（2）实业部分，包括一切营业性企业的收入；（3）管理部分，包括联邦和地方预算收入；（4）还有"对外经济部门"，包括对外一切商务关系的收入。这种计算国民收入的办法，掩盖了最主要的最基本的情况，即收入的阶级划分——劳动者的收入和剥削者的收入的划分，掩盖了阶级剥削的本质。按照资产阶级经济学家的说法，在资本主义社会中，创造物质财富的除了工人、农民以外，还有资本家、地主和官僚等等。资本家为自己"创造"利润，地主为自己"创造"地租，官僚也为自己"创造"薪俸，好像每个人的收入都是他们自己"创造"出来的。

很明显，资产阶级经济学家这些论点，是站不住脚的。因为只有从事生产性劳动的人，才创造国民收入。而在资本主义社会中，并不是每个人都是生产劳动者。像资本家、官吏，等等，他们根本不参加生产劳动，专门靠剥削劳动者过活，怎么能说他们是生产劳动者呢？在资本主义社会中，也不是任何雇佣劳动者，都是生产劳动者。只有那些受资本家剥削，而又创造物质产品的雇佣劳动者，才是生产劳动者。马克思说过：要是我们从结果的观点，从生产物的观点，考察这全部过程，劳动手段与劳动对象，就表现为生产资料，劳动自身则表现为生产的劳动①。马克思认为，同社会物质生产过程无关的各种劳动，无论它是不是资本主义剥削的对象，一般应当算作非生产劳动。他曾这样说："官吏可以成为资本的雇佣劳动者，但是，他们并不因此而成为生产劳动者。"

由此可见，要了解哪些人创造国民收入，首先要了解哪些人从事生产劳动。不从事生产劳动的人，是不创造国民收入的。

在资本主义制度下，弄清国民收入的本质，弄清哪些人创造物质财富，哪些人是寄生虫，这对于提高无产阶级、农民以及其他劳动者的政治觉悟，动员和组织他们起来进行革命斗争，有着重大的意义。

4. 在社会主义制度下区别直接物质生产部门和间接物质生产部门的重要意义

在社会主义制度下，正确地划分直接物质生产部门和间接物质生产部门，有很重要的意义。如前所说，在社会主义社会中，创造国民收入的只有直接物质生产部门，而像国家管理机关，文化、科学、卫生组织，以及社会服务部门，等等，是不直接创造国民收入的。但是，这些部门工作者的劳动，对于社会主义社会和物质生产，都是必需的和有益的劳动。并且这些部门的工作者不是依靠物质生产部门工作者过活，而是同物质生产部门的工作者相互交换自己的劳动。它们也可以说是间接的物质生产部门。所以，在社会主义制度下，非直接物质生产部门，拥有一定数量的工作者是必需的。可是，必须了解，物质生产是一切社会的基础。社会主义制度存在和发展的基础是物质生产。因此，尽可能地精简行政管理机构等非直接物质生产部门工作者的人数，尽可能地增加物质生产部门工作者的人数，对于国民经济的发展和国民收入的增加，有极大的意义。党中央所一再强调的节减行政费用，减少间接生产人员，增加直接生产人员的重要意义，就在于此。同时，非物质生产部门的工作者，也要尽可能用一定的时

---

① 马克思：《资本论》第一卷，人民出版社1956年版，第196页。

间参加物质生产劳动。党中央号召干部参加集体生产劳动，除了政治意义，还有重要的经济意义。

（二）我国国民收入的增长速度

社会主义的国民收入是名副其实的国民收入，它完全归社会支配。

在社会主义国家里，国民收入的增长，是社会主义经济发展和人民福利增长的最概括性的指标。

国民收入的增长速度，是由生产的增长速度决定的，生产增长速度越高，国民收入增长越快。由于社会主义制度的优越性，社会主义生产的增长速度是很高的，因此，社会主义的国民收入的增长也是很快的。例如，我国国民收入的增长，从1949—1958年增加3.48倍，每年平均增长的速度是15%。这是一个相当高的增长速度。这种速度，只有在社会主义国家才是可能的，而在资本主义国家则是不可想象的。

例如，主要的资本主义国家的国民收入，在1937—1952年间，每年平均增长的速度，美国是4.8%，法国是1.33%，西德是2.2%，意大利是1.17%，按人口平均计算的收入，从1917—1959年的42年中，美国只增长86%，英国只增长70%，法国只增长75%。都远远地低于我国国民收入的增长速度。这种情况，说明了社会主义制度的无比优越性。

我国国民收入的增长之所以能够这样快，最基本的原因，在于我国的工业和农业生产，我国的整个国民经济，发展的速度是很快的。

我国国民收入增长的速度同我国工农业生产总值增长的速度大体是相似的。这是由于我国国民经济总产值的增长，主要取决于国民经济中两个基本的物质生产部门——工业和农业部门生产的增长。在第一个五年计划期间，我国的国民收入来自工业和农业部门的，大约占3/4。所以，工农业生产总值增长的速度，基本上也就决定了国民收入增长的速度。从1949—1958年工农业生产总值每年平均增长的速度是17.9%，如前所说，在同一时间，国民收入每年平均增长的速度是15%。

我国国民经济、我国工农业的生产，为什么能够获得这样迅速的发展呢？

这是由于在中国共产党和毛泽东同志的领导下，我国人民进行了彻底的民主革命和社会主义革命，力求使广大人民群众，在各个方面得到彻底的解放，力求使生产力得到彻底的解放。1949 年，我们推翻了帝国主义、封建主义和官僚资本主义的统治，建立了中华人民共和国；把官僚资本的企业，统统收归工人阶级领导的国家所有；并且进行了土地制度的改革，废除了封建地主经济；迅速地完成了恢复国民经济的任务。随着又及时地提出了社会主义革命和社会主义建设同时并举的总路线，对资本主义工商业实行了社会主义改造，把民族资产阶级的企业，变为公私合营的企业；对农业、手工业进行了社会主义改造，使个体经济成为社会主义的集体经济。这样，就使我国很快地由一个既有社会主义经济，又有资本主义经济，又有个体经济的复杂的经济结构，变为由全民所有制和集体所有制组成的社会主义经济结构，取得了经济战线上社会主义革命的决定性的胜利。这样，束缚我国生产力发展的旧的经济制度基本上被废除了，生产力获得了空前的解放。在经济战线上的社会主义革命取得胜利以后，接着又根据毛泽东同志所提出的正确处理人民内部矛盾的方针和"百花齐放，百家争鸣"的方针，进行了全民整风运动，迅速地取得了政治战线和思想战线上社会主义革命的胜利。1958 年党中央和毛泽东同志又提出了鼓足干劲、力争上游、多快好省地建设社会主义的总路线。在党的社会主义建设总路线的鼓舞下，全国人民斗志昂扬，意气风发，国民经济有了很大的发展，在农村中实现了人民公社化，科学技术和文化教育事业的发展，也是很快的。我国革命和建设的伟大胜利，证明了毛泽东思想就是真理，证明了毛泽东思想是我国革命和建设事业胜利的根本保证。

（三）怎样才能够更多地增加国民收入

我国国民收入的增长速度是很高。但是，不能把增长速度同现有的水平混同起来。从国民收入的增长速度来说，我国是相当高的；而从国民收入现有的水平来说，同经济发达的国家比较，我国目前还是比较低的。

那么，怎样才能够更多地增加我国的国民收入呢？

增加国民收入最根本的是采取最快的速度发展我国的生产力。而要采取最快的速度发展我国的生产力，最基本的途径，是在毛泽东思想指导下，继续坚决地贯彻执行党的鼓足干劲、力争上游、多快好省地建设社会主义的总路线，坚决贯彻执行党的以农业为基础、以工业为主导的发展国民经济的总方针，自力更生，发愤图强，艰苦奋斗，勤俭建国。只要我们勇往直前地这样去做，我们就完全有可能最迅速、最充分地发展我国的生产力。我国的国民收入也就可以最多地、最快地增长起来。

根据党的社会主义建设总路线和发展国民经济总方针的要求，有计划按比例地分配建设资金和劳动力，扩大再生产，这是保证我国生产力迅速发展和国民收入迅速增长的必要条件之一。

随着我国国民经济的发展，国家对于社会主义基本建设的投资，从1950—1958年增长了将近20倍。就业人数，也有很大的增加。今后我们还将有计划地增加社会主义建设的资金，有计划地调配劳动力，以保证社会主义扩大再生产的顺利进行。前面说过，国民收入是由物质生产部门的劳动者所创造的，所以，物质生产部门（特别是农业和工业部门）基本建设投资的增加和劳动量的增加，是国民收入增长的一个重要条件。

要更多、更快地增加国民收入，只靠增加投资和增加劳动力是不行的。更重要的是有计划地进行技术革新、技术革命，不断地提高劳动生产率。

不断地提高劳动生产率，这是增加国民收入的主要办法。劳动生产率的提高，表现在单位产品生产中的劳动消耗的减少。这就是说，虽然用同样多的人力，消耗同样多的劳动，却可以得到更多的产品。劳动生产率的提高，意味着整个社会活劳动和物化劳动的节省。

在这方面的潜在力量是很大的。因为社会主义制度消灭了资本主义的私有制，扫除了提高劳动生产率的各种障碍物。社会主义制度为不断提高劳动生产率开辟了广阔的前景。列宁早就说过：劳动生产率，归根到底是保证新社会制度胜利的最重要的东西。资本主义造成了在农奴制度下所没有过的劳动生产率。资本主义可以被彻底战胜，而且一定会被彻底战胜，因为社会主义能造成新的高得多的劳动生产率[1]。

为了提高劳动生产率，应当从哪些方面去努力呢？马克思说过：提高

---

[1] 《列宁全集》第29卷，人民出版社1956年版，第388页。

劳动生产率，取决于多种事情，其中，有劳动者熟练的平均程度，科学及其技术应用的发展程度，生产过程的社会结合，生产资料的范围及其作用能力，和诸种自然状况[①]。我们应当根据马克思所提出的方法，通过周密的调查研究，来解决农业、工业、交通运输业等主要国民经济部门提高劳动生产率的问题。

为了提高我国农业的劳动生产率，党中央已经确定在二十年到二十五年的时间内，基本上实现我国的农业技术改革，即实现农业的机械化、电气化，水利化和化学化。我们应当坚决执行党中央的指示，分期分批地、因地制宜地实现我国农业的技术改革，使我国的集体农业在技术上逐步地实现现代化。这是关系我们国家命运的一件大事。

我国农民不是多年来就向往"耕地不用牛，点灯不用油"的时代吗？农业技术改革的逐步实现，我们就可以把这个广大农民群众多年向往的远景变成现实。到我国的农业技术改革实现以后，我们凡是能够用机器耕种的土地，就可以不再用牛、马去耕种，而用机器去耕种；我们的绝大部分耕地，再不怕常常遭受严重的旱涝灾害，凡是能够用水来灌溉的，都用水来灌溉，并且不用人力去灌溉，而用机器、电力去灌溉；农村的各种运输，就可以基本上不再主要依靠人力和畜力，而使用汽车，农村积肥、制肥、运肥，农村产品的加工，就可以主要不用手工劳动，而实行半机械化和机械化。同时，我们还要把水力、火力、风力、太阳能，等等，逐步地变成电力，以代替人力。到那个时候，我国的农村，不但将为我国人民提供比现在多得多的粮食、工业原料、畜产品和土特产品，而且将可能解放出几千万个甚至成亿个劳动力来。这样雄厚的巨大的劳动大军，是世界上任何国家没有的。依靠这种力量，我们就可以在比现在大得多的规模上发展我们的工业、交通运输业、文化科学事业，发展我们所需要的一切事业；就可以为我们国家、为世界人类创造出无穷无尽的物质财富和精神财富，使我国在建成社会主义社会以后，继续向人类最美好的理想——共产主义社会过渡。我国农业发展的伟大希望和未来就在这里，我们祖国光辉

[①]　马克思：《资本论》第一卷，人民出版社1956年版，第12页。

灿烂的前景也就在这里。而要做到这一点，关键就在于国家支援农业，工业特别是重工业为农业服务，分期分批地、因地制宜地实现农业的技术改革，不断地提高农业的劳动生产率。

为了提高工业和交通运输业的劳动生产率，在工业和交通运输业企业内部，我们应当从这样几个方面去努力：（1）有计划地提高劳动的技术装备；（2）提高劳动者的技能；（3）改善劳动组织；（4）更好地贯彻执行各尽所能、按劳分配的制度；（5）加强对职工群众的社会主义教育，发挥职工群众的积极性和对革新技术的主动性，有计划有组织地进行技术革新和技术革命，把新的科学技术成果，尽可能地运用到生产中去。

为了提高工业和交通运输业的劳动生产率，在对国民经济的领导和组织方面，应当注意这样几个问题：（1）加强国民经济的计划性，有效地利用人力、物力、财力；（2）对国民经济实行合理的布局；（3）正确地解决社会生产的专业化、地区分工和协作问题。所有这些，对于节约社会劳动，提高劳动生产率，都有重大的作用。

生产资料消耗的节约，即"物化劳动"的节约，是提高劳动生产率的另一个重要因素，它对于国民收入的增加，同样有着重大的意义。以工业生产为例，在工业总产值中，物质消耗约占2/3。如果我们在这方面能够采取一切有效的办法，厉行节约，我们就可以用同样多的原料、材料，用同样多的机器，生产出更多的产品，也就是说，就可以创造更多的国民收入。

四　社会主义国家国民收入的积累和消费

（一）社会主义国家国民收入的分配

在社会主义制度下，国民收入的分配和使用，归根到底是为了尽快地增加社会主义的积累和尽快地提高人民的消费水平。在逐步地改善人民生活的条件下，同时保持很高的积累率，这是社会主义制度优越性的表现，也是社会主义扩大再生产顺利发展的可靠保证。

毛泽东同志在《关于正确处理人民内部矛盾的问题》报告中说过：

"在全民所有制经济和集体所有制经济里面，在这两种社会主义经济形式之间，积累和消费的分配问题是一个复杂的问题，也不容易一下子解决得完全合理"。因此我们应当认真研究和谨慎地处理这个问题。

1. 国民收入的初次分配和再分配

在社会主义生产过程中所创造的国民收入，首先是在物质生产部门内进行分配。

在全民所有制的国营经济部门，国民收入的分配，一部分采取工资形式，作为职工本人的收入；另一部分则归社会所有。在归社会所有的那一部分中，又分为两部分，一部分是国家集中的收入，这就是税收，企业的上缴利润等等，由国家有计划地支配，这是主要的部分；另一部分是企业的收入，由企业按照国家有关的规定，用在扩大本企业的生产和职工的福利方面。

我国农村人民公社，在现阶段，是集体所有制。手工业合作社，也是集体所有制。这两种集体所有制的国民收入的分配，归人民公社的社员和手工业合作社社员享用的占大部分，主要的是按个人劳动的成绩，分给社员本人。留在人民公社和手工业合作社的，占一小部分。其中一部分用来发展集体经济和集体福利，以满足全体社员的需要；另一部分通过税收等，归国家所有，用于全民的开支。

为了有计划地扩大社会主义再生产和满足全社会的需要，社会主义国家的国民收入，经过初次分配以后，还要在工商企业间，物质生产领域同非物质生产领域之间，社会成员个人同国家之间实行再分配。

国民收入的再分配，是通过国家预算、价格、银行信贷等实现的，其中主要的是国家预算。国家预算通过税收、企业上缴的利润等构成自己的收入；同时，按照经济建设、文教福利、国防建设、行政管理等各方面支出的需要，进行合理的分配和使用。

国民收入经过再分配以后，就形成社会基金和社会成员的再收入。

社会基金分别用在基本建设投资，增加流动资金和信贷资金，增加国家物资储备，增进文化福利设施和用于国防、行政开支等等方面。

社会成员的再收入分为两部分：一部分是间接物质生产部门的劳动者

的收入（如行政机关的工作人员、教具、医生和生活服务人员等的收入），其中包括工资和福利补助等等；另一部分是物质生产部门劳动者的补充收入，如劳动保险金，社会救济金，人民助学金等等。

2. 国民收入的积累基金和消费基金

社会主义国家的国民收入，经过初次分配和再分配，最后就形成积累基金和消费分配，分别使用在积累和消费两个方面。

在社会主义制度下，积累基金，主要用在三个方面。第一个方面是用来扩大城乡社会主义的再生产，即所谓生产基金。其中又分为增加固定资产和增加流动资金两个部分。生产基金在全部积累基金中所占的比重最大。它是社会主义扩大再生产的源泉。第二个方面是用来发展科学文化和集体福利事业的基本建设基金，主要是建设学校、科学研究机构、文化机构、医院、住宅，等等。第三个方面是用来建立各种后备基金，主要是储备必需的物质，以便在发生某种意外（如天灾等）的时候使用。

社会主义国民收入的分配为什么需要有积累基金？马克思曾说过这样的话：从全部社会产品里面应当扣去：第一，补偿消费掉的生产资料所需要的费用。第二，用以扩大生产的附加部分。第三，为预防不幸事故、自然灾害等而用来保险的后备基金或保险基金。……作出这些扣除乃是一种经济上的必要，而扣除多少，应当按照现有的资料和力量来确定……①这里，第二和第三两项，就是说明社会主义国民收入的分配，为什么要有积累基金的原因。

关于积累的必要性，恩格斯也说过：劳动生产品超出劳动维持费之上的剩余，以及后来在这种剩余中社会生产基金和公积基金的形成与积累，在过去与现在都是一切社会的、政治的和思想的进步的基础。在全部已往的历史上，这种基金，都是特权阶级的财产，而政治统治和精神指导，也是和这种财产一起，是属于特权阶级的。即将到来的社会革命（引者注：即社会主义革命）第一次地要使这种社会生产基金和公积基金，就是说，要使全部原料、生产工具，及生活资料，变成真正社会的基金，把它们从

---

① 《马克思恩格斯文集》第二卷，莫斯科，外国文书籍出版局1955年版，第20页。

特权阶级的支配中拿出来，转交于全社会，作为共同的财产①。他又说：……整个纯由工人组成的社会全体成为他们劳动的全部生产品的所有者，由这个社会把生产品的一部分分配给自己的成员以供消费，一部分用以补偿和增大自己生产资料，一部分积累起来作为生产和消费的后备基金②。

马克思和恩格斯的这些话说明了，社会主义社会生产的产品，在补偿已经消费的生产资料以后，除了适当地满足社会成员必要的消费以外，必须要有一定的积累。就是说，要从社会产品中，留出一部分，作为社会的生产基金和公积基金，以满足社会主义扩大再生产的需要和人民生活不断改善的需要。而要有计划地扩大社会主义再生产，必须要有一定的储备，才能预防自然灾害和其他意外事故，保证社会主义扩大再生产不间断地进行。由此可见，社会主义的积累，是社会主义生产方式存在和发展的必要条件，也是进一步改善人民生活的物质基础。

在社会主义制度下，消费基金是保证整个社会日益增长的物质和文化的需要。

消费基金由两部分组成：个人消费和社会消费。消费基金用于个人消费的，是社会主义社会劳动者的劳动报酬。这一部分基金，根据各尽所能、按劳分配的原则，用来支付职工的工资和人民公社社员、手工业合作社员的劳动报酬。消费基金的另一部分，是用来满足整个社会主义社会的需要，主要是用于社会主义社会的集体福利事业。其中一部分用于满足社会主义社会在科学、教育、卫生、保健、文化艺术等方面的日常费用；一部分用于社会救济事业，帮助丧失劳动力的人，或者没有劳动能力而又无人抚养的人，使他们"幼有所养，老有所终"；再一部分用于社会国家管理机关的费用。

社会主义国民收入的分配，为什么需要有消费基金？马克思也曾经这样写道：社会全部新增加的产品中除了作为积累部分的以外，剩下的是全

---

① 《反杜林论》，人民出版社1956年版，第200—201页。
② 《马克思恩格斯文选》第一卷，莫斯科，外国文书籍出版局1954年版，第545页。

部产品中的其他一部分，即作为消费品用的那一部分。在把这个剩下的部分进行个人分配之前，从里面又得扣除：第一，一般的不属于生产的管理费用。这一部分和它在现代社会中（即资本主义社会，下同——引者注）所占的数额比较起来，将会大大缩减，并将随着新社会的发展而日益减少。第二，作为共同满足需要的费用，如学校、保健机关等费用。这一部分和它在现代社会中所占的数额比较起来，将会大大增加，并将随着新社会的发展而日益增加。第三，为丧失劳动力者设立的基金等，简言之，就是现在属于所谓官方济贫的费用①。这里，马克思对于社会主义国民收入的分配，必须要有消费基金的道理，也作了明确的阐述。

还有一部分国民收入用于国防需要。很明白，在帝国主义侵略者武装进攻的危险仍然存在的情况下，加强社会主义国家的国防力量，有着极其重要的意义。

应当看到，在社会主义制度下，不但积累基金是扩大社会主义再生产所必需的，而且用于社会文化教育、集体福利的费用，以及用于国防方面的费用，也是必不可少的，它是间接为生产服务的。社会主义的积累是直接用于扩大再生产的。用于社会文化、教育、保健事业等集体福利基金，其目的是增强人民的健康，提高人民的文化，以便增加劳动力的后备，这一部分，可以说是间接用于扩大再生产的。还有一部分是用于国防公共消费的，这一部分是非生产性的，但是，它是为了保卫社会主义的扩大再生产的。

有人可能会提出这样的问题：把那些作为公共积累的东西和公共消费的东西，都分配给个人，那么，每个人的消费水平，不就可以提高得更快了？这种观点：是不是正确的呢？

这种观点是不正确的。恩格斯在《反杜林论》中有一段非常精辟的话，可以作为对这个问题的答复。他说：全部生产品，都将被分配了，而社会的一种最重要的进步职能，积累，就被剥夺，并被放到个人的掌握之中，个人的意志之下。各别的个人，可以任意处置自己的"收入"，可是

---

① 《马克思恩格斯文选》第二卷，莫斯科，外国文书籍出版局1955年版，第20页。

社会则最多也只是和以前一样的富，一样的贫，这样，结果只是：过去所积累的生产资料之所以集中于社会手中，只是为着要使将来所积累的一切生产资料，重新分散于个人手中。谁自己打自己的耳光，谁就是纯粹的荒唐①。关于为什么要有社会主义积累，为什么不能把积累都分给个人消费掉，恩格斯把道理说得明白极了。

3. 正确地使用社会主义积累

社会主义国家国民收入的分配，首先要注意增加社会主义的积累，因为，积累是社会主义扩大再生产的源泉，是提高消费水平的物质基础，是全体人民的根本利益所在。

社会主义的积累，绝大部分用之于扩大再生产，就是说，用之于工业、农业、运输业等的基本建设，以及用之于科学文教事业等方面的基本建设。但是要进行多大规模的基本建设，必须要以与之相适应的新增加的生产资料和消费资料有多少，作为条件。这就是说，基本建设的规模绝不能超越当时物资供应的可能性。

同时，社会主义国民经济各部门的基本建设，都必须有计划、按比例地进行。在保持必要的比例关系的前提下，优先发展生产资料的生产，优先发展某些部门，以利于整个国民经济的发展，这是完全必要的。但是，如果不顾各部门之间的比例关系的协调，而片面地发展某一个部门，那么，不但这个部门将得不到正常的发展，并且可能损害其他部门，这对于社会主义扩大再生产是不利的。

马克思说过：社会必须预先计算，能用多少劳动，生产资料和生活资料在某种事业上，而不致有害。例如铁路的建筑。那必须有一个长期间（一年或一年以上）不提供任何生产资料或生活资料，也不提供任何有用的效果，但会从全年的总生产中，夺去很多的劳动，生产资料和生活资料②。

马克思还说过：有多种事业，它们会在长期间取走劳动力与生产资

---

① 《反杜林论》，人民出版社1956年版，第329页。
② 马克思：《资本论》第二卷，人民出版社1956年版，第378页。

料，但不会在这期间内提供任何有效用的生产物。有多种事业，则不仅在一年间，继续地或多次地，取去劳动力和生产资料，而且也同样提供生活资料和生产资料。在社会化生产的基础上，我们必须决定前一类事业应以什么规模进行，才不致有害于后一类[①]。这就是说，我们必须合理地使用国民收入的积累基金。而要合理地使用积累，我们必须依据社会主义建设的客观规律，有计划、按比例地进行社会主义建设事业。主要的就是要正确地处理农业、轻工业、重工业发展中的比例关系，以及积累和消费的关系。对于前一个问题，在第二章中已经详细地论述过；对于后一个问题，在这一章中将作必要的论述。

努力增加社会主义积累，这是我国人民的光荣任务。为了加速我国社会主义建设，为了共产主义的伟大将来，我们要永远提倡自力更生、发愤图强、艰苦奋斗、勤俭建国的精神，经常开展增产节约的社会主义劳动竞赛，把国家的、长远的利益摆在第一位，使人人有远大的理想，革命的抱负。而不应当把人们引向一种只为个人，不为社会的道路上去。

4. 社会主义消费基金的合理分配

当然，随着社会主义积累的不断增加，人民的消费水平也应当不断地提高。在提高消费水平的时候，既要重视增加个人的收入，又要重视发展集体福利事业，把两者正确地结合起来。

在个人消费的分配方面，也要正确处理工人和农民之间的关系，体力劳动者和脑力劳动者的关系。

新中国成立以来，我国工人、农民、知识分子的生活都有了不少的改善。可是，同经济发达的国家比较起来，我国人民现在的生活水平还不高，这是旧中国长期在帝国主义、封建主义、官僚资本主义统治下所造成的结果。我国工人、农民和知识分子经过长时期艰苦的努力，一定能够将全体人民的生活水平逐步提高起来

同时，也由于历史的原因，工人和农民之间，体力劳动者和脑力劳动者之间，在劳动报酬上还存在着一定的差别。虽然，这种差别，新中国成

---

① 马克思：《资本论》第二卷，人民出版社1956年版，第436页。

立以来在日益缩小，但是，差别还是存在的。因此，工人阶级在提高劳动生产率的基础上改善自己生活的时候，不能不时刻关怀农民弟兄们生活的改善，并且使自己的生活水平和农民的生活水平不过分悬殊，而逐步地接近起来。同时，在工人阶级内部，以及在体力劳动者和脑力劳动者之间，在熟练劳动者和非熟练劳动者之间，他们的劳动报酬，既不能是平均主义的，也不要过分悬殊。否则，就不利于全国人民的团结，不利于社会主义的建设，也就不利于共产主义的远大前途。

在社会主义阶段，我们的分配制度，是各尽所能，按劳分配。在全民所有制的企业中，在手工业生产合作社中，工人的工资形式，是计时制和计件制。凡是需要实行计时工资制的，就应当实行计时工资制；凡是需要和可能实行计件工资制的，就应当实行计件工资制。目的是为了提高劳动生产率。技术人员和职员，实行计时工资制。实行计时工资制，包括标准工资加奖金。奖金按职工超额完成任务的情况，由职工群众民主评定。在人民公社的生产队中，社员收入的分配，也是按照劳动的数量和质量，付给合理的报酬，避免社员和社员之间在计算劳动报酬上的平均主义。同时，对"五保户"给予必要的照顾。在分配制度方面，我们特别注意使国家的领导人员、各级政府的负责人员、各个企业的负责人员的工资，同收入最低的职工的工资，差别不能过大，并且还要逐步缩小。我们还要注意集体福利事业的发展。

5. 政治挂帅和物质鼓励相结合，是充分调动群众生产积极性的正确原则

政治挂帅和物质鼓励相结合，这是充分调动群众生产积极性的正确原则。不应当把这个充分调动群众生产积极性的正确原则，同社会主义的分配原则混淆起来。社会主义的分配原则是各尽所能、按劳分配。执行这个原则，是应当按照每个人的劳动的数量和质量，来确定报酬，而不应当按照其他标准。当然，在贯彻各尽所能、按劳分配的原则的时候，应当加强对职工群众的政治教育，提高群众的思想觉悟，不应当片面强调物质刺激。

有人认为，只有依靠对个人的物质利益的刺激，才能鼓励劳动者的积

极性；否则，就不能提高劳动者的积极性。这种看法，显然是错误的。他们大大地低估了社会主义社会广大劳动群众的觉悟性和积极性。他们把政治挂帅、精神鼓励同物质鼓励对立起来。他们把物质鼓励看做是唯一的原则，他们不懂得为什么同样的技术等级、同样的工资收入，有些人干得很好，有些人干得还好，有些人干得就不好。如果只从物质刺激来解释，这是完全说不通的。对于觉悟了的社会主义劳动者，既要有物质鼓励，又要有精神鼓励。对于那些觉悟较低的人，对于那些对自己应尽的社会义务，不采取老实态度对待的人，也不能光靠物质刺激，更应当加强对他们教育，提高他们的思想觉悟。如果片面地强调物质刺激，就会把人引向鼠目寸光的经济主义，引向只为个人，不为集体的歧路上去。

我们党一贯主张把对群众的政治教育同物质鼓励结合起来，并且认为政治挂帅，做好政治思想工作，加强精神鼓励，能够更好地贯彻物质鼓励的原则。我们坚持政治挂帅，不但从政治上引导群众，去为自己根本的最大的利益而斗争，而且在日常生活中无微不至地关心群众的物质利益。正是因为这样，我们才能使广大群众清楚地认识到个人的眼前的利益依存于集体的、长远的利益，个人的幸福依存于社会主义和共产主义的成功。也正是因为这样，广大群众才更自觉地使个人利益服从于集体的利益，眼前的利益服从于长远的利益，树立起共产主义的雄心大志，在社会主义建设中，奋不顾身地进行忘我的劳动。

国民收入就是经过上面所说的初次分配和再分配，最后才形成为积累基金和消费基金的。那种认为社会主义制度下，只有国民收入的初次分配，而无国民收入的再分配的观点是不符合事实的。根据这种意见，国民收入的再分配，只是在资本主义制度下才有的，并且这种再分配是有利于剥削阶级，而使劳动者更加贫困的。当然，资本主义制度下的国民收入的再分配，是完全有利于剥削阶级而不利于劳动阶级的。但是，在社会主义制度下，既然还存在着全民所有制和集体所有制，既然还存在着物质生产领域和非物质生产领域，那么，国民收入的再分配就是必要的。问题是在于社会主义制度下的国民收入的分配，不是为了少数人发财致富，而是为了不断提高广大群众的物质生活和扩大城乡社会主义生产。

（二）我国国民收入的积累和消费

在党中央和毛泽东同志的英明领导下，我国社会主义经济在飞跃地向前发展，我国国民收入的积累和消费也相应地有了较快的增长。例如，在第一个五年计划期间，我国基本建设投资共有 550 亿元，新增的工业固定资产比 1952 年的固定资产原值增加 1.23 倍；我国的工业生产总值也增长了 1.28 倍。在这一时期，我国职工的平均实际收入增加了 26.32%，我国农民的平均收入增加 22%。总起来说，在第一个五年计划时期，我国的国民收入使用在积累方面的，约占 1/5 多一点；使用在消费方面的约占 4/5 少一点。这样的积累水平，基本上保证了当时我国社会主义建设的需要。这样的消费水平，也保证了我国人民生活的逐步改善。

我国国民收入的积累率，比资本主义国家高得多。例如，美国国民收入的积累率，在 1929—1956 年间，多数年份是 10% 左右，在最高的年份（1951 年）也不过 19.7%；在同一时期，有七个年头，不仅没有任何积累，而且还有负数。资本主义国家的资产阶级，虽然把劳动人民所创造的国民收入的很大部分攫为己有，使劳动人民处于失业和贫困的境地，但是，他们能够用来作为积累的部分却是较少的，因为大量的财富，都被他们用于荒淫无耻的寄生消费去了。我们是社会主义的国家，社会主义的国民收入，归全体劳动人民支配，不仅广大人民群众的生活能够逐步地得到改善，而且积累率也大大地超过了资本主义国家。

在社会主义制度下，扩大积累的可能性空前地增加了。社会主义的生产以资本主义所梦想不到的高速度向前发展，社会主义劳动生产率的不断提高，社会主义经济的无危机性，生产资料和劳动力的有计划地、合理地利用，寄生性消费的消灭，等等，这一切，使社会主义的积累率达到了甚至资本主义在其发展最顺利的时期也根本不可能达到的高度。

在资本主义社会，积累采取资本积累和剩余价值资本化的形式，积累越多，资本家财富就越多，劳动人民就越穷。而社会主义的积累，则是为整个社会的利益有计划地扩大再生产。因此，社会主义积累，即使国民财富迅速地增长，又使人民的物质生活和文化生活水平不断提高。

还应当着重地说明，我国国民收入这样高的积累率，我国消费水平这样快的提高，还是在我国人口每年平均递增 2.2% 的条件下取得的。从这里也不难看出社会主义制度的巨大优越性。

这里，还应当说明，我们社会主义国家同资本主义国家计算消费基金的办法是完全不同的。以消费基金中的工资基金为例，资本主义国家为了掩盖资本家的残酷剥削，故意歪曲资本主义制度下国民收入分配的真相。资产阶级经济学家宣传说，每个国民收入的获得者同时又是国民收入的创造者。于是他们就把资本主义垄断组织的经理和股份公司董事会的董事们所获得的高额薪俸，也算在工资基金里面。这样，就必然缩小资本家的收入而夸大劳动者的收入。即使如此，在资本主义国家，劳动人民消费水平日益降低的事实，也是无法掩饰的。这从资本主义国家购买力的不断下降的事实中，可以看得很清楚。从 1947—1957 年年初，主要资本主义国家的购买力下降情况如下：美国下降 20%，英国下降 38%，法国下降 63%，日本下降 65%，联邦德国下降 24%，意大利下降 27%。资本主义各国人民的购买力，无一不在日益下降，而我国和其他社会主义各国人民的购买力却在不断的上升，这就是资本主义世界和社会主义世界人民生活的鲜明对照。

由于帝国主义、封建主义、官僚资本主义长期的反动统治，旧中国的积累水平和消费水平都是很低的，我们今天所说的建设的成就和人民生活的改善，都是和自己的过去做比较的。如果同经济发达的国家相比，我们和它们之间，还有一段距离。所以，我们应当立志发愤图强，艰苦奋斗，尽快地把我国建设成为一个强大的社会主义国家。

（三）正确地处理积累和消费的关系

国民收入在积累和消费之间的分配，是社会主义分配问题的核心。这个问题，体现着国家同企业之间，企业同个人之间，国家同农村人民公社、手工业合作社之间，人民公社内部生产队同社员之间、手工业合作社同社员之间，以及国家同个人之间错综复杂的经济关系。

在认识和解决这个问题的时候，应当看到，社会主义社会与资本主义社会有本质的不同。资本主义社会的积累同消费之间存在着对抗性的矛盾。资本主义积累的目的，是为了使社会财富不断地集中在少数剥削者手里，结果是富者愈富，贫者愈贫。这种矛盾是不可克服的。在社会主义制度下，积累和消费的关系，从根本上说，是统一的。社会主义积累的目的，是为了加速国家的建设，加速生产的发展，在生产发展的基础上逐步地改善人民生活。当然，社会主义的积累和消费之间也有矛盾，但这不是对抗性的矛盾。在社会主义社会，积累和消费的关系是人民内部的关系，是集体利益和个人利益的关系，长远利益和眼前利益的关系，局部利益和全体利益的关系。只要我们从六亿多人民的利益出发，统筹兼顾，全面安排，就可以使积累和消费的关系获得正确的解决。

同时还应当看到，在社会主义社会，国民收入的积累和消费之间的关系是很复杂的，它是社会主义生产关系的一个重要方面。这个关系处理得适当，可以促进生产的迅速发展和人民生活的逐步改善，处理得不适当，也可以阻碍生产的发展和妨碍人民生活的改善。因此，我们必须慎重处理这个问题。

对国民收入中积累和消费两个方面进行合理的分配，就是要把集体的、长远的、全局的利益同个人的、当前的、局部的利益正确地结合起来，使之既有利于我国社会主义建设的迅速发展，又有利于我国人民生活的逐步改善。一方面，不能只强调个人的、当前的、局部的利益，不适当地降低积累基金的比重而提高消费基金的比重。因为这将会妨碍我国社会主义建设的发展，使人民生活得以根本改善的物质基础不能迅速建立。如果这样做，集体的、长远的、整体的利益就要受到损害。另一方面，也不能片面地只顾集体的、长远的、整体的利益，不适当地降低消费基金的比重而提高积累基金的比重。因为这将会影响人民生活的必要的改善，使群众的劳动积极性和创造性不能充分发挥。如果这样做，社会主义建设事业就有脱离群众的危险。正确解决这个问题的原则应当是：个人利益服从集体利益，当前利益服从长远利益，局部利益服从整体利益，同时又适当地照顾个人的利益、当前的利益和局部的利益。因此，要正确地解决这个问题，不仅在计划工作上，要善于全面安排，综合平衡；更重要的是要政治挂帅，做好思想工作，提高群众政治觉悟，使大家都能顾大体，识大局，懂得积累和消费两者兼顾的必要性，了解在我国目前条件下，自力更生、发愤图强、艰苦奋斗、勤俭建国的深远意义。

　　这里还应当说明，要正确处理积累和消费的关系，还必须正确认识社会主义积累增长的客观可能性。社会主义积累基金的增长，固然同国民收入中积累率的提高有一定的关系，但是，更重要的则是由于国民收入的增长。在积累率不变的条件下，我国国民收入的积累额，是随着国民收入的增长而增长的，只要国民收入增加了，积累额也就随着增加。例如，假定我国的国民收入每年是 500 亿元，积累率是 20%，那么，每年的积累额就是 100 亿元。如果每年的国民收入不是 500 亿元，而是 1000 亿元，积累率还是 20%，那么，每年的积累额就是 200 亿元。虽然积累率不变，而后者却比前者增长一倍。所以，积累的增长，首先而且最主要的是建立在国民收入增长的基础上。

　　至于怎样提高我国国民收入的积累率的问题，那应当是在不仅不降低、而且还要随着国民收入的增加而逐步地提高人民消费水平的前提下，适当地提高积累率。这取决于以下三个条件：（1）加快我国农业生产的发展，并且在这个基础上，尽快地实现农业现代化和工业现代化，努力提高劳动生产率，在提高劳动生产率的基础上，才能有更高的积累率；（2）要有计划地节约非直接生产领域的消费，努力节减行政及管理机构的费用；（3）要使国民收入增长的速度，高于人民消费水平提高的速度，也就是说，使劳动生产率提高的速度高于生活水平提高的速度。因此，我们应当千方百计地提高劳动生产率，加速农业和工业生产的发展；努力改善生产基金的利用，提高企业的盈利，增加企业的内部积累，最有效地利用基本建设资金和新技术设备，减少生产和建设中的不必要的非生产性的开支；努力节减行政费用和管理机构的费用；以争取在逐步改善人民生活的条件下，使我国的国民收入有更高的积累率，使我国社会主义的扩大再生产能够以更高的速度进行。

　　当然，这也不是说，我国国民收入的积累率就可以无限度地提高。因为上述种种因素，总有一定的限度。例如，生产的增长速度，劳动生产率提高的速度，国民收入增长的速度，等等，总是有一定限度的；国民经济各部门的比例关系，总是相互制约的；自然条件对于积累率的提高，也有一定的影响，等等。因此，积累率的提高，也就不能不受到一定的限制。

　　国民收入中积累和消费比例的高低，是相互制约的。在社会主义制度下，一定的经济水平，一定时期的政治经济的任务，也就是说，在一定的时期内，社会主义扩大再生产的需要，人民对于改善生活的需要，以及当时的国际环境，等等，决定着一定时期的积累和消费的水平。同时，国民收入中积累和消费的比例关系，在一定时期内，也有它相对的稳定性。

　　毛泽东同志说："在分配问题上，我们必须兼顾国家利益、集体利益和个人利益。对于国家的税收、合作社的积累、农民的个人收入这三方面的关系，必须处理适当，经常注意调节其中的矛盾。国家要积累，合作社也要积累，但是都不能过多。"我们应当坚决遵照毛泽东同志这个指示，正确处理好积累和消费的关系。

　　为了正确地处理积累和消费的关系，我们还应当注意以下几个问题：

　　第一，从我国经济的现实状况出发，根据我国生产力发展业已达到的水平和人民当前的生活水平，并且考虑到我国历史上形成的积累和消费的水平，参考其他国家的经验，来确定积累和消费的比例关系。我们应当努力争取我国的积累和消费都能够有较快的增长。

　　第二，积累和消费的比例的关系，要同社会生产两大部类的比例关系相适应。在处理积累和消费关系的时候，要使我国社会主义建设（积累）的增长速度，同我国生产资料生产的增长速度基本相适应；使我国人民生活改善（消费）的速度，同我国生活资料生产的增长速度基本相适应。

　　积累和消费的比例关系，不仅表现为价值形态，而且表现为实物形态。积累基金的实物形态主要是生产资料（当然也有一部分生活资料），而消费基金的实物形态则是生活资料，所以国民收入中积累和消费的增长变化，是要受到社会产品的生产构成的制约的。马克思说："生产物价值一部分再转化为资本，别一部分归资本家阶级及劳动者阶级个人消费的情形，会在总资本所结果成的生产物价值内部，形成一种运动。这个运动，不仅是价值补偿，并且是物质替换，不仅要由社会生产物各个价值成分相互间的比例，并且要由它们的使用价值，它们的物质姿态，受到限制。"①

---

　　① 马克思：《资本论》第二卷，人民出版社 1956 年版，第 485 页。

马克思在这里所分析的是资本主义社会的情况，但是，这个原理同样适用于社会主义社会。所以，要改变积累和消费的比例关系，首先应要改变社会的生产构成，就是说，改变生产资料和生活资料这两大类生产的构成比例，才能使积累基金和消费基金得到可靠的物质保证。

第三，国民收入中积累和消费之间的分配，必须兼顾，而不能片面地强调某一方面。即在规定人民生活改善的速度的时候，必须考虑到在满足国家建设必要的资金积累的条件下，消费基金增长的可能性，而不能以牺牲集体的长远的利益，即社会主义国家的利益作为手段。同样，在规定国家建设规模和速度的时候，也必须考虑到在逐步提高人民生活水平、满足人民必要的生活消费的条件下，积累增长的可能性，不能以降低或者限制人民生活的必要的和可能的改善作为手段。应当找出积累和消费的最高界限和最低界限。在这个限度内，根据具体情况确定积累率，保证人民生活的逐步改善，保证社会主义扩大再生产的顺利进行。

第四，消费的水平是由生产水平所决定的，消费水平的提高应以生产的发展和劳动生产率的提高为基础。前面说过，扩大再生产的发展，要求生产资料生产优先增长。也就是说，在一定时期内生产出来的生产资料要比消耗掉的生产资料多一些，才能不断地扩大再生产。这就需要积累的不断增长。而要积累的不断增长，社会劳动生产率提高的速度，就应当超过社会平均消费水平提高的速度。超过得越多，也就积累得越多。反之，如果消费水平的增长超过了劳动生产率的增长，那就会造成吃老本的情况，哪还谈得上什么社会主义的扩大再生产呢。当然，我们进行生产和建设的最终目的，还是为了消费。在保证社会主义扩大再生产的积累逐步增长的条件下，适当地提高人民的消费水平，将会积极地促进生产和建设的发展。所以，国民收入中积累部分和消费部分的绝对数量应当同时增长，人民的生活应当随着生产的发展和社会劳动生产率的提高而逐步地改善。

现在，摆在我国人民面前的伟大任务是：在中国共产党和毛泽东同志的领导下，贯彻执行以农业为基础，以工业为主导的发展国民经济的总方针，把发展农业放在首要地位，正确地处理工业和农业的关系，最迅速地发展我国的生产力，实现农业现代化、工业现代化、国防现代化和科学技术现代化，把我国建设成为一个强大的社会主义国家。为了达到这个目的，我国人民必须鼓足干劲，力争上游，克勤克俭，勤俭建国，把可能节省下来的每一分钱和每一份物质资源都积累起来，有计划地用到我国社会主义建设中去，只有如此，才有可能在比较短的历史时期内，实现上述伟大目标。只有实现了这个目标，我们的国家才能够进一步富强，我国人民福利才能够进一步增进。

结　束　语

在前面的各章中，我们探讨了马克思列宁主义关于再生产的理论，探讨了社会主义的扩大再生产，探讨了实现社会主义扩大再生产的正确途径，探讨了社会主义制度下的社会总产品和国民收入，探讨了社会主义国家国民收入积累和消费的分配。把我们所探讨的这些问题，集中到一点，就是社会主义制度由于它本身固有的优越性，它的扩大再生产的速度，要比资本主义国家快得多，并且是能够持续不断地进行的。

马克思和恩格斯在《共产党宣言》中，曾经指出过：资产阶级占得阶级统治地位还不到一百年，而它所造成的生产力却比先前一切世代总共造成的生产力还要宏伟众多[1]。

但是，在社会主义制度下，由于剥削制度的被废除，寄生阶级的被消灭，广大劳动群众生产积极性的高涨，社会生产和消费有计划、按比例地进行，等等，这就决定了社会主义生产力的发展，要比资本主义国家快得多。

毛泽东同志在《关于正确处理人民内部矛盾的问题》中指出："我国现在的社会制度比较旧时代的社会制度要优胜得多。如果不优胜，旧制度就不会被推翻，新制度就不可能建立。所谓社会主义生产关系比较旧时代生产关系更能够适合生产力发展的性质，就是指能够容许生产力以旧社会所没有的速度迅速发展，因而生产不断扩大，因而使人民不断增长的需要

---

① 《马克思恩格斯文选》第一卷，莫斯科，外国文书籍出版局1954年版，第13页。

能够逐步得到满足的这样一种情况。"

　　这就是说，社会主义国家生产力发展的速度，要比资本主义国家快得多，要比旧的时代、旧的制度下生产力的发展速度快得多。我国和其他社会主义国家建设的实践，都证明了这一点。